Natur- und Sehenswürdigkeiten-Führer der Schweiz

Mit Beiträgen von
Dr. Johann Anliker
Jakob Bächtold
Dr. Erich Blumer
Dr. Otto Hegg
Prof. Dr. Walter Huber
Peter Killer
Dr. Hannes Sägesser
Christoph Wicki
Ernst Zimmerli

Mit Orientierungskarte 1:300000

Shell Switzerland und Hallwag Verlag Bern

Benützungshinweis

Der Führer ist unterteilt in ein **Sachregister** und ein **Ortsregister**.
Das **Sachregister** enthält alle im Führer behandelten Themen und führt alle Orte auf, wo die erwähnten Naturschönheiten und Sehenswürdigkeiten vorkommen.
Im alphabetischen **Ortsregister** werden die erwähnten Naturschönheiten und Sehenswürdigkeiten des betreffenden Ortes beschrieben und erläutert. Bei schwierig zu findenden Objekten sind auch die besten Zufahrtswege angegeben.
Jeder Ort enthält einen Suchcode, der die Lage des Ortes auf der beigelegten Karte angibt und somit das Finden kleinster Orte erleichtert (Anleitung zum Gebrauch des Suchcodes siehe Karte).
Jeder im Ortsregister beschriebene Ort ist in der Karte rot gedruckt.
Sowohl im Führer als auch in der Karte werden die einzelnen Themen (Naturschönheiten und Sehenswürdigkeiten) mit den folgenden 18 Signaturen gekennzeichnet:

Rote Signaturen in der Karte

- ● Malerische Ortsbilder
- 🏛 Baudenkmäler
- ⛪ Kirchen, Klöster
- Ruinen von Kirchen und Klöstern
- ♜ Burgen, Schlösser, Herrenhäuser
- ♖ Ruinen von Burgen, Schlössern, Herrenhäusern
- ▽ Geologische Sehenswürdigkeiten
- Mineralfundgebiete

Blaue Signaturen in der Karte

- ♠ Museen, Kunstsammlungen
- ✗ Schlachtfelder
- ✲ Technik

Grüne Signaturen in der Karte

- Botanische Gärten
- ♣ Bäume in freier Natur und in Parkanlagen
- ✛ Wald- und Naturlehrpfade
- Zoos und Tierparks
- ◐ Volieren
- Freilebendes Steinwild, Gemsen Hirsche und Murmeltiere
- Freilebende Vögel

© 1976 Hallwag AG Bern
ISBN 3 444 06042 4
Printed in Switzerland

Vorwort

Daß die Kurve der technischen Entwicklung rasend ansteigt und sich dem Stadium der Überentwicklung da und dort annähert, wird heute kaum bestritten, ebensowenig, daß sich aus diesem Tatbestand eine zunehmende Naturentfremdung für uns ergibt. Die Folge dieser Einsicht ist ein weltweites Bemühen zum Schutze der Natur, ihrer Tiere und Pflanzen, ihrer Gesteine und Landschaften samt den aus diesen gewachsenen historischen Bauten.

Man kann aber nichts schützen, was man nicht kennt, nichts lieben, mit dem man nicht vertraut ist. Daher muß Naturkenntnis – im weitesten Sinne – dem Naturschutz notwendig vorausgehen, so wie eine gewisse Tierkenntnis eine Voraussetzung für wirksamen Tierschutz ist.

Diese Naturkunde, als einfaches Wissen um die uns umgebenden Tiere und Pflanzen und Steine und Lebensgemeinschaften in Feld und Wald und Wasser, ist heute sehr oft recht bescheiden. Im Schulunterricht müssen diese Fächer mancherorts stark zurücktreten angesichts der Fülle von Stoffgebieten, die für wichtiger gehalten werden. So besteht weithin ein eigentlicher Wissensdurst, eine Unterernährung in bezug auf Natur- und Heimatkunde, in bezug auf das, was unseren Eltern und Großeltern natürlicherweise noch viel näher, vertrauter und teurer war und von dem uns heute vieles für immer zu entschwinden droht.

Dieses originelle Hallwag-Buch versucht – nicht auf schulmeisterliche Weise, sondern eher als Ferien- und Reiselektüre – diesen Durst und diesen Hunger zu stillen, indem es anhand der vielgestaltigen Beiträge ausgewählter Mitarbeiter auf die Quellen hinweist, an denen wir Kostbarkeiten unserer Kultur und der Natur unseres Landes finden. Deswegen empfehle ich diesen neuartigen, praktischen Wegweiser, der auch unvermeidliche Energiezentren und großzügige technische Anlagen mit einschließt, in der Überzeugung, daß er vielen helfen wird: Einheimischen ebenso wie unseren Gästen aus dem Ausland.

H. Hediger

Inhaltsverzeichnis

I. Teil
Sachregister

Kulturgeschichtliches 9
Von Peter Killer
Einführung 10
Sachregister 10

Technik 15
Von Jakob Bächtold
Einführung 16
Sachregister 16

Geologie, Mineralfundgebiete 19
Von Dr. Erich Blumer
Einführung 20
Sachregister 20

Botanische Gärten 25
Von Dr. Otto Hegg
Einführung 26
Sachregister 26

Bäume in freier Natur und in Parkanlagen 29
Von Dr. Johann Anliker
Einführung 30
Sachregister 31

Wald- und Naturlehrpfade 35
Von Christoph Wicki
Einführung 36
Sachregister 37

Zoos und Tierparks; Volieren 39
Von Dr. Hannes Sägesser
Einführung 40
Sachregister 40

Freilebendes Steinwild, Gemsen, Hirsche und Murmeltiere 45
Von Prof. Dr. Walter Huber

Einführung 46
Sachregister 48

Freilebende Vögel 51
Von Ernst Zimmerli

Einführung 52
Sachregister 54

II. Teil   69–246
Ortsregister

I. Teil Sachregister

Schloß Spiez (Farbphoto Eymann)

Kulturgeschichtliches

Von Peter Killer

Kulturgeschichtliches
Von Peter Killer

Mitarbeiter der kulturellen Monatsschrift «DU», der Architekturzeitschrift «WERK» und des «Tages-Anzeigers» (Zürich)

Einführung

Die Schweiz verfügt über einige tausend Kunstdenkmäler. Sie sind in diesem Jahrhundert weitgehend inventarisiert worden. Dieser Sehenswürdigkeitenführer kann und will diese Inventare nicht konkurrenzieren. Er richtet sich an den interessierten Laien und will für ihn die Schweizer Kunstlandschaft akzentuieren, will ihn auf besonders sehenswerte Bauten und Stätten aufmerksam machen.
Wer die rund tausend erwähnten Kunstdenkmäler besucht hat, darf behaupten, die Kunst der Schweiz zu kennen.
Wer allerdings eine einzelne Region gründlich kennenlernen will, der muß Spezialkarten und Spezialführer benützen. Im Gegensatz zu den meisten vorliegenden Publikationen ist hier das Schwergewicht auf die öffentlich zugänglichen und auch für den Laien interessanten Denkmäler gesetzt.
Ab und zu wird der Benützer dieses Führers beim Besuch des einen oder andern Bauwerkes vor geschlossenen Türen stehen. In kleineren Ortschaften wird man im Pfarrhaus, im Gemeindehaus, im Postbüro oder am Bahnhof Auskünfte betreffend Schlüssel, Weg und weiteren Sehenswürdigkeiten erhalten. In größeren Orten stehen die Informationsstellen der Verkehrsvereine zur Verfügung.
Die Öffnungszeiten der erwähnten Museen können Änderungen erfahren. Wer einen Ausflug eigens zum Besuch eines bestimmten Museums unternimmt, erkundigt sich mit Vorteil bei der angegebenen Telefonnummer über die geltenden Öffnungszeiten.

Peter Killer

Sachregister

Römische Siedlungen, Kastelle, Einzelbauten, Straßen und Mosaiken

Arbon	Langenbruck	Sarmenstorf
Augst	Lenzburg	Seeb
Avenches	Liestal	Stein a. Rhein
Bourg-St-Pierre	Martigny	Studen
Concise	Massongex	Ursins
Hüttwilen	Orbe	Vuitebœuf
Irgenhausen	Pierre-Pertuis	Windisch (Vindonissa)
Julierpaß	Riva San Vitale	Zofingen

(Im Hallwag Verlag ist unter dem Titel *17 Ausflüge zu den alten Römern* ein Führer erschienen, der die römischen Monumente eingehend beschreibt und lokalisiert.)

Burgen, Burgruinen und Schlösser

Aarau	Baden	Buch-Üßlingen	Coppet
Aarburg	Balsthal	Bulle	Dorneck
Aarwangen	Bellinzona	Büren a. d. Aare	Erlach
Aigle	Binningen	Burg	Estavayer-le-Lac
Alberswil	Bischofszell	Burgdorf	Farnsburg
Amsteg	Blonay	Büsserach	Fraubrunnen
Arbon	Bottmingen	Castagnola	Frauenfeld
Ardez	Boudry	Castell	Frutigen
Arenenberg	Brig	Cham	Fürstenau
Attinghausen	Brugg	Champvent	Gelfingen
Aubonne	Bubikon	Chillon	Gilgenberg
Avenches	Bucheggberg	Colombier	Gorgier

Gottlieben
Grandson
Gränichen
Greifensee
Grüningen
Gruyères
Gümligen
Habsburg
Hagenwil
Häggenschwil
Haldenstein
Halten
Hegi
Herisau
Hilterfingen
Homburg
Hospental
Jegenstorf
Kandersteg
Kehrsatz
Klingenberg
Kräzers
Küßnacht
Kyburg
Laupen
Lausanne
Lenzburg
Leuk Stadt

Lieli
Locarno
Lucens
Maienfeld
Malans
Malix
Mammern
Mammertshofen
Marbach
Martigny
Mesocco
Morges
Mörsburg
Moudon
Murten
Muttenz
Neuchâtel
Nidau
Nyon
Oberdießbach
Oberhofen
Orbe
Oron
Pfeffingen
Pratteln
Pruntrut
Rapperswil
Reams

Regensberg
Regensdorf
Rhäzüns
Richensee
Riggisberg
Ringgenberg
Rolle
Romont
Rotberg
Rothenbrunnen
St-Maurice
St-Prex
Saillon
Sargans
Sarraz, La
Savièse
Sax
Schaffhausen
Schwanau
Schwarzenburg
Seedorf
Seengen (Hallwil)
Sierre
Sils i. Domleschg
Sion
Spiez
Stammheim
Steckborn

Stein a. Rhein
Stettfurt
Surava
Tägerwilen
Thalheim
Thorberg
Thun
Trachselwald
Trun
Tuggen
Untervaz
Utzenstorf
Valangin
Vufflens
Wädenswil
Waldenburg
Waltensburg
Wartau
Wattwil
Werdenberg
Wil
Wildegg
Wimmis
Winterthur
Yverdon
Zernez
Zignau
Zizers

Kunstsammlungen

Aarau
Altdorf
Basel
Bern
Castagnola

Chur
Fribourg
Genève
Glarus
Lausanne

Lugano
Luzern
Neuchâtel
Olten
Riggisberg

St. Gallen
Solothurn
Winterthur
Zürich

Sammlungen, Museen

Amriswil
Appenzell
Arbon
Arenenberg
Arosa
Ascona
Auberson L'
Augst
Avenches
Baden
Balsthal
Basel
Bellinzona
Beromünster
Biel
Bischofszell
Bosco-Gurin
Boudry
Bourg-St-Pierre
Brig
Brissago
Brugg
Bubikon
Buchegg
Bulle
Burgdorf
Bürglen
Cevio

Château-d'Œx
Chaux-de-Fonds, La
Chur
Colombier
Coppet
Davos
Delémont
Dießenhofen
Disentis
Ebnat-Kappel
Fleurier
Gelfingen
Genève
Grandson
Grüningen
Halten
Haudères, Les
Hegi
Herisau
Hilterfingen
Horgen
Jegenstorf
Kilchberg
Klosters
Kräzers
Kyburg
Langnau i. E.

Landeron, Le
Lenzburg
Lichtensteig
Lignoretto
Locle, Le
Loco
Lucens
Luzern
Morges
Môtiers
Moudon
Müstair
Näfels
Neuveville, La
Nyon
Oberhofen
Olivone
Oron
Rapperswil
Rheinfelden
St. Gallen
St-Maurice
St. Moritz
San Vittore
Sargans
Sarnen
Schaffhausen
Schuls/Scuol

Seedorf
Seengen
Sierre
Sils-Maria
Sion
Solothurn
Stammheim
Stampa
Stans
Stein a. Rhein
Tarasp
Thun
Trun
Utzenstorf
Valangin
Vevey
Wiesendangen
Wil
Wildegg
Windisch
Yverdon
Zermatt
Zofingen
Zug
Zürich

Vorromanik und Romanik
(Besonders sehenswerte sakrale Bauten, Bauteile, Malereien und Bauskulptur)

Airolo
Altnau (Kapelle Landschlacht)
Alvaschein-Mistail (St. Peter)
Amsoldingen (Stiftskirche)
Basel (Münster)
Beromünster (Stiftskirche)
Biasca (Stiftskirche)
Bondo
Brigels
Cademario (S. Ambrogio)
Cazis
Chironico
Chur (Kathedrale St. Luzius)
Celerina (S. Gian)
Degenau (Kapelle St. Nikolaus und Sta Magdalena)
Einigen (Pfarrkirche)
Fex-Crasta
Genève (Kathedrale)
Giornico (S. Nicolao)
Grandson (Kirche St-Jean-Baptiste)
Leuk Stadt
Locarno-Muralto (S. Vittore)
Montcherrand
Müstair/Münster (Kloster)
Muttenz (St. Arbogast)
Neuchâtel (Stiftskirche Notre-Dame)
Oberwinterthur
Payerne (Klosterkirche)
Prugiasco (S. Carlo)
Rheinau (Abteikirche)
Riva S. Vitale (Baptisterium)
Romainmôtier (Klosterkirche)
Rossura
St-Pierre-de-Clages
St-Sulpice
St-Ursanne (Stiftskirche)
San Vittore
Schaffhausen (Kloster Allerheiligen)
Schänis (Stiftskirche)
Schönenwerd (St. Leodegar)
Schönthal (Klosterkirche)
Spiez (Schloßkirche)
Stans
Thun
Visp
Wagenhausen (Klosterkirche)
Wettingen (Abteikirche)
Wimmis
Zillis (St. Martin)
Zürich (Großmünster)

Gotik
(Besonders sehenswerte sakrale Bauten, Bauteile, Malereien, Glasmalereien und Skulpturen)

Aarau (Stadtkirche)
Altnau (Kapelle Landschlacht)
Arosio (S. Michele)
Baden
Basel (St. Alban, Barfüßerkirche, Predigerkirche, Klosterkirche Klingental, Münster, St. Leonhard, Karthäuserkirche)
Bergün
Bern (Münster, Französische Kirche)
Bischofszell
Blumenstein
Brigels (St. Eusebius)
Brione-Verzasca (S. Quirico)
Büren a. A.
Burgdorf (Stadtkirche)
Chillon (Schloßkapelle)
Chironico (S. Ambrogio)
Chur (St. Luzius)
Domat/Ems (Hl. Grabkapelle)
Elgg
Erlenbach
Estavayer-le-Lac (St-Laurent)
Frauenfeld
Fribourg (Kathedrale, Franziskanerkirche)
Genève (Kathedrale)
Glis (Kirche St. Maria)
Greifensee
Hauterive (Zisterzienserkloster)
Herisau
Hindelbank
Interlaken
Jegenstorf
Kappel (Klosterkirche)
Köniz
Lain
Lenz/Lantsch
Lausanne (Kathedrale, St-François)
Leuk Stadt (St. Stephan)
Luzern (Hofkirche)
Mesocco (S. Maria del Castello)
Mörsburg
Moudon (St-Etienne)
Münchenbuchsee
Neuchâtel (Stiftskirche)
Oberwinterthur (St. Arbogast)
Pontresina (St. Maria)
Prugiasco (S. Carlo)
Ramosch
Raron
Rhäzüns (St. Georg)
Romont (Pfarrkirche)
Rorschach (Kloster Mariaberg)
St. Wolfgang
Saanen (St. Mauritius)
Sarnen
Sarraz, La (Burgkapelle)
Savièse (St-Germain)
Schwyz
Stammheim (Galluskapelle)
Stierva
Tesserete
Verscio (S. Fedele)
Villeneuve
Waltensburg (Pfarrkirche)

Wettingen (Kloster)
Wiesendangen
Zell
Zernez
Zofingen (Stiftskirche)
Zug (St. Oswald)
Zürich (Fraumünster, Wasserkirche)
Zurzach (Stiftskirche)
Zweisimmen

Renaissance
(Besonders bemerkenswerte Bauten, Bauteile, Plastiken und Gemälde)

Andeer (Haus Pedrun)
Ardez
Arogno (S. Stefano)
Ascona (Collegio, SS. Pietro e Paolo)
Basel (Rathaus)
Bellinzona (S. Maria delle Grazie)
Bern (Münster, Brunnen)
Biel (Zunfthaus zu Waldleuten)
Bondo
Brissago (Kirche Madonna del Ponte)
Carona (S. Giorgio)
Cevio (Madonna del Ponte)
Dießenhofen (Zeitglockenturm)
Genève (Rathaus)
Ittingen (Karthäuserkloster)
Locarno (S. Francesco, Madonna del Sasso)
Lugano (Kathedrale)
Luzern (Franziskanerkirche, Hofkirche, Rathaus, Ritterscher Palast)
Maggia (S. Maria delle Grazie)
Mendrisio (Servitenkloster)
Morbio Inferiore (Wallfahrtskirche)
Muri
Näfels (Freulerpalast)
Neuchâtel (Maison des Halles)
Ponte Capriasca (S. Ambrogio)
Poschiavo (S. Maria Assunta)
Riva S. Vitale (S. Croce)
Schaffhausen (Munot, Bürgerhäuser, u. a. Haus zum Ritter, Zeughaus)
Solothurn (Rathaus)
Stans (St. Peter)
Stein a. Rhein (Kloster, Bürgerhäuser)
Vico Morcote (S. Fedele)
Werthenstein (Kloster)
Wettingen (Kloster)
Zürich (Predigerkirche)

Barock
(Bedeutende Architekturwerke und Ausstattungen)

Agno (S. Provino)
Arlesheim (Dom)
Ascona (Casa Serodine)
Balerna
Bellelay (Klosterkirche)
Bern (Heiliggeistkirche, Hauptwache, Haus Sinner, Zeitglockenturm)
Bernhardzell
Beromünster (Stiftskirche)
Bischofszell (Rathaus)
Bissone (S. Carpoforo)
Blatten
Bottmingen
Brig (Stockalperpalast)
Carona (Madonna d'Ongero, S. Giorgio)
Castello (S. Pietro, S. Eusebio)
Cham
Dießenhofen (Klosterkirche St. Katharinental)
Disentis (Klosterkirche)
Engelberg (Klosterkirche)
Einsiedeln (Kloster)
Fahr
Fischingen (Kloster)
Fribourg (Visitanerinnenkirche, Loretokapelle)
Frick
Gümligen (Hofgut)
Hergiswald (Wallfahrtskapelle)
Herznach
Hindelbank
Horgen
Ittingen
Kreuzlingen (Augustinerkirche)
Lachen
Lain
Laufen
Leuk Stadt (Pfarrkirche)
Luzern (Jesuitenkirche)
Mariastein (Wallfahrtskirche)
Mendrisio (S. Giovanni Batista)
Münster
Münsterlingen (Klosterkirche)
Muri (Klosterkirche)
Näfels
Neudorf
Oberdorf (Wallfahrtskirche)
Pfäfers (Klosterkirche)
Porrentruy (Rathaus, Spital)
Poschiavo (S. Maria Assunta)
Quinto
Reckingen
Rheinau (Klosterkirche)
Rheineck
Rheinfelden (Martinskirche)
Rorschach (Rathaus, Kornhaus)
Roveredo
San Carlo (Pfarrkirche)
St. Gallen (Stiftskirche, Stiftsbibliothek)
St. Urban (Klosterkirche)
Sachseln
Sarnen (Pfarrkirche)
Savognin
Schwyz
Seedorf (Klosterkirche)
Solothurn (Kathedrale, Jesuitenkirche)

Stans
Stettfurt
Valsainte, La (Karthäuserkloster)
Vico Morcote (S. Fedele)
Visp
Visperterminen

Wolfenschießen
Zernez
Zizers
Zürich (Kirche St. Peter, Zunfthaus zur Meise, Haus zum Rechberg)

Schlachtfelder

Arbedo	Giornico	Kappel	Neuenegg
Basel	Gisikon	Laupen	Sempach
Dornach	Grandson	Morgarten	Stoß
Fraubrunnen	Grauholz	Näfels	Vögelinsegg

Schöne Ortsbilder

Aarberg	Erlenbach	Landeron, Le	Samedan
Aarburg	Ernen	Lenzburg	Sassal-Masone
Andeer	Filisur	Lichtensteig	Schaffhausen
Appenzell	Flums	Ligornetto	Schwyz
Arcegno	Fribourg	Locarno	Sempach
Aubonne	Fürstenau	Maienfeld	Sent
Baden	Gais	Malans	Soglio
Bergün	Glarus	Marthalen	Stammheim
Beromünster	Gorgier	Mellingen	Stein a. Rhein
Biel	Gottlieben	Mezzovico	Sursee
Bischofszell	Greifensee	Murten	Trogen
Bissone	Grüningen	Neunkirch	Valangin
Bondo	Gruyères	Neuveville, La	Vicosoprano
Bourg-St-Pierre	Guarda	Olten	Villeneuve
Bremgarten	Guttannen	Payerne	Visp
Brienz	Heiden	Poschiavo	Visperterminen
Brugg	Hombrechtikon	Rapperswil	Wangen a. A.
Bülach	Horgen	Regensberg	Werdenberg
Büren a. A.	Hornussen	Reichenberg	Wil
Därstetten	Ilanz	Rheineck	Willisau
Dießenhofen	Kaiserstuhl	Romont	Zizers
Eggiwil	Kippel	Ronco	Zofingen
Eglisau	Langnau i. E.	St-Ursanne	Zuoz
Erlach	Laufenburg	Saas Balen	

Nationalstraßenviadukt bei Chillon (Farbphoto Germond)

Technik

Von Jakob Bächtold

Technik
Von Jakob Bächtold

Alt Nationalrat, Vizepräsident der Eidgenössischen Natur- und Heimatschutzkommission ENHK, Mitglied der Eidgenössischen Nationalparkkommission, alt Präsident des Schweizerischen Bundes für Naturschutz, alt Oberingenieur der Kraftwerke Oberhasli.

Einführung

Im März 1971 erschien in der «Technischen Rundschau» mein Artikel «Nach uns die Sintflut». Ich versuchte darin drastisch und anschaulich aufzuzeigen, wohin die hemmungslose Expansion der Wirtschaft und des Konsums führen muß, nämlich zur Zerstörung der Umwelt, unseres Lebensraumes. Der Aufruf zur Vernunft und zum Maßhalten, der den Schlußfolgerungen aus dem europäischen Naturschutzjahr 1970 entsprang, wurde von den Wirtschaftsführern und Politikern damals noch kaum zur Kenntnis genommen. Die Expansion wurde unentwegt weitergetrieben, bis die Ölkrise mit ihren weltweiten Folgen die Wachstumseuphorie überraschend, schockartig abkühlte.
Es liegt nun aber nicht in der Natur des menschlichen Geistes, zu resignieren und unsere Gesellschaftsstruktur und den Lebensstandard in frühere Zustände zurückfallen zu lassen. Wir sind auch keine Insel auf dem Planeten Erde, auf der man Robinson spielen kann, sondern wir sind mit den übrigen Ländern durch unzählige Fäden, durch gegenseitige Abhängigkeiten verbunden. Deshalb kann unsere Wirtschaft nicht stillstehen. Selbst bei einem Bevölkerungszuwachs Null müssen Forschung und Produktion, geistiger und materieller Fortschritt weitergehen.
Wirtschaften ist zudem unentbehrlich, um eine Gesundung der Umwelt herbeizuführen, um Mittel für die nationale und internationale Entwicklungshilfe zu erarbeiten. Eine Verteufelung von Technik und Wirtschaft bringt uns keine Verbesserungen; vielmehr müssen Technik und Wirtschaft aus einer Gesamtschau heraus eingesetzt werden, die alles berücksichtigt, was zur Wohlfahrt (nicht nur zum Wohlstand) beiträgt. Wir werden also auch in Zukunft auf unseren vorhandenen technischen Anlagen aufbauen müssen, um die Aufgaben der Forschung, der Wirtschaft und der gesamten Infrastruktur bewältigen zu können.
Das ist der Sinn der Übersicht über die *technischen Sehenswürdigkeiten unseres Landes.* Im nachfolgenden Sachregister sind zusammengefaßt Kraftwerke, Forschungszentren, Hochschulen, PTT-Anlagen, Verkehrsanlagen (Bahnen, Straßen, Brücken) aufgeführt. Selbstverständlich konnten nicht alle Wasserkraftwerke aufgeführt werden, denn es sind deren mehr als fünfhundert. So mußte eine Auswahl der bedeutendsten Anlagen getroffen werden. Hingegen sind die in Betrieb stehenden, in Bau befindlichen und bezüglich Standort bewilligten thermischen und Atomkraftwerke alle aufgeführt. Auch von Bahnanlagen und weiteren Objekten konnte natürlich nur eine sehr beschränkte Anzahl typischer Werke aufgenommen werden.

Jakob Bächtold

Sachregister

Flußkraftwerke (Laufwerke)
Aarberg (Niederried), Aarwangen (Flumenthal/Neu-Bannwil/Wynau), Baden (Wettingen, Beznau*), Eglisau, Fribourg (Rossens/Schiffenen), Genève (Verbois/Chancy-Pougny), Kaiseraugst, Klingnau, Leibstadt, Mühleberg, Olten, Reckingen (Albbruck-Dogern*), St-Maurice, Schaffhausen.

Hochdruck- und Speicherkraftwerke, Staumauern
Airolo (Ritom), Albulapaß, Biasca, Brusio, Fionnay, Göschenen, Gotthardpaß (Lucendro), Grande-Dixence, Grimsel, Hinterrhein, Locarno (Maggia und Verzasca*), Martigny (Châtelard/Barberine/Emosson/Mauvoisin/Grande-Dixence), Mörel, St-Maurice (Vernayaz), Sargans (KW Sarganserland), Sembrancher, Val Bregaglia (Albigna), Visp, Zernez (La Drossa), Zuoz (Praspöl).

Thermische und Atomkraftwerke
Aarwangen (Atomkraftwerk Graben*), Beznau, Genève (Atomkraftwerk Verbois*), Gösgen, Kaiseraugst*, Leibstadt*, Mühleberg (Atomkraftwerk), Vouvry (ölthermisches Kraftwerk).
(* Bis heute nur Standortbewilligung.)

Raffinerien
Aigle, Cressier.

Atomforschungszentren
Beznau, Genève (CERN), Würenlingen (EIR).

Mehrzweckanlagen PTT (Richtstrahlanlagen)
Bern (Bantiger und Ulmizberg), Jungfraujoch, Mte Generoso, Säntis, Zürich (Albis).

Fernmeldezentren PTT
Bellinzona, Bern, Lugano, Zürich.

Satelliten-Bodenstation PTT
Leuk.

Technische Hochschulen (mit Annexanstalten)
Albulapaß (ETH Landwirtschaftliches Versuchsgelände), Wädenswil (landwirtschaftliche Versuchsanstalt), Weißfluhjoch (Schnee- und Lawineninstitut), Zürich.

Häfen und Schleusen
Basel (Kleinhüningen, St. Johann, Birsfelden), Biel (Schiffschleuse Port), Interlaken (Regulierwehr Brienzersee), Nidau, Romanshorn (Hafen am Bodensee).

Große, moderne Bahnhöfe
Basel (größter Rangierbahnhof Muttenz), Bern (neuer Bahnhof), Zürich (modernster Rangierbahnhof Zürich-Limmattal).

Große Flughäfen
Basel-Mühlhausen, Genève-Cointrin, Zürich-Kloten.

Technische Museen
Interlaken (Modelleisenbahn Harder), Luzern (Verkehrshaus der Schweiz), Schleitheim (Gipsstollen), Winterthur (Technorama).

Bedeutende Brücken
a) *Schöne Holzbrücken:* Bern (Neubrücke), Gümmenen, Hasle-Rüegsau, Wangen a. A.
b) *Stahlbrücken:* Basel (Dreirosen- und Breitebrücke), Bern (Kirchenfeld- und Kornhausbrücke), Eglisau (Eisenbahnbrücke), Flamatt (Nationalstraße 12), St. Gallen (Sitterbrücken), Solothurn.
c) *Massivbrücken:* Baden (Hochbrücke), Basel (Rheinbrücken), Bern (große Eisenbahn- und Straßenbrücken), Chillon (Viadukt der N9), Fribourg (Pont Pérolle, Grandfey und Brücken N12), Genève (Pont Buttin, Jonction), Langwies (Viadukt aus Eisenbeton), Mühleberg (Viadukt der N1 über das Saanetal), St. Gallen (Sitterbrücken).

Straßen
Airolo–Göschenen (N2), Baden (N1), Bern (N1, N6, N12), Biel (Taubenlochschlucht), Brig (Simplonstraße), Chiasso–Lugano (N2), Fribourg (N12), Gotthardpaß (N2), Grimsel- und Sustenpaß, Hinterrheintal (N13), Interlaken (N8), Lugano, Luzern, Martigny (Col-de-la-Forclaz), Mühleberg (N1), St. Gallen, Zürich (Expreßstraße und N1).

Bedeutende Bahnanlagen
Airolo (Gotthardbahn), Albula (Albulabahn), Baden, Brig (Südrampe), Davos (Weißfluhjochbahn), Goms (Furka-Oberalp-Bahn), Gotthard (Nordrampe Gotthardbahn, Bahn durch die Schöllenenschlucht), Jungfraujoch (Jungfraubahn), Lausanne (Bahnpostanlage), Locarno (Centovallibahn), Visp (Visp-Zermatt-Gornergrat-Bahn).

Kanäle
Aarberg (Hagneckkanal), Interlaken (Schiffahrtskanal), Nidau (Nidau-Büren-Kanal).

Lawinenverbauungen
Davos, Goms.

Reihe links:

Grindelwaldnermarmor
Habkerngranit
Haplosmilia (Korallenstock von
   St-Ursanne)
Lamna (Haifischzahn von Häutligen)

Reihe rechts:

Diverse Ammoniten vom Hauenstein
Nadelquarz vom Gotthardgebiet
Eisenoolith von Herznach
Disthene aus der Umgebung von
   Frodalera

(Farbphoto Dr. Erich Blumer)

Geologie Mineralfundgebiete

Von Dr. Erich Blumer

Geologie, Mineralfundgebiete

Von Dr. Erich Blumer

Schweizerische Sammelstelle geologischer Dokumente, Bern

Einführung

Es liegt in der Art der Materie, daß sich für den geographisch-geologischen Teil dieses Sehenswürdigkeitenführers keine Liste von Lokalitäten von absoluter Wichtigkeit aufstellen ließ. Die hier getroffene Auswahl entstand aber nach bestem Wissen und Gewissen. Es wurde versucht, eine möglichst breite, jedermann etwas bietende Auslese vorzunehmen.
Die Liste der geologischen **Lehrpfade** dürfte komplett sein, und auch das Kapitel der **Schauhöhlen** ist meines Wissens vollständig. Es wurden hier nur solche berücksichtigt, die durch Gehsteige zugänglich gemacht worden sind. Ein sich vermehrt mit Höhlen befassender Tourist, der auch Kriech- und Klettertouren auf sich nehmen will, wird sich sicher in der speziellen Höhlenliteratur informieren. Von den prähistorischen Höhlen wurden nur drei typische und leicht zugängliche Höhlen in die Liste aufgenommen.
Fossilfundstellen gibt es unzählige in der Schweiz. Die meisten sind aber nur für denjenigen von Interesse, der sich viel mit Versteinerungen befaßt. Für die **Mineralien** lassen sich meist keine Fundorte angeben (außer Steinbrüche), da eine Mineralkluft stets von dem Finder «beschlagnahmt» werden darf und auch von ihm ausgebeutet wird. Es wurden daher für dieses Kapitel meist Fundortgebiete angegeben, in denen Mineralfunde sehr häufig sind.
Beim **Bergbau** wurden einige Minen aufgeführt, die heute noch in Betrieb sind oder solche, die von größerer Bedeutung waren und eventuell wieder eröffnet werden könnten. Die erwähnten **Gesteinsabbaustellen** haben alle eine gewisse regionale Bedeutung und werden nicht nur zum Lokalbedarf ausgebeutet. Einige erwähnte Steinbrüche hatten auch Bedeutung für den Export. Das Kapitel über die **Typusprofile** wurde aufgenommen, da diese in der Geologie von internationaler Bedeutung sind und allgemein verwendet werden.
Für jene, die sich tiefer in die Geographie und Geologie der Schweiz einarbeiten möchten, wurde eine Liste der Museen aufgestellt, wo sie sich weiter informieren können. Hiezu wurde zudem ein Verzeichnis der wichtigsten Übersichtsliteratur beigefügt.

Erich Blumer

Sachregister

Bergbau

Bex	Steinsalzsaline
Felsberg	Goldvorkommen am Calanda
Gondo	Altes Goldbergwerk
Herznach	Eisenerzbergbau im Bärhaldental
Sargans	Eisenerzabbau am Gonzen
Schweizerhalle	Vereinigte Schweizerische Rheinsalinen
Travers	Asphaltmine La Presta
Zurzach	Schweizerische Sodafabrik

Bergsturz

Airolo	Bergsturz vom Sasso Rosso
Domat-Ems	Tomalandschaft
Elm	Elmer Bergsturz
Flims	Flimser Bergsturz
Goldau	Roßberg-Bergsturz
Kandersteg	Kandertaler Bergsturz
Lenzerheide	Bergstürze von Talflanke her

Bergsturzstauseen

Conthey	Lac de Derborence
Grabs	Voralpsee
Flims	Caumasee
Kandersteg	Öschinensee
Lenzerheide	Heidsee
Mitholz	Blausee

Deltas

Gwatt	Kanderdelta
Locarno	Maggiadelta

Fossilfundstellen

Allschwil	Tongrube der Ziegeleien
Arzo	Marmorsteinbrüche
Engi	Dachsteinschieferbruch am Landesplattenberg
Hauenstein	Alte Tongrube
Häutligen	Fossilfundstelle
Herznach	Eisenerzbergbau im Bärhaldental
Holderbank	Jurazementfabrik
Liesberg	Tongruben
Mte San Giorgio	Fossilfundstelle oberhalb Serpiano
Pfaffeien	Steinbruch Zollhaus
Reuchenette	Steinbrüche der Zementfabrik Vigier
St-Ursanne	Kalksteinbruch
Seiry	Muschelkalksteinbruch
Solothurn	Steinbrüche am St.-Verena-Hügel

Geographische Sehenswürdigkeiten

Euseigne	Erdpyramiden
Genève	Jet d'eau de la Rade
Habkern	Naturschutzgebiet Hohgant-Seefeld
Noiraigue	Creux-du-Van
St. Gotthard	Gotthardpaßhöhe
St-Sulpice	Stromquelle der Areuse (La Doux)
Vallorbe	Grottes de Vallorbe und Vauclusequelle der Orbe

Geologische Naturlehrpfade

Brülisau	Geologischer Naturlehrpfad Hoher Kasten–Saxerlücke
Luzern	Gletschergarten
Saas Fee	Geologischer Naturlehrpfad Felskinn–Plattjen
Stampa	Gletschermühlenreservat auf dem Malojapaß
Steingletscher	Gletscherlehrpfad am Stein- und Steinlimmigletscher
Zürich	Sammlung von Findlingen auf dem Adlisberg

Gesteinsabbaustellen

Allschwil	Tongrube der Ziegeleien
Arzo	Marmorsteinbrüche
Balerna	Tongrube von Castel di Sotto
Binn	Steinbruch Lengenbach
Castione	Steinbrüche
Engi	Dachsteinschieferbruch am Landesplattenberg
Grindelwald	Marmorsteinbruch
Habkern	Luegiboden-Granitblock (kein Abbau)
Holderbank	Jurazementfabrik
Iragna	Gneissteinbruch
Laufenburg	Burghügel (kein Abbau)
Leißigen	Gipssteinbruch Rotenbühl der Gips-Union
Liesberg	Tongruben
Mels	Steinbruch Tiergarten
Ostermundigen	Abbaustelle des Bernersandsteins
Plaffeien	Steinbruch Zollhaus
Reuchenette	Steinbrüche der Zementfabrik Vigier
St-Triphon	Kalksteinbrüche südlich Le Lessus
St-Ursanne	Kalksteinbruch
Seiry	Muschelkalksteinbruch
Solothurn	Steinbrüche am St.-Verena-Hügel

Gletscher

Furkapaß	Eishöhle beim Belvédère
Gletsch	Rhonegletscher
Jungfraujoch	Großer Aletschgletscher

Mineralienfundorte

Bex	Steinsalz- und Gipskristalle
Binn	Mineralfundstelle Lengenbach
Castione	Steinbrüche (Disthen und Turmalin)
Disentis	Mineralfundgebiet der Lukmanierschlucht
Frodalera	Mineralfundstelle
Grimselpaß	Mineralfunde vom Zinggenstock
Leißigen	Anhydritkristalle im Gipssteinbruch
Maderanertal	Mineralienfundgebiet
St. Gotthard	Mineralienfunde an der Fibbia
Sargans	Eisenerzabbau am Gonzen

Museen

Basel	Naturhistorisches Museum
Bern	Naturhistorisches Museum
Chur	Bündner Naturhistorisches und Nationalparkmuseum
Fribourg	Musée cantonal d'histoire naturelle
Genève	Musée d'histoire naturelle
Grimselpaß	Kristallgrotte
Lausanne	Musée géologique cantonal
Lugano	Museo di storia naturale
Luzern	Gletschergarten
Rondez	Von-Roll-Museum
St. Gallen	Heimatmuseum
Schönenwerd	Museum Bally-Prior (Bally-Museumsstiftung)
Semione	Museo di minerali e fossili (Fondazione Frei)
Solothurn	Museum der Stadt Solothurn
Stampa	Ciäsa Granda
Winterthur	Naturwissenschaftliche Sammlung der Stadt
Zürich	Mineralogisch-Petrographische Sammlung der ETH
Zürich	Paläontologisches Institut und Museum

Phänomene der Gebirgsbildung

Brienzwiler	Gesteinsfalten am Ballenberg
Brülisau	Säntisdecke
Erstfeld	Scheidnößli
Reuchenette	Typische Faltung der Swakeller
Säntis	Säntisgipfel
Schwanden	Lochseite
Schwyz	Mythen
Sisikon	Gesteinsfalten am Axen

Prähistorische Höhlen

Oberwil	Prähistorische Höhle Schnurenloch
Thayngen	Prähistorische Halbhöhle Keßlerloch
Wasserauen	Prähistorische Höhle Wildkirchli

Schauhöhlen

Baar	Höllgrotten
Boncourt	Grotte de Milandre
Kobelwald	Kristallhöhle
Muotathal	Hölloch
Réclère	Grottes de Réclère
Saint-Léonard	Le lac souterrain
St-Maurice	Grotte aux Fées
Sundlauenen	Beatushöhlen
Vallorbe	Grottes de Vallorbe und Vauclusequelle der Orbe

Schluchten

Glaris	Bärentritt
Grindelwald	Gletscherschlucht des Unteren Gletschers
Meiringen	Aareschlucht
Meiringen	Gletscherschlucht Rosenlaui

Typusprofile der Erdgeschichte
Hauterive	Typusprofil des «Hauterivien»
Niedermuhlern	Imihubel, Typusprofil des «Helvetien»
Valangin	Typusprofil des «Valanginien»

Wasserfälle
Brenets, Les	Saut du Doubs
Brienz	Gießbachfälle
Finhaut	Cascade de Giétroz
Glaris	Bärentritt
Lauterbrunnen	Staubbachfall, Trümmelbachfälle
Lenk	Sieben Brunnen und Simmenfälle
Meiringen	Reichenbachfälle
Neuhausen	Rheinfall
Schwende	Leuenfall
Soazza	Buffalorafall
Vernayaz	Pissevache

Wichtigste geographische und geologische Übersichtsliteratur
Bär Oskar (1973): «Kleine illustrierte Schweizer Geographie», Benziger Verlag.
Cadisch Joos (1953): «Geologie der Schweizer Alpen», 2. Aufl., Wepf & Co.
Gurtner O., Hofmann F., Suter H. (1960): «Sprechende Landschaft», 2 Bände, E. Frei, Zürich.
Gutersohn Heinrich (1961–69): «Geographie der Schweiz», 3 Bände, Kümmerly & Frey.
Gwinner M. (1971): «Geologie der Alpen», Schweizerbart, Stuttgart.
«Geologischer Führer der Schweiz» (1934 und 1967): 2 versch. Aufl., Wepf & Co.
Heierli Hans (1974): «Geologische Wanderungen in der Schweiz», Ott Verlag, Thun.
Heim Albert (1919–22): «Geologie der Schweiz», 2 Bände, Tauchnitz-Verlag, Leipzig.
Koenig Martin (1972): «Kleine Geologie der Schweiz», 2. Aufl., Ott Verlag, Thun.
Kündig E., de Quervain F. (1953): «Fundstellen mineralischer Rohstoffe in der Schweiz» (mit Übersichtskarte 1:600000), 2. Ausgabe, Kümmerly & Frey.
Parker R.L. (1972): «Die Mineralfunde der Schweiz» (Neuauflage durch Stalder H.A., de Quervain F., Niggli E., Graeser St.), Wepf & Co.
de Quervain F. (1969): «Die nutzbaren Gesteine der Schweiz», 3. Aufl., Kümmerly & Frey.
Weibel Max (1966): «Die Mineralien der Schweiz», 2. Aufl., Birkhäuser Verlag.
Geologische Karte der Schweiz 1:500000 (1972)
Tektonische Karte der Schweiz 1:500000 (1972)

Alpengarten Schynige Platte (Farbphoto Siegfried Eigstler)

Botanische Gärten

Von Dr. Otto Hegg

Botanische Gärten
Von Dr. Otto Hegg

Botaniker am Systematisch-Geobotanischen Institut der Universität Bern

Einführung

Die meisten botanischen Gärten dienen besonders zwei Zielen: Erstens sollen sie der Bevölkerung zur Belehrung und Erholung zur Verfügung stehen und ihr ein enges Verhältnis zur Natur ermöglichen; zweitens haben sie aber auch eine wissenschaftliche Bedeutung als Versuchs-, Demonstrations- und Lehrobjekte sowie als Refugium bedrohter Arten. Eine Anzahl Gärten verfügt über Gewächshäuser, die dem Besucher eine Reise in entfernte Gebiete in den Tropen oder auch in Wüstengebiete ersetzen – ihn dazu allerdings auch anregen können. In den Häusern können zu jeder Jahreszeit viele Besonderheiten, z.B. eigenartige Blüten und Früchte oder merkwürdige Formen von Pflanzen, beobachtet werden.

Alle Gärten verfügen über mehr oder weniger ausgedehnte Sammlungen im Freiland. Hier besteht das «Ausstellungsgut» aus Pflanzen, die sich in Abhängigkeit von der Witterung jedes Jahr anders entwickeln. Es ist deshalb zu erwarten, daß die Angaben in den Führern der einzelnen Gärten nicht immer genau stimmen. Das gilt besonders für Gärten in den Alpen, wo die Schneedecke verschieden spät wegschmilzt und die Blühzeiten deshalb von Jahr zu Jahr stark wechseln können.

Der aufmerksame Beobachter wird aber jederzeit in jedem Garten fesselnde Objekte finden, ganz besonders bei mehrfachem Besuch, und sich dadurch gute Vergleichsmöglichkeiten verschaffen. Er wird unter anderem sehen, daß im Garten die Flora an einheimischen Pflanzen wesentlich reicher ist als außerhalb und daraus den richtigen Schluß ziehen, daß der Mensch und seine heutigen Aktivitäten die Natur gefährden und verarmen lassen. Wie wär's, wenn man deshalb die Blumen in Zukunft auch außerhalb des Zaunes stehenließe? Wie, wenn man z.B. dem Schweizerischen Bund für Naturschutz (Sekretariat: Wartenbergstraße 22, 4052 Basel) beitreten und dadurch alle Bestrebungen zum Erhalten einer reichen, vielfältigen Natur unterstützen würde?

Otto Hegg

Sachregister

Alpengärten im Alpengebiet
Champex, Alp Grüm, Pont-de-Nant, Rochers-de-Naye, Schatzalp, Schynige Platte, Weißenstein (Jura).

Alpenpflanzen aus aller Welt
Basel, Champex, Chêne-Bourg, Genève, Grüningen, Lausanne, Neuchâtel, Pont-de-Nant, Rochers-de-Naye, Schatzalp.

Schweizerische Alpen- und Jurapflanzen
Bern, Fribourg, Alp Grüm, Rochers-de-Naye, Schynige Platte, St. Gallen, Weißenstein.

Arboretum
Aubonne, Brissago, Genève, Grüningen, Öschberg, Vaduz.

Botanische Gärten einer Universität
Basel, Bern, Fribourg, Genève, Lausanne, Neuchâtel, Zürich.

Parkanlagen mit Charakter von botanischen Gärten
Basel (Münchenstein), Bern (Stadtgärtnerei, Rosengarten), Brissago, Öschberg, Vaduz, Zürich (Stadtgärtnerei).

Botanische Gärten ohne Zusammenhang mit Universität
Basel (Münchenstein), Grüningen, Porrentruy, St. Gallen, Zürich (Sukkulentensammlung).

Heilpflanzen
Bern, Fribourg, Lausanne, St. Gallen.

Mediterrane Pflanzen inkl. Kanarische Inseln
Brissago, Genève, Grüningen, St. Gallen, Zürich.

Natürliche Pflanzengesellschaften
Bern, Schynige Platte, Zernez.

Orchideen
Basel, Bern, Genève, St. Gallen.

Sukkulente Pflanzen (Kakteen u. ä.)
Bern, Genève, St. Gallen, Zürich (Sukkulentensammlung).

Staudensammlung
Basel (Münchenstein), Bern (Stadtgärtnerei), Öschberg.

Tropenhaus
Basel, Bern, Genève, St. Gallen, Zürich.

Warmhaus (Geheiztes Gewächshaus)
Bern (Stadtgärtnerei), Fribourg, Genève, Öschberg, Pruntrut, St. Gallen, Zürich.

Wasserpflanzen
Genève, St. Gallen, Vaduz.

Eichen im Dählhölzliwald Bern (Farbphoto G. v. Fellenberg)

Bäume in freier Natur und in Parkanlagen

Von Dr. Johann Anliker

Bäume in freier Natur und in Parkanlagen

Von Dr. Johann Anliker

Botaniker, Präsident und wissenschaftlicher Leiter der Schweizerischen Dendrologischen Gesellschaft

Einführung

Dank ihrer Gestalt, Langlebigkeit und Geschichte verkörpern viele Bäume in unserem Land echte Sehenswürdigkeiten; die Sträucher brauchen ihnen an Wert jedoch nicht nachzustehen.

Die *Auswahl der Objekte* (Einzelbäume, Pflanzengruppen, Parkanlagen) mußte naturgemäß nach strengen Maßstäben erfolgen. Erwähnung finden nur solche Pflanzen, die sich durch ihre außergewöhnliche Größe oder Form, ihr hohes Alter, das in einigen Fällen mit weit zurückliegenden Ereignissen verknüpft ist, oder – wie beim Frauenschuh – durch ihre Schönheit auszeichnen. Bei vielen Arten spielte die botanische Seltenheit eine entscheidende Rolle. Diese wird meist nicht durch die Schwierigkeit der Beschaffung oder Aufzucht, sondern vorwiegend durch die Kulturansprüche der betreffenden Gewächse bedingt. Wärmeliebende Arten, wie die Zypressen, der echte Lorbeer, die immergrüne Magnolie oder die Schirmakazie, die in der südlichsten Schweiz die für eine gute Entwicklung notwendigen klimatischen Voraussetzungen vorfinden, sind hier weit verbreitet und genießen die Wertschätzung des Alltäglichen. In der Nordschweiz dagegen vermögen sich dieselben Arten als Folge der hier auftretenden tieferen Temperaturen nur an den mildesten Orten zu halten. Da sowohl günstige wie ungünstige klimatische Faktoren während Jahrzehnten am gleichen Standort auf sie einwirken, werden sie für die betreffende Gegend zu eigentlichen *Klimazeigern*. Obschon solche Arten in extrem kalten Wintern immer wieder gefährdet sind, muß ihr Vorkommen lokal ungleich höher bewertet werden.

Bei Parkanlagen, die sich in der Regel aus Arten verschiedenen Wertes zusammensetzen, werden außer den notwendigen Elementen für die räumliche Ortung einer bestimmten Pflanze meist noch in kurzer Fassung einige charakteristische Merkmale beigefügt, welche ihre *Erkennung* sichern sollen. Es dürfte dem Benützer des Führers sicher willkommen sein, wenn auf die wichtigsten Arten einer Anlage besonders hingewiesen wird. Aber auch die nicht mit Namen erwähnten Arten verdienen die Aufmerksamkeit des Besuchers.

Zur Erleichterung des Erkennens einzelner Bäume werden vielfach die gut abschätzbaren Angaben über deren Größe angeschlossen (Höhe, Durchmesser des Stammes und der Krone). Wo die angegebenen Werte nicht von Messungen des Jahres 1974 stammen, wird dies besonders vermerkt. Bezüglich der Blütezeit muß beachtet werden, daß diese je nach der vorausgegangenen Witterung beträchtlich schwanken kann.

In der Regel werden in größeren Ortschaften nur öffentliche Parkanlagen berücksichtigt. Wo die Bedeutung einer Art dies rechtfertigt, wird aber auch auf private Anlagen verwiesen (z.B. Solothurn, Nyon), sofern die betreffenden Objekte leicht von benachbarten Straßen aus beobachtet werden können. Nur ausnahmsweise wird wegen der außerordentlichen Seltenheit einer Art auch eine private Parkanlage aufgeführt (so Préfargier). Daß hier eine dem Besuch vorausgehende Anmeldung notwendig ist, dürfte als selbstverständlich erscheinen. Die zum Teil reichen Sammlungen an interessanten Bäumen in botanischen Gärten werden nicht detailliert aufgezählt.

Johann Anliker

Sachregister

der deutschen Pflanzennamen mit Hinweis auf das erwähnte Vorkommen

Pflanzennamen	Vorkommen
Acacia-Arten, Mimosen	Locarno
Schirmakazie	Lugano, Vitznau
Schirmakazie, Strauchförmige	Wädenswil
Ahorn-Arten:	
Französischer Ahorn	Wädenswil
Schneeball-Ahorn	Landshut (Schloß)
Sibirischer Ahorn	Arbon
Alpengoldregen	Mergugno (oberhalb Brissago)
Amberbaum	Bern (Rosengarten)
Araucarien (Araucaria), Chilenische Schmucktanne	Genève, Lausanne, Préfargier, Serpiano, Spiez, Tellsplatte
Azaleen (Rhododendron)	Bern (Rosengarten), Locarno
Blumenmyrte (Lagerstroemia)	Genève, Lausanne, Locarno, Montreux
Blutbuche	Wädenswil
Buche, Geschlitztblättrige	St. Gallen
Buche, Großblättrige	Bern
Buche, Gewöhnliche, Rotbuche	Biel, Lausanne, Mergugno
Buchs, Immergrüner	Pieterlen, Pompaples, La Sarraz
Camellien (Camellia)	Locarno, Montreux
Chilenische Schmucktanne	Genève, Lausanne, Préfargier, Serpiano, Spiez, Tellsplatte
Christusdorn (2 Arten)	Colombier
Cunninghamie (Cunninghamia)	Thun
Douglas-Tanne	Amsteg, Oberhofen (Strandpromenade), Tellsplatte
Eberesche, siehe Sorbus	
Edelkastanie (Castanea sativa)	Castasegna, «Chestenen» oberhalb Lützelau, Locarno, Novaggio, Oberhofen (Schloß), St.-Peters-Insel, Trogen
Edgeworthie (Edgeworthia)	Novaggio
Eibe, siehe Gerstlereibe	
Eichen-Arten (Quercus):	
Flaumeiche	La Sarraz
Großfrüchtige Eiche	Basel
Korkeiche (Quercus suber)	Genève, Lugano (Quaianlagen), Montreux
Persische Eiche	Bern, St. Gallen
Schindeleiche	Cham
Stech-Eiche (Quercus ilex)	Lausanne, Lugano, Montreux, Novaggio, Zürich (ETH)
Stieleiche (Quercus robur)	Bern, Thun-Gwatt, Thun-Schoren
Kapuzenartige Stieleiche	Kreuzlingen
Ungarische Eiche	Kreuzlingen
Zerr-Eiche	Basel (Kannenfeldpark), St. Gallen
Erdbeerbaum (Arbutus unedo)	Locarno, Montreux
Erdbeerbaum (Cornus capitata)	Locarno
Eschen: Blütenesche	Meilen, Mte San Salvatore, Zürich (ETH)
Eukalyptusarten:	
Grauer Eukalyptus	Locarno
Fatsie (Mosers Fatsie), Fatsia japonica	Montreux
Fichten-Arten:	
Orientalische Fichte	Solothurn
Schlangenfichte	Schaffhausen
Flügelnuß-Arten:	
Eschenblättrige Flügelnuß	Genève, St. Gallen, Zürich (Friedhof Nordheim)
Schmalflüglige Flügelnuß	Basel, Solothurn

Rhus- oder Sumachblättrige Flußzeder, Kalifornische	Zürich (Friedhof Nordheim) Gersau, Hilterfingen, Rorschach
Föhren, siehe Kiefern	
Frauenschuh	Hoher Randen
Gärstler- oder Gerstlereibe	Heimiswil
Ginkgobaum (Ginkgo biloba)	Basel, Gersau, Vitznau
Goldregen: Alpengoldregen	Mergugno, oberhalb Brissago
Gewöhnlicher Goldregen	Mte San Salvatore
Hagebuche, Hainbuche	Lausanne, Pfaffnau
Hartriegel oder Hornstrauch	
Kopfiger Hartriegel	Locarno
Hasel, Türkische	Genève (Promenade des Bastions)
Hiba, Beilblättriger Lebensbaum	Schloß Landshut
Hickory-Arten (Hickorynuß)	Basel (St.-Margarethen-Park)
Hopfenbuche (Ostrya)	Basel, St. Gallen, Mte San Salvatore
Judasbaum (Cercis):	
Europäischer Judasbaum	Lugano (Quaianlagen), La Sarraz
Kanadischer Judasbaum	Meilen
Kalifornischer Lorbeer	Melide (Romantica)
Kampferbaum, Falscher	Lugano, Novaggio
Kiefern, Föhren (Pinus-Arten):	
Biegsame Kiefer,	
Nevada-Zirbelkiefer	Amsteg
Gelb- oder Goldkiefer	Amsteg
Pinie, Italienische Steinkiefer	Genève, Montreux
Schwarzkiefer	Altdorf, Königsfelden, Morges, Ragaz (Kursaal)
Tränenkiefer, Himalayakiefer	Morges
Weymouthskiefer	Bern (Studerstein)
Kirschlorbeer (Prunus laurocerasus)	Locarno, Lützelau, Nyon, Tellsplatte
Lagerstroemie (Lagerstroemia)	Genève, Lausanne, Locarno, Montreux
Lebensbaum:	
Beilblättriger Lebensbaum, Hiba	
Immergrüner Lebensbaum = Immergrüne Sequoie	Landshut
	Lausanne (Beau-Rivage), Oberhofen (Schloß), Vitznau
Riesenlebensbaum	Gersau, Rorschach
Liguster, Gewöhnlicher	La Sarraz
Linden:	
Bastardlinde (Sommer- × Winterlinde)	Fribourg (Murtner Linde)
Mongolische Linde	Basel
Sommerlinde	Evilard (Leubringen), Linn, Marchissy, Therwil
Winterlinde	Burtigny, Genève
Lorbeer, Echter	Locarno, Lützelau, Montreux, Nyon
Lorbeer-Schneeball	Gersau, Neuchâtel
Magnolien:	
Immergrüne oder Großblütige Magnolie	Genève, Lausanne, Locarno, Lützelau, Morges, Neuchâtel, Vitznau
Sargent's Magnolie	Lausanne (Quai d'Ouchy)
Mammutbaum (Riesensequoie, Washingtonie, Wellingtonie)	Altdorf, Bad Ragaz, Chur, Genève, Lausanne, Lugano, Lützelau, Morges, Oberhofen, St. Gallen, Schaffhausen, Thun-Scherzligen, Trogen, Vitznau, Wädenswil
Mammutbaum, Hängender (Pendulum)	Neuchâtel (La Coudre)
Mandelbaum	Montreux, Neuchâtel-Serrières
Maulbeerbaum, Weißer	St. Gallen
Mehlbeerbaum, siehe Sorbus	
Mimosen (Acacia-Arten)	Locarno
Nußeibe, Kalifornische	Basel, Hilterfingen
Ölweide, Schmalblättrige	Meilen
Oleander, Oleandro	Locarno, Lugano

Orangenblume (Choisya)	Lausanne
Osagedorn	Basel
Palmen:	
Hanfpalme, Hohe	Locarno, Lugano, Montreux
Honig- oder Weinpalme, Chilenische	Castagnola, Locarno
Hesperidenpalme, Blaue	Locarno
Kanarische Dattelpalme	Locarno (Isola di Brissago)
Yatay-Palme, Blaue Kokospalme	Locarno
Zwergpalme, Niedrige	Castagnola, Locarno
Pappel, Silberpappel	Bern, Biel
Paulownie (Paulownia)	Genève, Ragaz (Bäder), Wädenswil
Perückenstrauch (Cotinus)	Thun (Schadau)
Platanen	Bottmingen, Königsfelden
Portugiesischer Lorbeer (Prunus lusitanica)	Genève, Locarno, Neuchâtel, Vitznau
Rhododendren (Rhododendron)	Bern (Rosengarten), Locarno
Rosenkollektionen	Bern (Rosengarten), Genève (Parc de la Grange)
Roßkastanie (Aesculus)	Biel, Landshut, Thun (Schadau)
Schmucktanne, Chilenische	Genève, Lausanne, Préfargier, Serpiano, Spiez, Tellsplatte
Schnurbaum (Sophora)	Biel, Schaffhausen
Sequoie (Sequoia)	siehe Mammutbaum
Sequoie, Immergrüne	siehe Lebensbaum
Sicheltanne, Japanische	Oberhofen (Schloß)
Sorbus-Arten, Ebereschen, Mehlbeerbaum	
Bastard-Eberesche	Trubschachen
Breitblättriger Mehlbeerbaum	Schaffhausen
Schwedischer Mehlbeerbaum	St. Gallen
Spindelstrauch, Japanischer	Genève, Montreux
Steinfrucht-Wacholder	Préfargier
Steinlinde, Breitblättrige (Phillyrea)	Biel
Sumpfzypresse (Taxodium):	
Zweizeilige Sumpfzypresse	Biel, Genève, Lausanne, Melide, Zürich
Aufrechtzweigige Sumpfzypresse	Meilen
Surenbaum (Cedrela)	Lausanne (Parc de Valency)
Tannen (Abies-Arten):	
Griechische Tanne	Chur, Vitznau
Nordmanns-Tanne	Landshut, Ragaz (Bäder und Schloß), St. Gallen
Spanische Tanne	Oberhofen (Schloß), Schaffhausen, Vitznau
Weißtanne (einheimisch)	Dürsrütiwald oberhalb Langnau
Trompetenbaum (Catalpa-Arten)	Arbon
Tulpenbaum (Liriodendron)	Bern, Gottstatt (bei Orpund), Schaffhausen, Thun (Schadau), Wädenswil
Ulmen:	
Berg-Ulme	Arbon
Englische Ulme	Landshut
Wacholder, Steinfrucht-Wacholder	Préfargier
Waldvögelein, Langblättriges	Hoher Randen
Walnuß (Juglansarten):	
Bastardwalnuß (Europäische Nuß × Schwarznuß)	Meinier
Felsenwalnuß	Basel
Graue Walnuß	Basel
Herzförmige Walnuß	Basel
Schwarznuß	Basel, Schaffhausen
Weihrauchzeder, Kalifornische	Gersau, Hilterfingen, Rorschach
Weißbuche, Hagebuche, Hainbuche	Bottmingen, Lausanne, Pfaffnau
Weißtannen im Dürsrütiwald	oberhalb Dürsrüti bei Langnau i. E.
Weymouthskiefer	Bern
Zedern:	
Atlaszeder (Cedrus atlantica)	Lausanne, Oberhofen

Libanonzeder (Cedrus libani)   Genève (Beaulieu), Genthod, Gersau, Neuchâtel, Oberhofen, Préfargier, Schaffhausen

Zelkove, Gesägtblättrige (Zelkova)   Meilen
Zürgelbaum, Abendländischer Südlicher   Schaffhausen
Genève, Lausanne, Montreux, Winterthur, Zürich

Zypressen:
  Arizona-Zypresse   Genève, Lausanne, Neuchâtel, Solothurn, Vevey

  Mittelmeer- oder Italienische Zypresse   Lausanne, Locarno, Lützelau, Neuchâtel, Oberhofen (Schloß), Romanshorn, Vevey, Vitznau

Waldlehrpfad (Farbphoto Fred Eggenberg)

Wald- und Naturlehrpfade

Von Christoph Wicki

Wald- und Naturlehrpfade

Von Christoph Wicki

Forstingenieur am Eidgenössischen Oberforstinspektorat Bern

Einführung

Waldlehrpfad

Bei einem Waldlehrpfad handelt es sich um einen Waldweg mit beschrifteten oder numerierten Bäumen, Sträuchern und Bodenpflanzen sowie verschiedenen Einrichtungen, wie Vogelnistkästen, Wildfutterstellen, Wildschutzkörben usw. Ziel des Waldlehrpfades ist es, dem Waldbesucher die vorkommenden Gehölzarten zu zeigen und ihm die vielgestaltige Lebensgemeinschaft Wald näherzubringen. Waldlehrpfade sind oft als Rundwanderwege angelegt und besitzen häufig Rastplätze mit Bänken, Brunnen und Feuerstellen. Sie eignen sich deshalb auch vorzüglich zur Erholung.

Es wird bei den Waldlehrpfaden nach zwei Systemen unterschieden: Entweder sind die Gehölze direkt angeschrieben (in der Regel lateinisch und deutsch), oder sie sind mit Nummern versehen. Im zweiten Fall benötigt der Besucher einen Bestimmungs- oder Nummernschlüssel, der meistens in der Nähe des Startes erhältlich ist. Damit soll der Betrachter vorerst einmal selbst versuchen, die Gehölzart zu bestimmen. Findet er sie nicht heraus oder will er sein Wissen überprüfen, so kann er im Schlüssel nachschauen.

Bestimmungsschlüssel oder Waldlehrpfadführer variieren von einer Broschüre mit Zeichnungen, Beschreibungen und Erklärungen (z.B. «Waldlehrpfade der Stadt Zürich») bis zum einfachen Nummernschlüssel in Postkartengröße (z.B. «Waldlehrpfade im Kanton St. Gallen»); entsprechend ist auch der Preis.

Waldlehrpfade sind gelegentlich auch als «Forstlehrpfad», «Waldpfad», «Botanischer Lehrweg», «Schulwald» oder «Gehölzsammlung» bezeichnet. Doch wurden sie hier unter den Waldlehrpfaden eingereiht.

Naturlehrpfad

Hier handelt es sich meist um Rundwanderwege durch Feld und Wald mit verschiedenen beschrifteten Naturobjekten aus den Fachgebieten Botanik, Zoologie, Geologie, Geographie, Heimatkunde und Waldbau. Ziel eines Naturlehrpfades ist es, ganz allgemein die Zusammenhänge zwischen Tieren und Pflanzen und deren Lebensbereich aufzuzeigen und damit das Interesse an der Natur zu wecken.

Durch ihre Ausstattung mit Rastplätzen (z.T. mit Tischen, Bänken, Brunnen und Feuerstellen) eignen sich die Naturlehrpfade zudem zur Erholung. Zu verschiedenen Naturlehrpfaden existieren Führer in Form von Broschüren, die mit Zeichnungen, Erklärungen und Karten versehen sind (s. auch → Waldlehrpfade).

Eine Spezialisierung unter den Natur- und Waldlehrpfaden ist der Moorlehrpfad und der Farnpfad (Sihltal). Auf diesem werden sämtliche dort vorkommenden Farnarten mit Schildern oder mittels Nummern und Bestimmungsschlüssel vorgestellt. Sonst ist ein Farnpfad ähnlich wie andere Lehrpfade gestaltet. In Deutschland gibt es auch Vogel-, Wasser- und Holzpfade; der Fantasie sind also keine Grenzen gesetzt.

Moorlehrpfad

Dies ist ein speziell bezeichneter Wanderweg durch ein Moor, mit vielen Hinweisen auf seine Entstehung, Zusammensetzung, Ausbeutung, Entwicklung und Pflege. Ziel des Moorlehrpfades ist es, die typische Lebensgemeinschaft Moor oder Ried mit seinen Pflanzen, Tieren, Boden- und Wasserverhältnissen zu veranschaulichen und dem Betrachter näherzubringen. Erläutert werden im einzelnen Gräser, Scheingräser, Moose, Kräuter, Sträucher und z.T. Bäume. Hinsichtlich Fauna wird auf typische Säugetiere, Vögel, Amphibien, Insekten und Spinnen aufmerksam gemacht.

Zum bis jetzt einzigen Moorlehrpfad (s. unter → Wallisellen) existiert eine Broschüre mit allen wissenswerten Angaben über das Moor.

Christoph Wicki

Sachregister

Waldlehrpfad
Aarau (Oberholz)
Aarwangen (Spichigwald)
Altstätten (Naturschutzreservat Burst)
Arni (Naturlehrpfad Rothiholz)
Arth-Goldau (Goldseeli)
Baar
Balgach (Schulwald)
Benken (Cholfirst)
Bern (Reichenbachwald)
Bevaix (Plan Jacot-Charcotet)
Binningen (Holeeholz)
Brugg (Bruggerberg)
Burgdorf (Planetenweg)
Dachsen
Dietikon (Honeret)
Dietlikon (Hardwald–Seewadel)
Dulliken
Erlinsbach
Feuerthalen
Flurlingen
Frauenfeld (Loo, Mühletobel)
Freienbach (Eichholz)
Frick (Frickberg)
Goldach (Witen)
Heiligenschwendi
Interlaken (Brückwald)
Jona (Rapperswil)
Kaltbrunn (Bachvögten)
Kehrsatz-Wabern (Neßlerehölzli)
Kloten (Chlos-Buhalm)
Kölliken
Kreuzlingen
Küsnacht
Langnau a. A. (Langenberg)
Laufen-Uhwiesen
Lenzburg (Fünfweiher)
Luzern (Bireggwald)
Martigny (Mont-Chemin)
Meggen
Möriken-Wildegg (Schloß)
Muri AG (Maiholz)
Oftringen
Opfikon-Glattbrugg (Auholz)
Reinach (Leiwald)
Rheineck/Thal (Bisewald)
Rheinfelden
Riehen (Botanischer Lehrweg Außerberg)
Rüschlikon
Rüti (Rütiwald)
Rüttenen/Feldbrunnen–St. Niklaus/Riedholz
St. Gallen (Peter und Paul)
Sarnen/Kerns (Enetriederwald)
Schaffhausen (Morgerenweiher, Forstlehrpfad Buchthalerwald)
Schinznach Dorf
Sihlwald, Sihlwald–Langrain
Solothurn (Rüttenen u. a.)
Strengelbach (Ramoos)
Thayngen (Finsterenwald)
Trimbach
Turbenthal (Kümberg)
Unterägeri (Vordere Kuhwart)
Unterentfelden
Villmergen (Steinmüri)
Wallisellen (Seewadel)
Wangen (Buechberg)
Wattwil
Wettingen
Winterthur (Bruderhaus)
Zug (Schönegg)
Zürich-Adlisberg (Degenried)
Zürich-Fluntern (Rollstuhlpfad Zürichberg)
Zürich-Höngg (Hönggerberg)
Zürich-Schwamendingen
Zürich-Wipkingen (Käferberg)
Zürich-Witikon
Zürich-Wollishofen (Entlisberg)

Farnpfad
Zürich (Sihlwald, Birriboden)

Naturlehrpfad
Arni (Rothiholz)
Ettiswil (Naturschutzgebiet Buchwald)
Fischbach-Göslikon (Reußtalweg)
Littau (Rotenwald)
Lyß (Dreihubel)
Mauren (Schaanwald)
Reigoldswil
Wetzikon/Seegräben (Robenhauserried)
Wittnau
Zofingen (Staatswald Baan)

Moorlehrpfad
Wallisellen

Lehrpfade, die 1976 eröffnet werden
Äschi b. Spiez (Bürtweide-Chatzenloch)
Biel (Tierpark)
Châtel-St-Denis (Waldlehrpfad Scex)
Disentis (Waldlehrpfad)
Domat-Ems (Val Mulingas)
Effretikon
Fiesch (Waldlehrpfad)
Fuldera/St. Maria (Waldlehrpfad Val Müstair)
Hofstetten (Chälengraben)
Horw (Gremliswald)
Immensee
Jenins (Waldlehrpfad)
Kerzers
Kriens (Schachenwald)
Laufen (Bueberg)
Meisterschwanden
Moudon (Naturlehrpfad)
Münsingen
Murten (Waldlehrpfad Murtenholz)
Neuchâtel/Hauterive/St-Blaise (Waldlehrpfad Bois l'Abbé)
Niederhelfenschwil (Waldlehrpfad Hohrain)
Niederurnen (Plattenwald/Schloßwald)
Oberwil
Pfäffikon
Rheinfelden (Waldlehrpfad)
Rotkreuz (Sientalwald)
Rüti (Rütiwald)
St. Gallen (Waldlehrpfad Gübsensee, Hagenbuchwald)
Saanen-Gstaad
Sissach (Alpbad)
Subingen
Sulz/Laufenburg/Kaisten (Heuberg)
Stein a. Rhein
Sternenberg
Sursee (Waldlehrpfad)
Tavetsch (Waldlehrpfad)
Therwil
Wald (Sagenraintobel)
Windisch (Chalchwald)
Winterthur (Kümberg)
Würenlingen (Naturlehrpfad)
Zernez (Naturlehrpfad Il Fuorn–Stabelchod: Nationalpark)
Zuoz/S-chanf (Waldlehrpfad)
Zurzach (Naturlehrpfad)

37

Elefantenreiten im Zoologischen Garten Basel (Farbphoto Paul Merkle)

Zoos und Tierparks Volieren

Von Dr. Hannes Sägesser

Zoos und Tierparks; Volieren

Von Dr. Hannes Sägesser

Verwalter des Städtischen Tierparks Dählhölzli, Bern

Einführung

Zuweilen werden zoologische Gärten wegen schlechter Tierhaltung, ungenügender Sauberkeit oder zu kleinen Gehegen angegriffen. Diese Vorwürfe mögen gegenüber kommerziellen Privatzoos oft berechtigt sein, treffen aber weder bei einem «richtigen» Zoo noch bei einem Hirschgatter oder einer vom örtlichen ornithologischen Verein liebevoll gepflegten Stadtvoliere zu.

Zu den wichtigsten Aufgaben eines Zoos gehört heute die «belehrende Erholung». Ein Zoo ist keine Menagerie mit möglichst vielen Tieren in engen Käfigen, er soll auch der wissenschaftlichen Erkenntnis dienen: tierliches Verhalten, Tierernährung und andere Fragen können hier studiert werden. Er soll nicht zur Verarmung der Natur beitragen, indem seltene Tiere hergeholt werden, ohne daß sie gezüchtet werden können; im Gegenteil soll ein Zoo für manche Tierarten ein letztes Refugium sein, wo die betreffende Tierform noch erhalten wird.

Gutgepflegte Tiere leben im Zoo länger als in freier Wildbahn, sie pflanzen sich fort und identifizieren ihr Gehege oft mit ihrem Territorium. Das gibt uns die Möglichkeit, eine Fülle interessanter Beobachtungen zu machen: Wie ist die Rangordnung am Futterplatz? Wie wird der Lebensraum markiert (Drüsensekrete, Brunftruf des Hirsches, Artgesang bei Vögeln usw.)? Wie wird das Gehege begangen (Fährten, Wechsel, Spuren im Schnee)? Wann sind die Tiere aktiv, wann ruhen sie? Auch die einfachste Voliere ist ein lohnendes Ausflugsziel, wenn man sich Zeit nimmt, alle Hast vergißt und den Tieren zuschaut. Man kann nämlich im Eilschritt durch den schönsten Zoo hasten, man kann aber die längste Zeit vor einem einzigen Gehege verweilen und beobachten, was sich da so alles tut. Nur tun Sie das nicht gerade dann, wenn die Bewohner dieses Geheges ihre Siesta halten...

Schließlich sei noch darauf hingewiesen, daß die vielen exotischen, seltsamen, farbenprächtigen Tiere im Besucher oft den Wunsch aufkommen lassen, selbst auch solche Pfleglinge zu halten. Ganz abgesehen davon, daß glücklicherweise durch verschiedene Vorschriften dieses Vorhaben stark eingeschränkt und erschwert wird, bleiben wir doch mit Vorteil für den «Hausgebrauch» bei den dafür einigermaßen geeigneten Tierarten. Es gibt nichts Entsetzlicheres als einen Affen, der im zu engen Käfig ein qualvolles Dasein fristet; das Geschrei eines wunderschönen Papageis ist oft nach wenigen Tagen schon unerträglich, worauf die Odyssee des armen Tieres von Käfig zu Käfig beginnt. Überlassen Sie die Haltung aufwendiger Tierarten dem Spezialisten und besuchen Sie mit offenen Augen, Ohren und Nasen die Zoos, Tierparks und Volieren in unserem Land!

Hannes Sägesser

Sachregister

Säugetiere

Affen (Paviane, Kapuziner, Makaken usw., ohne Menschenaffen)
Basel (Zoo, Tierpark Lange Erlen), Bern (Tierpark Dählhölzli), Frauenfeld (Zoo Plättli), Goßau (Walter-Zoo), Rapperswil (Knies Kinderzoo), Servion b. Oron, Zürich (Zoo).

Affen (Schimpansen)
Basel (Zoo), Frauenfeld (Zoo Plättli), Goßau (Walter-Zoo), Servion b. Oron, Studen b. Biel (Tierpark «Seeteufel»), Zürich (Zoo).

Affen (Gorilla, Orang-Utan, Gibbon)
Basel (Zoo), Rapperswil (Knies Kinderzoo), Studen b. Biel (Tierpark «Seeteufel»), Zürich (Zoo).

Antilopen
Basel (Zoo; Bongo, Sitatunga, Kleiner Kudu), Lausanne-Sauvabelin, Servion b. Oron, Zürich (Zoo; Großer Kudu, Spießbock, Gnu u. a. m.).

Bären
Basel (Zoo; Brillenbär, Eisbär, Braunbär u. a. m.), Bern (Tierpark Dählhölzli, Bärengraben; berühmteste Bärenanlage der Welt, ständig etwa 12 Bären), Frauenfeld (Zoo Plättli), Goldau (Natur- und Tierpark), Interlaken (Manorfarm), Les Marécottes (Parc zoologique alpin «Réno-Ranch»), Rapperswil (Knies Kinderzoo), Studen b. Biel (Tierpark «Seeteufel»; Kragenbärenzucht), Zürich (Zoo; Eisbär, Braunbär u. a. m.).

Biber
Basel (Zoo), Bern (Tierpark Dählhölzli), Zürich (Zoo).

Bison, amerikanischer
Basel (Zoo), Bern (Tierpark Dählhölzli), Servion b. Oron, Zürich (Zoo).

Delphin
Rapperswil (Knies Kinderzoo).

Elch
Bern (Tierpark Dählhölzli), Langnau a. A. (Wildpark).

Elefant
Basel (Zoo; Afrikanischer und Indischer), Rapperswil (Knies Kinderzoo; Indischer), Zürich (Zoo; Indischer).

Flußpferd
Zürich (Zoo).

Gemse
Bern (Tierpark Dählhölzli), Brienz (Wildpark), Goldau (Natur- und Tierpark), Lagalb b. Pontresina (Alpinarium), Les Marécottes (Parc zoologique alpin «Réno-Ranch»), Mitholz (Natur- und Alpenwildpark), St. Gallen (Wildpark Peter und Paul).

Giraffe
Basel (Zoo), Rapperswil (Knies Kinderzoo).

Haustiere (Ponys, Esel, Schafe, Ziegen)
Basel (Zoo, Tierpark Lange Erlen), Bern (Tierpark Dählhölzli), Frauenfeld (Zoo Plättli), Goldau (Natur- und Tierpark), Goßau (Walter-Zoo), Langenthal (Hirschpark), Lausanne-Sauvabelin, Les Marécottes, Rapperswil (Knies Kinderzoo), Studen b. Biel (Tierpark «Seeteufel»).

Hasen
Bern (Tierpark Dählhölzli), Lagalb b. Pontresina (Alpinarium).

Hirsche (Dam-, Rot-, Sika-, Axishirsche usw.)
Basel (Zoo, Tierpark Lange Erlen), Bern (Tierpark Dählhölzli), Biel (Tierpark Bözingenberg), Brienz (Wildpark), Frauenfeld (Zoo Plättli), Goldau (Natur- und Tierpark), Hoch-Ybrig (Wildpark), Langenthal (Hirschpark), Lausanne-Sauvabelin, La Chaux-de-Fonds (Parc du Bois du petit château), Le Vaud (Parc zoologique «La Garenne»), Luzern (Hirschpark), Les Marécottes (Parc zoologique alpin «Réno-Ranch»), Mitholz (Natur- und Alpenwildpark), Reinach, Roggenhausen b. Aarau (Hirschpark), St. Gallen (Wildpark Peter und Paul), Servion b. Oron, Zofingen (Hirschpark), Zug (Hirschgatter), Zürich (Zoo).

Hirsche (Davidshirsch oder Milu)
Basel (Zoo).

Kamel/Dromedar
Basel (Zoo), Rapperswil (Knies Kinderzoo), Studen b. Biel (Tierpark «Seeteufel»), Zürich (Zoo).

Känguruh
Basel (Zoo), Bern (Tierpark Dählhölzli), Zürich (Zoo).

Lamaarten
Basel (Zoo, Tierpark Lange Erlen), Bern (Tierpark Dählhölzli), Les Marécottes (Parc zoologique alpin «Réno-Ranch»), Rapperswil (Knies Kinderzoo), Zürich (Zoo).

Moschusochse
Basel (Zoo), Bern (Tierpark Dählhölzli).

Murmeltier
Basel (Zoo), Bern (Tierpark Dählhölzli), Biel (Tierpark Bözingenberg), Goldau (Natur- und Tierpark), Hoch-Ybrig (Wildpark), Interlaken (Alpenwildpark Harder), Lagalb b. Pontresina (Alpinarium), Langnau a. A. (Wildpark), Les Marécottes, Mitholz (Natur- und Alpenwildpark), St. Gallen (Wildpark Peter und Paul), Zürich (Zoo).

Nashorn
Basel (Zoo; Panzernashorn), Rapperswil (Knies Kinderzoo; Breitmaulnashorn), Zürich (Zoo; Breitmaul- und Spitzmaulnashorn).

Panda, Kleiner
Basel (Zoo), Zürich (Zoo).

Raubkatzen (Löwe, Tiger, Leopard, Puma, Gepard usw.)
Basel (Zoo), Bern (Tierpark Dählhölzli), Frauenfeld (Zoo Plättli), Goßau (Walter-Zoo), Servion b. Oron, Studen b. Biel (Tierpark «Seeteufel»), Zürich (Zoo).

Raubtiere (europäische, wie Fuchs, Wildkatze, Luchs, Marder usw.)
Bern (Tierpark Dählhölzli), Goldau (Natur- und Tierpark), La Chaux-de-Fonds (Parc du Bois du petit château), Le Vaud (Parc zoologique «La Garenne»).

Reh
Basel (Tierpark Lange Erlen), Bern (Tierpark Dählhölzli), Goldau (Natur- und Tierpark), Goßau (Walter-Zoo), Les Marécottes (Parc zoologique alpin «Réno-Ranch»), Le Vaud (Parc zoologique «La Garenne»).

Rentier
Basel (Zoo), Bern (Tierpark Dählhölzli), Zürich (Zoo).

Rinder, exotische
Basel (Zoo), Bern (Tierpark Dählhölzli), Frauenfeld (Zoo Plättli), Rapperswil (Knies Kinderzoo), Zürich (Zoo).

Robben
Basel (Zoo; Seelöwen), Bern (Tierpark Dählhölzli), Goßau (Walter-Zoo), Zürich (Zoo).

Steinbock
Bern (Tierpark Dählhölzli), Biel (Tierpark Bözingenberg), Brienz (Wildpark), Goldau (Natur- und Tierpark), Interlaken (Alpenwildpark Harder), La Chaux-de-Fonds (Parc du Bois du petit château), Lagalb b. Pontresina (Alpinarium), Langnau a. A. (Wildpark), Les Marécottes (Parc zoologique alpin «Réno-Ranch»), Mitholz (Natur- und Alpenwildpark), St. Gallen (Wildpark Peter und Paul).

Tapir
Basel (Zoo), Zürich (Zoo).

Ur, Auerochse
Bern (Tierpark Dählhölzli).

Wildpferd
Bern (Tierpark Dählhölzli).

Wildschwein
Basel (Zoo), Bern (Tierpark Dählhölzli), Goldau (Natur- und Tierpark), Langnau a. A. (Wildpark), Les Marécottes (Parc zoologique alpin «Réno-Ranch»), La Chaux-de-Fonds (Parc du Bois du petit château), Le Vaud (Parc zoologique «La Garenne»), Mitholz (Natur- und Alpenwildpark), Roggenhausen b. Aarau (Hirschpark), St. Gallen (Wildpark Peter und Paul), Servion b. Oron, Zofingen (Hirschpark), Zürich (Zoo).

Wisent
Basel (Zoo), Bern (Tierpark Dählhölzli), Langnau a. A. (Wildpark).

Wolf
Basel (Zoo), Bern (Tierpark Dählhölzli), Frauenfeld (Zoo Plättli), Goldau (Natur- und Tierpark), Goßau (Walter-Zoo), Les Marécottes (Parc zoologique alpin «Réno-Ranch»), Le Vaud (Parc zoologique «La Garenne»), Zürich (Zoo).

Yak
Bern (Tierpark Dählhölzli), Rapperswil (Knies Kinderzoo), Zürich (Zoo).

Zebra
Basel (Zoo), Rapperswil (Knies Kinderzoo), Zürich (Zoo).

Zwergflußpferd
Basel (Zoo), Zürich (Zoo).

Vögel

Enten, Gänse, Schwäne
Aarau, Basel (Zoo, Tierpark Lange Erlen), Bern (Tierpark Dählhölzli), Langnau a. A. (Wildpark), Langenthal (Schorenweiher), Le Vaud (Parc zoologique «La Garenne»), Luzern (Schwanenkolonie), Olten (Voliere), Reinach, St. Gallen (Voliere, Mühleggweiher, Gübsensee), Solothurn, Stansstad (Voliere), Zofingen (Voliere), Zug, Zürich (Zoo, Limmatquai, Zürichhorn).

Exoten (Singvögel, Papageien, Tukane usw.)
Aarau (Voliere), Basel (Zoo), Bern (Tierpark Dählhölzli), Biel (Voliere), Goßau (Walter-Zoo), Langenthal (Voliere, Schorenweiher), Luzern, Olten (Voliere), Rapperswil (Knies Kinderzoo), St. Gallen (Voliere), Solothurn (Voliere), Stansstad (Voliere), Thun (Voliere), Zofingen (Voliere), Zug, Zürich (Zoo, Stadtvoliere, Seebach).

Fasanen
Aarau, Basel (Zoo), Bern (Tierpark Dählhölzli), Olten (Voliere), Stansstad (Voliere), Zofingen (Voliere), Zug (Voliere), Zürich (Zoo).

Hausgeflügel
Basel (Tierpark Lange Erlen), Bern (Tierpark Dählhölzli), Goldau (Natur- und Tierpark), Luzern (Schwanenkolonie), Roggenhausen b. Aarau (Hirschpark).

Kleinvögel, einheimische Singvögel
Aarau, Bern (Tierpark Dählhölzli), Biel, Goldau (Natur- und Wildpark), Langenthal (Schorenweiher), Luzern (Voliere), Olten (Voliere), St. Gallen (Voliere), Solothurn (Voliere), Stansstad, Thun (Voliere), Zofingen (Voliere), Zug, Zürich (Stadtvoliere, Seebach).

Limikolen (Strandvögel)
Bern (Tierpark Dählhölzli), Le Vaud (Parc zoologique «La Garenne»), seltener in den Volieren in Aarau, Biel, Langenthal, Thun, Zofingen, Zürich Stadtvoliere, Zürich-Seebach.

Nachtraubvögel (Eulen, Käuze)
Basel (Zoo), Bern (Tierpark Dählhölzli), Goldau (Natur- und Tierpark), Le Vaud (Parc zoologique «La Garenne»), St. Gallen (Voliere), Zürich (Zoo).

Stelzvögel (Reiher, Störche, Flamingos, Ibisse)
Basel (Zoo, Tierpark Lange Erlen), Bern (Tierpark Dählhölzli), Rapperswil (Knies Kinderzoo), Reinach, St. Gallen (Voliere), Zürich (Zoo, Voliere Zürichhorn).

Strauße
Basel (Zoo), Bern (Tierpark Dählhölzli), Zürich (Zoo).

Tagraubvögel, Taggreife
Basel (Zoo), Bern (Tierpark Dählhölzli), Goldau (Natur- und Tierpark), Goßau (Walter-Zoo), Le Vaud (Parc zoologique «La Garenne»), St. Gallen (Voliere), Zürich (Zoo).

Wildhühner (Auerhuhn, Birkhuhn, Schneehuhn u. a. m.)
Bern (Tierpark Dählhölzli).

Reptilien, Amphibien, Fische

Exotische und einheimische Schlangen, Echsen, Schildkröten, Krokodile, Amphibien
Basel (Zoo), Bern (Tierpark Dählhölzli), Goßau (Walter-Zoo), Lausanne (Vivarium), La Chaux-de-Fonds (Vivarium), Le Vaud (Parc zoologique «La Garenne»), Oberglatt (Vivarium), Studen b. Biel (Tierpark «Seeteufel»), Zürich (Zoo).

Einheimische Fische
Basel (Zoo), Bern (Tierpark Dählhölzli), Le Vaud (Parc zoologique «La Garenne»), Zürich (Zoo).

Exotische Süßwasser- und Meeresfische
Basel (Zoo), Bern (Tierpark Dählhölzli), Goßau (Walter-Zoo), Studen b. Biel (Tierpark «Seeteufel»), Zürich (Zoo).

Hirsch (Farbphoto Max Berger)

Freilebendes Steinwild, Gemsen, Hirsche und Murmeltiere

Von Prof. Dr. Walter Huber

Freilebendes Steinwild, Gemsen, Hirsche und Murmeltiere

Von Prof. Dr. Walter Huber

Direktor des Naturhistorischen Museums, Bern

Einführung

Dieser Teil des Führers soll den Tierfreund auf gute Beobachtungsmöglichkeiten hinweisen und ihm helfen, sie zu finden. Dabei kann es sich allerdings nicht darum handeln, ihn möglichst nahe an das Wild heranzuführen. Er wird vielmehr im Gelände mit dem Feldstecher bewaffnet das Seine dazu beitragen müssen, um, wie es der Jäger ausdrückt, zu einem schönen Anblick zu kommen.

Es liegt in der Topographie unseres Landes und auch im Verhalten der Tiere begründet, daß Wildbeobachtung nicht leicht ist und neben Geduld, Ausdauer und Einfühlungsvermögen oft auch Zurückhaltung verlangt. Die verschiedenen Wildarten sind nicht den ganzen Tag und nicht das ganze Jahr über gleich aktiv, und sie ändern ihre Standorte im Tages- und im Jahreslauf. Dieser Wechsel verläuft zwar gesetzmäßig, wird aber durch die örtlichen Gegebenheiten, durch Störungen aller Art und durch den Witterungsverlauf stark beeinflußt. Es gehört mit zum Reiz der Wildbeobachtung, nach und nach mit den Gewohnheiten der einzelnen Wildarten vertraut zu werden und die Störungsfaktoren zu erkennen und in ihrer Wirkung richtig einschätzen zu lernen.

Das Vorkommen der einzelnen Wildarten ist aus der Karte nicht direkt ersichtlich. Es wird aus Gründen der Übersichtlichkeit für alle betrachteten Wildarten das gleiche Signet verwendet, das einfach anzeigen will, wo Wildbeobachtung möglich ist. Welche Arten gemeint sind und wie man zu ihnen gelangt, wird im Textteil näher ausgeführt. Dabei gilt es folgendes zu beachten: Es wird nur auf den Edelhirsch, das Steinwild, die Gemse und das Murmeltier verwiesen. Wildarten wie Reh, Fuchs und Dachs, die allgemein verbreitet sind, und Arten wie Feldhase, Schneehase, Biber und Marder, die schwer zu beobachten oder selten sind oder die des Schutzes ganz besonders bedürfen, bleiben unberücksichtigt. Im Kanton Graubünden, wo der Hirsch allgemein verbreitet ist, wird er nicht besonders erwähnt.

Für die einzelnen Wildvorkommen werden außer der Bezeichnung des nächstgelegenen, auf der Karte zu findenden Ortes auch geographische Namen (Flurnamen, Namen von Bergen) aufgeführt, die der lokalen Orientierung dienen.

Wenn sich der Wanderer und Tierfreund an unsere Angaben hält, so gelangt er nicht automatisch zu diesen und jenen Tieren, sondern in Gebiete, in denen Wildbeobachtung möglich ist oder von denen aus man an das Wild herankommen kann. Hier ist es dann für ihn wichtig zu wissen, wohin er seinen Blick oder seine Schritte wenden soll. Die hier folgenden kurzen Wildbeschreibungen mögen ihm dabei eine Hilfe sein.

Der Edelhirsch (Cervus elaphus)

Im Gegensatz zu den anderen europäischen Ländern ist der Edelhirsch bei uns fast ausschließlich in den Alpen heimisch. Er besiedelte einst die ganze Schweiz, wurde im Laufe des letzten Jahrhunderts immer seltener, um dann um 1850 gänzlich zu verschwinden. Nur im Kanton Graubünden wechselte auch später noch Hirschwild über die österreichische Grenze, um allmählich wieder Standwild zu werden. Im Jahr 1905 war er im Prättigau, in der Bündner Herrschaft, in der Gegend von Davos und im Unterengadin wieder heimisch. Von hier hat er sich in der Folge wieder über das ganze Gebiet der Alpen und im Osten des Landes auch in die Vorbergregion ausgebreitet. Dabei ist er im Kanton Graubünden häufiger als anderswo, stellenweise so häufig, daß er im Winter, wenn er in tiefere Lagen hinuntersteigt, an den Kulturen erheblichen Schaden stiften kann.

Edelhirsche sind trotz ihrer Größe deshalb sehr schwierig zu beobachten, weil sie tagsüber in Deckung ruhen, um erst in der Dämmerung und nachts zum Äsen auszutreten.

Das Hirschwild lebt in Rudeln, die sich aus Alttieren, Kälbern, Schmaltieren (junge Weibchen, die sich noch nicht fortgepflanzt haben) und Junghirschen verschiedenen Alters zusammensetzen und von einem Alttier (Weibchen) mit Jungem geführt

werden. Daneben gibt es außerhalb der Brunftzeit noch kleinere Rudel mit stärkeren und starken Hirschen (männliche Tiere), die vom stärksten Hirsch kontrolliert, aber vom jüngsten geführt werden.
Die Brunft beginnt Anfang September und dauert bis Mitte Oktober. Sie verrät sich durch das eindrucksvolle Röhren der Hirsche, die auf besonderen Brunftplätzen eine Anzahl Tiere zusammentreiben und ihren Harem eifersüchtig gegen andere Hirsche verteidigen. Das Tier setzt Mitte Mai bis Anfang Juni im dichten Unterholz ein, selten zwei Kälber, die bis zur nächsten Brunft gesäugt werden.

Der Alpensteinbock (Capra ibex)
Der Alpensteinbock ist eine Wildziege von stattlicher Größe und robustem Körperbau. Der Bock trägt mächtige, nach hinten geschwungene, an den Vorderseiten mit kräftigen Zierwülsten versehene Hörner. Bei den Geißen dagegen erreichen die Kopfwaffen kaum die Länge des Kopfes. Wie die Gemse, so lebt auch das Steinwild über der Waldgrenze, steigt aber viel höher hinauf und ist auch viel mehr Grattier als diese. Es klettert vorzüglich und erweist sich im Fels trotz des etwas plumpen Aussehens als eigentlicher Akrobat. Die Tiere sind sehr wetterhart und gehen im Gegensatz zur Gemse auch bei strengstem Winterwetter nur ausnahmsweise in den Waldgürtel hinunter.
Das Steinwild lebt in Rudeln. Wir unterscheiden die Weibchenrudel, zu denen außer den Kitzen auch die jungen Böcke gehören, und die Rudel der ältern Böcke. Daneben gibt es wie bei der Gemse die alten Böcke, die als Einsiedler leben. Nachts ruhen die Tiere in den Legföhren, um dann in den frühen Morgenstunden äsend bergwärts zu ziehen.
Zur Zeit der Brunft, Mitte Dezember bis Anfang Januar, stoßen die Böcke zu den Geißenrudeln und tragen nach Ziegenart heftige Kämpfe um die Geißen aus. Man kann es oft über weite Distanzen hören, wenn sie die mächtigen Hörner gegeneinanderschlagen. Im Juni setzen die Geißen ein Kitz, selten deren zwei, die von der Mutter bald zum Rudel geführt werden.
Das Steinwild ist in der Schweiz schon zu Beginn des 19. Jahrhunderts ausgerottet worden. Hundert Jahre später begann man vom Tierpark Peter und Paul in St. Gallen und vom Wildpark Harder in Interlaken aus mit dem Aussetzen von Tieren, die man durch Reinzucht aus Steinbock-Ziegen-Bastarden gewonnen hatte. Der Erfolg stellte sich rasch ein, so daß der Bestand heute wieder mehr als 5000 Tiere in über 80 Kolonien beträgt. Das Steinwild genießt einen totalen Schutz.

Die Gemse (Rupicapra rupicapra)
Die Gemse ist ein ausgesprochenes Gebirgswild. Sie lebt in den Alpen über der Waldgrenze im Krummholzgürtel und an den steilen Grashalden, wo ihr Lebensraum denjenigen des Steinbocks überschneidet. Sie hält sich im Winter eher an die warmen Süd- und Osthänge, im Sommer mehr an die weniger besonnten Nordhänge. Wenn viel Schnee fällt, zieht sie sich auch in die Bergwälder zurück und ist in strengen Wintern oft in der Nähe menschlicher Siedlungen anzutreffen. Im Jura, wo die Gemse in den letzten zwanzig Jahren ausgesetzt wurde und wo sie sehr gut gedeiht, lebt sie notgedrungen in den Wäldern und tritt zum Äsen ähnlich wie das Reh auf das Kulturland aus.
Die Tiere tragen im Sommer ein hellbraunes, kurzhaariges und im Winter ein dunkelbraunes bis schwarzes langhaariges Fell. Auffallend lang sind dabei die Haare entlang der Rückenlinie, die als Gamsbart bezeichnet werden. Mit einiger Übung und unter günstigen Umständen ist es möglich, die beiden Geschlechter voneinander zu unterscheiden: Die Geißen tragen feinere, meist enger gestellte und an den Enden weniger gekrümmte Krikel als die Böcke.
Die Gemsen leben in größeren oder kleineren Rudeln, die von einer erfahrenen Geiß geführt werden und deren Zusammensetzung dauernd wechselt. Die Rudel bestehen aus Geißen, Kitzen beiderlei Geschlechts und jüngeren Böcken. Ältere Böcke sondern sich von den Geißen ab und bilden eigene Trupps, während die alten Böcke als Einzelgänger in schwer zugänglichen Gebieten leben und nur zur Brunftzeit Anschluß suchen. Die Brunft fällt in die Monate Dezember und Januar und die Setzzeit in die Monate Mai und Juni. Die Geißen setzen ihr einziges Kitz im Krummholz versteckt, kehren aber mit ihm schon wenige Stunden nach der Geburt zum Rudel zurück.

Das Alpenmurmeltier (Marmota marmota)
Das Alpenmurmeltier gehört in die Verwandtschaft der Hörnchen, zu denen auch unser Eichhörnchen gehört, und ist das größte Nagetier unserer Fauna. Es lebt in sozialen Verbänden oberhalb der Waldgrenze bis zu Höhen von etwa 3200 m und bildet größere oder kleinere Kolonien.

Die Tiere leben familien- oder vielleicht auch sippenweise in selbstgegrabenen Bauen, in die sie sich bei Gefahr, bei schlechter Witterung und zum Winterschlaf zurückziehen. Zu jedem Bau gehört ein Familienterritorium, und eine wechselnde Zahl solcher Territorien bilden eine Kolonie, von der Tiere aus anderen Kolonien ferngehalten werden.
In wenig begangenen Gebieten sind die Tiere scheu, was sich in der großen Fluchtdistanz äußert. Wird diese durch einen Feind oder auch durch den Menschen unterschritten, so geben sie durch Schreien Alarm, um dann, wenn der Gefahr näher kommt, in den Bauen zu verschwinden. Es ist daher sinnlos, sich einer Kolonie stark zu nähern oder sie gar zu begehen. Je mehr man die Tiere vergrämt, desto länger dauert es, bis sie sich wieder aus ihren Bauen wagen. Der Beobachter soll auch nicht «im Wind» stehen, der den Tieren seinen Geruch zuträgt.
In manchen touristisch gut erschlossenen Gebieten der Alpen sind die Murmeltiere sehr zahm und lassen den Menschen auf wenige Meter an sich herankommen.
Der Ausspruch «Schlafen wie ein Murmeltier» nimmt auf die Eigenheit des energiesparenden Winterschlafes Bezug, bei dem Körpertemperatur, Atmung und Herztätigkeit stark herabgesetzt werden. Wir kennen ihn außer vom Murmeltier auch von den Schlafmäusen (Siebenschläfer, Gartenschläfer), der Haselmaus und vom Igel.

Walter Huber

Sachregister

Gemsen
Abfrutt
Abländschen
Adelboden
Acquacalda
Acquarossa
Airolo
Albeuve
All'Acqua
Ambri-Piotta
Amsteg
Andermatt
Anzonico
Ardez
Ardon
Arolla
Arosa
Attinghausen
Auressio
Außerberg
Ayer
Bad Ragaz
Balsthal
Bauen
Bauma
Beatenberg
Bedretto
Bellwald
Belp
Bergün
Betten
Bex
Binn
Birgisch
Blatten
Bleiken
Blumenstein
Boltigen
Bourg-St-Bernard
Bourg-St-Pierre
Branche

Breno
Brienz
Brione
Brissago
Bristen
Brugg
Brülisau
Calonico
Camedo
Camperio
Casaccia
Champéry
Champex
Chandolin
Châtelard, Le
Chaux-de-Fonds, La
Chironico
Chur
Cleuson
Corgémont
Corippo
Cresciano
Daillon
Dalpe
Dandrio
Davos
Derborence
Diemtigen
Disentis
Dürrboden
Eischoll
Elm
Engelberg
Eptingen
Erlenbach
Erstfeld
Euthal
Evionnaz
Evolène
Ferpècle
Finhaut

Fionnay
Flendruz
Fleurier
Flüelapaß
Fontana
Frutigen
Garstatt
Gibswil
Giornico
Giswil
Giumaglio
Glaris
Gnosca
Goldau
Goldiwil
Göschenen
Göscheneralp
Gotthardpaß
Grenchen
Grimentz
Grimselpaß
Grindelwald
Grüsch
Gstaad
Gsteig
Guggisberg
Gurnigel
Gurtnellen
Guttannen
Habkern
Haggenegg
Haudères, Les
Herbriggen
Hinterfultigen
Hinterthal
Hohtenn
Indemini
Innerferrera
Innertkirchen
Interlaken
Intschi

Iragna
Isenthal
Itravers
Jaun
Juf
Kandersteg
Kaufdorf
Kiental
Kiesen
Kippel
Klosters
Köniz
Krauchthal
Lamboing
Landquart
Latterbach
Lauerz
Lavertezzo
Lavin
Leißigen
Lenk
Lenzerheide
Leukerbad
Liddes
Lindenthal
Lodano
Lodrino
Lukmanierpaß
Lungern
Lunschania
Madra
Maggia
Mairengo
Malojapaß
Malvaglia
Marécottes, Les
Matten
Mauvoisin
Meiringen
Melchsee-Frutt
Melchtal

Miège	Schlappin	Zweisimmen	Vättis
Molare	Schleitheim		Vionnaz
Moleno	Schönenboden	**Hirsch**	Visperterminen
Moléson-Village	Schwägalp	All'Acqua	Vorauen
Montana	Schwanden	Andermatt	Wiler
Montbovon	Schwarzenburg	Bächli	Zermatt
Morgins	Schwarzenmatt	Bad Ragaz	
Moutier	Scuol/Schuls	Bedretto	**Murmeltier**
Muggio	Sedrun	Bellwald	Abfrutt
Mülenen	Seedorf	Betten	Abländschen
Muotathal	Sembrancher	Biasca	Adelboden
Mürren	Sent	Biel	Airolo
Näfels	Sertig Dörfli	Binn	Albeuve
Neuchâtel	Signau	Bodio	Altanca
Neuveville, La	Sils-Maria	Bourg-St-Bernard	Ambri-Piotta
Niederrickenbach	Silvaplana	Bourg-St-Pierre	Amsteg
Niederurnen	Simplonpaß	Branche	Acquacalda
Nods	Sisikon	Brunnen	Ardez
Noiraigue	Sonogno	Campo Blenio	Arolla
Noirmont, Le	Sonvilier	Castione	Attinghausen
Oberdorf	Sörenberg	Champex	Außerberg
Oberwil i. S.	Spinas	Châtelard, Le	Ayer
Ofenpaß	Stans	Chironico	Beatenberg
Olivone	Stechelberg	Cleuson	Bedretto
Önsingen	Sumiswald	Cresciano	Betten
Osogna	Sustenpaß	Dalpe	Bex
Pardatsch	Tamins	Dandrio	Bignasco
Pfaffensprung	Tarasp	Dongio	Binn
Piano di Peccia	Täsch	Einsiedeln	Birgisch
Pont, Le	Thalkirch	Eischoll	Blatten
Pontenet	Thyon	Elm	Bodio
Pontresina	Tinizong	Erstfeld	Brache
Prayon	Trétien, Le	Euthal	Breitmatten
Prugiasco	Trient	Evionnaz	Bristen
Punt, La	Trun	Ferret	Brülisau
Quinto	Turtmann	Fiesch	Camperio
Raron	Ulrichen	Fontana	Champéry
Riddes	Unterschächen	Giornico	Champex
Riederalp	Urnäsch	Gotthardpaß	Châtelard, Le
Riffenmatt	Vadura	Grimentz	Chironico
Rodi-Fiesso	Valangin	Itravers	Cleuson
Rona	Van-d'en-Haut	Kunkels	Corippo
Roseto	Vättis	Liddes	Daillon
Röthenbach	Verbier	Lungern	Dalpe
Rueun	Vicosoprano	Malvaglia	Dandrio
Runcahez	Villars	Mörel	Davos
St. Antönien	Vionnaz	Münster	Derborence
S. Bernardino	Visperterminen	Muotathal	Diemtigen
S. Carlo	Vorauen	Oberwald	Dürrboden
Ste-Croix	Vouvry	Ofenpaß	Eischoll
St-Imier	Waldenburg	Olivone	Elm
St. Jakob	Wangs	Orsières	Engelberg
St-Luc	Wasserauen	Prugiasco	Erstfeld
St. Martin	Weggis	Rodi-Fiesso	Evionnaz
St. Moritz	Weißtannen	St. Niklaus	Evolène
St. Niklaus	Wengen	Sarnen	Ferpècle
Saanen	Wilderswil	Schwanden	Ferret
Saanenmöser	Wiler	Schwyz	Finhaut
Saas Fee	Wimmis	Scona	Fionnay
Saas Grund	Wohlen	Sembrancher	Flendruz
Safien Platz	Wolfenschießen	Simplonpaß	Flüelapaß
Saignelégier	Zermatt	Thyon	Foroglio
Salvan	Zernez	Turtmann	Fusio
Samnaun	Zervreila	Ulrichen	Garstatt
Sarnen	Zizers	Unterschächen	Giornico
Saxeten	Zuoz	Urnäsch	Giswil

Giumaglio	Pensa	Weißtannen	Innerferrera
Glaris	Piano di Peccia	Wengen	Interlaken
Gnosca	Pontresina	Wilderswil	Kandersteg
Goppenstein	Prugiasco	Wolfenschießen	Kippel
Gotthardpaß	Raron	Zermatt	Klosters
Grächen	Raveisch	Zinal	Landquart
Grimselpaß	Reckingen	Zuoz	Lavin
Grindelwald	Riederalp	Zweisimmen	Liddes
Gstaad	Runcahez		Lungern
Gsteig	S. Carlo	**Rothirsch**	Mauvoisin
Gurtnellen	St-Imier	Hütten	Melchsee-Frutt
Habkern	St. Jakob	Turbenthal	Melchtal
Haggenegg	St-Luc		Mesocco
Haudères, Les	St. Martin	**Sikahirsch**	Montbovon
Hohtenn	St. Moritz	Jestetten	Mulegns
Innertkirchen	St. Niklaus	Neunkirch	Naters
Isenthal	Saanenmöser		Noiraigue
Itravers	Saas Fee	**Steinbock**	Ofenpaß
Jaun	Safien Platz	Adelboden	Olivone
Kandersteg	Samnaun	Albeuve	Pensa
Kiental	Sarnen	Alpnachstad	Pontresina
Kippel	Saxeten	Ardez	Punt, La
Lavertezzo	Schönenboden	Arolla	Raron
Leißigen	Schwägalp	Arosa	Runcahez
Lenk	Schwanden	Außerberg	S. Carlo
Leukerbad	Sembrancher	Bauen	St. Niklaus
Liddes	Sent	Beatenberg	Saas Fee
Lodano	Sertig Dörfli	Bex	Saas Grund
Lodrino	Silvaplana	Birgisch	Safien Platz
Lungern	Simplonpaß	Blatten	Sarnen
Madra	Sisikon	Brienz	Scuol/Schuls
Maggia	Sonogno	Casaccia	Sedrun
Malvaglia	Sörenberg	Champex	Sent
Matten	Stechelberg	Châtelard, Le	Sertig Dörfli
Mauvoisin	Surlej	Chaux-de-Fonds, La	Silvaplana
Meiringen	Sustenpaß	Chur	Sörenberg
Melchsee-Frutt	Täsch	Cleuson	Spinas
Melchtal	Thyon	Daillon	Stechelberg
Mitholz	Tinizong	Davos	Sustenpaß
Moléson-Village	Trétien, Le	Derborence	Thalkirch
Montana	Trient	Elm	Thyon
Montbovon	Turtmann	Engelberg	Tinizong
Morgins	Unterschächen	Euthal	Trun
Mosogno	Valens	Evionnaz	Van-d'en-Haut
Mülenen	Van-d'en-Haut	Fionnay	Vättis
Muotathal	Vasön	Flendruz	Villars
Mürren	Verbier	Giswil	Wangs
Naters	Villars	Grevasalvas	Wasserauen
Niederrickenbach	Vionnaz	Grindelwald	Weißtannen
Nods	Visperterminen	Gstaad	Zermatt
Ofenpaß	Vogorno	Gsteig	Zernez
Olivone	Vouvry	Gutenthalboden	Zizers
Osogna	Wasserauen	Herbriggen	Zuoz

Balzender Urhahn mit Henne (Farbphoto Herbert Weber)

Freilebende Vögel

Von Ernst Zimmerli

Freilebende Vögel

Von Ernst Zimmerli

Redaktor «Vögel der Heimat»

Einführung

Die Ornithologen haben bis heute innerhalb der Grenzen der Schweiz rund 350 Vogelarten festgestellt. Etwa 190 davon brüten in unserem Land. Diese Vielfalt erklärt, warum der Teil «Freilebende Vögel» der Karte verhältnismäßig umfangreich ist, obwohl er bloß 116 der auffälligsten Formen berücksichtigt (Auswahlkriterien vgl. unter «Ortsverzeichnis»). Dank ihrem Flugvermögen sind die Vögel wenig ortsgebunden; sie halten sich oft im Verlauf des Jahres in ganz verschiedenen Gebieten auf. Der Wasserpieper z.B. brütet in den Bergen, verbringt aber den Winter an den Ufern der größeren Gewässer des Mittellandes. Der Mauersegler trifft Anfang Mai in den Siedlungen unseres Landes ein, wo er seine Jungen aufzieht; schon Anfang August zieht er wieder in den Süden. Viele kleinere Vogelarten sind recht unauffällig gefärbt und leben versteckt im Gebüsch; in vielen Fällen vermag sie selbst der Kenner nur nach ihren Stimmen zu unterscheiden.

Zur Karte
Wegen der Vielfalt der Vögel, ihrer Beweglichkeit und ihrer oft verborgenen Lebensweise fällt es nicht leicht, auf einer Karte Orte anzugeben, an denen mit einiger Sicherheit eine gewisse Art anzutreffen ist. Neben den schon erwähnten Faktoren kann z.B. auch die Tageszeit, zu der wir ein Gebiet besuchen, eine Rolle spielen, ob wir einer gesuchten Art beggnen oder nicht. Um den Benützer dieser Karte nicht laufend zu enttäuschen, erwähnen wir nur bei einigen ortstreuen Koloniebrütern (Seglern, Schwalben, Krähenvögeln wie Graudohle oder Saatkrähe, Wasservögeln wie Möwen, Seeschwalben oder Graureihern) genau fixierte Beobachtungspunkte. Aus Gründen des Naturschutzes verzichten wir darauf, Brutplätze seltener Arten (vgl. Uhuhn, Steinadler oder Wanderfalke) anzugeben.
In den meisten Fällen folgen wir der Methode der Ornithologen, die selten ausziehen, um eine einzelne Art zu beobachten, sondern die die ganze Artgemeinschaft eines Gebietes studieren. So enthält die Karte vor allem eine Reihe von Exkursionsrouten, auf denen der Wanderer interessante Beobachtungen machen kann. Besonders viele Vorschläge – darunter auch Routen, auf denen keine großen Seltenheiten zu sehen sind – finden sich in der Nähe der großen Bevölkerungszentren des Mittellandes. Im Jura und in den Alpen galt es aus der Fülle der Möglichkeiten einige exemplarische Beispiele auszuwählen. Unentwegte Vogelfreunde werden bald weitere, ebenso ergiebige «Jagdgründe» entdecken. Jedermann wähle – je nach Marschtüchtigkeit und verfügbarer Zeit – eine kürzere oder längere, eine bequemere oder beschwerlichere Variante!
Die Symbole auf der Karte bezeichnen einen einzelnen interessanten Beobachtungspunkt oder – in den meisten Fällen – die interessanteste Stelle auf einer Exkursionsroute. Die im Ortsverzeichnis angegebene Ortschaft ist der Ausgangspunkt, von dem ein geeignetes Gelände, ein Naturschutzgebiet oder eine Wanderstrecke mit guten Beobachtungsmöglichkeiten rasch erreicht werden kann. Die gemachten Angaben stützen sich auf eigene Erfahrungen des Verfassers, auf Informationen von bekannten Ornithologen und auf die Literatur (Exkursionsberichte, Monographien von Gebieten usw.).

Zum Ortsverzeichnis (im zweiten Buchteil)
Neben dem Ortsnamen (in der Regel Ausgangspunkt einer Exkursion) und den Hinweisen, wie wir den Beobachtungsort am besten erreichen, stehen Angaben über das Beobachtungsgebiet und die Beobachtungsmöglichkeiten. Wie bei der Zahl der Routen konnte und wollte auch hier keine Vollständigkeit angestrebt werden. Wir erwähnen in der Regel folgende Arten:
– Vögel, die für ein bestimmtes Gebiet typisch sind
– Vögel, die durch Größe, Körperform, Färbung oder Stimme bzw. durch Schwarmbildung auffallen

– Vögel, die mit einiger Sicherheit anzutreffen und gut zu beobachten sind; wir berücksichtigen z.B. Schwarzmilan und Birkhuhn, nicht aber Habicht und Haselhuhn
Bei den *einheimischen Brutvögeln* sind oft *einzelne Arten* (z.B. Graureiher, Schwarzspecht, Nachtigall) hervorgehoben, bei den *Durchzüglern* und *Wintergästen* meist nur *Unterfamilien, Familien* oder *Ordnungen* (z.B. Seeschwalben, Rallen, Greifvögel). Die Buchstaben F, S, H, W, J weisen auf die günstigste Beobachtungszeit hin; es bedeuten: F = Frühling, W = Winter, S = Sommer (in der Regel Brutvögel), H = Herbst, J = ganzes Jahr. Diese Angaben sind als *summarische Hinweise* zu verstehen, z.B. «F, H, W: Taucher, Schwäne, Enten, Möwen, Seeschwalben, Limikolen» bedeutet nicht, daß *alle* diese Vogelgruppen zu *allen* angegebenen Jahreszeiten im Gebiet beobachtet werden können; so überwintert ja bei uns keine der Seeschwalbenarten. Aus Platzgründen mußten wir auf eine feinere Aufgliederung verzichten. Im einzelnen erwähnen wir nicht:
– Vögel, die allgemein bekannt sind und vielerorts vorkommen, wie Höckerschwan, Bleßralle («Taucherli»), Amsel, Haussperling usw.
– Vögel, die zu den Ausnahmeerscheinungen zählen (sehr seltene Brutvögel, Irrgäste, Invasionsvögel), wie Orpheusspötter, Flamingo, Seidenschwanz.

Zum nachfolgenden Arten- und Gruppenverzeichnis
Dieses Verzeichnis enthält die deutschen Namen der meisten schweizerischen Brutvögel und die einiger besonders auffälliger Gastvögel, ferner die Bezeichnungen der in der Schweiz zu beobachtenden Gruppen (Unterfamilien, Familien, Ordnungen). Neben den Artnamen stehen die empfohlenen Beobachtungsorte, neben den Gruppenbezeichnungen alle zugehörigen Arten, die in unserem Land zu erwarten sind. Im wesentlichen folgten wir dem «Verzeichnis der schweizerischen Vogelarten» von E. Sutter (publiziert im «Ornithologischen Beobachter», 1959, 3/56). Wir hielten uns indessen nicht immer streng an die systematische Einteilung, sondern berücksichtigten den allgemeinen Sprachgebrauch. Der Distelfink z.B. figuriert nicht – wie es systematisch richtig wäre – unter den «Zeisigen», sondern unter den «Finken».
Als Ergänzung zur Karte benötigt der Beobachter ein gutes Vogelbestimmungsbuch. Wir empfehlen u.a.:
Schweiz: Guggisberg C.A.W., «Unsere Vögel», I und II, Hallwag, Bern.
Europa: Peterson R., «Die Vögel Europas», Parey, Hamburg; Bruun/Singer/König, «Der Kosmos-Vogelführer», Franckh, Stuttgart.
Gerne hoffen wir, daß unsere Karte möglichst viele Naturfreunde dazu bewegt, sich dem schönen Hobby des Vogelbeobachtens zu widmen. Vögel kennen bedeutet fast immer auch Vögel schützen. Wer sich eingehender mit den liebenswerten Geschöpfen befassen und ihren Schutz unterstützen will, schließe sich einer der folgenden schweizerischen Organisationen an: Ala, Schweizerische Gesellschaft für Vogelkunde und Vogelschutz, Vogelwarte, 6204 Sempach
Nos Oiseaux, Société romande pour l'étude et la protection des oiseaux, Domaine de Changins, 1260 Nyon
Parus, Verband für Vogelschutz, Vogelkunde und Vogelliebhaberei, Foppa, 7499 Scharans
Verband Schweizerischer Vogelschutzvereine, VSV, Wülflingerstraße 265, 8408 Winterthur

Ernst Zimmerli

Sachregister

Bitte beachten: * bedeutet, daß von der entsprechenden Vogelart keine Beobachtungsorte angegeben sind (häufige, vielerorts anzutreffende Arten; schwer erkennbare, unauffällige Vogelarten mit wenig markanten Standorten).

Freilebende Vögel
Adler → Fischadler, Schlangenadler, Steinadler

Alpenbraunelle
Adelboden
All'Acqua
Alpnach
Altdorf
Ambri-Piotta
Bernina
Bretaye
Brienz
Brunni-Alpthal
Chanrion
Davos Dorf
Davos Platz
Elm
Etivaz
Ferret
Flims
Fuldera
Gersau
Goldau
Golzern
Göschenen
Grabs
Gutenthalboden
Jaun
Kaiserstuhl
Kriens
Lauenen
Liddes
Linthal
Malix
Maloja
Mathon
Mesocco
Moléson
Montana
Montreux
Näfels
Oberschan
Pontresina
Ragaz Bad
Riederalp
Saas Fee
S-charl
Schwägalp
Sertig Dörfli
Sils
Silvaplana
Sörenberg
Stoos
Unterschächen
Vitznau
Zermatt

Alpendohle
Adelboden

Alpnach
Alt St. Johann
Andermatt
Beatenberg
Bernina
Braunwald
Bretaye
Brienz
Broc
Brunni-Alpthal
Champéry
Chanrion
Charmey
Churwalden
Davos Dorf
Davos Platz
Derborence
Engelberg
Ennenda
Etivaz
Ferret
Flims
Fuldera
Glarus
Goldau
Grabs
Grindelwald
Gutenthalboden
Haudères, Les
Hoch-Ybrig
   (Weglosen)
Interlaken
Jaun
Kriens
Krummenau
Lauenen
Linthal
Malix
Maloja
Mathon
Melchsee-Frutt
Moléson
Montana
Montreux
Näfels
Oberschan
Plans, Les
Pontresina
Ragaz Bad
Realp
Roche, La
S-charl
Schwägalp
Sertig Dörfli
Silvaplana

Sörenberg
Stans
Stoos
Unterschächen
Vitznau
Zermatt

Alpenkrähe
Haudères, Les
Tarasp

Alpenmeise
Alt St. Johann
Axalp
Braunwald
Bretaye
Brienz
Brunni-Alpthal
Davos Dorf
Elm
Erstfeld
Ferret
Fuorn, Il
Gersau
Goldau
Grabs
Grächen
Kaiserstuhl
Krummenau
Matt
Menzberg
Riederalp
Roche, La
Saas Fee
Schwägalp
Sörenberg
Stalden
Stoos
Vitznau

Alpenschneehuhn
Adelboden
All'Acqua
Alpnach
Alt St. Johann
Ambri-Piotta
Andermatt
Beatenberg
Bosco-Gurin
Champéry
Chandolin
Chanrion
Churwalden
Davos Dorf
Davos Platz
Derborence

Ennenda
Erstfeld
Etivaz
Ferret
Flims
Flums
Fuorn, Il
Göschenen
Grabs
Grindelwald
Kriens
Lauenen
Liddes
Linthal
Malix
Maloja
Mathon
Melchsee-Frutt
Mesocco
Molare
Montreux
Narrenbach
Näfels
Oberrickenbach
Oberschan
Plans, Les
Pontresina
Ragaz Bad
Realp
Reuti/Hasliberg
Saas Fee
Schwägalp
Schwefelbergbad
Sertig Dörfli
Sils
Silvaplana
Sörenberg
Zermatt

Alpensegler
Basel
Biel
Bodio
Capolago
Chandolin
Faido
Flims
Fribourg
Gandria
Langenthal
Lausanne
Lauterbrunnen
Lenzburg
Leukerbad
Luzern
Plans, Les

54

St. Gallen	Sumiswald	Vadura	Zofingen
Schaffhausen	Sursee	Vicosoprano	Zürich
Solothurn	Travers	Wettingen	

Ammern → Gartenammer, Goldammer, Grauammer, Rohrammer, Zaunammer, Zippammer

Auerhuhn → Urhuhn

Baumfalke	Greifensee	Portalban	Taverne
Altenrhein	Gwatt	Rheinau	Tägerwilen
Andelfingen	Lachen	Romanshorn	Villeneuve
Buonas	Lauerz	Rubigen	Wädenswil
Büren a. A.	Maschwanden	Sauge, La	Wileroltigen
Colombier	Mönchaltorf	Schönenberg	Witzwil
Cudrefin	Mühlau	Sempach	
Estavayer	Obfelden	Sihlwald	
Flaach	Pfäffikon	Sursee	

Baumläufer → Gartenbaumläufer*, Waldbaumläufer*

Baumpieper	Seengen	Goldau	Brunni-Alpthal
Aubonne	Sézegnin	Golzern	Churwalden
Auenstein	Steinhausen	Göschenen	Davos Dorf
Buus	Steinmaur	Grabs	Davos Platz
Cully	Uffikon	Gurnigel Berghaus	Derborence
Elfingen	Wauwil	Gutenthalboden	Engelberg
Eptingen	Willisau	Haudères, Les	Ennenda
Erlinsbach	Witzwil	Jaun	Erstfeld
Grandson	Yverdon	Kaiserstuhl	Etivaz
Hallau		Lauenen	Ferret
Hauenstein	**Beutelmeise**	Liddes	Flims
Jussy	Chavornay	Linthal	Flums
Kappel	Granges	Malix	Fuorn, Il
Maienfeld	Klingnau	Maloja	Gersau
Olten	Lauerz	Montreux	Goldau
Onnens	Magadino	Morteratsch	Göschenen
Osterfingen	Mauensee	Näfels	Grabs
St-Blaise	Neerach	Oberrickenbach	Grächen
Siblingen	Oberhöri	Oberschan	Haudères, Les
Staffelegg	Pfäffikon	Pontresina	Hoch-Ybrig
Stein a. Rhein	Sarnen	Ragaz Bad	(Weglosen)
Steinmaur	Sempach	Reuti/Hasliberg	Jaun
Teufen	Tenero	Riederalp	Kriens
Villigen	Villeneuve	Russin	Krummenau
Weingarten	Wauwil	Saas Fee	Liddes
Welschenrohr		S-chanf	Linthal
	Birkenzeisig	S-charl	Malix
Bekassine	Adelboden	Sertig Dörfli	Mathon
Alpnachstad	Altdorf	Sézegnin	Menzberg
Bavois	Alt St. Johann	Sils	Moléson
Bogis	Axalp	Silvaplana	Montreux
Chavornay	Beatenberg	Sörenberg	Morteratsch
Granges	Bernina	Stalden	Näfels
Greifensee	Brunni-Alpthal	Stoos	Oberrickenbach
Inwil	Chandolin	Vitznau	Oberschan
Lauerz	Churwalden	Wauwil	Plans, Les
Mauensee	Davos Dorf	Zermatt	Pontresina
Mönchaltorf	Davos Platz	Zernez	Ragaz Bad
Mühlau	Derborence	Zuoz	Reuti/Hasliberg
Nuolen	Engelberg		Riederalp
Oberhöri	Ennenda	**Birkhuhn**	Roche, La
Payerne	Erstfeld	Alt St. Johann	S-chanf
Pfäffikon	Ferret	Beatenberg	Schwarzwaldalp
Sarnen	Fuorn, Il	Braunwald	Schwefelbergbad
Sauge, La	Gersau	Bretaye	Sertig Dörfli

Silvaplana	Sauge, La	Capolago	Onnens
Sörenberg	Villeneuve	Cully	Rafz
Stalden	Yverdon	Etivaz	Russin
Steinerberg		Fuldera	St-Blaise
Vitznau	**Blaumerle**	Grandson	Sarraz, La
Zermatt	Faido	Guarda	Sertig Dörfli
		Hohtenn	Sézegnin
Blaukehlchen	**Bluthänfling**	Leukerbad	Sion
Klingnau	Altdorf	Lugano-Paradiso	Tarasp
Lauerz	Aubonne	Maienfeld	Teufen
Oberhöri	Bevaix	Malix	Törbel
Rubigen	Brigerbad	Montreux	Vicosoprano

Brachvogel → Großbrachvogel, Regenbrachvogel*

Braunellen → Alpenbraunelle, Heckenbraunelle*

Braunkehlchen	Fuldera	Miralago	Sarnen
All'Acqua	Grabs	Molare	Seelisberg
Alt St. Johann	Guarda	Montreux	Sent
Andermatt	Gutenthalboden	Morteratsch	Sils
Bavois	Haudères, Les	Mühlau	Silvaplana
Benken	Ins	Näfels	Sörenberg
Bosco-Gurin	Kaiserstuhl	Neuendorf	Stalden
Braunwald	Kloten	Niederurnen	Stans
Brunni-Alpthal	Krummenau	Oberhöri	Steinerberg
Chavornay	Lauerz	Oberschan	Stoos
Churwalden	Liddes	Pontresina	Tarasp
Davos Dorf	Magadino	Rafz	Tenero
Engelberg	Malix	Realp	Unterschächen
Erstfeld	Maloja	Reuti/Hasliberg	Unterseen
Eschlikon	Maschwanden	Riederalp	Vicosoprano
Ferret	Mathon	Rossinière	Villeneuve
Flims	Matt	Rothenthurm	Zermatt
Flums	Melchsee-Frutt	Saas Fee	Zuoz

Bussarde → Mäusebussard*, Wespenbussard*

Distelfink	Ettiswil	Maienfeld	Sion
Aubonne	Grandson	Osterfingen	Stein a. Rhein
Bevaix	Hallau	Russin	Tarasp
Brigerbad	Hohtenn	St-Blaise	Teufen
Capolago	Leukerbad	Sarraz, La	Törbel
Cully	Lugano-Paradiso	Sézegnin	

Dohle → Graudohle

Dompfaff → Gimpel*

Dreizehenspecht	Davos Dorf	Grabs	Schwarzwaldalp
Alpnach	Davos Platz	Kaiserstuhl	Schwefelbergbad
Axalp	Derborence	Matt	Sertig Dörfli
Beatenberg	Elm	Morteratsch	Stalden
Bretaye	Engelberg	Pontresina	Vitznau
Champéry	Flims	S-chanf	Zernez
Churwalden	Gersau	S-charl	

Drosseln → Amsel*, Misteldrossel*, Ringdrossel, Rotdrossel*, Singdrossel*, Wacholderdrossel*

Eisvogel	Andelfingen	Ettiswil	Koblenz
Aarau	Bannwil	Flaach	Lauerz
Aarburg	Bern	Frauenfeld	Lausanne
Äsch	Brenets, Les	Granges	Magadino
Altenrhein	Büren a. A.	Greifensee	Maschwanden
Altstetten	Chancy	Islikon	Mellingen

Montfaucon	Rossens	Seengen	Tenero
Mühlau	Rothrist	Selnau	Unterengstringen
Obfelden	Rupperswil	Sevelen	Villeneuve
Pfäffikon	Russin	Sézegnin	Wettingen
Rheinau	St-Sulpice	Sierre	Willisau
Romanshorn	Sarnen	Sursee	Witzwil

Enten → Gründelenten, Meerenten, Tauchenten

Erlenzeisig	Davos Platz	Lauenen	S-charl
Adelboden	Derborence	Lausanne	Schwarzwaldalp
Altdorf	Engelberg	Malix	Sertig Dörfli
Axalp	Ennenda	Menzberg	Sézegnin
Beatenberg	Gerlafingen	Montana	Silvaplana
Brévine, La	Gurnigel Berghaus	Montreux	Wauwil
Brunni-Alpthal	Jaun	Richisau	
Davos Dorf	Lachen	Russin	

Eulen → Rauhfußkauz, Schleiereule*, Sperlingskauz, Steinkauz, Sumpfohreule*, Waldkauz*, Waldrohreule, Uhu, Zwergohreule

Falken → Baumfalke, Merlin*, Rotfußfalke*, Turmfalke, Wanderfalke

Fasan → Jagdfasan

Feldhühner → Jagdfasan, Rebhuhn, Steinhuhn, Wachtel

Felsenschwalbe	Jaun	Walenstadt	Maloja
Bernina	Lauterbrunnen	Zermatt	Menzberg
Bodio	Leukerbad	Zernez	Montana
Brigerbad	Lugano-Paradiso		Näfels
Brunnen	Meiringen	**Fichtenkreuz-**	Oberdorf
Capolago	Mesocco	**schnabel**	Pontresina
Charmey	Miralago	Axalp	Ragaz Bad
Erdesson	Montreux	Bretaye	Roche, La
Faido	Niderstad	Chandolin	Saas Fee
Ferret	Plans, Les	Flums	S-chanf
Fläsch	Sarnen	Fuldera	S-charl
Flims	Seelisberg	Grächen	Schwarzenburg
Gandria	Seewen	Gurnigel Berghaus	Törbel
Gersau	Sent	Günsberg	Wislisau
Haudères, Les	Sion	Hinterthal	Zuoz
Hohtenn	Vicosoprano	Liddes	
Interlaken	Vitznau	Lieu, Le	

Finken → Bergfink*, Buchfink*, Distelfink, Grünfink*, Schneefink, Zitronfink

Fischadler	Klingnau	Pfäffikon	Sarnen
Brévine, La	Niederried	Rheinau	Villeneuve
Champéry	Oberhöri	Rubigen	Witzwil

Fischreiher → Graureiher

Fliegenfänger → Schnäpper

Flußregenpfeifer	**Flußseeschwalbe**	Chancy	Sugiez
Augst	Altenrhein	Chur	Tenero
Bannwil	Klingnau	Magadino	Untervaz
Granges	Tägerwilen	Miralago	Wislisau
Magadino	Witzwil	Rossens	
Sevelen		Rossinière	
Tenero	**Flußuferläufer**	Schwarzenburg	
Untervaz	Augst	Sevelen	

Gänse → Halbgänse, Wildgänse

Gänsesäger	Rolle	**Gartenammer**	Riederalp
Alpnachstad	Rossinière	Bodio	Russin
Brunnen	Safnen	Brigerbad	Sézegnin
Chancy	Schwarzenburg	Erdesson	Sion
Genève	Thun	Guarda	Törbel
Meiringen	Travers	Hohtenn	Vicosoprano
Niderstad	Versoix	Leukerbad	Villeneuve
Niederurnen	Wislisau	Orsières	

Gartenspötter → Gelbspötter

Gelbspötter	Bevaix	Lugnorre	Sent
Benken	Buus	Maienfeld	Sézegnin
Lausanne	Cully	Maschwanden	Siblingen
Maschwanden	Elfingen	Miralago	Staffelegg
Mühlau	Eptingen	Nußhof	Stein a. Rhein
Rottenschwil	Erlinsbach	Onnens	Tarasp
Tarasp	Eschlikon	Orbe	Teufen
	Ettiswil	Orsières	Törbel
Gimpel*	Grandson	Osterfingen	Vicosoprano
	Grächen	Payerne	Villeneuve
Girlitz*	Guarda	Reutigen	Villigen
	Hallau	Russin	Wauwil
Goldammer	Haudères, Les	St-Blaise	Weingarten
Aubonne	Hauenstein	Saas Fee	Welschenrohr
Auenstein	Kappel	Sarraz, La	

Goldhähnchen → Sommergoldhähnchen*, Wintergoldhähnchen*

Grasmücken → Dorngrasmücke*, Gartengrasmücke*, Klappergrasmücke*, Mönchsgrasmücke*, Orpheusgrasmücke

Grauammer	Lindenthal	Chancy	Pfäffikon
Benken	Luzern	Charmey	Portalban
Bilten	Murten	Chavornay	Puidoux
Chavornay	Pfäffikon	Cudrefin	Rheinau
Lauerz	Pratteln	Ebikon	Rottenschwil
Maschwanden	Reichenburg	Emmen	Rubigen
Mühlau	Sarraz, La	Eschenz	Rüdlingen
Neuendorf	Seengen	Estavayer	Sauge, La
Niederurnen	Zofingen	Fischbach-Göslikon	Schiffenen
Orbe	Zürich	Gerlafingen	Schönenberg
Payerne		Hemishofen	Steinmaur
Reutigen	**Graureiher**	Hitzkirch	Sugiez
Sarraz, La	Äschi	Inkwil	Uffikon
Steinmaur	Alpnachstad	Ins	Villeneuve
Unterseen	Amsoldingen	Inwil	Wauwil
	Bannwil	Lachen	Wädenswil
Graudohle	Bavois	Maschwanden	Wileroltigen
Basel	Belp	Mauensee	Willisau
Dornach	Benken	Mühlau	Witzwil
Eschenz	Brenets, Les	Neuendorf	Wohlen
Lange Erlen	Brévine, La	Niederhelfenschwil	Yverdon
Lausanne	Buonas	Orbe	
Leukerbad	Büren a. A.	Payerne	

Greifvögel → Adler, Bussarde, Falken, Milane, Weihen

Großbrachvogel	Ins	Mühlau	Seengen
Benken	Inwil	Nuolen	Sézegnin
Bogis	Lauerz	Oberhöri	Yverdon
Chavornay	Maschwanden	Obfelden	

Gründelenten → Knäkente, Krickente, Löffelente, Pfeifente*, Schnatterente, Spießente*, Stockente*

Habicht

Halbgänse → Brandgans*, Rostgans*

Halsbandschnäpper	**Haubentaucher**	Gwatt	Sarnen
Taverne	Alpnachstad	Klingnau	Scherzingen
Vicosoprano	Biel	Luzern	Schinznach Bad
	Broc	Moosseedorf	Sempach
Haubenlerche	Cudrefin	Niederried	Unterseen
Basel	Fribourg	Portalban	

Hänfling → Bluthänfling

Heidelerche	Grandson	Malix	St-Blaise
Aubonne	Granges	Neuendorf	Sarraz, La
Cully	Hauenstein	Nods	Vicosoprano
Davos Dorf	Kappel	Onnens	Welschenrohr
Flums	Lugnorre	Riederalp	

Hühner → Feldhühner, Rauhfußhühner

Italiensperling	Benken	Kloten	Portalban
Brigerbad	Bern	Koblenz	Reutigen
Capolago	Bogis	Lachen	Rottenschwil
Gandria	Chavornay	Lange Erlen	Rubigen
Locarno	Cudrefin	Magadino	Rupperswil
Lugano	Delémont	Maschwanden	Sauge, La
Lugano-Paradiso	Dulliken	Mönchaltorf	Schinznach Bad
Miralago	Emmen	Mühlau	Steinmaur
Tarasp	Erlach	Neerach	Sursee
Taverne	Estavayer	Neuendorf	Tägerwilen
Vicosoprano	Frauenfeld	Niedergösgen	Tenero
	Granges	Oberhöri	Villeneuve
Jagdfasan	Greifensee	Obfelden	Wauwil
Aarau	Ins	Orbe	Wileroltigen
Bavois	Islikon	Payerne	Witzwil
Belp	Kaltbrunn	Pfäffikon	

Käuze → Eulen

Kehlchen → Blaukehlchen, Braunkehlchen, Rotkehlchen*, Schwarzkehlchen

Kernbeißer	Maschwanden	Uffikon	Pratteln
	Mauensee	Wauwil	Riehen
Kiebitz	Mönchaltorf	Willisau	Sarraz, La
Alpnachstad	Mühlau	Witzwil	Sauge, La
Bavois	Neuendorf	Yverdon	Sempach
Benken	Nuolen		Sézegnin
Bilten	Oberaach	**Kleiber**	Stein a. Rhein
Bogis	Oberhöri		Villeneuve
Bollingen	Obfelden	**Kleinspecht**	Witzwil
Chavornay	Orbe	Amriswil	
Erlach	Payerne	Cudrefin	**Knäkente**
Estavayer	Pfäffikon	Estavayer	Benken
Frauenfeld	Rafz	Granges	Chavornay
Greifensee	Sarnen	Hauptwil	Oberhöri
Grenchen	Sauge, La	Islikon	Rubigen
Hombrechtikon	Schmerikon	Koblenz	Wauwil
Ins	Seengen	Kradolf	Witzwil
Inwil	Steinhausen	Lausanne	
Islikon	Steinmaur	Muri	**Kolbenente**
Kloten	Thun	Oberaach	Muri
Lauerz	Tuggen	Portalban	Tägerwilen

Kolkrabe
Alt St. Johann
Andermatt
Axalp
Beatenberg
Braunwald
Brenets, Les
Bretaye
Brévine, La
Brunnen
Brunni-Alpthal
Charmey
Churwalden
Cudrefin
Davos Dorf
Davos Platz
Engelberg
Ennenda
Eptingen
Erdesson
Erlinsbach
Etivaz
Flims
Flums
Gersau
Goldau
Grabs
Grächen
Gurnigel Berghaus
Gutenthalboden
Günsberg
Haudères, Les

Heiden
Hinterthal
Krummenau
Lauwil
Leukerbad
Liddes
Lieu, Le
Lindenthal
Linthal
Malix
Maloja
Mathon
Meiringen
Menzberg
Montfaucon
Morteratsch
Näfels
Niederried
Noiraigue
Oberdorf
Oberschan
Plans, Les
Portalban
Ragaz Bad
Realp
Riederalp
Rossens
Rossinière
St. Gallen
Saas Fee
Sarnen
S-charl

Schönenberg
Schwarzenburg
Schwefelbergbad
Sent
Sertig Dörfli
Sihlwald
Sils
Silvaplana
Sörenberg
Steinerberg
Stoos
Tarasp
Törbel
Travers
Unterschächen
Uzwil
Vadura
Vitznau
Wislisau
Zermatt

Kormoran
Altenrhein
Eschenz
Flaach
Genève
Hemishofen
Magadino
Pfäffikon
Rapperswil
Rheinau
Romanshorn

Rorschach
Rothrist
Tägerwilen
Tenero
Versoix
Villeneuve
Wädenswil
Witzwil

Krickente
Frauenfeld
Gwatt
Jussy
Magadino
Neerach
Oberhöri
Rubigen
Wauwil
Witzwil

Kuckuck

Lachmöwe
Altenrhein
Benken
Klingnau
Oberhöri
Pfäffikon
Tägerwilen
Witzwil

Lappentaucher
Haubentaucher, Ohrentaucher*, Rothalstaucher*, Schwarzhalstaucher, Zwergtaucher

Laubsänger → Berglaubsänger*, Fitis*, Waldlaubsänger*, Zilpzalp*

Lerchen → Feldlerche*, Haubenlerche, Heidelerche

Limikolen → Brachvögel, Regenpfeifer, Schnepfen, Strandläufer, Wasserläufer

Löffelente
Villeneuve
Witzwil

Mauersegler
Basel
Biel
Chur
Fribourg
Glarus
Langenthal
Lausanne
Lenzburg
Luzern
Reichenburg
St. Gallen
Schaffhausen
Solothurn
Sumiswald
Sursee
Vicosoprano
Wettingen
Wislisau
Zofingen

Zürich

Mauerläufer
Adelboden
Alpnach
Alt St. Johann
Ambri-Piotta
Andermatt
Bernina
Bodio
Bretaye
Brülisau
Brunnen
Brunni-Alpthal
Charmey
Churwalden
Ennenda
Etivaz
Faido
Ferret
Flims
Fuorn, Il
Gersau
Goldau

Göschenen
Grabs
Grächen
Grindelwald
Gutenthalboden
Haudères, Les
Interlaken
Jaun
Kaiserstuhl
Kriens
Lauenen
Lauterbrunnen
Leukerbad
Lieu, Le
Lindenthal
Maloja
Meiringen
Melchsee-Frutt
Mesocco
Miralago
Molare
Narrenbach
Niderstad
Niederried

Noiraigue
Oberschan
Plans, Les
Riederalp
Roche, La
Sarnen
S-charl
Schwarzenburg
Schwägalp
Schwefelbergbad
Seewen
Silvaplana
Sörenberg
Stoos
Travers
Unterschächen
Vadura
Vicosoprano
Vitznau
Walenstadt
Wasserauen
Wislisau
Zermatt
Zernez

Meerenten → Eiderente*, Eisente*, Samtente*, Trauerente*

Mehlschwalbe
Fläsch	Klingnau	Littau	Tenero

Meisen → Alpenmeise, Blaumeise*, Beutelmeise, Haubenmeise*, Kohlmeise*, Nonnenmeise*, Schwanzmeise*, Tannenmeise*, Weidenmeise

Milane → Rotmilan, Schwarzmilan

Mittelente → Schnatterente

Mittelspecht	Kradolf	Riehen	**Mornell**
Andelfingen	Lange Erlen	Rüdlingen	Flims
Flaach	Pratteln	St-Blaise	Nods
Islikon	Rheinau		Schangnau

Möwen → Dreizehenmöwe*, Heringsmöwe*, Lachmöwe, Schwarzkopfmöwe*, Silbermöwe, Sturmmöwe*, Zwergmöwe*

Nachtigall	Islikon	Rubigen	**Nachtschwalbe**
Äsch	Jussy	Sauge, La	Granges
Andelfingen	Koblenz	Sugiez	Sarraz, La
Bogis	Lange Erlen	Tenero	Sierre
Büren a. A.	Lausanne	Törbel	
Chancy	Magadino	Unterseen	**Nebelkrähe**
Chavornay	Maschwanden	Villeneuve	Brigerbad
Coinsins	Murten	Wileroltigen	Capolago
Cudrefin	Mühlau	Witzwil	Gandria
Dulliken	Niedergösgen	Yverdon	Locarno
Estavayer	Nußbaumen		Lugano
Fischbach-Göslikon	Obfelden	**Nachtreiher**	Lugano-Paradiso
Flaach	Pfyn	Büren a. A.	Miralago
Frauenfeld	Portalban	Magadino	Taverne
Granges	Rheinau		Vicosoprano

Neuntöter → Rotrückenwürger

Orpheusgrasmücke   **Orpheusspötter**
Brigerbad   Brigerbad

Ortolan → Gartenammer

Pieper → Baumpieper, Brachpieper*, Wasserpieper, Wiesenpieper*

Pirol	Jussy	Portalban	Witzwil
Äsch	Koblenz	Rheinau	**Purpurreiher**
Andelfingen	Lange Erlen	Rottenschwil	Cudrefin
Chavornay	Maschwanden	Rupperswil	Estavayer
Cudrefin	Mühlau	Sarraz, La	Granges
Estavayer	Murten	Sauge, La	Magadino
Flaach, Frauenfeld	Nußbaumen	Villeneuve	Portalban
Granges	Obfelden	Wauwil	Sauge, La
Islikon	Pfyn	Wileroltigen	Witzwil

Rabenvögel → Alpendohle, Alpenkrähe, Eichelhäher*, Elster*, Graudohle, Kolkrabe, Nebelkrähe, Rabenkrähe*, Saatkrähe, Tannenhäher

Rallen → Bleßralle*, Kleinralle*, Teichralle*, Tüpfelralle, Wasserralle, Wiesenralle, Zwergralle*

Raubwürger   Wauwil
Erdesson

Rauhfußhühner → Alpenschneehuhn, Birkhuhn, Haselhuhn*, Urhuhn

Rauhfußkauz	Etivaz	Montreux	**Rebhuhn**
Beatenberg	Ferret	Morteratsch	Bavois
Bretaye	Flims	Näfels	Chavornay
Brévine, La	Gersau	Plans, Les	Granges
Champéry	Goldau	Pontresina	Ins
Chandolin	Hoch-Ybrig	Richisau	Orbe
Davos Dorf	(Weglosen)	Sertig Dörfli	Payerne
Davos Platz	Lieu, Le	Silvaplana	Sarraz, La
Derborence	Linthal	Stans	Villeneuve
Engelberg	Maloja	Vitznau	Witzwil

Regenpfeifer → Flußregenpfeifer, Goldregenpfeifer*, Kiebitzregenpfeifer*, Mornell, Sandregenpfeifer*, Seeregenpfeifer*, Steinwälzer*

Reiher → Graureiher, Nachtreiher, Purpurreiher, Rallenreiher*, Rohrdommel, Seidenreiher*, Zwergdommel

Reiherente	Steinerberg	Granges	Ponts-de-Martel,
Gerlafingen	Vitznau	Greifensee	Les
Lauerz	Wasserauen	Hauptwil	Portalban
Spiez	Zermatt	Herblingen	Regensdorf
Steinhausen		Hermance	Romanshorn
	Rohrdommel	Hitzkirch	Rottenschwil
Ringdrossel	Villeneuve	Hombrechtikon	Rupperswil
All'Acqua	Yverdon	Horw	Russin
Axalp		Inkwil	Sarnen
Beatenberg	**Rohrammer**	Islikon	Sauge, La
Bretaye	Äschi	Jussy	Schmerikon
Brévine, La	Alpnachstad	Klingnau	Seengen
Brienz	Altenrhein	Lachen	Selmatten
Brülisau	Amriswil	Lausanne	Sempach
Brunni-Alpthal	Benken	Lenk	Sézegnin
Champéry	Bogis	Magadino	Steinhausen
Derborence	Bollingen	Mauensee	Steinmaur
Ferret	Bonfol	Menznau	Sugiez
Grächen	Buholz	Moosseedorf	Sursee
Gurnigel Berghaus	Buonas	Mönchaltorf	Tägerwilen
Haudères, Les	Büren a. A.	Muri	Tenero
Hoch-Ybrig	Cham	Murten	Uffikon
(Weglosen)	Colombier	Mühlau	Unterägeri
Liddes	Cudrefin	Neerach	Unterlunkhofen
Lieu, Le	Ebikon	Niederhasli	Unterseen
Menzberg	Erlach	Nuolen	Villeneuve
Näfels	Eschlikon	Nußbaumen	Wauwil
Nods	Estavayer	Oberhöri	Wädenswil
Roche, La	Ettiswil	Orbe	Willisau
Schwarzwaldalp	Fischbach-Göslikon	Ossingen	Witzwil
Schwägalp	Flüelen	Payerne	Yverdon
Sörenberg	Frauenfeld	Pfäffikon	
Stans	Giswil	Pfyn	

Rohrsänger → Drosselrohrsänger*, Schilfrohrsänger*, Seggenrohrsänger*, Sumpfrohrsänger*, Teichrohrsänger*

Rohrweihe	Seengen	**Rotmilan**	Neerach
Chavornay	Steinmaur	Andelfingen	Obfelden
Gwatt	Witzwil	Auenstein	Rafz
Jussy		Brenets, Les	Rheinau
Maschwanden	**Rotkopfwürger**	Elfingen	Rüdlingen
Mühlau	Erdesson	Erlinsbach	Teufen
Nuolen	Neuendorf	Flaach	Villigen
Pfäffikon	Nußhof	Hauenstein	Welschenrohr
Portalban	Sarraz, La	Kappel	
Rubigen	Villeneuve	Montfaucon	

Rotrückenwürger
Amriswil
Aubonne
Auenstein
Brigerbad
Cully
Elfingen
Erdesson
Erlinsbach
Fuldera
Gersau

Grandson
Grächen
Guarda
Hallau
Haudères, Les
Kappel
Leukerbad
Lugnorre
Maienfeld
Miralago
Nußhof

Onnens
Orsières
Osterfingen
Reutigen
Russin
Rüdlingen
St-Blaise
Sarraz, La
Sent
Sézegnin
Sion

Tarasp
Teufen
Törbel
Vicosoprano
Villeneuve
Villigen
Vitznau
Weingarten
Welschenrohr

Rotschwänze → Gartenrotschwanz*, Hausrotschwanz*

Saatkrähe
Basel
Bavois

Chavornay
Eschenz
Ins

Orbe
Payerne
Rafz

Säger → Gänsesäger, Mittelsäger*, Zwergsäger*

Schafstelze
Granges
Ins
Lauerz
Lenk

Magadino
Sauge, La
Seengen
Tenero
Witzwil

Schlangenadler
Bosco-Gurin
Lugano-Paradiso
Magadino
Tenero

Schnatterente
Benken
Witzwil

Schnäpper → Grauschnäpper*, Halsbandschnäpper, Trauerschnäpper*

Schneefink
Adelboden
All'Acqua
Alpnach
Altdorf
Beatenberg
Bernina
Brienz
Davos Platz
Derborence

Engelberg
Ennenda
Ferret
Flims
Fuldera
Fuorn, Il
Gutenthalboden
Hoch-Ybrig
 (Weglosen)
Kaiserstuhl

Lauenen
Liddes
Linthal
Mathon
Melchsee-Frutt
Oberrickenbach
Pontresina
Ragaz Bad
Realp
S-charl

Schwarzwaldalp
Schwägalp
Schwefelbergbad
Sils
Silvaplana
Sörenberg
Zermatt
Zernez

Schneehuhn → Alpenschneehuhn

Schnepfen → Bekassine, Pfuhlschnepfe*, Uferschnepfe*, Waldschnepfe*, Zwergschnepfe*

Schwalben → Felsenschwalbe, Mehlschwalbe, Rauchschwalbe*, Uferschwalbe

Schwarzhalstaucher
Benken
Gwatt
Magadino
Nuolen
Oberhöri
Scherzingen

Onnens
Russin
Sézegnin
Sion
Taverne
Vicosoprano
Villeneuve

Colombier
Cudrefin
Erlach
Estavayer
Fischbach-Göslikon
Flaach
Flüelen
Fribourg

Maschwanden
Mönchaltorf
Murten
Mühlau
Neerach
Neuchâtel
Niderstad
Niedergösgen

Schwarzkehlchen
Bavois
Bodio
Bogis
Brigerbad
Chavornay
Grandson
Hohtenn
Leukerbad
Lugano-Paradiso
Miralago
Niederurnen

Schwarzmilan
Altenrhein
Altstetten
Andelfingen
Bannwil
Bassersdorf
Bevaix
Biel
Bollingen
Buonas
Büren a. A.
Cham

Gandria
Genève
Greifensee
Gwatt
Horw
Ins
Klingnau
Lachen
Leibstadt
Lugano-Paradiso
Lugnorre
Luzern

Niederried
Oberhöri
Obfelden
Olten
Pfäffikon
Portalban
Rheinau
Riburg
Rolle
Rothrist
Rottenschwil
Rubigen

63

Rüdlingen	Wohlen	Gurnigel Berghaus	Richisau
Sarnen	Wolfwil	Günsberg	Riederalp
Sauge, La	Wollishofen	Haudères, Les	Saas Fee
Schaffhausen		Hoch-Ybrig	Sarraz, La
Scherzingen	**Schwarzspecht**	(Weglosen)	Schönenberg
Schiffenen	Brenets, Les	Jaun	Schwarzenburg
Schinznach Bad	Brévine, La	Kriens	Selnau
Seewen	Davos Dorf	Lauwil	Sertig Dörfli
Sempach	Davos Platz	Lieu, Le	Sihlwald
Steinhausen	Engelberg	Linthal	Steinerberg
Sugiez	Eptingen	Mathon	Törbel
Tägerwilen	Etivaz	Menzberg	Udligenswil
Thun	Ferret	Montana	Villeneuve
Unterengstringen	Flims	Montfaucon	Vitznau
Unterseen	Flums	Montreux	Wislisau
Wädenswil	Fuldera	Mümliswil	Zofingen
Wettingen	Fuorn, Il	Näfels	
Wileroltigen	Granges	Neuendorf	
Witzwil	Grächen	Niederried	

Schwäne → Höckerschwan*, Singschwan

Schwimmvögel → Enten, Gänse, Kormoran, Möwen, Rallen, Säger, Schwäne, Seeschwalben, Taucher

Schwirle → Feldschwirl*, Rohrschwirl*

Seeschwalben → Flußseeschwalbe, Trauerseeschwalbe*, Weißbartseeschwalbe*, Weißflügelseeschwalbe*

Seetaucher → Prachttaucher*, Sterntaucher*

Segler → Alpensegler, Mauersegler

Silbermöwe	Magadino	Tenero	**Singschwan**
Chancy	Sauge, La	Witzwil	Tägerwilen
Klingnau	Tägerwilen		

Singvögel →
Ammern, Baumläufer, Braunellen, Drosseln, Finken, Grasmücken, Goldhähnchen, Kehlchen, Laubsänger, Lerchen, Meisen, Pieper, Rabenvögel, Rohrsänger, Rotschwänze, Schnäpper, Schwalben, Schwirle, Sperlinge, Spötter, Stelzen, Würger, Zeisige

Spechte → Buntspecht*, Dreizehenspecht, Grauspecht*, Grünspecht*, Kleinspecht, Mittelspecht, Schwarzspecht, Wendehals*

Spechtmeise → Kleiber

Sperber

Sperlinge → Feldsperling, Haussperling, Italiensperling

Sperlingskauz	Davos Dorf	Grabs	Plans, Les
Bernina	Davos Platz	Grächen	Schwarzwaldalp
Bretaye	Derborence	Lieu, Le	Sertig Dörfli
Chandolin	Ferret	Näfels	

Spötter → Gelbspötter, Orpheusspötter

Star	**Steinhuhn**	Brigerbad	Göschenen
Lenk	All'Acqua	Capolago	Grabs
Oberhöri	Ambri-Piotta	Derborence	Grächen
Witzwil	Bodio	Etivaz	Hohtenn
	Bosco-Gurin	Ferret	Jaun
	Brienz	Flims	Leukerbad

Malix
Maloja
Mesocco
Miralago
Molare
Montreux
Morteratsch
Narrenbach
Niederried
Oberschan
Plans, Les
Reuti/Hasliberg
Riederalp
Roche, La
Saas Fee
Schwefelbergbad
Sent
Silvaplana
Taverne
Törbel
Zernez

Steinadler
Adelboden
All'Acqua
Alpnach
Altdorf
Alt St. Johann
Ambri-Piotta
Andermatt
Axalp
Beatenberg
Bernina
Bosco-Gurin
Braunwald
Bretaye
Brienz
Brülisau
Brunni-Alpthal
Champéry
Chandolin
Chanrion
Churwalden
Davos Dorf
Davos Platz
Derborence
Elm
Engelberg
Ennenda
Etivaz
Ferret
Flims
Flums
Fuldera

Fuorn, Il
Golzern
Göschenen
Grabs
Grächen
Grindelwald
Gurnigel Berghaus
Gutenthalboden
Haudères, Les
Hoch-Ybrig
 (Weglosen)
Jaun
Kaiserstuhl
Krummenau
Lauenen
Lauterbrunnen
Liddes
Linthal
Malix
Maloja
Mathon
Matt
Melchsee-Frutt
Menzberg
Mesocco
Moléson
Montreux
Morteratsch
Narrenbach
Näfels
Oberschan
Plans, Les
Pontresina
Ragaz Bad
Realp
Reuti/Hasliberg
Richisau
Riederalp
Roche, La
Saas Fee
S-chanf
Schangnau
S-charl
Schwarzwaldalp
Schwägalp
Schwefelbergbad
Sertig Dörfli
Sils
Silvaplana
Sörenberg
Stalden
Stans
Stoos
Törbel

Unterschächen
Wasserauen
Zermatt
Zernez
Zuoz

Steinkauz
Bevaix
Granges
Sauge, La
Sézegnin
Villeneuve

Steinrötel
Ambri-Piotta
Bernina
Bodio
Bosco-Gurin
Derborence
Engelberg
Faido
Flims
Göschenen
Hohtenn
Liddes
Maloja
Mesocco
Miralago
Molare
Niederried
Oberrickenbach
Plans, Les
Reuti/Hasliberg
Riederalp
Schwefelbergbad
Taverne
Törbel
Vicosoprano
Zermatt

Steinschmätzer
Adelboden
Alt St. Johann
Ambri-Piotta
Benken
Bernina
Bosco-Gurin
Braunwald
Bretaye
Brülisau
Capolago
Champéry
Chanrion
Churwalden

Davos Dorf
Davos Platz
Elm
Engelberg
Ferret
Flims
Flums
Fuldera
Fuorn, Il
Grabs
Grindelwald
Gutenthalboden
Haudères, Les
Hoch-Ybrig
 (Weglosen)
Ins
Kaiserstuhl
Kloten
Lauenen
Liddes
Linthal
Malix
Maloja
Molare
Oberrickenbach
Oberschan
Pontresina
Rafz
Ragaz Bad
Realp
Reuti/Hasliberg
Riederalp
Rothenthurm
Saas Fee
Sarnen
S-charl
Schwägalp
Schwefelbergbad
Sertig Dörfli
Sils
Silvaplana
Sörenberg
Stoos
Thun
Tuggen
Unterschächen
Wasserauen
Witzwil
Zermatt
Zernez
Zuoz

Stelzen → Bachstelze*, Bergstelze*, Schafstelze

Stieglitz → Distelfink

Strandläufer → Alpenstrandläufer*, Kampfläufer*, Sanderling*, Sichelstrandläufer*, Temminckstrandläufer*, Zwergstrandläufer*

Tauben → Felsentaube*, Hohltaube*, Ringeltaube*, Turteltaube, Türkentaube*

Tannenhäher
Adelboden

All'Acqua
Altdorf

Alt St. Johann
Braunwald

Bretaye
Brévine, La

Brienz	Fuldera	Matt	S-chanf
Brunni-Alpthal	Gersau	Melchsee-Frutt	S-charl
Champéry	Goldau	Menzberg	Sertig Dörfli
Chandolin	Grabs	Montana	Sils
Churwalden	Grächen	Montreux	Silvaplana
Davos Dorf	Gurnigel Berghaus	Morteratsch	Sörenberg
Davos Platz	Haudères, Les	Näfels	Stalden
Derborence	Jaun	Oberrickenbach	Stans
Elm	Kaiserstuhl	Oberschan	Steinerberg
Engelberg	Krummenau	Pontresina	Stoos
Ennenda	Lauenen	Ragaz Bad	Törbel
Erstfeld	Lauwil	Reuti/Hasliberg	Unterschächen
Etivaz	Linthal	Richisau	Vitznau
Ferret	Malix	Riederalp	Zermatt
Flims	Maloja	Roche, La	Zernez
Flums	Mathon	Saas Fee	Zuoz

Tauchenten → Bergente*, Kolbenente, Moorente*, Reiherente, Schellente*, Tafelente

Sturmmöwe	Witzwil	**Tüpfelralle**	Uffikon
Buochs		Chavornay	Villeneuve
Klingnau	**Tafelente**	Magadino	Wauwil
Magadino	Benken	Mauensee	Willisau
Sauge, La	Spiez	Oberhöri	Witzwil
Tenero		Rubigen	

Tüpfelsumpfhuhn → Tüpfelralle

Taucher → Lappentaucher, Seetaucher

Turmfalke	Kriens	Sarnen	**Uhu**
Ambri-Piotta	Lachen	Sarraz, La	Chanrion
Aubonne	Lange Erlen	Schwarzenburg	Maloja
Bavois	Langenthal	Sent	Pontresina
Belp	Leibstadt	Stein a. Rhein	Sils
Biel	Leukerbad	Tarasp	Silvaplana
Bodio	Liddes	Thun	Zernez
Bretaye	Linthal	Törbel	
Brunnen	Lugano-Paradiso	Unterseen	**Urhuhn**
Capolago	Lugnorre	Vicosoprano	Alt St. Johann
Charmey	Maienfeld	Villeneuve	Davos Dorf
Chavornay	Maschwanden	Villigen	Davos Platz
Cully	Mathon	Vitznau	Engelberg
Delémont	Montreux	Welschenrohr	Ennenda
Dornach	Moosseedorf	Wislisau	Flims
Dulliken	Mönchaltorf	Wolfwil	Fuorn, Il
Eschlikon	Murten		Gersau
Etivaz	Mühlau	**Turteltaube**	Goldau
Ettiswil	Näfels	Chavornay	Grabs
Faido	Neerach	Granges	Jaun
Fischbach-Göslikon	Neuendorf	Jussy	Lieu, Le
Frauenfeld	Niedergösgen	Lausanne	Maloja
Fuldera	Niederried	Neuendorf	Menzberg
Gersau	Oberaach	Sauge, La	Montreux
Goldau	Oberhöri	Sugiez	Morteratsch
Grächen	Obfelden	Villeneuve	Mümliswil
Greifensee	Olten	Witzwil	Nods
Grenchen	Orbe		Pontresina
Guarda	Payerne	**Uferschwalbe**	Reuti/Hasliberg
Hallau	Rafz	Kradolf	Roche, La
Haudères, Les	Riburg	Littau	S-chanf
Hauenstein	Riederalp	Nußbaumen	Schwarzwaldalp
Hohtenn	Rossens	Obfelden	Sertig Dörfli
Ins	Rothrist	Pfäffikon	Vitznau
Kappel	Rottenschwil	Wolfwil	
Kloten	Saas Fee		

Wachtel	Granges	Neuendorf	Unterseen
Benken	Lauerz	Payerne	Villeneuve
Bilten	Magadino	Sarraz, La	Wauwil
Flims	Maschwanden	Tenero	

Wachtelkönig → Wiesenralle

Waldohreule	**Wasseramsel**	Mellingen	Schwarzenburg
Cudrefin	Aarau	Miralago	Selnau
Greifensee	Aarburg	Montfaucon	Sevelen
Unterseen	Äsch	Montreux	Sézegnin
Wauwil	Altenrhein	Morteratsch	Sierre
Witzwil	Andermatt	Pfyn	Sihlwald
	Bernina	Pontresina	Sils
Wanderfalke	Brenets, Les	Rossens	Travers
Brévine, La	Bretaye	Rossinière	Untervaz
Champéry	Chur	Russin	Vadura
Flims	Davos Dorf	Saas Fee	Wislisau
Lindenthal	Flaach	Sarnen	Zernez
Riederalp	Frauenfeld	S-chanf	Zuoz
Saas Fee	Hinterthal	S-charl	
Schwarzenburg	Kradolf	Schmerikon	
Törbel	Lange Erlen	Schönenberg	

Wasserläufer → Bruchwasserläufer*, Dunkelwasserläufer*, Flußuferläufer*, Grünschenkel*, Rotschenkel*, Waldwasserläufer*

Wasserpieper	Flums	Schwägalp	Benken
Aarau	Golzern	Selnau	Chavornay
Aarburg	Grindelwald	Sörenberg	Jussy
Adelboden	Gurnigel Berghaus	Stalden	Magadino
All'Acqua	Lauenen	Stans	Mauensee
Altdorf	Lenk	Stoos	Oberhöri
Andermatt	Matt	Tägerwilen	Rubigen
Axalp	Melchsee-Frutt	Unterengstringen	Rupperswil
Birsfelden	Menzberg	Unterschächen	Sarnen
Braunwald	Moléson	Wasserauen	Uffikon
Brülisau	Realp	Wädenswil	Villeneuve
Capolago	Rheinau	Wettingen	Wauwil
Dulliken	Riederalp	Zürich	Wileroltigen
Erstfeld	Romanshorn		Willisau
Etivaz	Saas Fee	**Wasserralle**	Witzwil
Flaach	Schinznach Bad	Bassersdorf	

Wasservögel → Enten, Gänse, Kormoran, Limikolen, Möwen, Rallen, Reiher, Schwäne, Seeschwalben, Taucher

Weihen → Kornweihe*, Rohrweihe, Wiesenweihe*

Weidenmeise	Uznach	Mühlau	Witzwil
Cudrefin		Nußbaumen	
Portalban	**Wiedehopf**	Oberhöri	**Wiesenralle**
Sauge, La	Benken	Sarnen	Benken
Yverdon	Granges	Sarraz, La	Bilten
	Greifensee	Sierre	Brévine, La
Weißstorch	Ins	Steinmaur	Maschwanden
Altreu	Magadino	Tenero	Pfäffikon
Brittnau	Maschwanden	Villeneuve	Pont, Le
Möhlin	Mellingen	Wauwil	

Wildgänse → Bleßgans, Graugans, Saatgans

Würger → Raubwürger, Rotkopfwürger, Rotrückenwürger, Schwarzstirnwürger*

Zaunammer	Aubonne	Cully	Grandson
Äsch	Auenstein	Gersau	Hauenstein

67

Hohtenn	Maienfeld	Rüdlingen	Stein a. Rhein
Lange Erlen	Neuendorf	St-Blaise	Teufen
Leukerbad	Onnens	Sarraz, La	Vitznau
Lugnorre	Russin	Sézegnin	**Zaunkönig**

Zeisige → Birkenzeisig, Bluthänfling, Erlenzeisig

Ziegenmelker → Nachtschwalbe

Zippammer	Guarda	Orsières	Törbel
Ambri-Piotta	Haudères, Les	Plans, Les	Vicosoprano
Bodio	Hohtenn	Russin	Vitznau
Brigerbad	Leukerbad	Saas Fee	Welschenrohr
Erdesson	Miralago	Sent	Zermatt
Etivaz	Molare	Sézegnin	
Faido	Montreux	Sion	
Gersau	Niederried	Steinerberg	

Zitronzeisig → Zitronfink

Zitronfink	Gurnigel Berghaus	S-charl	Granges
Adelboden	Gutenthalboden	Schwarzwaldalp	Hermance
Altdorf	Hoch-Ybrig	Sertig Dörfli	Hitzkirch
Alt St. Johann	(Weglosen)	Sils	Jussy
Axalp	Kaiserstuhl	Silvaplana	Lauerz
Beatenberg	Krummenau	Sörenberg	Magadino
Bretaye	Lauenen	Stalden	Maschwanden
Brévine, La	Lieu, Le	Steinerberg	Mauensee
Brunni-Alpthal	Malix	Stoos	Nuolen
Churwalden	Maloja	Tarasp	Oberhöri
Davos Dorf	Matt	Vitznau	Pfäffikon
Davos Platz	Melchsee-Frutt	Zermatt	Portalban
Derborence	Menzberg	Zernez	Rottenschwil
Elm	Montreux	Zuoz	Rubigen
Engelberg	Morteratsch		Sauge, La
Ennenda	Näfels	**Zwergdommel**	Sempach
Erstfeld	Nods	Altenrhein	Steinhausen
Etivaz	Oberrickenbach	Benken	Tenero
Ferret	Oberschan	Bollingen	Uffikon
Fuldera	Pontresina	Buonas	Villeneuve
Fuorn, Il	Ragaz Bad	Büren a. A.	Wauwil
Gersau	Reuti/Hasliberg	Chancy	Witzwil
Goldau	Richisau	Chavornay	Yverdon
Golzern	Riederalp	Cudrefin	
Göschenen	Saas Fee	Erlach	**Zwergohreule**
Grabs	S-chanf	Estavayer	Granges

Zwergreiher → Zwergdommel

Zwergtaucher	Cudrefin	Nuolen	Scherzingen
Bassersdorf	Dörflingen	Oberhöri	Tramelan
Bavois	Fribourg	Orbe	Uffikon
Benken	Gerlafingen	Payerne	Untersee
Brenets, Les	Koblenz	Portalban	Wauwil
Broc	Magadino	Rupperswil	Wileroltigen
Chancy	Maschwanden	St-Brais	Willisau
Chavornay	Menznau	Sarnen	Winterberg

II. Teil Ortsregister

Aarau
J 2 c ●

Von den Grafen von Kyburg um 1250 gegründete Stadt.
Die wichtigsten Sehenswürdigkeiten:
Spätgotische **Stadtkirche; Turm der Herren von Rore,** um 1520 ans Rathaus angebaut; Obertorturm und Bergfried des **Schlößli,** eines auf die Zeit vor der Stadtgründung zurückgehenden Wehrbaus (Schloßplatz 12). Bemerkenswerte klassizistische Bürgerhäuser.
Museen und Sammlungen:
Aargauer Kunsthaus, Sammlung Schweizer Kunst, 18.–20. Jh., Wechselausstellungen (Tel. 064 22 07 71; Dienstag–Sonntag 10–12, 14–17 Uhr, Sonntag 10–12, 14.30–17 Uhr, Freitag auch 20–22 Uhr).
Stadtmuseum Alt-Aarau, reiche lokalgeschichtliche Sammlung, Waffensammlung aus dem ehemaligen Zeughaus (Tel. 064 22 26 33; Samstag 14–17 Uhr, Sonntag 10–12 Uhr).

Waldlehrpfad Oberholz bei Roggenhausen-Hasenberg: 32 Baumarten und 1 historischer Markstein, sogenannter Blutbannstein. Route 2,3 km, etwa 1 Std. beanspruchend.
Start bei Roggenhausen (Koord. 645050/248430). Zufahrt von Aarau Richtung Westen via Schönenwerderstraße. Roggenhausen markiert. Parkplätze am Start vorhanden. Bäume numeriert, Nummernschlüssel gratis bei der Forstverwaltung im Städtischen Rathaus erhältlich.

Öffentliche Voliere: etwa 30 Arten, etwa 250 Vögel: Enten, Fasanen, Pfauen, Sittiche, Papageien, Beos, Wachteln, Kanarien, Exoten usw. Zufahrt mit Auto nach Parkplatz Schachen beim Schwimmbad, zu Fuß ab Bahnhof SBB in etwa 20 Min.

Wasservögel, Singvögel: Aareinseln–Suhremündung.
Bahn/Parkplatz Aarau, Wanderung Aare–rechtes Aareufer–Suhremündung. Aareinseln mit Stau, Auenwäldern, Bächen.
W: Schwimmvögel, Eisvögel, Wasseramsel, Wasserpieper, Stelzen.
F, S: Jagdfasan, Spechte, Singvögel (u. a. Grasmücken, Laubsänger).

Aarberg
F 4 a ●

Um den Marktplatz gebautes mittelalterliches Städtchen.

Hagneckkanal (Juragewässerkorrektion). Kraftwerk Niederried mit Stausee (12 km flußaufwärts).

Aarburg
H 3 b ●

Kleinstadt am Aare-Engpaß unterhalb der gleichnamigen Burg; eine der schönsten Burganlagen der Schweiz.
Wasservögel, Singvögel: Aareweg Aarburg–Ruppoldingen.
Bahn/Parkplatz Aarburg, Wanderung Aare–rechtes Aareufer–Stauwehr Ruppoldingen. Flußufer, Gehölze, Insel.
W: Schwimmvögel, Eisvogel, Wasseramsel, Wasserpieper, Stelzen.
F, S: Spechte, Singvögel (u. a. Meisen, Finken).

Aarwangen
H 3 a ●

Schloß mit wuchtigem Bergfried. Umbau im Jahr 1653.
Tierlihaus mit Tierdarstellungen an der Fassade. Im 18. Jh. gehörte es dem Besitzer einer Wandermenagerie.

☼ Flußkraftwerke im Zusammenhang mit der 11. Juragewässerkorrektion: Flumenthal (15 km flußaufwärts), Neu-Bannwil (3 km flußabwärts), Wynau (4 km flußabwärts). Projekt Atomkraftwerk Graben (5 km flußaufwärts).

⊕ **Waldlehrpfad Spichigwald:** rote Route 3,3 km (1–1½ Std.), blaue Route 5 km (2–2½ Std.), beides Rundwanderwege, Höhenunterschiede gering.
Start westlich von Sonnhaldequartier (Koord. 624810/231320). Etwa 75 Bäume und Sträucher lat./dt. beschriftet, dazu Futterstellen, Vogelnistkästen und Wildschutzmaßnahmen. Besonderheiten: 2 Waldhütten mit Feuerstellen und Brunnen sowie der Aussichtspunkt Haldimoos (blaue Route). Schrift «Waldlehrpfad Aarwangen» kostenlos bei Gemeindeschreiberei Aarwangen, Ersparniskasse des Amtsbezirks Aarwangen oder bei Förster E. Egger, Sonnhalde, zu beziehen. Zufahrt ab Hauptstraße signalisiert. Parkplatz vorhanden, Nationalstraßenausfahrt Niederbipp.

Abfrutt
K 5 b

⋈ **Gemse** (Sommer)/**Murmeltier** – *Salbiten:* Weg Abfrutt oder Ulmi–Salbithütte SAC.
Voralp: Weg Horwen–Voralphütte SAC.

Abländschen
F 5 c

⋈ **Gemse/Murmeltier** – *Wandfluh* (2133 m ü. M.), *Rudersberg, Hinterscheit, Gugglen:* Straße Jaunpaß–Abländschen, Weg Abländschen–Rudersberg, Straße Saanen–Grischbachtal.

Acquacalda
L 5 d

⋈ **Murmeltier** – *Pizzo dei Toroi* (2317 m ü. M.), *Pizzo di Campello* (2660 m ü. M.): Mulde über Gana Rossa, von Acquacalda aus.
Gemse – *Toroi* (2287 m ü. M.): Weg von Acquacalda–Stabbio Vecchio (1745 m ü. M.).

Acquarossa
M 6 a

⋈ **Gemse** – *Frasnedo* (1348 m ü. M.): Straße Acquarossa–Prugiasco, Weg nach Frasnedo.

Adelboden
G 6 a

⋈ **Gemse/Murmeltier** – Linker Talhang von der Weißen Fluh bis zum Hahnenmoospaß.
Steinbock/Gemse/Murmeltier – *Engstligenalp* (1954 m ü. M.): Fahrstraße von Adelboden aus, Weg und Seilbahn.
Steinbock/Gemse – *Großer Lohner* (3002 m ü. M.): Weg Adelboden–Lohnerhütte SAC (2171 m ü. M.).

↳ **Bergvögel, Greifvogelzug:** Hahnenmoospaß.
Bahn Frutigen, Postauto/Parkplatz Adelboden-Geils, Sesselbahn Hahnenmoospaßhöhe, Wanderung zum Laveygrat oder nach Lenk. Weiden, Wald, Fels, Beringungs- und Beobachtungsstation im Herbst.
F,S: Alpenschneehuhn, Steinadler, Singvögel (u. a. Wasserpieper, Alpenbraunelle, Steinschmätzer, Mauerläufer, Zitronfink, Schneefink, Birkenzeisig, Erlenzeisig, Alpendohle, Tannenhäher).

Aesch BL
G 2 c

↳ **Spechte, Singvögel:** Birsufer von Aesch–St. Jakob.
Bahn/Parkplatz Aesch, Wanderung rechtes Birsufer–Münchenstein, linkes Birsufer–St. Jakob. Bachufer, Gehölze, Felder.
F,S,H: Enten, Schwäne, Greifvögel, Rallen, Tauben, Eisvogel, Spechte, Singvögel (u. a. Wasseramsel, Nachtigall, Pirol, Zaunammer).

Aeschi
G 3 d

↳ **Wasservögel, Sumpfvögel:** Burgäschisee.
Bahn Subingen, Postauto/Parkplatz Aeschi, Wanderung Burgäschi–nördliches Seeufer–Aeschi. Kleinsee, Schilf, Ried, Gräben, Gehölze, Felder.
F,S,H: Wasservögel (u. a. Taucher, Graureiher, Enten, Rallen), Singvögel (Rohrsänger, Rohrammer).

H: Zugvögel, wie Reiher, Greifvögel, Tauben, Singvögel (u.a. Lerchen, Schwalben, Pieper, Stelzen, Drosseln, Meisen, Finken).

Agno
M 7 c

Ehemalige Kollegiatskirche **S.Provino,** mächtiger Zentralbau, großzügig gegliedert.

Aigle
E 6 c

Schloß, in den Burgunderkriegen zerstört. Wiederaufbau durch Bern und als Landvogtei benutzt. Eine der größten und besterhaltenen mittelalterlichen Burgen des Kantons Waadt. Heute Zeughaus, Gefängnis und Salzmuseum.

Raffinerie du Rhône bei Collombey.

Airolo
L 5 c

Außer dem romanischen Campanile haben nur wenige historische Bauten die Zerstörung eines Erdrutsches, einer Feuersbrunst und einer Lawinenkatastrophe überdauert.

Südlicher Beginn Gotthardpaßstraße, viele Kunstbauten. Südportal des Gotthardbahntunnels. Südportal des künftigen Gotthardstraßentunnels, längster Straßentunnel der Welt (15 km). 6 km talabwärts Kraftwerk Ritom.

Bergsturz vom Sasso Rosso. Am 28. Dezember 1898 losgebrochener Bergsturz vom Sasso Rosso von etwa 0,5 Mio m^3. Tötete 3 Menschen und zerstörte 10 Häuser. Der Bergsturz endete knapp oberhalb Airolo und verwüstete eine Kulturfläche von 425 000 m^2.

Gemse/Murmeltier – *Unteralppaß* (2574 m ü.M.) (Passo Scengion): Weg Bolla–Tussié von Airolo aus (Station SBB).
Alpe Stabiello (2155 m ü.M.): Weg von Canaria aus.

Alberswil
H 3 d

Ruine Kastelen, im 10. oder 11.Jh. erbaute Burg, die im Bauernkrieg 1653 zerstört worden ist. Von Alberswil aus erreicht man die Ruine auf dem Kasteler Hügel in 30 Min.

Albeuve
E 5 c

Steinbock/Gemse/Murmeltier – *Vanil-Blanc* (1826 m ü.M.), *Dent-de-Lys:* Straße Neirvue–Marais–Poder–Albeuve (Bahnstation) oder Châtel-St-Denis (Bahnstation)–Joux-Verte (1455 m ü.M.) (Parkplatz).

Albulapaß
P 5 d

Von Paßhöhe nach Norden talabwärts Albulakraftwerk, 3 Zentralen: Bergün, Filisur, Tiefencastel. Zwischen Paßhöhe und Bergün Alp Weißenstein, alpwirtschaftliches Versuchsgelände der ETH. Bei Filisur schöner, bekannter Viadukt der Rhätischen Bahn über das Landwasser.

All'Acqua
K 6 b

Gemse – *Pne di Rovino* (2514 m ü.M.): SAC-Hütte Pansecco, Weg von All'Acqua aus.
Gemse/Hirsch – *Pne di Manio* (2836 m ü.M.), *Manio die Sopra* (2916 m ü.M.): Weg von All'Acqua aus.

Bergvögel: Oberes Bedrettotal.
Bahn Airolo, Postauto/Parkplatz All'Acqua, Ausflüge Alpe Rotondo, Alpe di Prato oder Passo di San Giacomo. Wald, Weiden, Fels.
F,S: Greifvögel (u.a. Steinadler), Wildhühner (u.a. Alpenschneehuhn, Steinhuhn), Spechte, Singvögel (u.a. Wasserpieper, Alpenbraunelle, Braunkehlchen, Ringdrossel, Schneefink, Tannenhäher).

Allaman VD
C 6 a

Wasservögel, Singvögel: Aubonnemündung in den Genfersee.
Bahn/Parkplatz Allaman, Wanderung zum Delta Richtung Grands-Bois–Chanivaz. Bachdelta, Schilf, Auwald, Felder, Seeufer.

F, S, H: Wasservögel (u. a. Taucher, Reiher, Schwäne, Enten, Säger, Rallen, Limikolen, Möwen, Seeschwalben), Greifvögel, Tauben, Spechte, Singvögel (u. a. Drosseln, Rohrsänger, Grasmücken, Laubsänger).

Allschwil BL G 2 a

▽ **Tongrube der Ziegeleien.** Etwa 1 km östlich Dorfzentrum Allschwil an der Hauptstraße. Tram 6 (Allschwil, dann 1 km zu Fuß) oder Tram 18 (500 m ab Endstation).
In dieser großen Grube werden etwa 38 m mächtige Tone zu Ziegeleizwecken abgebaut (sogenannter Septarienton, rund 30 Mio Jahre alt). In diesen Tonen werden viele Fische und Fischreste gefunden (9 verschiedene Arten). Aus dem oberen Teil des Tons stammt auch eine reiche Insektenfauna. Die darüberliegenden Schotter sind wertlos. Zuoberst folgt eine Lößschicht (windverfrachtete Ablagerung), in welcher viele Schnecken und vereinzelt Säugerreste gefunden werden.

Alpnach J 4 b

↳ **Dreizehenspecht, Bergvögel:** Südseite Pilatus.
Bahn/Parkplatz Alpnach, Bergbahn Pilatus, Wanderung Esel–Hörnli–Oberalp–Feld–Balismatt–Alpnach. Wiesen, Weiden, Wald, Felsen.
F, S: Greifvögel (u. a. Steinadler), Rauhfußhühner (u. a. Alpenschneehuhn), Spechte (u. a. Dreizehenspecht), Singvögel (u. a. Alpenbraunelle, Mauerläufer, Schneefink, Alpendohle).

Alpnachstad J 4 b

🐾 **Steinbock** – *Pilatus* (2119 m ü. M.), *Widderfeld* (2075 m ü. M.): Pilatusbahn von Alpnachstad (Station der Brünigbahn SBB) (Parkplatz).
Tomlishorn (1999 m ü. M.), *Windegg* (1675 m ü. M.): Luftseilbahn ab Kriens (Parkplatz).

↳ **Graureiher, Sumpf- und Wasservögel:** Städerried, Alpnachersee, Hinterbergwald.
Bahn/Parkplatz Alpnachstad, Wanderung Richtung Ost, Städerried–Sarneraa–Eichried–Hinterbergwaldsee. Seeufer mit Schilf, Sumpf, Gebüschen, Flußdelta, Wiesen, Wald.
F, S, H: Wasservögel, wie Haubentaucher, Graureiher (große Kolonie am Hinterberg), Schwäne, Enten, Gänsesäger (Brutvogel), Rallen, Limikolen (u. a. Kiebitz, Bekassine, Wasserläufer), ferner Greifvögel, Singvögel (u. a. Rohrsänger, Rohrammer).
W: Wasservögel (u. a. Taucher, Schwäne, Enten, Rallen, Möwen).

Altanca L 5 c

🐾 **Murmeltier** – *Cana riscio di Campo, Dros:* Weg Piora–Pineto (2045 m ü. M.).
Lago di Tom (2021 m ü. M.), *Laghetti di Taneda:* Weg von Ritom aus.
Lei Pécian: Weg S. Carlo–Alpe Piora (1967 m ü. M.)–Alpe Carorescio (2131 m ü. M.)–Pizzo Sole (2773 m ü. M.).

Altdorf UR L 4 c

Pfarrkirche **St. Martin,** 1800–10. Klassizistisches **Rathaus,** 1805–08. **Stattliche Wohnbauten** von Aristokratenfamilien und Söldnerführern. Vor einem mittelalterlichen Wohnturm Kißlings **Tell-Denkmal,** 1895.
Historisches Museum von Uri: kirchliche Kunst, Waffen, Fahnen, Uniformen, Möbel, Uhren, Zinn, Dokumente zur Volkskunde und zur Volksfrömmigkeit (Tel. 044 2 19 06; Montag–Samstag 9–11, 14–16 Uhr, Sonntag 11–16 Uhr).

Auffallend für den Kantonshauptort ist die beachtliche Zahl (10 Exemplare) von **Mammutbäumen** oder **Riesensequoien,** *Sequoiadendron giganteum,* welche auch die höchsten Gebäude des Ortes überragen. Die größten dürften ein Alter von 106 Jahren erreichen. Alle stehen auf privaten Grundstücken, sind aber von den angrenzenden Straßen aus sichtbar. Heimat: Kalifornien.
Größtes Exemplar im Garten des Hauses **Gotthardstraße 3,** Besitzer Dr. F. Schmid, Fürsprecher. Mächtiger, völlig gesunder Baum, Stamm∅ 2,12 m. Von annähernd gleicher Größe ist das Exemplar nördlich des Hauses von Zahnarzt Dr. M. Welter, **Gotthardstraße 4,** ebenfalls unweit des Zentrums.
Der größere der beiden Mammutbäume (Stamm∅ 2 m), welche den Eingang zum Hof der Weinkellerei S. Müller an der mittleren Bahnhofstraße flankieren, wurde wohl anläßlich der Straßenverbreiterung geschont, hat aber 1969 infolge Blitzschlag die obersten 7 m seiner Höhe eingebüßt.

Unter Naturschutz steht die malerische **Schwarzkiefer,** *Pinus nigra* (breitkronig, 2stämmig ab 2 m), 5 m östlich des Portals des Kantonalen Kinderheims (Tafel), Gotthardstraße 14 (bei der Einmündung der Klostergasse).

Steinadler, Bergvögel: Roßstock–Eggberge.
Bahn/Parkplatz Altdorf, Postauto Brück, Seilbahn, Wanderung Mattenthal–Zur Gand–Eggberge–Altdorf. Felsen, Weiden, Wald.
F, S: Greifvögel (u. a. Steinadler), Rauhfußhühner, Eulen, Spechte, Singvögel (u. a. Wasserpieper, Alpenbraunelle, Zitronfink, Schneefink, Birkenzeisig, Erlenzeisig, Bluthänfling, Tannenhäher).

Altenrhein O 2 a/b

Wasservögel, Singvögel: Alter Rheinlauf von Rheineck–Altenrhein, Bodensee.
Bahn Rheineck, Wanderung Buriet (Parkplatz Werkhof)–Bodensee–Altenrhein–Rorschach. Alter Rheinlauf mit Inseln, Schilf, Gehölzen, Bodensee, Flugplatzareal.
S: Wasservögel (u. a. Taucher, Zwergdommel, Schwäne, Enten, Rallen, brütende Lachmöwen und Flußseeschwalben), Greifvögel (u. a. Schwarzmilan, Baumfalke), Tauben, Spechte, Singvögel (u. a. Stelzen, Rohrsänger, Rohrammer).
H, W, F: Wasservögel (u. a. Taucher, Kormoran, Reiher, Schwäne, Gänse, Gründel-, Tauch- und Meerenten, Säger, Rallen, Limikolen, Möwen, Seeschwalben), Greifvögel, Eisvogel, Singvögel (u. a. Pieper, Stelzen, Wasseramsel, Kehlchen, Drosseln, Ammern, Finken).

Altnau N 2 a

Kapelle Landschlacht an der Straße nach Münsterlingen, mit bedeutenden gotischen Fresken.

Altreu SO F 3 d

Weißstorch: Storchenansiedlungsstation.
Bahn Selzach/Parkplatz Altreu, Wanderung zum Storchengehege an der Aare. Aareufer, Felder, Gehölze, Gehege.
J: Weißstörche, z. T. freifliegend, freilebende Wasservögel, Greifvögel, Singvögel.

Altstätten O 2 c

Lehrpfad Naturschutzreservat Burst: Route von etwa 800 m mit rund 30 beschrifteten Bäumen und Sträuchern, Teichen, Vogelnistkästen, einem Beobachtungsturm und einer Ausstellung. Zeitbedarf etwa 1 Std.
Start bei Koord. 761 800/247 050. Nationalstraßenausfahrt Krießern, Parkplätze beim Beobachtungsturm.

Altstetten K 2 d

Wasservögel, Singvögel: Werdhölzli, Limmat zwischen Altstetten und Höngg.
Bahn/Tram/Parkplatz Altstetten, Rundgang Juchstraße–Werdhölzli–linkes Limmatufer–Fischerweg–Höngger Brücke–Altstetten. Auwald, Kläranlage, Limmatlauf, Siedlungsgebiet, Nistkastenanlage im Werdhölzli.
S: Schwimmvögel (u. a. Taucher, Schwäne, Enten, Rallen), Greifvögel (u. a. Schwarzmilan), Spechte, Singvögel (u. a. Rotschwänze, Drosseln, Grasmücken, Laubsänger, Schnäpper, Meisen, Finken).
F, H, W: Wasservögel (u. a. Taucher, Schwäne, Gründel- und Tauchenten, Rallen, Limikolen, Möwen, Seeschwalben), Eisvogel, Singvögel.

Alt St. Johann N 3 c/d

Rauhfußhühner, Bergvögel: Selamatt–Hinterrugg.
Bahn Neßlau–Neu St. Johann, Postauto/Parkplatz Alt St. Johann, Sessellift Selamatt, Wanderung Hinterrugg–Chäseren–Iltios–Unterwasser (Postauto). Wald, Weiden, Felsen.
F, S: Greifvögel (u. a. Steinadler), Rauhfußhühner (u. a. Alpenschneehuhn am Hinterrugg, Birkhuhn und Urhuhn in der Selamatt), Spechte, Singvögel (u. a. Pieper, Braunellen, Braunkehlchen, Steinschmätzer, Drosseln, Alpenmeise, Mauerläufer, Zitronfink, Birkenzeisig, Alpendohle, Tannenhäher, Kolkrabe).

Alvaschein
O 5 b

St. Peter, karolingische Kirche in einsamer Lage. Abzweigung von der Kantonsstraße Tiefencastel–Thusis kurz nach Tiefencastel bei Alvaschein. Die älteste und besterhaltene rätische Dreiabsidenkirche. Erstmals im Jahr 926 erwähnt. Bedeutende Wandmalereien.

Ambri-Piotta
L 5/6 c/a

Murmeltier – *Motto del Torb* (2218 m ü. M.): Wege von Ambri und Piotta (Station SBB) nach der Alpe Prato.
Gemse – *Alpe di Ravina:* Weg Piotta–Giof–Stabbio di dentro, Straße Airolo–Nante, Weg nach Stabbio di dentro.

Bergvögel: Val Piora–Val Termine.
Bahn/Parkplatz Ambri-Piotta, Bergbahn Piora, Wanderung Lago Ritom–Passo dell'Uomo–Sta Maria. Wald, Weiden, Fels.
F, S: Greifvögel (u. a. Steinadler, Turmfalke), Wildhühner (Alpenschneehuhn, Steinhuhn), Singvögel (u. a. Alpenbraunelle, Steinschmätzer, Steinrötel, Mauerläufer, Zippammer).

Amriswil
N 2 b

Kutschensammlung; Wagen, Fuhrwerke und Schlitten. Privatsammlung Robert Sallmann (Tel. 071 67 14 44; auf Anfrage zu besichtigen).

Wasservögel, Singvögel: Hudelmoos südlich Straße Zihlschlacht–Hagenwil.
Bahn/Parkplatz Amriswil, Wanderung Räuchlisberg–Weid–Hudelmoos–Hueb–Hagenwil–Aachen–Amriswil. Wiesen, Felder, Wald, Bachläufe, Weiher, Moos, Gehölze, Baumgärten.
F, S, H: Wasservögel (u. a. Taucher, Reiher, Enten, Rallen, Limikolen), Greifvögel, Tauben, Eulen, Spechte (u. a. Kleinspecht), Singvögel (u. a. Lerchen, Schwalben, Stelzen, Rotrückenwürger, Drosseln, Rohrsänger, Rohrammer).

Amsoldingen
G 5 a

Propsteikirche **St. Mauritius.** Vermutlich im 10. Jh. gebaut. Nahezu unverändert erhalten. Gehört zu den schönsten Beispielen romanischer Architektur in der Schweiz. Die Propstei ist zum Landschlößchen umgebaut worden.

Graureiher: Naturschutzgebiet Amsoldingersee–Uebeschisee.
Bahn Thun, Postauto/Parkplatz Amsoldingen, Wanderung um die beiden Seen. Seeufer, Schilf, Ried, Gehölze, Felder.
F: Wasservögel (u. a. Graureiherkolonie), Singvögel (u. a. Rohrsänger).

Amsteg
L 5 a

Burgruine am Ostrand des Dorfes. Nach Karl Meyer Reste der historischen Burg **Zwinguri.**

Kleines Arboretum im **Mühlemätteli** am untersten Südufer des Chärstelenbaches, östlich der Einmündung desselben in die Reuß, zwischen Hauptstraße und Reuß. Angelegt beim Bau des Kraftwerkes Amsteg SBB: Reihenpflanzung verschiedener exotischer Koniferen (Nadelhölzer) von 100 m Länge. Besitzer Generaldirektion der Schweizerischen Bundesbahnen, Bern. Alle Arten immergrün und von der Straße zwischen der Baumreihe und den südlich davon gelegenen Häusern aus sichtbar. Davon die wichtigsten:
Douglas-Tanne, Douglas-Fichte oder **Douglasie,** *Pseudotsuga menziesii* (früher *Pseudotsuga douglasii):* die beiden ersten Bäume von der Hauptstraße westwärts; erster Baum Stamm∅ 50 cm, 6–7 m von dieser entfernt, zweiter Baum Stamm∅ 60 cm, gegenüber dem Osteingang des ersten Hauses. Weitere Einzelheiten siehe unter Tellsplatte! Heimat: Nordamerika.
Biegsame Kiefer, Nevada-Zirbelkiefer, *Pinus flexilis:* Baum gegenüber dem Westeingang des obersten Hauses, Stamm∅ 60–65 cm, Nadeln zu 5 pro Bündel, 3–9 cm lang, Zapfen ähnlich jener der Weymouthskiefer *(Pinus strobus).* In der Schweiz selten kultiviert. Heimat: Westlicher Teil der USA.
Gelb- oder **Goldkiefer, Western Yellow Pine,** *Pinus ponderosa:* der viertunterste Baum der Reihe, 5 m oberhalb des untersten Beleuchtungsmastes; Stamm∅ 75 cm, Nadeln meist zu 3, bis 25 cm lang, Zapfen mittelgroß, eiförmig, Schuppen mit kurzem Dorn. Heimat: Westlicher Teil der USA. In der Schweiz selten in Kultur.

Gemse – *Maderanertal/Etzlital:* Blindensee, Alp Gnof, Mürenplanggen, Straße Amsteg (Station SBB)–Bristen (Parkplatz)–Platten (Parkplatz), Weg Platten–Hüfihütte SAC.
Gemse (Sommer)/**Murmeltier** – *Etzliboden:* Weg Bristen–Etzliboden–Etzlihütte SAC (beide Talseiten).
Hinteretzli: Weg Etzlihütte SAC–Spillaui–Börtlilücke (beide Talseiten).

Andeer O 5 c

Intaktes Ortsbild mit prächtigen Bürgerhäusern. Besonders sehenswert das ganz mit Sgraffitodekorationen geschmückte **Haus Pedrun**.

Andelfingen L 2 a

Mittelspecht, Singvögel: Thurauen.
Bahn/Parkplatz Andelfingen, Wanderung rechtes Thurufer–Wüesti–Wolan–Brücke Ellikon/Flaach–linkes Thurufer–Engi–Weriinseln–Andelfingen. Thurlauf, Auwälder, Wiesen, Felder, Gehölze.
F,S,H: Wasservögel (u.a. Taucher, Reiher, Enten, Rallen), Greifvögel (u.a. Rotmilan, Schwarzmilan, Baumfalke), Tauben, Spechte (u.a. Mittelspecht), Eisvogel, Singvögel (u.a. Stelzen, Nachtigall, Drosseln, Grasmücken, Laubsänger, Pirol).

Andermatt L 5 c

Hirsch (Sommer) – *Geißberg* ob Andermatt; *St.-Anna-Berg* und *Gams* an der Gotthardstraße; *Hospental–Realp* bis *Wittenwasserreuß*, rechte Talseite.
Gemse (Winter) – *Hospental–Zumdorf:* linke Talseite.
Steinadler, Bergvögel: Gamsstock.
Bahn/Parkplatz Andermatt, Wanderung Guspistal–Gamssteg–Hospental. Weiden, Fels, Wald, Gotthardreuß.
F,S: Greifvögel (u.a. Steinadler), Alpenschneehuhn, Singvögel (u.a. Wasserpieper, Stelzen, Wasseramsel, Braunkehlchen, Mauerläufer, Alpendohle, Kolkrabe).

Anwil H 2 d

Singvögel: Naturschutzweiher an der Hauptstraße Rotenfluh–Anwil.
Bahn Gelterkinden/Postauto Anwil, Parkplatz beim Weiher, Wanderung Anwil–Richtung Rothenfluh. 2 Naturschutzweiher, Bach, Gehölze, Wiesen, Waldrand.
F,S: Singvögel.

Anzonico M 6 a

Gemse – *Forcarella* (2026 m ü.M.): Straße Chironico–Biaschina–Anzonico–Sobrio, Wege von Anzonico und Sobrio aus.
Culpiana (2416 m ü.M.), *Passo Laghetti* (2130 m ü.M.): Straße Lavorgo (Station SBB)–Calonico, Wege von dort und von Anzonico aus.

Appenzell N 3 b

Reizvolles, geschlossenes Ortsbild, viele farbig bemalte Holzhäuser. Im Rathaus **Museum** mit Funden aus dem Wildkirchli, land- und alpwirtschaftlichen Geräten, Bauernmalerei und Trachten, Stickereien, besonders aus dem Appenzellerland und ganz Europa (1.7.–15.9. täglich 13.30–16.30 Uhr, 1.5.–30.6. und 15.9.–31.10. Sonntag 13.30–16.30 Uhr).

Arbedo M 7 b

Chiesa rossa mit Fresken aus der Zeit um 1500. Hier wurden die bei der Schlacht von Arbedo (1442) gefallenen Eidgenossen begraben. Der Kampf von 2000 Schweizern gegen 15000 Mailänder endete mit dem Rückzug der Eidgenossen.

Arbon O 2 a

Schloß, um die Mitte des 13.Jh. erbaut. Prächtiger Festsaal (Landenbergsaal). Im Westteil **Ortsmuseum** (Tel. 071 46 21 29; geöffnet am 1. Sonntag des Monats von 10–12 Uhr oder auf Anfrage). Innerhalb des Burgbezirks Ausgrabung eines **Römerkastells**. **Romanische Galluskapelle**.

Sibirischer Ahorn, *Acer ginnala:* 2 selten große dieser meist strauchförmig wachsenden, aus Ostasien (China, Japan, Mandschurei) stammenden Art; 8–9 m hoch. StammØ ca. 45 cm beim einstämmigen Baum, der andere 3stämmig, Blätter 3lappig. Bei der Kreuzung Promenaden-/Hauptstraße, gegenüber Lindenhof.
Saurer-Park an der Lindenhalde, schräg oberhalb der Kantonalbank: außer interessanten Eichenbastarden erwähnenswert eine **Dreiergruppe** von großen **Bergulmen**, *Ulmus glabra* (früher *Ulmus montana)*, 40 m oberhalb der Voliere. StammØ 80–140 cm; sommergrün, einheimisch.
Seepark (mit Musikpavillon) südsüdwestlich des Schlosses und römischen Kastells: **Trompetenbaum**, *Catalpa bignonioides:* großer, sommergrüner Baum mit großen, kurz zugespitzten Blättern und 4–5 cm weiten, weißen, gefleckten Blüten, meist im Juli. Untere Äste waagrecht abstehend. 28 m seewärts des Musikpavillons, gegenüber dem Denkmal von Adolph Saurer (seeseits der Straße).
Weitere **Trompetenbäume**, darunter 2 Exemplare von *Catalpa ovata,* mit kleineren Blüten, stehen an der Promenadenstraße, dem Schulhaus gegenüber.

Arcegno L 7 b

Intaktes Ortsbild, winklige Gassen, Häuser aus Gneisblöcken, mit Gneisplatten gedeckt.

Ardez Q 4 d

Erste reformierte **Emporenkirche** der Schweiz, 1576/77 erbaut. Stilistisch zwischen Spätgotik und ländlicher Renaissance. **Ruine** des einstigen Bischofsschlosses **Steinsberg.** Prächtige Häuser mit Sgraffitomalereien.
Steinbock/Gemse/Murmeltier – *Val Urschai:* Weg von Ardez durch das Val Tasna nach der Alp Urschai (2106 m ü. M.).

Ardon F 7 a

Gemse (Winter) – *Lentillière* (786 m ü. M.): An der Straße Ardon (Station SBB)–Magnot–Vétroz.

Arenenberg M 1 d

Schloß Arenenberg. Exilsitz der Familie Louis Napoleons, des späteren Napoleon III. Herrenhaus, wertvolle Einrichtung im Stil des 1. und 2. Kaiserreichs. Napoleon-Museum (Tel. 072 8 98 66; 1. 5.–30. 9. 9–12, 13.30–18 Uhr, April und Oktober 10–12, 13.30–17 Uhr, 1. 11.–31. 3. 10–12, 13.30–16 Uhr).

Arlesheim G 2 b

Stifts- oder Domkirche, bedeutender Barockbau, 1680/81; 1759/61 neu ausgestattet. Sitz des Basler Domkapitels nach der Rückkehr (1678) aus dem Exil in Freiburg i. Br.

Arni G 4 b

Naturlehrpfad Rothiholz bei Arnisäge: 53 Holztafeln mit Texterklärungen und z. T. Zeichnungen über botanische, forstliche, zoologische, geographische und geologische Objekte. Ebenfalls Spiel- und Rastplätze vorhanden. Route 3,3 km lang mit einer Höhendifferenz von etwa 100 m, Zeitbedarf 1–1½ Std.
Start beim Parkplatz Arnisäge (Koord. 616 200/198 150), erreichbar mit Postauto ab Worb, Biglen oder Moosegg (Wanderweg markiert ab Biglen Station). Parkplätze beim Restaurant zum Rößli, Arnisäge.

Arogno M 7 d

Kirche **S. Stefano,** geprägt durch Umbauten aus dem 16./17. Jh.

Arolla G 7 c

Steinbock (Winter)/**Gemse** (Winter)/**Murmeltier** – *Val d'Arolla,* rechter Talhang (Parkplätze bei La Goutte, Satarma und Arolla).

Arosa O/P 4 d/c

Alte reformierte **Pfarrkirche,** malerisch im Friedhofareal gelegen. Ende des 15. Jh. erbaut. **Schanfigger Heimatmuseum.** Möbel, Hausrat, landwirtschaftliche Geräte

und Werkzeuge, Dokumentation zum Eisenbergbau und zum Wintersport, Mineralien und Blumen des Schanfigg (Tel. 081 31 16 89; Juli–September Montag und Freitag 14.30–16.30 Uhr, Januar–März Freitag 14–16 Uhr).
Gemse – *Valbellahorn* (2763 m ü. M.): Wege von Wiesen und Arosa aus.
Steinbock – *Aroser Rothorn* (2980 m ü. M.), *Älplihorn* (2833 m ü. M.), *Parpaner Weißhorn* (2776 m ü. M.): Zugänglich von Arosa und Lenzerheide (Seilbahnen Arosa–Weißhorn und Lenzerheide–Parpaner Rothorn).

Arosio M 7 c

Pfarrkirche aus dem 13. Jh., im 17. Jh. umgebaut. Mittelalterliche, ausdrucksstarke Ausmalung.

Arth-Goldau K 4 b

Waldlehrpfad Goldseeli: Lehrpfad um das Goldseeli herum mit einer Länge von 400 m, mit 79 Baum- und Straucharten. Erreichbar vom Bahnhof Goldau, Parkplätze am Bahnhof. Bestimmungsschlüssel ist geplant. Bäume und Sträucher sind lat. und dt. beschriftet.

Arzo M 8 a

Kirche **SS. Nazzaro e Celso,** Ausschmückung mit Marmor aus dem Steinbruch auf Gemeindeboden.

Marmorsteinbrüche. Straße Mendrisio–Rancate–Besazio–Arzo. Am südlichen Dorfende Straße nach Meride–Serpiano. Nach 800 m Steinbrüche (Areal von mehreren Steinbrüchen). Parkplatz beim Sägewerk an der Straße (Einblick in die Gesteinssägetechnik mit über Rollen geführten Drahtseilen).
Abgebaute Gesteine: Macchia vecchia (Brekziengestein), Broccatello d'Arzo (braunroter Marmor), Rosso d'Arzo (roter Marmor). Sehr dekorative Bausteine. Wichtig als Ausstattungsstücke in Kirchen (Altäre, Weih- und Taufwasserbecken usw., vor allem im Barock) und für weltliche Bauten. Heute auch für Schotter. Nesterweise findet man in diesen Brüchen auch häufig Fossilien (Ammoniten, Muscheln, Schnecken, Korallenbruchstücke, Kalkschwämme).

Ascona L 7 b

Kirche **SS. Pietro e Paolo,** 1530/34, Gemälde von Giovanni Serodine. Ehemaliges **Dominikanerkloster**, schöner Innenhof mit zweigeschossigen Loggien. Im Innern der **Kollegiatskirche** ist die vollständige Ausstattung mit Wandgemälden aus der Zeit zwischen 1455 und 1526 erhalten geblieben. Aus Ascona stammende Architekten und Maler haben ihren Heimatort in Italien, der alemannischen Schweiz, Deutschland, Österreich und der Tschechoslowakei bekannt gemacht. Das **Stammhaus der Künstlerfamilie der Serodine** gehört mit seinen Zierfriesen und den Stuckfiguren, von Michelangelos Medici-Gräbern inspiriert, zu den schönsten Bauten Asconas.
Museo Marianne Werefkin; die Künstlerin lebte von 1918–38 in Ascona und gehörte der Künstlergruppe des Blauen Reiters an. (April–Oktober Dienstag, Donnerstag und Samstag 15–18 Uhr).

Attinghausen L 4 c

Ruine der Burg der Edlen von Attinghausen, die bei der Befreiung der Waldstätte eine Rolle spielten. In 20 Min. vom Bahnhof Altdorf aus erreichbar.
Gemse (Sommer) – *Waldnacht/Guggital:* Straße Erstfeld (Station SBB)–Hofstetten, dann Weg Waldnachter Berge oder Seilbahn Attinghausen–Waldnachter Berge–Geißberg.
Murmeltier – *Guggital:* Weg Geißberg–Stäfeli.
Gemse (Sommer)/**Murmeltier** – *Surenen, Talkessel des Stierenbaches, Am Turm* (2387 m ü. M.): Weg Waldnachter Berge–Eifrutt–Surenenpaß–Engelberg.

Auberson, L' C 4 c

Automatenmuseum (Tel. 024 6 24 84; Mai–Oktober Sonntag 9–12, 14–18 Uhr; November–April 1. und 3. Sonntag im Monat 9–12, 14–18 Uhr).

Aubonne C 5/6 c/a

Reizvolles Städtchen, beherrscht vom trutzigen mittelalterlichen **Schloß**. Bemerkenswerter Innenhof.

Arboretum Aubonne. Neu gegründetes, im Aufbau begriffenes Arboretum im Vallon de l'Aubonne (bei Aubonne) am Genfersee. Unter der wissenschaftlichen Beratung des Botanischen Instituts der Universität Lausanne werden im waldfreien Teil im Genferseeklima winterharte Bäume und Sträucher aus aller Welt gesammelt, während im schon vorhandenen Wald die einheimischen Gehölze gezeigt werden. Täglich geöffnet.

Singvögel: Aubonne–Mont-sur-Rolle.
Bahn/Parkplatz Aubonne, Wanderung Bougy-St-Martin–Bougy–Mont-sur-Rolle–Rolle. Weinberge, Trockenhänge, Gehölze, Büsche, Felsen.
F,S: Greifvögel (u.a. Turmfalke), Singvögel (u.a. Heidelerche, Baumpieper, Rotrückenwürger, Rotschwänze, Grasmücken, Schnäpper, Goldammer, Zaunammer, Distelfink, Bluthänfling).

Auenstein J 2 c

Rotmilan, Singvögel: Südhang Gislifluh ob Auenstein.
Bahn Wildegg, Postauto/Parkplatz Auenstein, Aufstieg auf rund 500–550 m ü.M. Wies-, Acker- und Rebland mit Hecken und Feldgehölzen.
F,S: Rotmilan, Spechte, Singvögel (u.a. Baumpieper, Rotrückenwürger, Goldammer, Zaunammer).

• Augst/Augusta Raurica G 2 b

Ehemals **römische Stadt,** 260 n.Chr. zerstört. Große Teile Tempel, Theater und Thermen wurden ausgegraben und können besichtigt werden. **Römerhaus** (Rekonstruktion eines Wohn- und Geschäftshauses) und **Museum** mit Ausgrabungsfunden.

Wasservögel: Rheinstau am Schweizer Ufer.
Bahn/Parkplatz Kaiseraugst, Wanderung Rheinufer–Ergolzmündung–Kraftwerk. Flußufer mit Stausee.
W: Schwimmvögel.
F,S: Flußuferläufer, Flußregenpfeifer (Kiesgruben).

Auressio L 7 a

Gemse – *Valle Onsernone, Campo* (1019 m ü.M.), *Pino* (1641 m ü.M.): Straße Locarno–Cavigliano–Spruga, Weg von der Brücke über den Reale del Va zwischen Auressio und Loco nach Campo.

Außerberg H 6 c

Murmeltier – *Senntum* (etwa 1400 m ü.M.): Baltschiedertal.
Steinbock (Sommer) – *Tieregghorn* (3072 m ü.M.), *Alpja:* Straße St.German–Außerberg (Station BLS) (Parkplatz), Weg ins Baltschiedertal.
Gemse (Sommer) – *Tieregghorn* (3072 m ü.M.), *Rothorn* (2953 m ü.M.), *Galikumme*.

• Avenches E 4 c

Ehemals **römische Stadt,** 259 n.Chr. von den Alemannen zerstört. Reste der einst 5650 m langen Stadtmauer. Einer von rund 80 Türmen sowie ein Tor sind erhalten geblieben. **Amphitheater,** am Osteingang mittelalterlicher Turm, darin das **Römische Museum** (9–12, 13–17 Uhr, November–Februar Montag geschlossen).
Schloß, Ursprünge spätgotisch. Umbau des Hauptgebäudes im 18.Jh.

Axalp J 5 a

Steinadler, Bergvögel: Hinterburgseeli–Zaun.
Bahn Brienz, Postauto/Parkplatz Axalp, Wanderung Hinterburgseeli–Zaun–Meiringen. Weiden, Wald, Fels.
F,S: Greifvögel (u.a. Steinadler), Spechte (u.a. Dreizehenspecht), Singvögel (u.a. Wasserpieper, Ringdrossel, Alpenmeise, Zitronfink, Birkenzeisig, Erlenzeisig, Fichtenkreuzschnabel, Kolkrabe).

Ayer G 7 a

Murmeltier – *Montagne-de-Nava* (2146 m ü.M.): Über Ayer.
Gemse (Winter) – *La Perouja* (2085 m ü.M.): Über Mottec an der Straße Ayer–Zinal.
Grand-Plan (2353 m ü.M.): Zwischen Val de Moiry und Val de Zinal (Ostseite).

Baar
K 3 d

Höllgrotten. Erreichbar von Baar bis Höll, ostsüdöstlich Baar an der Lorze, von dort zu Fuß. Von Zug aus Autobus Zug–Ägeri–Menzingen (Haltestelle Tobelbrücke Höllgrotten), von dort zu Fuß etwa 20 Min.
Die Höllgrotten sind etwa 300 m lang und durch Fußwege zugänglich gemacht. Einzelne unter sich zusammenhängende Höhlen. Einzige Höhle der Schweiz, die in einer mächtigen Tuffschicht liegt. Geöffnet vom 1. April–31. Oktober täglich 9–12 und 13–17 Uhr. Führungsdauer etwa ½ Std. Eintrittspreis Fr. 2.80.
Waldlehrpfad Baar: Lehrpfad entlang der Lorze, etwa 2 km lang. Zeitbedarf 1 Std., Höhendifferenz gering. Rund 70 Bäume und Sträucher numeriert, Schlüssel dazu erhältlich bei Ziegelhütte am Start.
Start westlich der Spinnerei Baar (Koord. 683 750/227 600), erreichbar mit Bus bis Brauerei Baar, von dort bis zum Start noch 800 m, Parkplätze bei der Spinnerei (zusammen mit Fitneßparcours).

Bächli
N 3 a

Hirsch – *Neckertal:* Straße Urnäsch–Schönau–Bächli–Rüteli. Taleinwärts unterhalb Grundswendi, Weg durch das Neckertal nach Ampferenboden–Hochalp.

Baden
K 2 c

Thermalbadeort schon in römischer Zeit. Mittelalterlicher Stadtkern in malerischer Lage. Die wichtigsten Sehenswürdigkeiten: katholische **Stadtkirche**, **Rathaus** mit dem spätgotischen Tagsatzungssaal. **Stadttorturm**. Auf einem Felsen über der Stadt die **Ruine** der Festung **Stein**. Bei der gedeckten Brücke im ehemaligen Landvogteischloß das **Historische Museum** mit bedeutenden urgeschichtlichen und römischen Sammlungen. Dokumente aus der kirchlichen und bürgerlichen Welt (Tel. 056 2 75 74; April–Oktober 10–12, 14–17 Uhr, Montag geschlossen).
Verschiedene Bahn- und Straßentunnels unter dem Stein zu Baden, neue Bahnhofanlage. Schöne Hochbrücke nach Ennetbaden. Südlich Baden Tunnel der Nationalstraße N1. Weiter westlich neuer Eisenbahntunnel. Flußkraftwerk Wettingen (1 km flußaufwärts).

Balerna
M 8 b

Beinhaus bei der Stiftskirche, originelles Barockgebäude.
Tongrube Castel di Sotto, 1,5 km südwestlich Balerna (Vorort von Chiasso), an der Straße Balerna–Novazzano.
Hier wird das Rohmaterial für die Ziegelei abgebaut. Typisches Beispiel einer Tongrube für Ziegeleien. Alter der Tone: rund 5 Mio Jahre (Pliozän).

Balgach
O 2 d

Schulwald Balgach: Route von etwa 500 m beim Oberen Weiher, mit rund 25 Bäumen und Sträuchern. Zeitbedarf etwa ½ Std.
Start bei Koord. 763 400/253 300. Parkplätze für Autos bei der Waldhütte Oberer Weiher. Nummernschlüssel auf Karte gemäß Kt. St. Gallen.

Balsthal
G 3 b

Alt-Falkenstein, auch Kluser Schloß genannt, im Norden der Balsthaler Klus. Vermutlich im 13. Jh. erbaut. Großzügige, sehr gut erhaltene Anlage. Seit 1919 darin ein schönes Heimatmuseum (Tel. 062 2 72 17; Dienstag–Sonntag geöffnet; Sommer 9–12, 14–17 Uhr, Winter 10–12, 14–16 Uhr).
Neu-Falkenstein, vermutlich im 12. Jh. erbaut. Nach Brand im Jahr 1798 allmählicher Zerfall. Noch gut erhaltene Teile von Bergfried, Palas, Wirtschaftsgebäuden, Zwinger und Tor. In 40 Min. von Balsthal aus zu erreichen.
Gemse – *Önsinger Roggen, Höchi Flue, Belchenflue, Homberg, Bannwald:* Straße Önsingen–Önsinger Roggen (Parkplatz), Egerkingen–Blüemlismatt, Egerkingen–Bärenwil–Langenbruck, Hägendorf–Allerheiligenberg, Hägendorf–Fasiswald oder Olten–Trimbach–Hauenstein–Ifenthal–Challhöchi–Belchenflue–Schönthal–Langenbruck.

Bannwil
G 3 b

Wasservögel, Flußregenpfeifer: Naturschutzgebiet Vogelraupfi.
Bahn Bannwil/Parkplatz Bannwil oder bei Aarebrücke Berken, Wanderung Bann-

wil–linkes Aareufer–Vogelraupfi–Aarebrücke Berken–rechtes Aareufer–Wangen. Flußufer, Felder, Gehölze, künstliche Vogelschutzinsel mit Teich, guter Einblick vom Damm aus.
F, H, W: Taucher, Reiher, Schwäne, Enten, Säger, Limikolen, Rallen, Möwen, Eisvogel, Singvögel.
S: Wasservögel (u. a. Brutplatz des Flußregenpfeifers, Graureiherkolonie), Greifvögel (u. a. Schwarzmilan), Singvögel.

● **Basel** G 2 a/b

Die wichtigsten Sehenswürdigkeiten:
Münster, romanisch-gotisch. Nach Brand im Jahr 1185 entstand ein Neubau, der in wesentlichen Teilen dem heutigen Bau entspricht. Galluspforte aus romanischer Zeit. Auch das Innere der Kirche zeigt eine große Zahl von Meisterwerken mittelalterlicher Steinmetzkunst. Ehemalige Benediktinerklosterkirche **St. Alban, Stadttore, Rathaus, Bürger- und Adelshäuser.**
Museen: **Kunstmuseum,** bedeutende Sammlung alter und moderner Kunst des In- und Auslandes (Tel. 061 22 08 28; Oktober–Mai 10.30–12.30, 14–17 Uhr, Mittwoch auch 20–22 Uhr. Juni–September 10–17Uhr, Mittwoch auch 20–22Uhr).
Historisches Museum in der ehemaligen Barfüßerkirche.
Museum für Völkerkunde und Schweizerisches Museum für Volkskunde (Tel. 061 22 04 87; 10.30–12.30, 14–17 Uhr, Mittwoch auch 20–22 Uhr).
Kirschgarten, Sammlung zur Basler Wohnkultur (Tel. 061 24 31 07; Dienstag–Sonntag 10–12.30, 14–17 Uhr, Mittwoch auch 20–22 Uhr).
Antikenmuseum, Kunstwerke aus dem griechischen und römischen Kulturraum (Tel. 061 24 75 72; 10–12.30, 14–17 Uhr, Mittwoch auch 20–22 Uhr).
Kapelle von St. Jakob an der Birs. Nach der Schlacht im Jahr 1444, dem heldenhaften Kampf der Eidgenossen gegen die Übermacht der Armagnaken, wurde das Kirchlein wieder instand gestellt. Veränderungen im 17., 18. und 20. Jh.
Region Basel bis Pratteln mächtiges Zentrum der chemischen Industrie. Mehrere bedeutende Rheinbrücken: Breite- und Wettsteinbrücke, Mittlere und Dreirosenbrücke und neue Nationalstraßenbrücke. Rheinhäfen: Kleinhüningen, St. Johann und Birsfelden. Moderne Zentrale, hauptsächlich aus Glas. Größter Rangierbahnhof der Schweiz bei Muttenz. Internationaler Flughafen Basel-Mühlhausen.
Naturhistorisches Museum, Augustinergasse 2. Vorzügliche Sammlung von Binnatalmineralien. Geöffnet 10–12, 14–17 Uhr, Mittwoch auch 20–22 Uhr.
Botanischer Garten der Universität (275 m ü.M., 1,2 ha). Neues Tropenhaus mit reicher Sammlung, besonders Orchideen und Araceen. Freilandalpinum. Täglich offen, Sommer 7–20 Uhr, Winter 7–17 Uhr; besonders empfehlenswert für Freiland Mai–Juni, Tropenhaus ganzjährig.
Im Stadtzentrum, beim Spalentor, Schönbeinstraße 6. Kein Parkplatz, Bus oder Tram.
Botanischer Garten der Stadt Basel, Münchenstein (260 m ü.M., etwa 15 ha). Neuer botanischer Garten im Aufbau. Er enthält heute erst Freilandanlagen, Gewächshäuser sind geplant.
Im Süden der Stadt zwischen Birs und Brüglingerstraße. Parkplatz, Tram Nr. 12 oder 14.
Anlagen am Nordostende der Wettsteinbrücke: Großfrüchtige Eiche, *Quercus macrocarpa:* äußerst seltener, mächtiger, 28 m hoher Baum (Stamm⌀ 83 cm) beim Nordende der Wettsteinbrücke, zwischen Waisenhaus (3 m östlich davon) und dem erhöhten Rand des Brückenendes (14 m westlich davon), rund 30 m vom Nordostrand des Oberen Rheinwegs entfernt. Blätter tief gelappt (ein Einschnitt fast bis zur Mittelrippe reichend), sommergrün, Fruchtbecher am Rande gefranst. Einziger großer Baum dieser Art in der Schweiz. Ursprünglich in Privatgarten, heute auf städtischem Areal. Heimat: Östlicher Teil der USA.
Parkanlage Theodorsgraben, östlich dem Ende der Wettsteinbrücke: **Hainbuchenblättrige Hopfenbuche,** *Ostrya carpinifolia:* kleiner Baum (Stamm⌀ 48 cm), 8 m vom östlichen Brückenrand, 4 m von der Straßentafel entfernt. Blätter sommergrün, nicht stark von jenen der Hainbuche verschieden, Frucht hopfenähnlich. Heimat: Südeuropa (siehe San Salvatore). **Ginkgobaum, Maidenhair-Tree,** *Ginkgo biloba:* je 1 männlicher und 1 weiblicher mittelgroßer Baum (Stamm⌀ 65 und 82 cm), 17 und 23 m nordnordöstlich der Hopfenbuche. Blätter sommergrün, flach fächerförmig, eingeschnitten zweilappig. Heimat: Ostchina (kommt dort nirgends mehr wildwachsend vor, jedoch heute in China, Japan wie in allen Erdteilen häufig angepflanzt, lebendes Fossil).

Rosentalanlage, südöstlich des Hauptgebäudes der Mustermesse, Kreuzung Matten-/Rosentalstraße (Kleinbasel): **Kalifornische Nußeibe,** *Torreya californica:* 4stämmiger, strauchförmiger (Verzweigung bei 50 cm) mittelgroßer Baum (Stamm⌀ 74 cm in 30 cm Höhe) mit langen, immergrünen, stechenden Nadeln; Früchte bis 3,5 cm lang, dattelähnlich, grünlich. 20 m südwestlich des Parkeingangs an der Mattenstraße, 4 m vom Rand des Trottoirs Rosentalstraße. Heimat: Kalifornien.

Kannenfeldpark, westlich Kannenfeldplatz, nördlich der Kreuzung Burgfelderstraße/Straßburgerallee (Großbasel): **Zerr-Eiche,** *Quercus cerris:* freistehender hoher Baum (20 m) im südlichsten Teil des Parkes, 12 m vom Weg entfernt (Stamm⌀ 67 cm, Blätter spitz gelappt). Heimat: Südeuropa, u. a. Tessin. **Osagedorn,** *Maclura pomifera:* 3 junge, sommergrüne kleine Bäume (wovon 2 weiblich) mit dornigen Zweigen und großen, kugeligen, warzigen Früchten von der Größe einer Orange. Am nordöstlichen Rand des Garten-Theaters.

Schützenmattpark, zwischen Weiherweg und Bundesplatz, nordwestlich des Zoologischen Gartens: **Schmalflüglige Flügelnuß,** *Pterocarya stenoptera:* hoher Baum (Stamm⌀ 57 cm) gegenüber den Häusern Weiherweg Nr. 84/86, 6 m südlich des Trottoirrandes (siehe Solothurn). **Mongolische Linde,** *Tilia mongolica:* kleiner Baum (Stamm⌀ 36 cm) mit pyramidaler Krone und oft 3- bis 5lappigen Blättern (wie kleines Rebenblatt); 70 m westlich Musikpavillon.

St.-Margarethen-Park, südwestlich des Bahnhofes SBB, im Nordosten an Gundeldingerstraße grenzend; für diesen Park charakteristisch: 4 Walnuß-*(Juglans-)* und 2 Hickorynuß-*(Carya-)*Arten. Im Ostteil: **Felsenwalnuß,** *Juglans rupestris,* 6 m von der elektrischen Standuhr Richtung Kunsteisbahn, **Graue Walnuß,** *Juglans cinerea,* 11 m von der Uhr Richtung Kunsteisbahn, **Schwarznuß,** *Juglans nigra,* die nächsten 3 Bäume in derselben Richtung; im Westteil: **Herzförmige Walnuß,** *Juglans cordiformis,* 18 m südöstlich des Brunnenrandes beim Parkeingang Frobenstraße: längs der Gundeldingerstraße nach Südosten in schmalem Rasenstück: **Herzförmige Hickorynuß,** *Carya cordiformis* (kleine Nüsse, gelbe Knospen), 3 Exemplare, **Streifenrindige Hickorynuß,** *Carya laciniosa,* Bäume Nr. 5–7; die Rinde dieser Art löst sich in Längsstreifen.

Weitere sehenswerte Parkanlagen:
St.-Alban-Anlage, vom St.-Alban-Tor bis Äschenplatz; **Lange Erlen,** nördlich Badischer Bahnhof; **Wenkenhof,** am Westrand von Riehen.

Zoo (Zolli): vollausgebauter Zoo mit allen üblichen Zootieren, dazu viele Raritäten, wie Panzernashorn, Moschusochse, Zwergflußpferd, Bongo, Somaliwildesel, beide Elefantenarten. Berühmte Menschenaffenstation, Terrarium und Aquarium, Elefanten- und Seelöwendressurnummern.
Größe: 15 ha, mitten in der Stadt gelegen. 650 Tierarten, 4000 Tiere. Eintritt: täglich offen, Sommer 8–18.30 Uhr, Winter 8–17.30 Uhr. Zufahrt ab Nationalstraße ausgeschildert, Parkplatz vor Haupteingang (3 Std.), Parkhaus 300 m entfernt, 7 Min. vom Hauptbahnhof zu Fuß, 2 Tramlinien, Restaurant.
Tierpark Lange Erlen: verschiedene Hirscharten, Lamas, Geflügelzucht, Haustiere. 6 ha, 1200 Tiere. Eintritt gratis, offen November–Februar 8–17 Uhr, März, April, Oktober 7–18 Uhr, Juni–August 7–20 Uhr. Zufahrt Richtung Badischer Bahnhof/Deutschland. Tram 6, Bus 36, Parkplatz vorhanden, Restaurant (Montag geschlossen).

Segler, Singvögel: Stadtgebiet.
Bahn HB, Tram/Bus/Parkplatz zu genannten Orten (siehe Stadtplan). Siedlungs- und Industriegebiet, Parkanlagen.
F,S: Mauersegler an vielen Gebäuden der Innenstadt, Alpenseglerkolonie an der Berufs- und Frauenfachschule, Haubenlerche vor allem Stadtperipherie, z. B. Güterbahnhof, Graudohle, Saatkrähenkolonien, z. B. Ciba, Dreirosen, Claramatte.

Bassersdorf L 2 c

Wasservögel, Singvögel: Eigental zwischen Bassersdorf und Oberembrach.
Bahn Bassersdorf, Parkplatz Gerlisberg, Rundgang Gerlisberg–Birchwil–Oberholz–Eigental–Gerlisberg. Bachlauf mit Weiher, Schilf, Sumpf, Wiesen, Felder, Gehölze, Wald.
F,S,H: Wasservögel, wie Zwergtaucher, Reiher, Enten, Rallen (u. a. Wasserralle), ferner Greifvögel (u. a. Bussarde, Schwarzmilan), Spechte, Singvögel (u. a. Stelzen, Drosseln, Grasmücken, Laubsänger).

Bauen
K/L 4 b/a

🐾 **Gemse** – *Niederbauen-Chulm* (1923 m ü. M.) Nordseite: Wege und Pfade von Seelisberg, Bauen und Emmetten aus. Seilbahn von Emmetten (Parkplatz) nach Niederbauen.
Steinbock (Sommer) – *Oberbauenstock* (2117 m ü. M.): Wege und Pfade von Bauen und Niederbauen aus.

Bauma
M 2 c

🐾 **Gemse** – *Hörnli* (1133 m ü. M.): Straße Steg–Tanzplatz oder Steg–Hinterstorchenegg, Seilbahn Tanzplatz–Hörnligipfel.
Strahlegg (1054 m ü. M.), *Schnebelhorn* (1292 m ü. M.): Straße Steg–Orütti–Toßscheidi.

Bavois
C 5 b

🦆 **Limikolen, Rallen:** Weiher von Bavois, zwischen La Sarraz und Chavornay.
Bahn/Parkplatz Bavois, Rundgang Arnex–L'Island–Bavois. Alte Torfstichweiher, Gräben, Schilf, Sumpfwiesen, Felder.
F, S, H: Taucher (u. a. Zwergtaucher), Reiher, Enten, Greifvögel (u. a. Turmfalke), Feldhühner (u. a. Rebhuhn, Jagdfasan), Rallen, Limikolen (u. a. Kiebitz, Bekassine, Tauben, Singvögel (u. a. Pieper, Stelzen, Braunkehlchen, Schwarzkehlchen, Drosseln, Schwirle, Rohrsänger).
W: Graureiher, Gänse, Greifvögel, Möwen, Saatkrähen.

Beatenberg
H 5 a

🐾 **Steinbock/Gemse/Murmeltier** – *Justistal, Sigriswiler Rothorn* (2033 m ü. M.): Straße Sigriswil–Justistal–Beatenberg.
Sieben Hengste (1952 m ü. M.): Straße Steffisburg–Schwarzenegg–Eriz.
Steinbock/Gemse – *Niederhorn* (1950 m ü. M.), *Gemmenalphorn* (2661 m ü. M.): Seilbahn und Weg Beatenberg–Niederhorn.
Gemse – *Beatenberg:* Straße Interlaken–Beatenberg.

🦆 **Steinadler, Bergvögel:** Niederhorn.
Bahn Interlaken, Postauto/Parkplatz Beatenberg, Sessellift Niederhorn, Wanderung Gemmenalphorn–Justistal–Beatenberg. Felsen, Weiden, Wald.
F, S: Rauhfußhühner (u. a. Alpenschneehuhn, Birkhuhn), Greifvögel (u. a. Steinadler), Eulen (u. a. Rauhfußkauz), Spechte (u. a. Dreizehenspecht), Singvögel (u. a. Wasserpieper, Alpenbraunelle, Steinschmätzer, Ringdrossel, Zitronfink, Schneefink, Birkenzeisig, Erlenzeisig, Alpendohle, Kolkrabe).

Bedretto
K 5/6 d/b

🐾 **Murmeltier** – *Pian Milan* (2185 m ü. M.): Wege von Villa und Bedretto aus.
Gemse – *Pizzo Galarescio* (2728 m ü. M.), *Valleggiagletscher* (2570 m ü. M.): Weg Bedretto–Alpe di Valleggia (1721 m ü. M.).
Hirsch – *Alpe di Valleggia.*

Bellach
G 3 a

🦆 **Wasservögel, Singvögel:** Weiher bei Oberbellach.
Bahn/Parkplatz Bellach, Wanderung nordwärts dem Bach entlang zum Weiher, Rundweg um den Weiher. Schilf, Sumpf, Wiesen, Gehölze, Wald.
F, S, H: Wasservögel (u. a. Enten, Rallen), Singvögel.

Bellelay
E 3 b

🏛 Ehemalige **Prämonstratenserabtei-Kirche,** 1708–14 wie auch St. Urban nach Plänen des Vorarlberger Baumeisters Franz Beer erbaut.

● Bellinzona
M 7 b

Bis zum Jahr 1503 erlebte Bellinzona ein wechselvolles Schicksal. Da hier drei der wichtigsten europäischen Nord-Süd-Verbindungen gesperrt werden konnten, stand die Stadt immer wieder im Brennpunkt kriegerischer und politischer Auseinandersetzungen. Mailänder Herrscher haben in der 2. Hälfte des 15. Jh. die das Tal sperrende **Doppelmauer** und die **drei Burgen** über der Stadt erbaut. Im Jahr 1503 sprach der Vertrag von Arona die Stadt den Eidgenossen zu. Gemeinsam übten die drei Urkantone die Herrschaft aus: Uri besaß das Castello Grande, Schwyz das

Castello Montebello und Unterwalden das Castello Sasso Corbaro. Die Kastelle sind in gutem Zustand und beherbergen heute Museen. **Castello Montebello** mit archäologischer Sammlung (Tel. 092 5 20 89; 9–12, 14–17 Uhr). **Castello Sasso Corbaro** mit volkskundlicher Sammlung (März–Oktober 9–12, 14–18 Uhr). **Castello Grande** in der Talmitte.
Am Südende von Bellinzona, im Vorort Ravecchia, befindet sich die Kirche des alten Franziskanerklosters **Santa Maria delle Grazie** mit vollständiger Freskenausmalung aus der Zeit der Renaissance.
Im Zentrum großes nationales und internationales Fernmeldezentrum der PTT.

Bellwald   J 6 a/b
Gemse (Winter) – *Fiescherglestcher:* Weg Fürgangen–Bodmen (1381 m ü. M.) oder Seilbahn Fürgangen–Bellwald und Weg nach Bodmen–Eggen–Fiescherglestcher.
Hirsch (Sommer) – *Richinen* (2002 m ü. M.): Weg Fürgangen–Bellwald–Richinen.

Belp   G 4 c
Gemse – *Belpberg Nord:* Straße Belp (Station Gürbetalbahn)–Oberwichtrach (Station SBB), von Gerzensee aus.
Jagdfasan, Turmfalke: Belpau östlich Dorf.
Bahn/Parkplatz Belp, Wanderung Richtung Südost zum Aareufer. Aareauen, Stillwasser, Gehölze, Felder, Fasanerie.
F, S, H: Graureiher, Greifvögel (u. a. Turmfalke), Jagdfasan, Singvögel.

Benken SG   M 3 d
Sumpf- und Wasservögel: Kaltbrunner Ried südlich Straße Uznach–Benken.
Bahn Benken, Parkplatz Grinau, Wanderung durchs Ried. Sumpfgebiet mit Teichen, Schilf, Gehölzen, Beobachtungsturm, Hütte mit kleiner Ausstellung.
S: Zwergtaucher, Schwarzhalstaucher, Graureiher (Kolonie Buechberg), Zwergdommel, Höckerschwan, Enten (u. a. Knäkente, Schnatterente, Tafelente), Greifvögel, Wachtel, Jagdfasan, Rallen (u. a. Wasserralle, Wiesenralle), Kiebitz, Großbrachvogel, Lachmöwenkolonie, Singvögel (u. a. Feldlerche, Braunkehlchen, Rohrsänger, Gelbspötter, Grasmücken, Grauammer, Rohrammer).
F, H: Taucher, Reiher, Gänse, Enten, Greifvögel (u. a. Bussarde, Weihen, Falken), Rallen, Limikolen (u. a. Regenpfeifer, Schnepfen, Wasserläufer), Möwen, Seeschwalben, Tauben, Wiedehopf, Singvögel (u. a. Lerchen, Pieper, Stelzen, Würger, Kehlchen, Steinschmätzer, Drosseln).

Benken ZH   L 1 c
Waldlehrpfad Cholfirst, beim Benkener Stadtweg, mit 64 einheimischen Bäumen und Sträuchern und Wildschadenverhütungs-Objekten. Länge der Route 3,3 km, Höhendifferenz 120 m, Zeitbedarf 1–1½ Std. Startpunkt bei Feuerthalen (Koord. 690 650/282 425) oder Benken (Koord. 691 575/279 550).
Erreichbar via Bahnstation Marthalen, Dachsen, Feuerthalen oder mit PTT-Postauto nach Benken. Mit Auto Ausfahrt Laufen-Uhwiesen/Rheinfall der N4. Parkplätze bei Guggere Benken, Holzchopf Grüt-Uhwiesen, Schwarzbrünneli Feuerthalen oder Kühles Tal Flurlingen vorhanden. Bestimmungsschlüssel gratis bei den betreffenden Gemeindekanzleien.

Bergün   P 5 c
Schönes Dorfbild, das bereits viele Elemente des Engadiner Dorfes aufweist. Beim Bahnhof Bergün führt eine Fahrstraße nach Stugl zum Dorf hinaus. In Stugl, auf einer Terrasse über dem Albulatal gelegen, befindet sich eine mittelalterliche **Kirche** mit ausdrucksstarken **Wandmalereien** aus dem 14. Jh.
Gemse – *Gletscher Ducan* (3019 m ü. M.), *Val da Ravais-ch:* Straße Bergün–Val Tuors, Weg zum Sertigpaß oder Straße Bergün–Stuls und Weg ins Stulstal.
Piz Kesch (3418 m ü. M.): Weg Chants–Alp Plazbi (2069 m ü. M.) oder Weg von Madulain (Oberengadin) aus.
Albulatal, Val Tuors: Straße und Bahn Tiefencastel–Bergün, La Punt–Albulapaß–Bergün.

Bern   F/G 4 b/a
Eine der schönsten Städte Europas im Grenzbereich deutscher und französischer Kultur. Heimelige Gassen mit Lauben.

Die wichtigsten Sehenswürdigkeiten:

Münster, Grundsteinlegung 1421. Die 150jährige Entstehungsgeschichte des Münsters hat im 19. Jh. ihre Fortsetzung erfahren, 1889/93 wurde der unvollendet gebliebene Turm fertiggebaut. Außerordentliche Glasmalerei, Bauskulptur und Schnitzereien. Im Turm größte Glocke in der Schweiz.

Zeitglockenturm. Bei der ersten Stadterweiterung im Jahr 1191 wurde der Zeitglockenturm als neues Stadttor gebaut, barocke Umgestaltung. Einbau der astronomischen Spieluhr 1530.

Heiliggeistkirche, 1726–29, schönste reformierte Barockkirche der Schweiz.

Rathaus, 1406–16, imposante Eingangshalle. Zahlreiche prächtige **Bürger- und Adelshäuser.** Reichverzierte **Brunnen.**

Historisches Museum. Sammlungen aus dem Staatsschatz der Stadt Bern hervorgegangen, Beutestücke aus den Burgunderkriegen, Domschatz aus Lausanne, Schatz aus dem Kloster Königsfelden; Abteilung für Ur- und Frühgeschichte; kunst- und kulturhistorische Sammlung; Münzen und Medaillen (Tel. 031 43 18 11; Montag 14–17 Uhr, Dienstag–Samstag 9–12, 14–17 Uhr, Sonntag 10–12, 14–17 Uhr).

Kunstmuseum. Malerei und Plastik des 15.–20. Jh., schweizerische und ausländische Meister. Größte Sammlung von Werken Paul Klees. Wechselausstellungen (Tel. 031 22 09 44; Montag 14–17 Uhr, Dienstag–Sonntag 10–12, 14–17 Uhr, Dienstag auch 20–22 Uhr).

Stadt der großen Brücken: Untertorbrücke (15. Jh.), Nydeggbrücke, große Eisenbahnbrücke, Kirchenfeldbrücke, Kornhausbrücke, Neubrücke: mittelalterliche Holzbrücke (3 km nördlich von Bern). Neuer Hauptbahnhof, größtes öffentliches Bauwerk Berns, mit Haupt- und Bahnpost kombiniert. Nationalstraße N1 nördlich, N12 westlich, N6 südlich von Bern, mit großen Brücken. Fernsehsendeturm Bantiger mit Aussichtsterrasse 10 km östlich von Bern, Fernsehsendeturm Ulmizberg 10 km südlich von Bern. Fernmeldezentrum PTT und Koaxialkabelzentrum Schliern der PTT.

Naturhistorisches Museum, Bernastraße 15. Größte Mineraliensammlung der Schweiz, speziell Großfunde alpiner Quarze. Größte Dioramen-Schau Europas. Geöffnet Montag–Samstag 9–12, 14–17 Uhr, Sonntag 10–12, 14–17 Uhr.

Botanischer Garten der Universität (550 m ü. M., 2,45 ha). Alpinum mit geographischen und pflanzensoziologischen Abteilungen. Neue Gewächshäuser mit Tropenpflanzen, Farnen und Sukkulenten, Orchideen. Täglich offen, Garten 7–18 Uhr, Gewächshäuser 7–11.30 und 13.30–17 Uhr; besonders empfehlenswert für Freiland Mai–Juni, Häuser ganzjährig.
Im Stadtzentrum am Sonnenhang der Aare neben der Lorrainebrücke (Altenbergrain 21). Kein Parkplatz, Bus.

Stadtgärtnerei (540 m ü. M., etwa 1 ha). Schauhaus mit empfehlenswerten Zimmerpflanzen. Parkanlage mit Staudenpflanzungen. Täglich offen, Gewächshaus 7.30–11.45, 13.45–17.30 Uhr; besonders empfehlenswert für Freiland Mai–Juni, Schauhaus ganzes Jahr.
Nahe bei Elfenaupark und Aare, Elfenauweg. Parkplatz sehr beschränkt, Bus.

Rosengarten (560 m ü. M., etwa 1,5 ha). Parkanlage mit schöner Aussicht über die Stadt. Rhododendren, Rosen, Schwertlilien. Täglich offen; empfehlenswert Mai–Juli.
Nahe beim Bärengraben, Winkel Laubeggstraße/Aargauerstalden. Kein Parkplatz, Bus.

Rosengarten: Anziehende Parkanlage im Nordosten der Altstadt, zwischen Laubeggstraße (hier Eingänge, Bushaltestelle Linie 15) und Aargauerstalden. Aussichtspunkt! Tafel mit Angaben über die Geschichte des Rosengartens. Abwechslungsreicher Baumbestand mit **Amberbaum** *(Liquidambar styraciflua),* Ahornarten, Eichen, Linden, Tulpenbaum *(Liriodendron tulipifera),* Koniferen usw. Im nordöstlichen Teil (Richtung Beundenfeld) Kollektionen von **Strauch-, Polyantha-** und **Edelrosen,** Blütezeit Juni/Juli (Hauptflor Anfang Juli); **Rhododendren** und **Azaleen** (teilweise untermischt mit Rosen), Blütezeit Ende April/Anfang Juni; nordöstlich der Rosenpergola interessante **Tafel «Stammbaum der heutigen Gartenrosen»** mit Erläuterungen von Dr. Rob. Kohli.

Umgebung der Johanneskirche, bei Kreuzung Breitenrain-/Wylerstraße: **Persische Eiche,** *Quercus macranthera:* mächtiger, schöner Baum von über 24 m Höhe in kleiner Parkanlage westlich der Kirche (10 m vom Kinderspielplatz entfernt), Stamm⌀ 88 cm, Blätter tief gelappt, weichhaarig. Sehr selten in Kultur, eines der wenigen Exemplare des Mittellandes! Heimat: Kaukasus bis Persien.

Anlage Studerstein, «Bei den Eichen»: am nördlichen Stadtrand, Nordostende der

Neubrückstraße (vor Bremgartenwald). Zufahrt über Engestraße–Viererfeldweg, zu Fuß auch vom Ende der Neubrückstraße. Überrest einer 1807–28 angelegten reichhaltigen Gehölzsammlung: **Stiel-Eiche,** *Quercus robur:* großer Baum (Stamm⌀ 1,50 m), 25 m südwestlich des Studer-Denkmals; **Silberpappel,** *Populus alba:* schöner Stamm (⌀ 1,30 m), Krone infolge Astbruch beschädigt, 10 m nordöstlich des Denkmals; **Tulpenbaum,** *Liriodendron tulipifera:* Krone schmal-pyramidal (Stamm⌀ 90 cm), 20 m westlich der Eiche am Fußweg; **Weymouthskiefer,** *Pinus strobus:* hoher Baum mit prächtigem Stamm (⌀ 90 cm), 28 m westlich des Tulpenbaums, 22 m vom Trottoirrand Neubrückstraße.
Pflanzungen beim **Physiologischen (Theodor-Kocher-) Institut,** Ecke Freiestraße/Bühlstraße, südöstlich der Pauluskirche: **Großblättrige Buche,** *Fagus grandifolia:* sommergrüner Baum mit großer, rundlicher Krone (⌀ 17 m) und tiefer Stammverzweigung (⌀ 55 cm), auf der Nordwestseite des Instituts (dicht am Trottoirrand), 40 m vom Bühlplatz entfernt. **Einziges Exemplar** (soweit bekannt) **dieser Art in der cisalpinen Schweiz.** Heimat: Ostteil der USA.
Weitere Parkanlagen:
Kleine Schanze, Zugang von der Bundesgasse; **Umgebung des Historischen Museums,** Zugang vom Helvetiaplatz; **Anlagen beim Schwellenmätteli,** Zugang östlich der Kunsthalle (Schwellenmattstraße).

Waldlehrpfad Reichenbachwald: Rundgang von 3,9 km (kleiner Rundgang 2,3 km) Länge entlang der Aare auf der Engehalbinsel, mit 47 Tafeln, die Auskunft geben über Vorkommen, Merkmale und Verwendung der einzelnen Baumarten sowie über den Wald als Lebensgemeinschaft, die Waldgeschichte, Wild und Vogelschutz und zu einem späteren Zeitpunkt auch über einzelne archäologische Funde. In der Nähe befindet sich auch ein Blockhaus mit Feuerstelle und Spielplatz, etwas weiter entfernt ein Wildfutterplatz.
Start beim Waldrand hinter dem Tiefenauspital (Koord. 600950/203050), erreichbar in wenigen Minuten von der Station Tiefenau der Solothurn–Zollikofen–Bern-Bahn. Parkplätze beim Start. Zeitbedarf für den ganzen Rundgang 1½–2 Std. Höhenunterschied etwa 50 m. Rund zwei Drittel des Lehrpfades sind für Gehbehinderte im Rollstuhl konzipiert.

Tierpark Dählhölzli: Zoo mit der besonderen Zielsetzung, die heutige und einstige Tierwelt Europas möglichst vollständig zu zeigen. Raritäten: Elche, Wisente, Auerochsen, Wildpferde, Moschusochsen, Sibirische Tiger, alle einheimischen Raubtiere, Steinböcke, Gemsen, Wildhuhnarten, Schnee- und Feldhasenzucht. Dazu Exoten, größte Vogelkollektion der Schweiz, Aquarium, Terrarium. Größe: 15 ha, 450 Tierarten, 2000 Tiere. Eintritt: Großteil des Parks frei zugänglich, Eintrittsgebühr nur für Vivarium und Parkteil mit der ausgerotteten Tierwelt. Täglich offen, Sommer 8–18.30 Uhr, Winter 9–11.45, 13.45–17.30 Uhr. Zufahrt im Stadtbereich ausgeschildert, Nationalstraßenabfahrt Bern-Ostring. Liegt im Südosten der Stadt Bern an der Aare (Kirchenfeldquartier). Parkplatz bei den Parkeingängen. Restaurant (Dienstag geschlossen), Bus 18 ab Bahnhof SBB.
Bärengraben: Grabenanlagen mit dem Wappentier Berns. 10–20 Braunbären, Füttern erlaubt. Frei zugänglich, Sommer 8–17.30 Uhr, Winter 9–16.30 Uhr. Zufahrt: Trolleybus «Schoßhalde» ab Bahnhof SBB. Parkplatz direkt beim Bärengraben. Am untersten Ende der Stadt gelegen, Zufahrten ausgeschildert.
Tierpark Gäbelbach, Bern-West: 10 Tierarten, 30 Tiere. 0,3 ha, frei zugänglicher Quartierpark, im Ausbau. Zufahrt mit Auto bis Siedlung Gäbelbach, im Westen von Bern an der Straße Bern–Murten. Bus 14 bis Endstation Gäbelbach, dann 5 Min. zu Fuß (gelbe Hinweistafel), Restaurant.

Wasservögel, Singvögel: Aarelauf Bern–Belp.
Bahn/Parkplatz Bern, Wanderung zur Aare–linkes Ufer–Belp. Flußauen, Gehölze, Wiesen, Äcker.
F, S, H: Wasservögel, Jagdfasan, Eisvogel, Singvögel.

Bernhardzell N 2 d
Pfarrkirche **St. Johannes Baptist,** einer der wenigen reinen Zentralbauten der Schweiz, 1776–78.

Berninapaß Q 6 a
Sperlingskauz, Bergvögel: Berninapaßgebiet.
Bahn/Parkplatz Bernina–Diavolezza, Wanderung Arlas–rechtes Ufer Lago Bianco–Alp Grüm–Cavaglia–Alp Varuna–Cadera. Weiden, Bergsee, Felsen, Wald, Lauf des Poschiavinos.

F, S: Greifvögel (u. a. Steinadler), Rauhfußhühner, Eulen (u. a. Sperlingskauz, Foppi da Cadera), Spechte, Singvögel (u. a. Felsenschwalbe, Stelzen, Wasseramsel, Alpenbraunelle, Steinschmätzer, Steinrötel Plaun d'Arlas, Mauerläufer, Schneefink, Birkenzeisig, Alpendohle).

● **Beromünster** J 3 b/d

Hübscher Marktflecken, überragt vom Chorherrenstift **St. Michael,** einer frühromanischen Basilika mit Krypta in reicher Rokokoausstattung. Berühmter Stiftsschatz (Tel. 045 3 18 86; Montag–Freitag 10–17.30 Uhr, Samstag 10–14.30 Uhr, Sonntag 10.30–14.30, 15.15–19 Uhr).
Im sogenannten **Schloß,** einem Wohnturm aus dem 14. Jh., befindet sich die **älteste Druckerei der Schweiz** (erster datierter Druck 1470). Daneben urgeschichtliche und volkskundliche Sammlung (Tel. 045 3 17 62; Ostern–1. 11. Dienstag, Donnerstag, Samstag und Sonntag auf Voranmeldung hin zwischen 14 und 17 Uhr zugänglich).

Betten J 6 a

Hirsch (Winter) – *Bettmeralp* (1948 m ü. M.), *Kühboden, Betten, Grengiols* (Station Furka-Oberalp-Bahn): Hang über der Furkastraße.
Murmeltier – *Bettmeralp–Kühboden–Tälligrat* (2615 m ü. M.): Straße Brig–Fiesch (Station der Furka-Oberalp-Bahn), Seilbahn Fiesch-Kühbodenstafel (2221 m ü. M.), Weg Lax (Station der Furka-Oberalp-Bahn)–Kühbodenstafel oder Weg Fiesch–Hotel Jungfrau.
Gemse (Sommer) – *Hotel Jungfrau–Tälligrat.*

Bevaix D 4 b

Waldlehrpfad Plan Jacot-Charcotet. Lehrpfad mit rund 40 verschiedenen Baumarten, in französischer Sprache beschriftet.
Start in Plan Jacot (Koord. 551 200/196 775).
Erreichbar mit privaten Verkehrsmitteln, Parkplätze vorhanden. Länge etwa 500 m (etwa ½ Std.), ziemlich eben.

Schwimmvögel, Singvögel: Les Balises, Hang zwischen Dorf und See.
Bahn/Parkplatz Bevaix, Rundgang Les Marais–Le Moulin–Le Châtelard. Felder, Weinberge, Seeufer mit Gehölzen und Schilf.
F, S, H: Schwimmvögel (u. a. Taucher, Enten, Rallen), Greifvögel (u. a. Schwarzmilan), Eulen (u. a. Steinkauz), Singvögel (u. a. Rohrsänger, Grasmücken, Laubsänger, Goldammer, Distelfink, Bluthänfling).

Bex VS E 6 c

Steinsalzsaline. Direktionsgebäude in Le Brévieux (etwa 3 km östlich Bex, Straßenbahn nach Gryon ab Bahnhof Bex, für Besuchserlaubnis). Haupteingang zur Salzmine 3,5 km nordöstlich Bex bei Le Bouillet. Zufahrt bis Le Dévens. Zu Fuß ¾ Std. nördlich Le Bévieux.
Dieses Salzvorkommen ist seit 1680 bekannt und wird seit 1823 bergmännisch in unterirdischen Hallen abgebaut. Durch Anbohren weiterer Salzlinsen werden diese mit Wasser injiziert und ausgelaugt. Produktion rund 10 000 t jährlich. Verwendung ausschließlich im Kanton Waadt. Funde von schönen Steinsalz- und Gipskristallen.

Steinbock/Gemse/Murmeltier – *Les Diablerets* (3210 m ü. M.), *Grand-Muveran* (3051 m ü. M.): Straße und Bahn Bex–Gryon, Straße nach Solalex (Parkplatz), Straße Bex–Les Plans–Pont-de-Nant (1253 m ü. M.) (Parkplatz), Weg zur Cabane des Essets (2029 m ü. M.)–Anzeindaz. Weg Derborence (Wallis)–Pas-de-Cheville–Anzeindaz.

Beznau J 2 b

Mächtiger Forschungs- und Kraftwerkkomplex. Eines der ältesten Kraftwerke des Landes (Fluß-KW), daneben thermisches Kraftwerk (Gasturbinen) und erstes Atomkraftwerk Beznau I und II.

Biasca M 6 c/d

Im Mittelalter Hauptort der drei Täler Leventina, Riviera und Blenio. Der einstigen Bedeutung von Biasca entspricht die romanische Kirche **SS. Pietro e Paolo.** Sehenswerte Fresken.

Unterste Zentrale (unterirdisch) des großen Kraftwerksystems der Blenio-Kraftwerke. Großes Einzugsgebiet vom Lukmanierpaß bis Biasca. Zuoberst im Bleniotal Stausee Luzzone mit Zentrale, talabwärts Zentrale Olivone.

Hirsch – *Pozzo* (1594 m ü. M.): Wege von Biasca und Semione aus.

Biberist G 3 c

Wasservögel, Singvögel: Rechtes Emmeufer–Derendingen.
Bahn/Parkplatz Biberist, Wanderung Emmeufer–Papierfabrik Derendingen. Emmelauf, Kanäle, Auwald, Entenweiher, Felder, Siedlungen.
F, S, H: Wasservögel (u. a. Enten, Rallen), Spechte, Singvögel.

Biel BE F 3 c

Malerische Altstadt: **Ring,** langgestreckter Marktplatz. Das schönste Haus am Ring ist das Zunfthaus zu Waldleuten, 1559/61.
Türme am Rosiusplatz, im 14. Jh. zur Stadtburg gehörig. Reformierte Kirche **St. Benedikt** mit sehr schönem Glasgemälde im Chor, 1457.
Museum Schwab, ur- und frühgeschichtliche Sammlung mit Funden aus der Umgebung Biels (Tel. 032 2 76 03; Dienstag–Samstag 8–12, 14–18 Uhr, Sonntag 10–12, 14–17 Uhr).

Nördlich von Biel Juraquertal Taubenlochschlucht mit interessanten Straßenkunstbauten. Schiffschleuse Port.

Heuer-Park (Neuanlage), Ecke Flora-/Gartenstraße (Eingang von Ernst-Schüler-Straße): **Silberpappel,** *Populus alba:* großer Baum mit mächtigem Stamm (Ø 1,43 m), gegen 30 m hoch.
Museum Schwab, im Dreieck Spitalstraße–Seevorstadt–Schüßpromenade: **Breitblättrige Steinlinde,** *Phillyrea latifolia:* großer, immergrüner Strauch auf der Südwestseite des Museums, um 5 m hoch. Wärmeliebende, selten kultivierte Art der Mittelmeerregion.
Karl-Neuhaus-Straße, beim Museum Schwab in die Schüßpromenade einmündend: sog. **Neuhausbuche,** *Fagus silvatica:* prächtige Buche mit mächtigem Stamm (Ø 1,42 m). Steht südöstlich des Hauses Schüßpromenade 26, unter kantonalbernischem Schutz!
Umgebung der Stadtkirche: «Im Ring» (Altstadt), beim Westende der Untergasse: **Roßkastanie,** *Aesculus hippocastanum:* großer Baum (Krone Ø 25 m) auf der Terrasse südwestlich der Stadtkirche (StammØ 1,08 m).
Stadtpark: Ecke Oberer Quai/Bubenbergstraße: **Schnurbaum, Pagodenbaum,** *Sophora japonica:* selten großer Baum, Stamm mit Drehwuchs, Ø 1,18 m, um 100 Jahre alt. Heimat: China, Korea.
Zentralstraße: verbindet Zentralplatz mit Seevorstadt (Stadtzentrum): **Sumpfzypressen,** *Taxodium distichum:* 2 große Exemplare mit StammØ 85 cm (Schätzung) bei Haus Zentralstraße 40. Auffallender Standort (im Untergrund Torfschicht oder Wasserhorizont).
Weitere Anlagen:
Schüßpromenade, im Nordwesten des Stadtzentrums, rund 600 m lang, sowie die **Seevorstadtpromenade,** nördlich davon, etwa 850 m lang, sehr alte Alleen (Linden, Platanen, Roßkastanien), Beginn der Anpflanzungen 1680; **Städtischer Friedhof** an der Bielstraße.

Tierpark Biel (Bözingenberg): 5 Tierarten, darunter Steinwild, Mufflon. 1 ha, frei zugänglich. Zufahrt mit Auto aus Stadtzentrum Richtung Solothurn, ausgangs Biel nach links abbiegen (Zollhausstraße) nach dem Bözingenberg. Bus bis Station Taubenloch, dann 10 Min. zu Fuß. Parkplatz, Restaurant nahe gelegen.

Öffentliche Voliere: Exoten (Singvögel, Papageien, Tukane usw.), Kleinvögel, einheimische Vögel.

Alpensegler, Schwimmvögel: Seeufer, Altstadt.
Bahn/Parkplatz Biel, Wanderung Bahnhofstraße–Nidaugasse– Kanalgasse–Kirchgäßli–Obergasse–Burggasse–Seevorstadt–Seeufer–Uferweg–Bahnhof. Alte Bauten der Altstadt, Seeuferpromenade.
F, S: Schwarzmilan, Alpensegler, Mauersegler.
J: Schwimmvögel (u. a. Haubentaucher, Schwäne, Enten, Rallen), Turmfalke.

Biel VS
J 6 b

🐾 **Hirsch** (Winter) – Hang zwischen *Blitzingen* und *Gluringen:* Station der Furka-Oberalp-Bahn an der Furkastraße.

Bignasco
L 6 c

🐾 **Murmeltier** – *Chignolascio* (1793 m ü. M.): Wege von Bignasco und Riveo aus.

Bilten
M 3 d

🦅 **Feldvögel, Singvögel:** Niderriet, linkes Linthufer.
Bahn/Parkplatz Bilten, Wanderung linkes Linthufer–Hänggeligießen–Niderriet–Gärbi–Bilten. Linthufer, Gießen, Gräben, Kleinsee, Wiesen, Felder.
F, S, H: Taucher, Reiher, Enten, Greifvögel, Limikolen (u. a. Kiebitz), Feldhühner (Wachtel), Rallen (u. a. Wiesenralle), Singvögel (u. a. Lerchen, Pieper, Stelzen, Grauammer, Finken, Krähen).

Binn
J 6 b/d

⛏ **Mineralfundstelle Lengenbach.** Etwa 1,5 km unterhalb Fiesch im Oberwallis Abzweigung der Straße Richtung Ernen–Binntal. Straße bis Binn, von dort etwa 3 km auf der Südseite talaufwärts in den Lengenbachgraben (1 Std.). Deponie des Steinbruchs von weitem sichtbar.
Berühmteste Mineralfundstelle der Schweiz. Der Steinbruch Lengenbach wurde um 1730 eröffnet wegen der in dem hier vorkommenden zuckerkörnigen Dolomit auftretenden Pyritadern (Schwefeleisen). Erst im 19. Jh. entdeckte man eine Reihe weiterer Mineralien. Heute wird diese Grube von der «Arbeitsgemeinschaft Lengenbach» rein aus mineralogischem Interesse betrieben. Man fand bis heute etwa 60 verschiedene Mineralarten, von denen einige hier erstmalig beschrieben wurden, andere Mineralien sind nur aus dieser Grube bekannt (z. B. Baumhauerit, Binnit, Imhofit, Lengenbachit, total 16 Mineralarten). Privates Sammeln von Mineralien ist nur auf der Deponie erlaubt. Broschüre: «Die Mineralfundstelle Lengenbach im Binntal», Separatdruck aus «Jahrbuch des Naturhistorischen Museums Bern, 1966–68».

🐾 **Gemse** (Sommer) – *Twingi/Breithorn* (2599 m ü. M.) Osthang: Straße Lax (Station der Furka-Oberalp-Bahn)–Ernen–Außerbinn–Binn (Parkplatz).
Hirsch/Gemse (Sommer, Winter) – *Eggerhorn* (2503 m ü. M.), *Faulhorn* (2677 m ü. M.), *Eggerhorn/Wang:* Wege von Binn und Feld aus.
Murmeltier – *Feld/Ofenhorn* (3172 m ü. M.): Beide Talhänge, Talsohle und Talkessel oberhalb Feld (1538 m ü. M.).
Eggerhorn/Ebne Matte.

Binningen
G 2 a

🏛 Ehemaliges **Wasserschloß,** 1299 erstmals erwähnt, im 18. Jh. umgebaut, heute Restaurant.

✚ **Grütli-Waldlehrpfad Binningen** im Allschwilerwald beim Schießplatz. Parkplätze beim Schießplatz oder an der Rottmannsbodenstraße.
Lehrpfad mit rund 64 numerierten Bäumen und Sträuchern. Länge 2,8 km. Zeitbedarf 1½ Std. Illustrierte Broschüre zum Preis von Fr. 2.– bei der Gemeindeverwaltung, bei den Rektoraten von Primar- und Realschule, beim Restaurant Laubfrosch oder bei der Agentur Grütli erhältlich.

Birgisch
H 6 d

🐾 **Murmeltier** – *Alp Strick* (1664 m ü. M.): Seilbahn Gamsen (Station SBB)–Mund, Weg Naters–Birgisch oder Seilbahn Brig–Birgisch und weiter ins Gredetschtal.
Gemse (Sommer) – *Hofathorn* (2844 m ü. M.).
Steinbock (Sommer) – *Lagendgrat* (3020 m ü. M.).

Bironico
M 7 a

⛪ Kirchen **San Martino** und **Santa Maria del Prato quadro,** im Innern Malereien von überdurchschnittlicher Qualität.

Birsfelden
G 2 b

🦅 **Wasservögel:** Birskopf, beim Kraftwerk Birsfelden.
Bahn Basel HB, Tram/Parkplatz Breite, Wanderung Rheinufer–Kraftwerk–Birs-

mündung. Stausee, Birsmündung, Überwinterungsort für Wasservögel, z. T. seltene Arten.
W: Schwimmvögel, Stelzen, Wasserpieper. -

Bischofszell   N 2 a

Landstädtchen mit prachtvollen spätgotischen und spätbarocken Bauten.
Die wichtigsten Sehenswürdigkeiten: Pfarrkirche **St. Pelagius; Schloß** aus dem 13.–15. Jh. mit Ortsmuseum (Mai–Oktober jeden 1. Sonntag des Monats 11–12, 14–16 Uhr). Anmutiges **Rokoko-Rathaus.** Die achtjochige **Thurbrücke** gehört zu den schönsten spätmittelalterlichen Brückenbauten der Schweiz.

Bissone   M 7 c/d

Geburtsort des Architekten Francesco Borromini (1599–1667). Sehenswerte Kirchen **S. Carpoforo** und **S. Rocco. Casa Tencalla,** Patrizierhaus aus dem 16. Jh. (Tel. 091 8 73 22; 10–12, 14.30–17 Uhr).

Blatten (Lötschental)   H 6 a

Steinbock (Sommer) – *Tennbachhorn* (3012 m ü. M.): Weg Wiler (Parkplatz) oder Blatten (Parkplatz)–Weritzalp (2111 m ü. M.)–Tennbachhorn.
Gemse – *Tellialp* (1865 m ü. M.), *Schwarzsee* (1860 m ü. M.): Weg Blatten (Parkplatz)–Tellialp–Schwarzsee.
Gemse/Steinbock (Sommer) – *Äußeres Faflertal, Krindelspitzen* (3017 m ü. M.): Fahrweg Blatten–Kuhmad–Fafleralp (1788 m ü. M.)–Äußeres Faflertal.
Guggialp/Langgletscher: Weg Fafleralp–Guggistafel (1993 m ü. M.)–Langgletscher–Jägiknubel (3124 m ü. M.).
Murmeltier – *Gletscherstafel* (1772 m ü. M.): Fahrweg Blatten–Kuhmad–Hotel Fafleralp, Weg zum Gletscherstafel.
Bleichengebiet.

Blatten LU   J 4 b

Wallfahrtskirche **St. Jost.** Vorzügliche Ausstattung aus dem Barock und Rokoko. Malerische Häusergruppe aus dem 14.–18. Jh.

Bleiken   G 4 d

Gemse – *Ibach/Stockern:* Straße Oberdießbach–Bleiken–Ibach.

Blonay   D 6 b

Schloß, Ursprünge 12. Jh. Verschiedene Umbauten seit dem 15. Jh. prägten diese malerische Anlage, die sich bis heute im Besitz der selben Familie befindet.

Blumenstein   G 5 a

Kirche, südlich des Dorfes an Wasserfall gelegen. Außerordentliche Glasgemälde aus dem frühen 14. Jh.
Gemse – *Blattenheid* (1433 m ü. M.): Straße Plaffeien–Sangernboden–Schwefelbergbad (1389 m ü. M.) (Parkplatz), Stierenhütte–Tschingel (1372 m ü. M.), Wege von Blumenstein aus.

Bodio   M 6 a

Hirsch – *Val d'Ambra:* Weg von Bodio (Station SBB) aus.
Alpe die Nadro (1872 m ü. M.): Weg von Bodio/Personico aus.
Murmeltier – *Alpe die Marcri* (1601 m ü. M.): Weg von Bodio/Personico aus.
Felsenvögel: Linke Talseite der Leventina Bodio–Biasca.
Bahn/Parkplatz Bodio, Wanderung Bitanengo–Conzanengo–Pollegio. Felsen, Weiden, Wald.
F¦S: Greifvögel (u. a. Turmfalke), Steinhuhn, Alpensegler (Felsenbrut), Singvögel (u. a. Felsenschwalbe, Schwarzkehlchen, Steinrötel, Mauerläufer, Zippammer, Gartenammer).

Bogis   B 6 a

Sumpfvögel: Sumpfgebiet der Haute-Versoix an der Schweizer Grenze entlang des Flüßchens Versoix.

Bahn Nyon, Postauto/Parkplatz Bogis-Bossey, Wanderung Chavannes-de-Bogis–Chavannes-des-Bois. Felder, Gehölze, Büsche, Sumpfwiesen, Schilf.
F, S, H: Reiher, Enten, Greifvögel (u. a. Weihen), Jagdfasan, Rallen, Limikolen (u. a. Kiebitz, Bekassine, Großbrachvogel), Singvögel (u. a. Schwarzkehlchen, Nachtigall, Schwirle, Rohrsänger, Rohrammer).

Bollingen SG
M 3 a

Kiebitz, **Wasservögel**: Obersee, Nordufer Bollingen–Rapperswil.
Bahn/Parkplatz Station Bollingen, Wanderung Wurmsbach–Bußkirch–Rapperswil (Strandweg). See mit Uferzone, Schilf, Sumpf, Bucht von Wurmsbach.
S: Wasservögel, wie Taucher, Reiher (Zwergdommel), Schwäne, Enten, Rallen, Kiebitz (Bruten Allmend Jona), ferner Greifvögel (u. a. Schwarzmilan), Singvögel (u. a. Rohrsänger, Rohrammer).
H, W, F: Wasservögel (u. a. Taucher, Reiher, Schwäne, Gänse, Gründel-, Tauch- und Meerenten, Säger, Rallen, Limikolen, Möwen, Seeschwalben), Greifvögel, Singvögel (u. a. Stelzen, Kehlchen).

Boltigen
F 5 d

Gemse – *Fänge:* Straße Boltigen–Scheidenwegen.

Boncourt
E 2 a

Grotte de Milandre. Etwas außerhalb des Dorfes gelegen, unterhalb des Turmes von Milandre (Wegweiser). Kleiner Spaziergang von Hauptstraße oder vom Bahnhof.
Höhlensystem, von dem heute über 8 km bekannt sind (Erforschung noch nicht abgeschlossen). Die ersten 300 m sind öffentlich zugänglich mit Führungen von 30–50 Min. Dauer. Prachtvolle Tropfsteingebilde (z. B. Le boudoir de la Fée Arie, Le chou-fleur, Salle des draperies usw.). Geöffnet täglich von Ostern–Oktober. Eintrittspreis Fr. 3.–.

● Bondo
O 6 d

Intaktes Ortsbild. Reformierte Kirche **S. Martino,** romanischer Bau mit bedeutenden Frührenaissancemalereien eines unbekannten italienischen Meisters. **Palazzo Salis,** schönster Herrschaftssitz im Bergell.

Bonfol
E 2 d

Wasservögel, Singvögel: Weihergebiet zwischen Bonfol und Vendlincourt.
Bahn/Parkplatz Bonfol, Rundgang zu den Weihern im Südosten des Dorfes. Fischzuchtteiche, Gehölze, Schilf, Wald, Wiesen, Felder.
F, S: Wasservögel, Spechte, Singvögel (u. a. Rohrammer, Rohrsänger).

● Bosco-Gurin
K 6 d

Das höchstgelegene Tessiner Dorf mit deutschsprachiger Walserbevölkerung, im 13. Jh. von Oberwalliser Bergbauern gegründet. **Walserhaus Gurin,** Möbel, Geräte und Trachten der Walser (geöffnet nach schriftlicher Voranmeldung).

Bergvögel: Nördlicher Talhang.
Bahn Bignasco, Postauto/Parkplatz Bosco-Gurin, Ausflüge auf die Guriner Furka und die Alpen nördlich des Dorfes. Wald, Weiden, Fels.
F, S: Greifvögel (u. a. Steinadler, Schlangenadler), Wildhühner (u. a. Alpenschneehuhn, Steinhuhn), Spechte, Singvögel (u. a. Braunkehlchen, Steinschmätzer, Steinrötel).

Bottmingen
G 2 a

Wasserschloß, spätmittelalterliche Anlage, im Barock umgebaut, heute Restaurant.

Ahornblättrige oder **Bastardplatane,** *Platanus acerifolia (Platanus occidentalis × orientalis):* riesiger Baum, 18 m ostsüdöstlich der Zugbrücke des Weiherschlosses Bottmingen, eine der größten Platanen der Schweiz. Stamm⌀ 1,56 m, der wulstige Stamm teilt sich ab 2 m in starke, in 2 Etagen stehende Äste; die untern Äste mit deutlichen Wülsten unterseits, daher höher als breit. Kronen⌀ um 30 m. Das Alter dürfte der Platane in Königsfelden entsprechen.

Hainbuche, Hagebuche oder **Weißbuche,** *Carpinus betulus:* selten großer, freistehender Baum dicht bei der Kreuzung der Bodenackerstraße mit der Nebenstraße Im Erlisacker, südöstlich des neuen Spitals Bottmingen (Bushaltestelle Spital). Stammverzweigung in 1,7 m Höhe, Stamm∅ 1,26 m. Beschattet Platz mit Bänken (Stadtplan Basel).

Boudry D 4 b

Musée de l'Areuse. Lokalmuseum mit vielfältiger Sammlung (Dienstag, Donnerstag und Samstag 13–17 Uhr, Sonntag 11–12, 13–17 Uhr): **Musée de la vigne et du vin.** Kleine Sammlung über den Weinbau und zur Geschichte des Weins im Schloß aus dem 16. Jh.

Bourg-St-Bernard F 8 a

Hirsch/Gemse – *Le Catogne* (2598 m ü. M.): Weg La Poya (Val de Champex)–Montagna-Vria oder Bovernier–Le Catogne (1810 m ü. M.) oder Sembrancher–La Garde–Le Catogne.

Bourg-St-Pierre F 7 c

Ortsbild: Hospiz auf dem Großen St. Bernhard. Es geht vermutlich auf eine Zufluchtsstätte im 9. Jh. zurück. Der heutige Bau aus dem 16. Jh. enthält außer den Wohnräumen für Mönche und Gäste eine Kirche und ein **Museum mit Altertumssammlungen** (u. a. Funde aus dem einstigen römischen Tempel). In römischer Zeit war der Große St. Bernhard der wichtigste Alpenübergang. Von der Autostraße aus sind Teilstücke der alten **Römerstraße** zu sehen.
Hirsch (Sommer) – *Les Arpalles* (1888 m ü. M.), *Crête Dedans* (1929 m ü. M.): Westlich über Bourg-St-Pierre.
Valsorey: Weg Bourg-St-Pierre–Cordona–Chalet-d'En-Bas (2020 m ü. M.)
Gemse (Sommer/Winter) – *Le Mourin* (2766 m ü. M.), *Le Pey* (2591 m ü. M.): Straße Bourg-St-Pierre–Lac de Toules (1810 m ü. M.).

Branche E 7 d

Hirsch – Rechter Talhang: Zwischen Praz-de-Fort und Branche-d'En-Bas.
Gemse/Murmeltier – Rechter Talhang: Zwischen Branche-d'En-Bas und Schweizer Grenze.

Braunwald M 4 b

Steinadler, Bergvögel: Gumen–Brächalp.
Bahn/Parkplatz Linthal, Bergbahn Braunwald, Luftseilbahn Gumen, Wanderung Braunwaldalp–Brächalp–Braunwald. Wald, Weiden, Felsen.
F, S: Greifvögel (u. a. Steinadler), Rauhfußhühner (u. a. Birkhuhn), Eulen, Spechte, Singvögel (Wasserpieper, Braunkehlchen, Steinschmätzer, Drosseln, Alpenmeise, Alpendohle, Tannenhäher, Kolkrabe).

Breitmatten H 7 a

Murmeltier – *Bergj* (1747 m ü. M.): Oberhalb Breitmatten.

Bremgarten AG K 2/3 c/a

Guterhaltene mittelalterliche Kleinstadt in einer Reußschleife. Bemerkenswerte Bauten: Stadtkirche **St. Nikolaus,** in deren Nähe die **Kapelle St. Anna** (mit erkerartigem Baldachinschrein an der Nordostecke), die **Muttergotteskapelle** und das ehemalige **Frauenkloster St. Klara.** Gedeckte **Holzbrücke über die Reuß,** älteste Teile aus der Mitte des 16. Jh.

Brenets, Les D 3 c

Saut du Doubs. 2 km nordöstlich Les Brenets. Erreichbar über Fahrsträßchen von Les Brenets. Der Doubs stürzt hier über eine 29 m hohe Felsschwelle hinunter. Nur interessant bei bedeutender Wasserführung. Bei sehr geringer Wasserführung verschwindet der Wasserfall, das Wasser fließt dann unterirdisch durch Spalten und Klüfte.

Breno M 7 c

Gemse – *Monte Lema* (1619 m ü. M.), *Pne di Breno* (1653 m ü. M.): Straße Lugano–Cademario–Breno oder Magliaso–Novaggio–Miglieglia, Seilbahn auf den Mte Lema.

Bretaye E 6 d

Steinadler, Bergvögel: Col-de-la-Croix, Naturschutzgebiet Taveyanne.
Parkplatz Gryon, Bahn Col-de-Bretaye, Wanderung Col-de-la-Croix–La Croix–Coufin–Taveyanne–Les Chaux–Gryon. Weiden, Wald, Felsen.
F, S: Greifvögel (u. a. Steinadler, Turmfalke), Birkhuhn, Eulen (u. a. Sperlingskauz, Rauhfußkauz), Spechte (u. a. Dreizehenspecht), Singvögel (u. a. Wasseramsel, Alpenbraunelle, Steinschmätzer, Ringdrossel, Alpenmeise, Mauerläufer, Zitronfink, Fichtenkreuzschnabel, Tannenhäher, Alpendohle, Kolkrabe).

Brévine, La C 4 b

Wasservögel, Bergvögel: Lac des Taillères und Rond-Buisson.
Bahn Fleurier, Postauto La Brévine, Wanderung Baillod-Moulin–Lac des Taillères–Rond-Buisson–Les Cuches–La Brévine. Kleinsee mit Uferzone, etwas Schilf, Sumpfwiesen, Weiden, Gehölze, Wald, Torfstich Rond-Buisson nordöstlich des Sees.
F, S, H: Wasservögel, wie Taucher, Graureiher, Schwäne, Enten, Rallen (u. a. Wiesenralle), Limikolen, Greifvögel (u. a. Fischadler und Wanderfalke auf dem Zug), Eulen (u. a. Rauhfußkauz), Schwarzspecht, Singvögel (u. a. Stelzen, Ringdrossel, Erlenzeisig, Zitronfink, Tannenhäher, Kolkrabe).

Brienz J 5 a

● Enderdorf, sehenswertes Ortsbild.

▽ **Gießbachfälle.** Erreichbar zu Fuß von Brienz (5 km) oder Iseltwald (6 km), mit dem Auto oder Postauto von Brienz oder mit dem Schiff.
Seit 1950 geschützte Wasserfälle auf der Südseite des Brienzersees. Im unteren Teil stürzt der Gießbach 400 m in 14 Kaskaden («Gießen») zum See hinunter. Besonders sehenswert sind die untersten 7 Fälle. Entwässerung der Nordseite von Faulhorn/Schwarzhorn.

Wildpark Brienz: 5 Tierarten, 30 Tiere, darunter Steinwild, Gemsen. 0,3 ha, frei zugänglich. Zufahrt mit Auto nur bis Brienz. Vom Bahnhof zu Fuß in 15 Min. erreichbar, vom Dorf in 10 Min.

Steinbock/Gemse – *Brienzer Rothorn* (2350 m ü. M.), *Gummalp* (1533 m ü. M.): Bergbahn von Brienz aus.

Bergvögel, Steinhuhn: Brienzer Rothorn–Brünigpaß.
Bahn/Parkplatz Brienz, Bergbahn Rothorn, Wanderung zur Brünigpaßhöhe. Fels, Wald, Weiden.
F, S: Greifvögel (u. a. Steinadler), Hühner (u. a. Steinhuhn), Singvögel (u. a. Alpenbraunelle, Ringdrossel, Alpenmeise, Schneefink, Alpendohle, Tannenhäher).

Brienzwiler J 5 a

▽ **Gesteinsfalten am Ballenberg.** An der Hauptstraße 2,5 km östlich Brienz Richtung Brienzwiler sind am Ballenberg einige Meter von der Straße weg schöne Kleinfalten in Kalkschichten sichtbar. Ursprünglich wurden diese Schichten in einem Meer horizontal abgelagert und bei der Gebirgsbildung von Süden nach Norden verschoben und dabei verfältelt.

Brig H 6 d

Stockalperpalast, für den Kaufmann und Politiker K. J. Stockalper 1658–78 erbaut. Die schloßartige Anlage diente als Wohnhaus, Lager- und Umschlagplatz für den gesamten Handel über den Simplon. Mit fünf Geschossen, von drei Zwiebeltürmen überragt, war der Stockalperpalast das größte Privatgebäude der damaligen Zeit.
Heute ist im Stockalperschloß eine Sammlung von Dokumenten über Brig, das Wallis, die Familie Stockalper und über die Walliser Volkskunde eingerichtet (Tel. 028 3 25 67; Ostern–Oktober Führungen um 9, 11, 14, 15 und 16 Uhr).

Ende der berühmten Südrampe der Lötschbergbahn mit schönen Brücken und vielen Tunnels. Südlich Brig Eingang zum Simplontunnel, längster Eisenbahntunnel Europas (19 km). In Brig Beginn der neu ausgebauten Simplonstraße mit vielen Kunstbauten.

Brigels
M 5 b

In der Kirche **St. Martin** hervorragend erhaltener spätgotischer Flügelaltar von 1518 aus süddeutscher Werkstatt. Über dem Dorf die romanische **Wallfahrtskirche St. Sievi**, reich ausgemalt, mit spätgotischem Flügelaltar von Ivo Strigel, 1486.

Brigerbad
H 6 d

Seltene Singvögel: Südhang oberhalb der Lötschberglinie.
Bahn Brig, Postauto/Parkplatz Brigerbad, Wanderung Gstein–Bodmen–Brischern–Bodmen–Station Lalden–Brigerbad. Trockenhang, Gebüsche, Weinberge, Fels.
F, S: Steinhuhn, Singvögel (u. a. Felsenschwalbe, Rotrückenwürger, Schwarzkehlchen, Orpheusspötter, Orpheusgrasmücke, Zippammer, Gartenammer, Distelfink, Bluthänfling, Italiensperling, Nebelkrähe).

Brione
L 6 d

Kirche mit außerordentlichen Fresken aus dem 14. Jh. im Stil Giottos. Der geschnitzte Altar befindet sich im Schweizerischen Landesmuseum, Zürich.

Gemse – *Madonne di Giove* (2264 m ü. M.), *Alpe Giove* (1725 m ü. M.): Weg Alpe Cangello–Alpe Giove, Weg von Brione aus.

Brissago
L 7 b

Kirche **Madonna del Ponte**, 1528, einer der schönsten Tessiner Renaissancebauten. Am Ende des 1757 angelegten Kapellenweges die Wallfahrtskirche **Santuario del Sacromonte**.
Brissago-Inseln: Botanischer Garten und kleines **Afrika-Museum** mit völkerkundlichen Gegenständen (Tel. 093 8 21 07; 8–18 Uhr).

Parco botanico del Cantone Ticino (200 m ü. M., 3,3 ha). Parkanlage mit Bäumen, Sträuchern und Stauden aus den Subtropen und z. T. Tropen. Im Sommer täglich geöffnet von 8–18 Uhr, mit Eintritt.
Zugänglich nur per Schiff von Brissago usw. aus.

Gemse – *Pizzo Fedora* (1908 m ü. M.): Wege von Brissago über Corte oder über Mergugno ins obere Valle del Sacro Monte.

Schwimmvögel, Singvögel: Isole di Brissago.
Bahn/Parkplatz Porto Ronco oder Brissago, Schiff bis zur Insel, Inselrundgang. Park, Seeufer.
F, H, W: Schwimmvögel (u. a. Taucher, Schwäne, Enten, Rallen, Möwen), Singvögel (u. a. Grasmücken, Laubsänger, Schlafplatz für Finken).

Bristen
L 5 a

Gemse (Sommer)/**Murmeltier** – *Bristenstäfeli* (1519 m ü. M.): Weg Bristen–Hagglisberg–Bristenstäfeli–Bristensee.

Brittnau
H 3 b

Weißstorch: Grabenweiher, Storchengehege.
Bahn/Parkplatz Brittnau-Wikon, Wanderung zum Weiher im Graben westlich des Dorfkerns. Siedlungsgebiet, Wiesen, Äcker, Wald, Weiher, Gehege.
J: Weißstorch, z. T. freifliegend, freilebende Enten und Singvögel.

Broc
E 5 d

Schwimmvögel, Alpendohle: Lac de la Gruyère.
Bahn Bulle, Postauto/Parkplatz Broc, Wanderung Broc–Seeufer–Le Vessieux–Les Planches (Morlon). Saanestau mit Ufer, Wald, Weiden, Felder.
F, S, H: Schwimmvögel (u. a. Haubentaucher, Zwergtaucher, Enten, Möwen), Spechte, Singvögel (u. a. Alpendohlen).

Brugg
J 2 d

Habsburgische Gründung aus der Zeit um 1200. Die Altstadt vermochte ihr typisches Gepräge weitgehend zu bewahren. Besonders malerisch die **«Hofstatt»**,

🏠 einziger Platz in der Altstadt. An der «Hofstatt» befindet sich auch das **Heimatmuseum** mit lokalgeschichtlicher Sammlung (offen am 1. Sonntag der Monate April–Oktober von 10–11.30 Uhr). Gleiche Öffnungszeiten hat das gegenüberliegende **Stäblistübli** (kleine Kunstsammlung), das im ehemaligen **Zeughaus** eingerichtet worden ist.

🏛️ **Schlößchen Altenburg**, ältester Wehrbau der deutschsprachigen Schweiz. Die Südfassade besteht aus einem 7 m hohen Mauerstück eines römischen Kastells. Der erste Bewohner in der Mitte des 10. Jh. war Lanzelin I. Sein Sohn Radbot erbaute die Habsburg, die fortan dem Geschlecht der Herren von Altenburg den Namen Herren von Habsburg gab. Das Schlößchen an der Aare dient als Jugendherberge. Ganzjährig täglich geöffnet.

➕ **Waldlehrpfad Bruggerberg:** Bäume und verschiedene andere Objekte, wie Vogelnistkästen und Wildfutterstellen. 2–3 kleine Teiche. Route etwa 1 km lang, mit geringer Höhendifferenz.
Start bei Koord. 656700/259600. Mit Privatauto erreichbar, Parkplätze am Start vorhanden. Bis jetzt projektiert.

🦌 **Gemse** – *Geißberg* (700 m ü. M.): Straße Brugg–Riniken–Remigen oder Brugg–Lauffohr–Stilli (SBB-Station Siggenthal)–Würenlingen–Villigen.

🐦 **Wasservögel, Singvögel:** Aareufer, rechte Seite unterhalb Stadt.
Bahn/Parkplatz Brugg, Wanderung rechtes Aareufer–Windisch–Vogelsang. Flußufer, Auenwälder.
J: Enten, Möwen, Singvögel.

Brülisau O 3 a

🔻 **Geologischer Naturlehrpfad Hoher Kasten–Stauberen–Saxerlücke.** Erreichbar mit dem Auto bis zur Talstation der Luftseilbahn in Brülisau. Postautokurs Weißbad–Brülisau.
Sehr instruktiver, mit 14 geologischen Erläuterungstafeln versehener Naturlehrpfad (leichte Bergwanderung). Einzigartiger Einblick in das Säntismassiv, das «schönste Gebirge der Welt» (A. Heim). Einblick in die Phänomene der alpinen Gebirgsbildung (Säntisdecke). Ausgangs- und Endpunkt: Brülisau (Talstation der Luftseilbahn Brülisau–Hoher Kasten). Benötigte Wanderzeit mindestens 5 Std. (Hoher Kasten–Saxerlücke–Brülisau). Broschüre von Hans Heierli: «Der geologische Wanderweg Hoher Kasten–Stauberen–Saxerlücke» (Fehr'sche Buchhandlung, St. Gallen, 1972), empfehlenswert, mit guter, allgemeinverständlicher Einführung.

🦌 **Gemse** – *Hoher Kasten* (1795 m ü. M.): Straße und Bahn Appenzell–Weißbad, Straße nach Brülisau, Seilbahn auf den Hohen Kasten, Wege von Brülisau und Sennwald aus.

Murmeltier – *Fälenalp, Fälensee* (1446 m ü. M.), *Häderen* (1738 m ü. M.), *Wildseeli:* Straße Brülisau–Melches (1080 m ü. M.), Weg Sämtisersee (1209 m ü. M.)–Fälensee–Zwinglipaß (2011 m ü. M.), Weg Hoher Kasten–Fälensee.

🐦 **Steinadler, Bergvögel:** Sämtisersee und Umgebung, Hoher Kasten.
Bahn Weißbad, Postauto/Parkplatz Brülisau, Bergbahn Hoher Kasten, Abstieg Sämtisersee–Brülisau. Wald, Weiden, Fels, Voralpen.
F, S: Steinadler, Rauhfußhühner, Singvögel (u. a. Wasserpieper, Steinschmätzer, Ringdrossel, Mauerläufer).

Brunnen L 4 a

🦌 **Hirsch** – *Urmiberg:* Straße Brunnen–Wilen–Schränggigen.

🐦 **Felsenvögel:** Axenstraße Brunnen–Sisikon.
Bahn/Parkplatz Brunnen, Wanderung im Bereich der Galerien Richtung Sisikon. Urnersee, Felsen.
F, S, H: Gänsesäger, Turmfalke, Felsenschwalbe, Kolkrabe.
W: Mauerläufer.

Brunni-Alpthal L 4 a

🐦 **Steinadler, Birkhuhn:** Holzegg–Mythen.
Bahn Einsiedeln, Postauto/Parkplatz Brunni, Seilbahn Holzegg, Ausflüge Zwischenmythen–Kleiner Mythen oder Südwand Großer Mythen. Weiden, Wald, Felsen.

F, S: Greifvögel (u. a. Steinadler), Rauhfußhühner (u. a. Birkhuhn), Eulen, Spechte, Singvögel (u. a. Alpenbraunelle, Braunkehlchen, Ringdrossel, Alpenmeise, Mauerläufer, Zitronfink, Birkenzeisig, Erlenzeisig, Alpendohle, Tannenhäher, Kolkrabe).

Brusio Q 6 d

Kirche **San Romerio**. Mittelalterlicher Bau in großartiger Lage, 900 m über dem Puschlaversee.

Brusiokraftwerke.

Bubikon L 3 b

Einziges, in seiner mittelalterlichen Anlage gut erhaltenes Ordenshaus in der Schweiz, «**Ritterhaus**» genannt. Südöstlich des Dorfes in der Nähe der Bahnlinie Bubikon–Rüti gelegen. In einigen Räumen ist ein **Johannitermuseum** eingerichtet; Waffensammlung (Tel. 055 4 92 60; April–Oktober Samstag–Donnerstag 9–11, 14–18 Uhr).

Buchegg G 3 c

Sitz der Grafen von Buchegg. Nach der Schlacht bei Sempach kaufte die Stadt Solothurn diese **Burg**. Neubau 1546. Anbauten im 19. Jh. Heute **Bucheggbergisches Heimatmuseum**. Ab Station Lohn-Lüterkofen in 20 Min. zu erreichen (Tel. 065 7 00 30; werktags Schlüssel in der Wirtschaft «Zum Schloß Buchegg» verlangen; Sonntag 10–12, 14–16 Uhr).

Buchs O 3 c

Wasservögel, Singvögel: Werdenbergersee an der Straße Buchs–Werdenberg. Bahn Buchs/Parkplatz beim Weiher, Wanderung zum Weiher Richtung Werdenberg. Weiher mit Umgelände, Wald.
J: Wasservögel (u. a. Enten, Rallen), Singvögel.

Buch-Uesslingen L 2 b

Sebastianskapelle mit hervorragenden Wandmalereien figürlicher und ornamentaler Art aus der ersten Hälfte des 14. Jh. Zwischen Hüttwilersee und Hasensee liegt die zerfallene **Ruine Helfenberg** aus dem 15. Jh.

Buholz J 3 c

Wasservögel, Singvögel: Soppensee.
Bahn Wolhusen, Postauto Rüdiswil/Parkplatz Buholz, Rundwanderung Rüdiswil–Buholz–Seehof–Rüdiswil. Wiesen, Felder, Wald, Kleinsee mit etwas Schilf, Büsche, Baumgärten.
F, S, H: Wasservögel (u. a. Taucher, Enten, Rallen), Spechte, Singvögel (u. a. Lerchen, Stelzen, Rotschwänze, Rohrsänger, Schnäpper, Rohrammer, Finken).

Bülach K 2 b

Guterhaltene Kleinstadt mit weitgehend intaktem Ortsbild.

Bulle E 5 c/d

Schloß aus der Mitte des 13. Jh. Umbauten im 16. und 18. Jh. Musée gruyérien, kulturgeschichtliche Sammlung des Greyerzerlandes (Tel. 029 2 72 60; Dienstag–Samstag 9–12, 14–18 Uhr, Sonntag 14–17 Uhr).

Buochs K 4 a

Schwimmvögel: Ufer Vierwaldstättersee Buochs–Ennetbürgen.
Bahn Stansstad, Postauto/Parkplatz Buochs, Wanderung dem See entlang bis Ennetbürgen. Seebucht, Delta Engelbergeraa.
W: Schwimmvögel, wie Taucher, Schwäne, Gründel- und Tauchenten, Säger, Rallen, Möwen (u. a. Sturmmöwen).

Buonas K 3 d

Graureiher, Wasservögel: Ufer des Zugersees von Risch–Dersbach.
Bahn Zug, Schiff/Parkplatz Buonas, Wanderung Richtung Schloß und Zwijeren.
Wiesen, Wald, Seeufer mit Schilf, Sumpf, Gehölze.
F, S, H: Wasservögel, wie Taucher, Reiher (Graureiherkolonie beim Schloß Buonas, Zwergdommel), Schwäne, Enten, ferner Greifvögel (u. a. Schwarzmilan, Baumfalke), Limikolen, Singvögel (u. a. Rohrsänger, Rohrammer).
W: Schwimmvögel (u. a. Taucher, Schwäne, Enten, Säger, Rallen, Möwen).

Büren a. A. F 3 d

Reizvolles historisches Landstädtchen. **Kirche** aus dem späten 13. Jh. mit bemerkenswerter Bauskulptur. **Schloß der Landvögte**, halb Bürgerhaus, halb Burganlage.

Reiher, Nachtigall: Naturschutzgebiet Häftli.
Bahn/Parkplatz Büren a. A., Wanderung am rechten Aareufer Richtung Meienried. Flußufer, Auwald, Felder, im «Häftli» Beobachtungsturm.
F, S, H: Taucher, Reiher (u. a. Graureiher, Nachtreiher, Zwergdommel), Enten, Greifvögel (u. a. Schwarzmilan, Baumfalke), Rallen, Eisvogel, Singvögel (u. a. Nachtigall, Rohrsänger, Grasmücken, Laubsänger, Rohrammer).

Burg F 2 d

Malerischer Gebäudekomplex des **Schlosses Burg** über dem gleichnamigen Dörfchen auf einem Felsrücken. Er stammt im wesentlichen aus der Zeit nach dem Erdbeben von 1356. Privatbesitz, Besichtigung auf Anfrage.

Burgdorf G 4 b

Mittelalterliche Kleinstadt, Besitz der Grafen von Kyburg. 1800/04 Sitz von Heinrich Pestalozzis Erziehungsinstitut. **Schloß**, heute **Historisches Museum** mit bedeutender regionalgeschichtlicher Sammlung (Tel. 034 2 55 11; April–Oktober Dienstag–Freitag 13–17 Uhr, Samstag–Sonntag 10–12, 13–17 Uhr). Auf dem Hügel gegenüber **spätgotische Stadtkirche**, die einen bemerkenswerten Lettner aufweist.

Planetenweg Burgdorf: Modell unseres Planetensystems im Maßstab 1:1 000 000 000. Reine Gehzeit ab Bahnhof Burgdorf bis Station Wynigen etwa 3 Std.
Start beim Bahnhof Burgdorf über Poststraße–Gotthelfstraße–Sägegasse–Schulhausplatz, am Schwimmbadeingang vorbei auf den Emmedamm und emmeaufwärts bis Waldeggbrügg. Oder ab Oberstadt (Kronenplatz)–Rütschelengasse–Restaurant Landhaus–Waldeggweg–Waldeggbrügg.

Bürglen L 4 c

Tell-Museum im Wattigwilerturm. Chroniken, Kunstwerke und Gebrauchsgegenstände zum Tellen-Thema. Wilhelm Tell soll Bürger der Gemeinde Bürglen gewesen sein (Tel. 044 2 24 75; Juni–Oktober 9.30–12, 14–17.30 Uhr).

Bursins B 6 b

Kirche aus dem 11. Jh. Geschenk Rudolfs III. von Hochburgund an die Abtei Romainmôtier. Um 1600 stark verändert.

Burtigny B 6 b

Große Linde, vermutlich **Kleinblättrige** oder **Winterlinde**, *Tilia cordata:* Stamm $\varnothing$ 2,50 m (in 1,65 m Höhe), Krone gut geformt, $\varnothing$ ca. 25 m, Höhe um 21 m, sommergrün. 17 m nördlich der Kirche, im untersten Teil des Dorfes.

Büsserach G 2 c

Ruine Neu-Thierstein, im 12. Jh. durch die Grafen von Thierstein erbaut. Während der Französischen Revolution als Steinbruch verkauft. Bergfried, Zwinger und Torweg erhalten. Auf einem Felssporn oberhalb Büsserach (30 Min.) erbaut.

Buttisholz J 3 c

Wallfahrtskapelle St. Ottilien. Reiner Zentralbau aus dem Jahr 1690.

Buus H 2 a
Spechte, Singvögel: Tafeljuralandschaft Buus–Farnsburg.
Bahn Gelterkinden, Postauto/Parkplatz Buus, Rundwanderung Baregg–Ruine Farnsburg–Buuseregg. Wald, Gehölze, Hecken, Baumgärten, Wiesen, Felder, im Dorf Vogelpflegestation.
F, S: Spechte, Singvögel (u. a. Schwalben, Baumpieper, Würger, Rotschwänze, Grasmücken, Laubsänger, Schnäpper, Goldammer).

Cademario M 7 c
Friedhofkapelle mit Fresken aus der Zeit um 1200.

Calonico M 6 a
Gemse – *Motto Crostel* (2302 m ü. M.) Westseite: Weg von Calonico aus.

Camedo L 7 a
Gemse – *Val di Remo, Dorca* (990 m ü. M.), *Pizzo Leone* (1659 m ü. M.): Straße und Bahn Locarno–Intragna–Camedo (Centovalli), Weg Corcapolo–Val di Remo–Dorca oder Seilbahn Verdasio–Rasa, Weg Pizzo Leone oder Dorca.

Camperio M 5 c
Gemse – *Anvéuda* (1678 m ü. M.): Weg Camperio an der Lukmanierstraße–Passo Cornicio.
Pizzo Cadreghe (2510 m ü. M.): Weg Dötro–Pian Com.
Murmeltier – *Dötro* (1753 m ü. M.): Weg von Camperio aus.
Gemse – *Alpe Ridegra* (1746 m ü. M.), *Passo del Beretta* (2278 m ü. M.): Wege von Camperio oder Campra aus.

Campo Blenio M 5 c
Hirsch – *Toira* (2099 m ü. M.): Weg von Campo Blenio–Passo Cornicio (1938 m ü. M.).

Capolago M 8 b
Bergvögel: Mte Generoso.
Bahn/Parkplatz Capolago, Bergbahn Mte Generoso, Abstieg Alp Genor–Alpe di Melano–Melano–Capolago. Wald, Wiesen, Fels.
F, S: Greifvögel (u. a. Turmfalke), Steinhuhn, Alpensegler (Felsenbrut), Singvögel (u. a. Felsenschwalbe, Wasserpieper, Steinschmätzer, Distelfink, Bluthänfling, Italiensperling, Nebelkrähe).

Carona M 7 c
Pfarrkirche mit schlichter Barockfassade. Ausdrucksstarke Bauskulptur. **Wallfahrtskirche Madonna d'Ongero,** Barockbau mit bedeutendem Freskenschmuck. **S. Maria di Torello,** romanisch.

Casaccia P 6 a
Oberhalb des Dorfes die **Ruine** der Wallfahrtskirche **San Gaudenzio.** Der Heilige Gaudenzius erlitt nach der Legende an dieser Stelle im 4. Jh. den Märtyrertod.
Steinbock/Gemse – *Piz Duan* (3130 m ü. M.), *Piz Cam* (2634 m ü. M.): Weg von Casaccia durch das Val Maroz.

Castagnola M 7 d
Schloß Rohoncz, eine der großartigsten **Kunstsammlungen** der Schweiz, Privatbesitz von Baron H. Heinrich Thyßen-Bornemisza (Tel. 091 2 68 96; März–Oktober Freitag und Samstag 10–12, 14–17 Uhr, an Sonn- und Feiertagen 14–17 Uhr).
Villa Favorita mit interessanten Anlagen, öffentlich, Eintritt aber gebührenpflichtig. Eingang in nächster Nähe des Dampfschiffstegs Castagnola. **Niedrige Zwergpalme,** *Chamaerops humilis:* etwa 15stämmige, prachtvolle Pflanze südlich des Hauptgebäudes. Schönstes Exemplar der Südschweiz (siehe Locarno).
Villa Helios, wenig nördlich des Eingangs zur Villa Favorita, an der Uferstraße. **Privatbesitz.** Der Vollständigkeit halber muß hier die schöne, dicht westlich der

Villa Helios stehende **Chilenische Wein- oder Honigpalme,** *Jubaea chilensis,* erwähnt werden. Einziges bisher bekanntes Exemplar des Gebietes von Lugano. Pflanze vom nahen See aus gut sichtbar.

Castasegna O 6 c/d

Edelkastanie, *Castanea sativa:* wohl schönster und größter, gut gepflegter Bestand der Edelkastanie der Schweiz am Hang **Brentan,** ostnordöstlich von Castasegna. Neben zahlreichen wildwachsenden Bäumen sind mehrere (etwa 8) mit Namen belegte Kultursorten vorhanden. Zugang auf dem von Castasegna nach Soglio führenden Fußweg (Abzweigung 100 m oberhalb der Landesgrenze oder 100 m oberhalb der Dorfkirche). Der Kastanienwald kann auch von der Haltestelle «Plazza» (Halt auf Verlangen) des Postautokurses Promontogno nach Soglio aus (etwa 940 m ü. M.) erreicht werden.

Castione M 6 d

Steinbrüche. Mehrere Steinbrüche am Nordhang des Ortes (z. B. La Strada usw.). Etwa 750 m nordöstlich der SBB-Station.
Hier werden helle Marmore sowie dunklere Kalksilikatfelse mit vielen Granatkristallen (bekannt als «granito nero die Castione») gebrochen, die beide als Bau- und Dekorationssteine in der ganzen Schweiz bekannt sind und bei vielen Gebäuden verwendet werden (Säulen, Boden- und Wandplatten, Brunnen- und Gebäudesockel). In hellen Quarzgängen sind in Klüften z. T. schöne Kristalle von Disthen und Turmalin zu finden.

Hirsch – *Val del Molino, Faeda, Tensa:* Wege Castione (Station SBB)–Parusciana–Maruso oder Claro (Station SBB)–Aglio.

Cazis O 5 a

Frauenkloster **St. Peter und Paul.** Angeblich im 7. Jh. gegründet. Die **Pfarr- und Klosterkirche** ist die zweitgrößte spätgotische Kirche Graubündens. **Kapelle St. Wendelin,** romanisches Saalkirchlein. Durch das romanische Fensterchen scheint am 20. Oktober (Wendelinstag) die aufgehende Sonne auf den Altar. **St. Martin,** frühmittelalterliche Pfarrkirche, außerhalb Cazis Richtung Fürstenau gelegen.

Celerina P 5 d

S. Gian, idyllisch auf einem Hügel südlich von Celerina gelegen. Wandgemälde eines italienischen Meisters. Leistendecke mit Schablonenmalerei.

Cevio L 6 c

Beinhaus mit merkwürdigen Memento-mori-Bildern. Kirche **S. Maria del Ponte** (am einen Ausgang der Rovanoschlucht). Das Innere ist üppig geschmückt mit stark plastischem Stuck und Malereien. Um 1600. **Museo della Vallemaggia,** volkskundliche und lokalgeschichtliche Sammlung (Mai–September Samstag und Sonntag 10–12, 14–17 Uhr).

Cham K 3 d

Pfarrkirche **St. Jakob.** Schöne Spätbarockarchitektur mit ausgezeichnetem Stukkaturschmuck. Auf einer Landzunge am Zugersee **Schloß** St. Andreas (Privatbesitz) mit Kapelle.

Schindel-Eiche, *Quercus imbricaria:* großer, sommergrüner Baum mit ganzrandigen (nicht gelappten), oblong-lanzettlichen, oberseits glänzenden, bis 16 cm langen Blättern; Durchmesser 93 cm, verzweigt ab 5 m. Sehr seltene, aus dem Südosten der USA stammende Art (einziges Exemplar der Nordschweiz, seinerzeit vom Chamer Arzt Dr. E. Jung gepflanzt). Steht auf dem Vorplatz des Hauses Hünenbergstraße 17; 6 m nördlich der Schmalseite des Hauses, 13 m südlich der Straße (Trottoirrand), von dieser aus gut sichtbar. Die Hünenbergstraße zweigt vom Dorfzentrum (westlich der Kirche) nördlich des Hotels Raben nach Westen ab.

Wasservögel, Singvögel: Zugerseeufer.
Bahn/Parkplatz Cham, Wanderung Richtung Chämletensee und Schiffsteg–St. Andreas. See mit Uferzone, Schilf, Gehölzen, Insel, Lorzeausfluß.
F, S, H: Wasservögel (u. a. Taucher, Reiher, Schwäne, Enten, Rallen), Greifvögel (u. a. Schwarzmilan), Singvögel (u. a. Stelzen, Rohrsänger, Rohrammer).
W: Schwimmvögel (u. a. Taucher, Schwäne, Enten, Rallen, Möwen).

Champéry D 7 b

Gemse/Murmeltier – An den Hängen der *Dents-du-Midi:* Straße Monthey–Chindonne (1604 m ü.M.) (Parkplatz) oder Monthey–Champéry (Parkplatz), Weg nach La Lui.
Bergvögel, Vogelzug: Col-de-Brétolet (Val d'Illiez), Col-de-Coux.
Bahn/Parkplatz Champéry, Wanderung Les Crosets–Col-de-Coux–Col-de-Brétolet–Berroi–Barme–Champéry. Weiden, Wald, Fels, Beringungs- und Beobachtungsstation auf dem Col-de-Brétolet.
F, S: Greifvögel (u. a. Steinadler), Rauhfußhühner (u. a. Alpenschneehuhn), Eulen (u. a. Rauhfußkauz), Spechte (u. a. Dreizehenspecht), Singvögel (u. a. Steinschmätzer, Ringdrossel, Tannenhäher, Alpendohle).
H: Vogelzug; Greifvögel (u. a. Fischadler, Weihen, Wanderfalke), Singvögel (u. a. Pieper, Stelzen, Kehlchen, Rotschwänze, Drosseln, Meisen, Finken).

Champex-Lac E 7 d

Jardin alpin Floralpe (1480 m ü.M., etwa 1 ha). Alpine Pflanzen aus aller Welt. Wissenschaftliche Betreuung durch die Botanischen Institute Genf und Neuenburg. Im Sommer, 1. Mai–31. Oktober, täglich außer Sonntag geöffnet von 11–12 Uhr; besonders empfehlenswert Juni–Juli.
Am Lac de Champex über der Autostraße Martigny–Grand-St-Bernard. Parkplatz, Postauto.
Murmeltier/Hirsch – *Bovine* (1987 m ü.M.): Straße Martigny–Bourg-les-Vallettes–Champex–Orsières, Weg Le Borgeau–Bovinette.
Gemse (Sommer/Winter) – *La Jure* (1575 m ü.M.): Weg wie oben oder von La Poya.
Steinbock – *Le Bonhomme* (2434 m ü.M.): Über Champex-d'En-Haut.

Champvent C 4 d

Imposante **Burg** aus dem 13. Jh. Nach einem Brand 1476 unverändert wiederaufgebaut.

Chancy A 7 a

Wasservögel, Singvögel: Etournel, Rhone unterhalb Chancy.
Bahn Genève, Postauto/Parkplatz Chancy, Wanderung zur Rhone. Das interessanteste Gebiet liegt unterhalb Pougny (Bahnhof) auf französischem Boden. Flußbett mit verschiedenen Armen, Schlick, Schilf, Gebüsch, Auwald, Felder.
F, H, W: Taucher, Reiher, Enten, Säger, Greifvögel, Rallen, Limikolen (u. a. Flußuferläufer), Möwen (u. a. Silbermöwen), Eisvogel, Singvögel.
S: Zwergtaucher, Graureiher, Zwergdommel, Enten, Gänsesäger, Rallen, Singvögel (u. a. Nachtigall).

Chandolin G 6 c

Gemse – *Illhorn* (2716 m ü.M.): Straße Vissoie–St-Luc–Chandolin (Parkplatz).
Eulen, Bergvögel: Westhang des Illhorns, Val d'Anniviers.
Bahn Sierre, Postauto/Parkplatz Chandolin, Wanderung Pra Marin–Ponchette–Soussillon–Chandolin. Weiden, Wald, Fels.
F, S: Greifvögel (u. a. Steinadler), Rauhfußhühner (u. a. Alpenschneehuhn/Ponchette), Eulen (u. a. Sperlingskauz, Rauhfußkauz), Alpensegler (Felsenbruten), Spechte, Singvögel (u. a. Birkenzeisig, Fichtenkreuzschnabel, Tannenhäher).

Chanrion F 8 b

Steinadler, Uhu: Oberster Teil des Val de Bagnes (Chermotane).
Bahn Le Châble, Postauto/Parkplatz Mauvoisin, Wanderung Lac de Mauvoisin–Chanrion. Stausee, Weiden, Fels.
F, S: Greifvögel (u. a. Steinadler), Alpenschneehuhn, Eulen (u. a. Uhu), Singvögel (u. a. Alpenbraunelle, Steinschmätzer, Alpendohle).

Charmey E 5 d

Felsenvögel: Les Vanils, Felsen ob Charmey an der Straße Charmey–Jaun, rechte Talseite.

Bahn Bulle, Postauto/Parkplatz Charmey, Wanderung talaufwärts Richtung Jaunpaß bis unterhalb der Felsen bei Les Auges.
F, S: Turmfalke, Felsenschwalbe, Mauerläufer, Kolkrabe.

Wasservögel, Alpendohle: Lac de Montsalvan.
Bahn Bulle, Postauto/Parkplatz Charmey, Wanderung am Seeufer. Stausee der Jogne mit Ufer, Weiden, Wald.
F, S: Wasservögel (u. a. Graureiher, Taucher, Enten, Säger), Spechte, Singvögel (u. a. Alpendohlen).

Château-d'Œx E 6 b

🏠 **Musée du Vieux-Pays d'Enhaut et fondation Auguste Cottier.** Lokalgeschichte, Folklore. Besonders bemerkenswert die Scherenschnitte von J.J. Hauswirth u. a. m. (Dienstag, Donnerstag und Freitag 10–12, 14–16.30 Uhr, Sonntag 11.15–12, 14–16.30 Uhr).

Châtelard, Le E 7 c

🐾 **Steinbock/Gemse** – *Lac de Barberine* (1888 m ü. M.): Bahn und Straße von Le Châtelard, Weg Emosson–Col de Tenneverge (2484 m ü. M.).
Hirsch/Gemse/Murmeltier – *Mont-de-l'Arpille* (2085 m ü. M.): Seilbahn und Weg La Forclaz (unterhalb Trient)–Mont-de-l'Arpille.
Gemse – *Croix-des-Prélayes* (2364 m ü. M.): Südlich La Forclaz.

Châtel-St-Denis D 5 d

🐦 **Wasservögel, Singvögel:** Lac de Lussy.
Bahn Châtel-St-Denis–Haltestelle Prayoud, Wanderung Richtung Süd zum See–Châtel-St-Denis. Kleinsee, Weiden, Felder, Gehölze.
F, S: Wasservögel (u. a. Taucher, Enten, Rallen), Singvögel (u. a. Pieper, Stelzen, Drosseln).

Chaux-de-Fonds, La D 3 d

🏠 Höchstgelegene Stadt Europas (992 m ü. M.). **Musée des Beaux-Arts,** Schweizer Künstler des 19. und 20. Jh. Tapisserien von Lurçat (Tel. 039 2 13 50; Dienstag–Sonntag 10–12, 14–17 Uhr).
Musée d'horlogerie, reiche Sammlung von Uhren und Automaten (Tel. 039 3 34 21; Mai, Juni und Oktober 14–17 Uhr, Juli–September 10–12, 14–17 Uhr, November–April nur Samstag und Sonntag 10–12, 14–17 Uhr).

🅿 **Parc du Bois du petit château,** Wildpark: Verschiedene Hirscharten, Steinböcke, einheimische Raubtiere. 30 Tierarten, 220 Tiere. Eintritt gratis, offen von 6.30–20 Uhr, im Winter je nach Schneefall von November bis Ende März geschlossen. Bus 4 und 5, Parkplatz vorhanden. Restaurant «Ancien Stand» in der Nähe.
Vivarium: Rund 120 Reptilienarten, 220 Tiere, einige wenige kleinere Säuger. Eintritt: Dienstag–Freitag 14–17 Uhr, Samstag und Sonntag 10–12 Uhr und 14–17 Uhr, Montag geschlossen. In der Nähe des Bahnhofs, in 5 Min. zu Fuß von da erreichbar, Parkplatz gegenüber Synagoge.

🐾 **Steinbock/Gemse** – *Roche-aux-Crocs* (1126 m ü. M.): La Chaux-de-Fonds–L'Abbaye–La Corbatière oder Straße Vue-des-Alpes–Derrière-Tête-de-Ran.

Chavornay C 5 b

🐦 **Limikolen, Sumpfvögel:** Creux-de-Terre, zwischen Essert-Pittet und Chavornay.
Bahn/Parkplatz Chavornay, Wanderung zum nördlich des Dorfes gelegenen Naturschutzgebiet. Alte Ziegeleiweiher, Schilf, Sumpfwiesen, Gehölze, Felder, bedeutender Rastplatz für Limikolen.
F, S, H: Taucher (u. a. Zwergtaucher), Reiher (u. a. Graureiher, Zwergdommel), Gründelenten (u. a. Knäkente), Greifvögel (u. a. Rohrweihe, Turmfalke), Feldhühner (u. a. Rebhuhn, Jagdfasan), Rallen (u. a. Tüpfelralle, Wasserralle), Limikolen (u. a. Kiebitz, Bekassine, Großbrachvogel), Tauben (u. a. Turteltaube), Singvögel (u. a. Pieper, Stelzen, Braunkehlchen, Schwarzkehlchen, Nachtigall, Drosseln, Schwirle, Rohrsänger, Grasmücken, Laubsänger, Beutelmeise, Grauammer, Pirol, Saatkrähe).
W: Graureiher, Gänse, Greifvögel, Möwen, Saatkrähen.

Chêne-Bourg B 7 a

Jardin alpin d'acclimatation Floraire (410 m ü.M., etwa 1,5 ha). Alpine Pflanzen aus aller Welt, dazu spezielle Bäume und Sträucher. Täglich offen; besonders empfehlenswert Mitte März–Juni.
50, avenue Petit-Senn, Chêne-Bourg, Genève.

Chiasso M 8 b

Interessanter Nationalstraßenabschnitt mit Zollanlagen.

Chillon D/E 6 b/a

Eine der markantesten und bekanntesten Burganlagen der Schweiz aus dem 10./12. Jh. auf Felsenriff im Genfersee. Kleine historische Sammlung (Tel. 021 61 39 61; Juli–August Montag–Samstag 9–19 Uhr, Sonntag 9–18 Uhr, April–Juni, September 9–12, 13.30–18 Uhr, März, Oktober 10–12, 12.30–17 Uhr, Januar–Februar, November–Dezember 10–12, 13.30 16 Uhr).

Längs bewaldetem Abhang bekannter Nationalstraßenviadukt der N9.

Chironico M 6 a

Romanische Kirche **St. Ambrosius** mit Fresken aus dem 14. Jh.

Hirsch – *Pizzo Forno:* Weg von Chironico aus ins Val di Chironico, Hang über Doro (1537 m ü.M.).
Murmeltier – *Cala* (1467 m ü.M.): Seilbahn Chironico–Cala.
Gemse – *Alpe Sponda* (1922 m ü.M.): Weg von Cala aus.

Chur O 4 c/d

Die Bedeutung Churs geht bis in die rätische und römische Zeit zurück. Auf dem «Hof», dem Kathedralhügel, befand sich ein römisches Kastell. In der Mitte des 5. Jh. wurde Chur Bischofssitz. Das befestigte Städtchen zu Füßen des bischöflichen «Hofs» spielte als Warenumschlagplatz und letzte große Ortschaft vor den Alpenübergängen eine wichtige Rolle.
Die bedeutendsten Sehenswürdigkeiten:
Kathedrale St. Mariäe Himmelfahrt, spätromanischer Bau mit außerordentlichem plastischem Schmuck und reicher Ausstattung, welche aus der Zeit Karls des Großen bis in den Barock reicht. Am Eingang der Krypta vier ausdrucksvolle Apostelfiguren (um 1200). Besonders beachtenswert sind ferner die Kapitele mit figürlichen, stilistisch höchst unterschiedlichen Darstellungen, die karolingischen Chorschranken mit Flechtbandmotiven, wie wir sie aus der irischen und koptischen Kunst kennen. Der Hochaltar gilt als schönstes Schnitzwerk der Schweizer Spätgotik. Das **Dommuseum** birgt eine reiche Sammlung sakraler Kunst (Tel. 081 22 09 73; Montag–Samstag 9–12, 15–17 Uhr, Sonntag nur 15–17 Uhr).
Kirche **St. Luzi,** 200 m östlich der Kathedrale, mit in der Schweiz einzigartiger karolingischer Ringkrypta.
Altstadt mit prächtigen **Bürgerhäusern.**
Kunsthaus. Kleine, erlesene Kunstsammlung mit dem Schwerpunkt auf Bündner Künstlern oder im Bündnerland tätigen Künstlern (Tel. 081 22 17 63; Dienstag–Samstag 9–12, 14–17 Uhr, Sonntag 10–12 Uhr).
Bündner Naturhistorisches und Nationalparkmuseum, Grabenstraße 31. Kleinere Mineraliensammlung. Geöffnet Dienstag–Samstag 9–12, 14–17 Uhr, Sonntag 10–12, 14–17 Uhr.
Mammutbäume, *Sequoiadendron giganteum:* 3 hohe Exemplare längs der Ostseite der Bahnhofstraße, westlich des Kunsthauses und des Verwaltungsgebäudes der Rhätischen Bahn; das unterste, mächtigste Exemplar direkt am Rand des Trottoirs, Stamm⌀ 1,91 m, Höhe 29,9 m.
Griechische Tanne (Weißtanne), *Abies cephalonica:* 1 Exemplar 9 m oberhalb (südlich) des größten Mammutbaumes, 3 m vom Trottoirrand, Stamm⌀ 83 cm.

Steinbock/Gemse – *Hochwang* (2483 m ü.M.), *Montalin* (2266 m ü.M.): Wege von Chur, Trimmis, Maladers oder Calfreisen (Schanfigg) aus.

Bachvögel, Singvögel: Altstadt, Plessur.
Bahn/Parkplatz Chur, Wanderung Bahnhofstraße–Poststraße–Kirchgasse–Hofstraße–St.-Luzistraße–Münzweg–Plessurquai–Obertor–Engadinstraße–Bahnhof. Altstadt, Parkanlagen, Lauf der Plessur.

F,S: Flußuferläufer, Mauersegler, Singvögel (u.a. Stelzen, Wasseramsel, Rotschwänze, Schnäpper, Meisen, Finken).

Churwalden O 4 c/d

🏠 Ehemaliges Prämonstratenserkloster mit **Kirche St. Maria und Michael** (bedeutende Ausstattung).

🐦 **Dreizehenspecht, Bergvögel:** Stätzerhorn–Pradaschierer Alp.
Bahn Chur, Postauto/Parkplatz Churwalden, Sessellift Alp Stätz, Wanderung Stätzerhorn–Alp Stätz-Pradaschier–Pargitsch–Pradaschierer Alp–Pradaschierer Wald–Pradaschier–Churwalden. Wald, Weiden, Fels.
F,S: Greifvögel (u.a. Steinadler), Rauhfußhühner (u.a. Alpenschneehuhn, Birkhuhn, Spechte (u.a. Dreizehenspecht Pradaschierer Alp), Singvögel (u.a. Pieper, Braunkehlchen, Steinschmätzer, Drosseln, Mauerläufer, Zitronfink, Birkenzeisig, Alpendohle, Tannenhäher, Kolkrabe).

Cleuson F 7 a

🦌 **Gemse/Murmeltier** – *La Preya:* Weg Cleuson–Tortin–La Preya.
Gemse – *Col de Chassoure* (2744 m ü. M.): Seilbahn von Tortin aus.
Hirsch/Steinbock/Gemse/Murmeltier – Ganzer Talkessel bis Talausgang.

Coinsins B 6 b

🐦 **Spechte, Singvögel:** Bois-de-Chênes, im Viereck der Dörfer Coinsins, Viche, Begnins und Genolier.
Bahn Nyon, Postauto/Parkplatz Coinsins, Wanderung zur Kiesgrube und zum Wald im Norden des Dorfes. Naturschutzgebiet am Südfuß des Juras, Waldlichtungen, z.T. sumpfig, zwei Kleinseen (Baigne-aux-Chevaux und Lac Vert) mit Schilfzonen, Kiesgrube bei Coinsins.
F,S: Limikolen (Kiesgrube), Spechte, Singvögel (u.a. Stelzen, Rotschwänze, Nachtigall, Drosseln, Grasmücken, Laubsänger, Meisen, Finken).

● Colombier D 4 b

♛ **Schloß,** Ursprünge im 11./12. Jh. Seit 1850 eidgenössische Kaserne. Militärmuseum. Nur geführte Besuche (Tel. 038 6 31 31; März–Oktober Dienstag–Freitag und am 1. Sonntag des Monats jeweils 14.30 und 15.30 Uhr).

🌿 **Echter Christusdorn,** «Hutträger», *Paliurus spina-Christi:* Bei uns niedriger (in seiner Heimat mehrere Meter hoher), dorniger Strauch mit rundlichen, kleinen, 3nervigen Blättern, unscheinbaren gelbgrünen Blüten (Ende Juli) und ringsum geflügelten, kreisrunden, bis 25 cm breiten, anfänglich grünen, später braunen Früchten. Heimat: Südeuropa bis Persien (im Mittelmeergebiet wie auch in Palästina häufig). Rund 80 cm hohe, teilweise geschnittene, heute noch 60 m lange Hecke auf der Ostseite der Straße, die von Colombier (bei Sombacour vorbei) nach Areuse führt (12 m nördlich der Ortstafel bis zum Eingang der Liegenschaft de Pury). Hier wohl als Grenzschutz, untermischt mit Schwarzdorn und Gleditschie (irrtümlicherweise als Christusdorn bezeichnet), angepflanzt; wahrscheinlich letzter Überrest des früheren Bestandes an der Bahnlinie bei Bôle. **Einziger Standort der Schweiz, wo sich diese wärmeliebende Art im Freien gehalten hat.**

🐦 **Schwimmvögel, Singvögel:** Neuenburgerseeufer und Areusedelta.
Bahn/Parkplatz Colombier, Wanderung Seeufer–Port Areuse–Areusemündung. Felder, Seeufer mit Gehölzen und Schilf.
F,S,H: Schwimmvögel (u.a. Taucher, Schwäne, Enten, Säger, Rallen), Greifvögel (u.a. Schwarzmilan, Baumfalke), Singvögel (u.a. Rohrsänger, Grasmücken, Laubsänger, Rohrammer).

Concise D 4 c

▽ Zwischen Concise und Vaumarcus befindet sich unterhalb der Straße ein **römischer Steinbruch,** in dem Kalkblöcke für Bauten in Yverdon und Aventicum (Avenches) gebrochen wurden.

Conthey F 6 c

▽ **Lac de Derborence.** Am Bach Derborence im obersten Teil des Tals der Lizerne gelegen, das bei Ardon westlich Sitten in das Rhonetal mündet. Bergtour.

Aufgestaut durch zwei Bergstürze von der Südflanke der Diablerets (1714 14 Tote, 55 Alphütten verschüttet; 1749 40 Alphütten verschüttet). Der Trümmerstrom reicht bis nach Besson hinunter (Länge etwa 5 km). Seit 1959 Naturschutzgebiet (Urwald von Derborence). Das Gebiet bildet die Grundlage für den Roman «Derborence» von C. F. Ramuz.

Coppet   B 6 c

Schloß aus dem 13. Jh. Mehrere Umbauten. Museum «Schweizer in fremden Diensten», militärische und persönliche Dokumente, Kunstwerke und kunsthandwerkliche Gegenstände (Tel. 022 61 46 35; März–Oktober Dienstag–Sonntag 10–12, 14–18 Uhr).

Corgémont   E 3 d

Gemse – *Cernil-du-Haut, La Chenau:* Straßen von Corgémont und Cortébert aus.
Bise-de-Cortébert: Über Cortébert.

Corippo   M 6 c

Murmeltier – *Passo del Lupo, Madone* (2039 m ü. M.): Wege von Gordevio und Corippo (Valle Verzasca) aus.
Gemse – *Pizzo Corbella* (2065 m ü. M.): Wege von Gordevio und Corippo (Valle Verzasca) aus.

Cossonay   C 5 c/d

Singvögel: Bois du Sépey zwischen Cossonay und La Chaux.
Bahn/Parkplatz Cossonay, Wanderung Richtung La Chaux bis zum Wald, Rundgang durch den Wald. Felder, Wald, Teich.
F, S: Schwimmvögel, Tauben, Spechte, Singvögel (u. a. Drosseln, Grasmücken, Laubsänger, Meisen, Finken).

Cresciano   M 6 d

Hirsch – *Alpe Gagerno* (1998 m ü. M.), *Alpe Garerescio* (1776 m ü. M.): Wege von Cresciano oder Claro aus.
Gemse – *Pizzo di Claro* (2720 m ü. M.): Weg von Cresciano (Station SBB) aus.

Cressier   E 4 a

Eine der beiden Erdölraffinerien der Schweiz.

Cudrefin   E 4 a

Sumpf- und Wasservögel: Ufer des Neuenburgersees Cudrefin–Portalban.
Bahn Avenches, Postauto/Parkplatz Cudrefin, Wanderung zwischen Seeufer und Falaises nach Portalban. Auwald, Teiche, Sumpfwiesen, Schilf, Seeufer, Sandsteinfelsen.
F, S, H: Schwimmvögel, vor allem bei den Schiffstegen, andere Arten im Röhricht und Auwald, Haubentaucher, Zwergtaucher, Reiher (u. a. Graureiher, Purpurreiher, Zwergdommel), Schwäne, Enten, Säger, Greifvögel (u. a. Schwarzmilan, Baumfalke), Jagdfasan, Rallen, Limikolen, Möwen, Seeschwalben, Eulen (u. a. Waldohreule), Spechte (u. a. Kleinspecht), Singvögel (u. a. Nachtigall, Schwirle, Rohrsänger, Grasmücken, Laubsänger, Weidenmeise, Rohrammer, Pirol, Kolkrabe.

Cully   D 6 a

Singvögel: Lavaux von Cully–Lutry.
Bahn/Parkplatz Cully, Aufstieg Riez, Hangwanderung durch die Weinberge Grandvaux–Châtelard–Savuit–Lutry. Weinberge, Trockenhänge, Büsche, Felsen.
F, S: Greifvögel (u. a. Turmfalke), Singvögel (u. a. Heidelerche, Baumpieper, Rotrückenwürger, Rotschwänze, Grasmücken, Schnäpper, Goldammer, Zaunammer, Distelfink, Bluthänfling).

Daillon   F 6 c

Murmeltier – *Mont-Gond* (2709 m ü. M.): Straße von Sion (Station SBB) oder Ardon–Conthey–Daillon, Fahrweg nach der Alpe Flore (1921 m ü. M.) (Parkplatz).

Gemse/Steinbock (Winter) – *Pra-Roua, Crêta-Besse, Sex-Noir* (2711 m ü. M.): Fahrwege von Daillon nach Cernet (1340 m ü. M.) (Parkplatz) oder Coppet (1269 m ü. M.) (Parkplatz), oder Straße Sion–Arbaz, Fahrweg nach La Comba (1675 m ü. M.) (Parkplatz).
Steinbock/Murmeltier – *Le Sérac* (2817 m ü. M.): Fahrweg Daillon–Cernet–Dorbagnon (1950 m ü. M.) (Parkplatz).
Gemse/Murmeltier – *Col du Sanetsch* (2243 m ü. M.): Fahrweg Daillon–Cernet–Tsanfleuron–Paßhöhe–Cht. de Genièvre (2026 m ü. M.).
La Fava (2366 m ü. M.): Fahrweg Daillon–Pointet (1943 m ü. M.) (Parkplatz).

Dalpe
L 6 b

Hirsch – *Pizzo del Lambro* (2129 m ü. M.): Straße Rodi-Fiesso (Station SBB)–Prato–Dalpe (Val Piumogna), Weg von Dalpe oder Alpe Lambro aus.
Gemse – *Alpe Lambro* (1866 m ü. M.), *Alpe Morghirolo* (1968 m ü. M.): Weg Dalpe–Alpe Gera (1464 m ü. M.).
Murmeltier – *Motta in Co* (1920 m ü. M.): Weg Dalpe–Alpe Cadonighino (1739 m ü. M.).

Dandrio
M 6 b

Gemse/Murmeltier – *Alpe di Giumello* (2057 m ü. M.): Weg Dandrio–Garina-Sorgno (1770 m ü. M.)–Alpe la Piotta (2066 m ü. M.)–Alpe di Giumello.
Gemse – *Alpe la Piotta* (2066 m ü. M.), *Cregua* (1322 m ü. M.): Weg Dandrio–Cusiè (1654 m ü. M.).
Alpe di Bolla (1617 m ü. M.), *Alpe Prato Rotondo* (1826 m ü. M.): Weg von Dandrio aus.
Passo del Laghetto (2649 m ü. M.): Weg von der Alpe Quarnajo (2048 m ü. M.) aus.
Hirsch – *Sasso di Luzzone* (2368 m ü. M.): Weg Dandrio–Cusiè–Alpe di Luzzone (2131 m ü. M.).
Murmeltier – *Cardedo* (2104 m ü. M.): Von Prato Rotondo aus.

Därstetten
G 5 a

Zahlreiche stattliche Bauernhäuser, u. a. das als schönstes Holzhaus Europas bezeichnete **Knüttlihaus** (Knutti-Haus).

● Davos
P 4 d

Heimatmuseum, volkskundliche Sammlung der Landschaft Davos im Alten Pfrundhaus (Mai–Oktober Sonntag 14–18 Uhr). **Wohnhaus Ernst Ludwig Kirchner** (Davos-Frauenkirch, Wildboden), Werke und Dokumente des 1938 in Davos gestorbenen expressionistischen Malers (Tel. 083 3 68 01; 2.–31. August 14–18 Uhr).

Umfangreiche Lawinenverbauungen verschiedener Systeme. Standseilbahn nach Weißfluhjoch-Parsenn.

Steinbock/Gemse – *Schiahorn* (2706 m ü. M.), *Hauterhorn* (2585 m ü. M.): Wege von Davos aus, Bergbahn Davos–Schatzalp, Seilbahn zum Strelapaß (2340 m ü. M.).
Chüpfenflue (2658 m ü. M.): Weg von Davos aus.
Seehorn (2238 m ü. M.): Weg von Davos Dorf aus (linke Talseite).
Murmeltier – *Parsennhütte* (2200 m ü. M.): Wege von Davos und Wolfgang aus, Bergbahn Davos–Weißfluhjoch und Seilbahn zur Parsennhütte.
Dorfberg, Dorftälli: An der Bergbahn Davos–Weißfluhjoch, Wege von Davos und vom Davosersee aus.
Hauptertälli: Vom Strelapaß oder von Langwies aus.
Chiler Berg, Vorder Latschüel (2514 m ü. M.): Weg von Davos aus.
Staflerberg, Stafler Augstberg (2575 m ü. M.), *Chummerberg:* Wege von Frauenkirch aus.
Flüelaberg, Pflanzenschutzgebiet: Wege von Davos Dorf, Höfji und Tschuggen an der Flüelastraße aus, Seilbahn Dörfji–Pischa (2483 m ü. M.).
Steinbock – *Schiahorn* (2708 m ü. M.), *Schiawang:* Davos–Strelapaß (2350 m ü. M.)–Schiawang. Bergbahn Davos–Schatzalp und Seilbahn zum Strelapaß.
Gemse – *Haupterhorn* (2585 m ü. M.): Weg vom Strelapaß aus.
Gemse/Murmeltier – *Furggahorn* (2721 m ü. M.): Weg Frauenkirch–Maienfelder Furgga–Arosa.

Dreizehenspecht, Bergvögel: Dischmatal.
Bahn/Parkplatz Davos Dorf, Wanderung linke Talseite bis Guligeren Hus–Dürrboden–Dürrbodenberg–Guligeren Hus–rechter Talhang–Treien–Büelenwald–Davos Dorf. Wald, Weiden, Fels.
F, S: Greifvögel (u. a. Steinadler), Rauhfußhühner (u. a. Alpenschneehuhn, Urhuhn, Birkhuhn), Eulen (u. a. Sperlingskauz, Rauhfußkauz), Spechte (Dreizehenspecht, Schwarzspecht), Singvögel (u. a. Heidelerche, Pieper, Stelzen, Wasseramsel, Alpenbraunelle, Braunkehlchen, Steinschmätzer, Drosseln, Alpenmeise, Zitronfink, Birkenzeisig, Erlenzeisig, Alpendohle, Tannenhäher, Kolkrabe).

Rauhfußhühner, Bergvögel: Jakobshorn–Clavadel.
Bahn/Parkplatz Davos Platz, Luftseilbahn Jakobshorn, Wanderung Clavadeler Berg–Clavadeler Alpen–Usser Isch–Inner Isch–Davos Platz. Weiden, Wald, Fels.
F, S: Greifvögel (u. a. Steinadler), Rauhfußhühner (u. a. Alpenschneehuhn, Urhuhn, Birkhuhn), Eulen (u. a. Sperlingskauz, Rauhfußkauz), Spechte (u. a. Dreizehenspecht, Schwarzspecht), Singvögel (u. a. Alpenbraunelle, Steinschmätzer, Drosseln, Zitronfink, Schneefink, Birkenzeisig, Erlenzeisig, Alpendohle, Tannenhäher, Kolkrabe).

Degenau N 2 a

Kapelle **St. Nikolaus und Sta Magdalena,** von Sitterdorf aus erreichbar (4 km östlich), am alten Pilgerweg bei der Anlegestelle der Sitterfähre. Bemerkenswerte Wandmalereien aus romanischer Zeit.

Delsberg/Delémont F 2 d

Kirche **St-Marcel,** frühklassizistischer Einschlag. **Bischöflicher Palast,** 1716/21. **Rathaus,** 1742/45. **Figurenbrunnen. Bürgerhäuser. Musée jurassien,** sehenswerte lokalhistorische Sammlung (Tel. 066 2 29 12; Mai–Oktober jeweils Sonntag 10–12, 14–17 Uhr).

Greifvögel, Singvögel: Umgebung der Stadt, Uferzonen der Sorne, Birs und Scheulte Richtung Courroux.
Bahn/Parkplatz Delémont, Wanderung entlang der Ufer von Sorne, Birs oder Scheulte. Bachufer, Gehölze, Wiesen, Weiden.
F, S, H: Greifvögel (u. a. Turmfalke), Jagdfasan, Singvögel (u. a. Würger).

Derborence F 6 c

Gemse/Murmeltier – *Haut-de-Cry* (2969 m ü. M.), *Derborence* (1449 m ü. M.) ganzes Gebiet: Straße Leytron–Ovronnaz–Mayens-de-Chamoson (Parkplatz), Fahrwege nach Loutse (1721 m ü. M.) (Parkplatz) oder Patiers–Chamosentse (1908 m ü. M.), Straße Ardon (Station SBB)–Conthey–Courtena, Fahrweg nach Derborence (Parkplatz) oder Godey (1363 m ü. M.) (Parkplatz).
Steinbock – *Grand-Muveran* (3051 m ü. M.), *Dt-de-Chamosentse* (2712 m ü. M.). *Bella-Lui:* Straße Chamoson–Neimia (Parkplatz).
Tour-St-Martin (2908 m ü. M.), *Lapis-de-Mie:* Von Godey (Parkplatz) aus.
Gemse – *Tal der Lizerne, Derborence:* Von Godey aus.

Wildhühner, Bergvögel: Derborence–Pas-de-Cheville–Anzeindaz.
Bahn/Parkplatz Sion, Postauto Derborence, Wanderung Pas-de-Cheville–Anzeindaz–Solalex, Postauto Barbolesaz-sur-Gryon, Bahn Bex. Bergsturzgebiet, Kleinsee, Weiden, Wald, Fels.
F, S: Greifvögel (u. a. Steinadler), Hühner (u. a. Alpenschneehuhn, Birkhuhn, Steinhuhn), Eulen (u. a. Sperlingskauz, Rauhfußkauz), Spechte (u. a. Dreizehenspecht), Singvögel (u. a. Steinrötel bei Anzeindaz, Ringdrossel, Zitronfink, Schneefink, Birkenzeisig, Erlenzeisig, Alpendohle, Tannenhäher).

Diemtigen G 5 a/c

Gemse/Murmeltier – *Fromberghorn* (2394 m ü. M.), *Tschipperellenhorn* (2397 m ü. M.), *Riedbindihorn* (2554 m ü. M.), *Weiße Fluh:* Straße Diemtigen–Rotbad–Riedern (Parkplatz).
Hohmad (1868 m ü. M.), *Wiriehorn* (2304 m ü. M.), *Keibihorn* (2460 m ü. M.): Straße Oey–Grimmialp (Parkplatz).
Ramsli (1822 m ü. M.): Straße Oey–Meniggrund.
Männlifluh (2652 m ü. M.): Straße Grimmialp–Fildrich.
Seehorn, Rauflihorn (2323 m ü. M.): Straße Grimmialp–Fildrich.

● Dießenhofen   L 1 d

Mittelalterliches Brückenstädtchen; in der Nähe, rheinabwärts, das ehemalige **Kloster St. Katharinental,** dessen **Klosterkirche** zu den harmonischsten Beispielen der vorarlbergisch-schweizerischen Barockbaukunst zählt.

Ortsmuseum mit Spezialsammlung über Stoffdruck im Thurgau und Werken des Kunstmalers Carl Roesch (Tel. 053 7 63 21; Mai–September Samstag und Sonntag 14–17 Uhr, Oktober–April Sonntag 14–17 Uhr).

Dietikon   K 2 c

Waldlehrpfad Honeret: Lehrpfad mit rund 80 Bäumen und Sträuchern, dazu Nistkästen und Demonstrationsobjekte mit Fegschäden. Route etwa 4 km lang (etwa 1–2 Std.), Höhendifferenz 60 m.
Start bei Koord. 672 600/249 300, rund 1,7 km von der SBB-Station Dietikon oder 700 m von der Haltestelle Reppischhof der Bremgarten-Dietikon-Bahn entfernt. Mit Auto erreichbar, doch nur wenige Parkplätze vorhanden. Nummernschlüssel sowie Büchlein mit Gehölzbeschreibungen bei der Gemeinderatskanzlei Dietikon erhältlich.

Wasservögel: Limmat zwischen Dietikon und Ötwil.
Bahn/Parkplatz Dietikon, Wanderung Limmat–Fahrweid–Ötwil. Limmatlauf, Schilf, Gehölze.
J: Taucher, Schwäne, Enten, Rallen, Singvögel.

Dietlikon   L 2 c

Waldlehrpfad Hardwald-Seewadel: Lehrpfad mit 46 numerierten Bäumen und Sträuchern. Dazu Bestimmungsschlüssel mit Gehölzbeschreibungen vorhanden. Route etwa 1 km lang, beinahe eben (Zeitbedarf etwa 1½ Std.).
Start beim Rastplatz Seewadel (Koord. 688 050/253 675). Mit privaten Verkehrsmitteln erreichbar, Parkplätze beim Rastplatz vorhanden. Autobahnausfahrt Brüttisellen. Bestimmungsschlüssel «Waldlehrpfade der Stadt Zürich» zum Preis von Fr. 10.– bei der Forstverwaltung Dietlikon erhältlich.

Dino   M 7 d

Fresken aus dem 15. und 16. Jh. im Chor der mittelalterlichen **Kirche.**

● Disentis   M 5 a

Benediktinerkloster **St. Martin,** wichtigstes Bündner Kloster mit einem das Tal beherrschenden barocken Baukörper; um 750 gegründet. Die 1712 geweihte Abteikirche gehört zu den stolzesten Barockbauten auf Schweizer Boden. 1799 steckten französische Truppen Dorf und Abtei in Brand, glücklicherweise wurde nur die Chorpartie der Kirche ernstlich beschädigt. Bedeutendes **Klostermuseum,** das allerdings nur auf schriftliche Voranmeldung hin gezeigt wird.
Die Pfarrkirche **St. Johannes Baptist** zählt zu den grössten Barockbauten des Kantons. Spätgotischer Flügelaltar von Ivo Strigel.

Mineralfundgebiet der Lukmanierschlucht. Strecke zwischen Disentis und Curaglia, Lukmanierstrasse. Berühmtes Fundgebiet von vielen Mineralien in Klüften (beidseits des Rein de Medel). Hauptsächlich Quarz, Anatas, Rutil, Ankerit, Zinkblende, Bleiglanz usw.

Gemse – *Piz Alpetta* (2764 m ü. M.): Weg von Disentis aus.
Grosser Düssi (Piz Git) (3256 m ü. M.), *Piz Cambrialas* (3205 m ü. M.): Wege von Somvix (Sumvifg) oder Disentis (Station der Furka-Oberalp-Bahn) aus durch das Val Russein.

Domat-Ems   O 4 c

Pfarrkirche **St. Johannes Baptist** mit bedeutendem spätgotischem Flügelaltar und der Heiliggrabkapelle (ehemaliges Beinhaus) mit grossartiger frühgotischer Skulpturengruppe.

Tomalandschaft. Etwa 6 km westlich Chur in der Rheinebene. Ungefähr 12 isolierte Hügel von 10–68 m Höhe, die aus Bergsturztrümmermaterial bestehen. Nacheiszeitlich stürzten vom Calanda her grössere Felspartien ab. Der Rhein hat sie seither mit seinem Schutt bis auf diese Hügel (= Toma, von lat. Tumulus) zugedeckt.

Dongio M 6 a

Hirsch – *Alpe Garina* (1634 m ü. M.): Straße Dongio–Corzonesco, Weg nach Crich–Alpe Garina.

Dörflingen L 1 c/d

Schwimmvögel: Naturschutzgebiet Morgetshofer Weiher, linker Hand der Straße Dörflingen–Thayngen.
Bahn Schaffhausen, Postauto Dörflingen/Parkplatz beim Weiher, Wanderung Dörflingen–Morgetshofer Weiher–Thayngen. Weiher mit Umgelände, Felder, Wald.
F, S, H: Schwimmvögel (u. a. Zwergtaucher, Enten, Rallen), Singvögel.

Dornach G 2 d

Großartige **Ruine** mit runden Ecktürmen, wie wir sie von Burganlagen im Welschland her kennen. Nach dem Basler Erdbeben, 1356, neu aufgebaut. Zerfall nach Brandschatzung durch französische Truppen 1798. In 30 Min. ab Station Dornach-Arlesheim zu erreichen.
In Dornachbrugg beim Kapuzinerkloster **Denkmal** zur Erinnerung an die **Schlacht bei Dornach,** an die siegreiche Abwehr einer kaiserlichen Strafexpedition im Jahr 1499.

Goetheanum: ungewöhnlicher, noch heute überraschender Betonbau, der einen Holzbau ersetzen mußte, der kurz nach seiner Fertigstellung niederbrannte (1922). Entwurf Rudolf Steiner, Begründer und Leiter der anthroposophischen Lehre.

Graudohle, Singvögel: Gempenfluh–Angenstein.
Bahn/Parkplatz Dornach, Wanderung Ruine–Gempenfluh–Hochwald–Herrenmatt–Bärenfels–Angenstein–Dornach. Wiesen, Wälder, Felsen.
F, S: Greifvögel (u. a. Turmfalke), Spechte, Singvögel (u. a. Drosseln, Grasmücken, Laubsänger, Meisen, Finken, Graudohle).

Dulliken H 2/3 d/b

Dulliker Waldlehrpfad: Lehrpfad von 1 km Länge mit 46 Bäumen und Sträuchern, lat. und dt. beschriftet. Höhendifferenz 100 m, Zeitbedarf etwa 1 Std.
Start bei Koord. 638800/244440. Parkplätze am Anfang und Ende des Waldlehrpfades vorhanden. Bestimmungsschlüssel gratis auf der Gemeindekanzlei Dulliken erhältlich.

Nachtigall, Singvögel: Schachen zwischen Ober- und Niedergösgen.
Bahn/Parkplatz Dulliken, Wanderung Aarebrücke–linkes Aareufer–Mülidorf–rechtes Kanalufer–Obergösgen. Auwald, Uferzone, Felder.
F, S, H: Schwimmvögel (u. a. Enten, Rallen), Greifvögel (u. a. Turmfalke), Jagdfasan, Spechte, Singvögel (u. a. Nachtigall, Drosseln, Schwirle, Rohrsänger, Grasmücken, Laubsänger, Meisen, Finken).
W: Schwimmvögel, Wasserpieper, Stelzen.

Dürrboden P 5 b

Gemse – *Piz Radönt* (3065 m ü. M.), *Fuorcla da Grialetsch* (2537 m ü. M.): Straße Davos–Dürrboden (2007 m ü. M.), Weg Dürrboden–Grialetschhütte SAC.
Piz Grialetsch (3131 m ü. M.), *Scalettapaß* (2606 m ü. M.): Weg Dürrboden–Scalettapaß.
Sattelhorn (2961 m ü. M.), *Bocktenhorn* (3044 m ü. M.), *Scalettapaß* (2606 m ü. M.): Weg von Dürrboden aus.
Gemse/Murmeltier – *Börterhorn* (2696 m ü. M.), *Wuosthorn* (2814 m ü. M.), *Gfroren Horn* (2744 m ü. M.): Weg Gulerigen Hus (1704 m ü. M.)–Tällifurgga (2568 m ü. M.).
Murmeltier – *Großalp, Dürrbodenberg:* Von Dürrboden aus.

Ebikon K 3 c

Wasservögel: Rotsee.
Bahn/Parkplatz Ebikon, Wanderung Sagenmatt–Vogelsang–Seehof–Sädel–Südufer–Ebikon. See mit Uferzone, Schilf, Ried, Wiesen, Wald.
S: Wasservögel (u. a. Taucher, Graureiher, Enten, Rallen), Singvögel (u. a. Rohrsänger, Rohrammer).

H,W,F: Rastende und überwinternde Wasservögel (u. a. Taucher, Reiher, Gründel- und Tauchenten, Säger, Rallen, Limikolen, Möwen), Singvögel (Pieper, Stelzen).

Ebnat-Kappel   M 3 b

Stiftung Albert Edelmann. **Museum für Wohnkultur des Toggenburgs** (Tel. 074 3 19 05; Montag–Freitag 10–12, 14–17 Uhr, am 2. und 4. Sonntag des Monats 10–12, 14–17 Uhr).

Eggiwil   H 4 c
Sehenswertes Ortsbild.

Eglisau   K 2 b
Mittelalterliches Städtchen an einem wahrscheinlich schon von den Römern benutzten Rheinübergang. Die heutige Brücke führt unterhalb des malerischen, weitgehend intakten Städtchens vorbei. Der Bau des Kraftwerks Rheinfelden unterhalb Eglisau führte zum Rückstau des Rheins und damit zum Abbruch der alten Rheinbrücke, die von der Kirche zum andern Rheinufer führte.

Eisenbahnbrücke mit künstlichem Horizontalschub (Hebel). Flußkraftwerk.

Einigen   G 5 b
Schlichtester Bau unter den frühromanischen Kirchen im Thunerseegebiet. Im 13. Jh. nach Brand erneuert. Veränderungen und Turmanbau im 17. Jh.

Einsiedeln   L 3 d
Großartige Klosteranlage und Wallfahrtskirche, eines der Hauptwerke abendländischer Barockarchitektur. Das Benediktinerkloster geht auf die Einsiedelei des 861 erschlagenen hl. Meinrad zurück. Die seit dem 14. Jh. nachgewiesene Marienwallfahrt machte Einsiedeln zu einem der wichtigsten christlichen Pilgerorte. Als im 17. Jh. der Strom der Wallfahrer ständig wuchs, begann man 1703 mit dem Neubau von Kirche und Kloster nach Plänen des Architekten und Laienbruders Caspar Moosbrugger. Reiche Bibliothek. Fürstensaal.

Hirsch – Hügelzug zwischen *Einsiedeln* und *Alpthal:* Auch zugänglich über Biberbrugg–Rotenthurm–Steinschlag (1264 m ü. M.) (Parkplatz).
Amselspitz (1491 m ü. M.), *Großer Runs, Gschwändstock* (1616 m ü. M.): Straße Einsiedeln–Ufem Tritt (Parkplatz) oder Einsiedeln–Großbach am Sihlsee–Obergroß.

Eischoll   H 6 c
Hirsch/Gemse/Murmeltier – *Eischollalp, Gertschigalpij* (1879 m ü. M.): Straße Visp–Unterbäch, Weg ins Ginals.
Albenwald, Eggwald: An der Straße Visp–Unterbäch.

Elfingen   J 2 a
Rotmilan, Singvögel: Hagenacher-Eich ob Dorf.
Bahn Effingen SBB, Postauto/Parkplatz Elfingen, Aufstieg zum Marchwald, Wanderung entlang Waldrand Richtung Hornussen. Rebgelände, Hecken, Waldrand, Wiesen, Äcker.
F, S: Rotmilan, Singvögel (u. a. Baumpieper, Rotrückenwürger, Goldammer).

Elgg   M 2 a
Stadtanlage aus dem Mittelalter. Die reformierte **Pfarrkirche** wird als stattlichster spätgotischer Kirchenbau der Zürcher Landschaft bezeichnet.

Elm   N 4 a/c
Elmer Bergsturz. Der Bergsturz brach am 11. September 1881 am Plattenberg–Tschingelspitz aus und fuhr bis oberhalb von Schwändi im Sernftal. 10–11 Mio m^3 Fels sind heruntergestürzt und bilden einen Trümmerstrom von 2375 m Länge. Das Unglück forderte 115 Tote und 84 verschüttete Gebäude. Als Ursache dieses Felssturzes ist ein Schieferbruch am Plattenbergkopf anzusehen, durch den die

Felsmassen unterhöhlt wurden. Seit 1878 wurden als Vorzeichen zunehmende Bewegungen im Fels beobachtet.

Gemse (Winter) – *Engi, Wald Engichöpf:* Sernftal, Straße Schwanden–Elm. *Meißenboden, Meißenwald.*
Gemse/Murmeltier – *Empächli, Bischof:* Straße Elm–Steinibach, auf halbem Weg. Seilbahn Nüen-Vord–Unterempächli.
Gemse (Winter)/**Steinbock/Hirsch** – *Kärpf–Hausstock:* Fahrweg Steinibach–Walenbrugg–Oberstaffel (Parkplatz zwischen Unter- und Oberstaffel).

Dreizehenspecht, Bergvögel: Gamperdun.
Bahn/Parkplatz Elm, Wanderung Stäfeli–Mittlere Stafel–Chamm–Mittlere Stafel–Gamperdunwald–Raminer Stäfeli–Elm. Weiden, Wald, Felsen.
F,S: Greifvögel (u.a. Steinadler), Rauhfußhühner, Eulen, Spechte (u.a. Dreizehenspecht), Singvögel (u. a. Alpenbraunelle, Steinschmätzer, Drosseln, Alpenmeise, Zitronfink, Tannenhäher).

Emmen K 3 c

Graureiher, Singvögel: Linkes Reußufer, Schiltwald.
Bahn/Parkplatz Emmen, Wanderung Reußdamm–Oberer Schiltwald–Unterer Schiltwald–Waltwil–Hasli–Emmen. Uferzone, Auwald, Felder, Wiesen, Baumgärten.
F, S: Wasservögel, wie Taucher, Graureiher (Kolonie im Schiltwald), Enten, Rallen, ferner Jagdfasan, Tauben, Spechte, Singvögel (u. a. Stelzen, Drosseln, Grasmücken, Laubsänger, Meisen, Finken).

Engelberg OW K 4 c

Seit dem Mittelalter angesehene **Benediktinerabtei** mit großer Barockkirche. Reicher Kirchenschatz und Bibliothek.

Gemse/Murmeltier – *Hahnen* (2489 m ü. M.), *Gemsispil* (2433 m ü. M.): Weg von Engelberg aus.
Plangen (2115 m ü. M.), *Runghubelhütte SAC:* Straße Engelberg–Hinter Horbis (Parkplatz), Seilbahn nach Planggenstafel (1982 m ü. M.), Wege direkt von Engelberg aus.
Gemse – Talhänge zwischen *Grafenort* und *Engelberg:* Erschlossen durch Seilbahn Mettlen–Rugisbald–Eggen, Seilbahn Engelberg–Trübsee, Straße Engelberg–Untertrübsee–Unterarni.
Jochpaß (2209 m ü. M.), *Alpelenstock* (1877 m ü. M.): Seilbahn Trübsee–Jochpaß oder Straße Innertkirchen–Engstlen (Parkplatz) und Fußweg zum Jochpaß (Ochsenstock Nordseite).
Steiniberg, Salistock, Zingel, Bockistock-Oberarni.
Murmeltier – *Lutersee, Trübseegebiet.*
Steinbock (Winter) – *Nünalphorn.*
Gemse (Sommer)/**Steinbock** (Sommer)/**Murmeltier** – *Graustock.*
Gemse/Steinbock (Sommer) – *Huetstock–Hanghorn.*

Rauhfußhühner, Bergvögel: Umgebung von Engelberg.
Bahn/Parkplatz Engelberg, Ausflüge Bergbahn Gerschnialp–Luftseilbahn Titlis–Abstieg Jochpaß–Trübsee–Gerschnialp oder Luftseilbahn Brunni–Planggen–Wanderung Rugghubel–Hasenstock–Planggenstafel–Ried. Wiesen, Weiden, Wald, Felsen.
F, S: Greifvögel (u.a. Steinadler), Rauhfußhühner, wie Birkhuhn, Urhuhn (Jochpaß–Gerschnialp), Eulen, wie Rauhfußkauz (Jochpaß–Gerschnialp), Spechte (u. a. Dreizehenspecht, Schwarzspecht), Singvögel, wie Braunkehlchen, Steinschmätzer, Steinrötel (Brunni–Planggen), Drosseln, Zitronfink, Schneefink, Birkenzeisig, Erlenzeisig, Alpendohle, Tannenhäher, Kolkrabe.

Engelberg SO H 3 b

Greifvögel, Zugvögel: Juraerhebung zwischen Dulliken und Walterswil.
Bahn/Parkplatz Olten, Bus Starrkirch, Rundwanderung Wil–Engelberg–Wartburghöfe–Olten. Wälder, Wiesen, Felder.
F, H: Günstiger Punkt für Zugbeobachtungen, z.B. Greifvögel (u.a. Bussarde, Falken), Tauben, Singvögel.

Engi N 4 a

▽ **Dachsteinschieferbruch am Landesplattenberg.** Gegenüber Engi-Hinterdorf, zu Fuß 20 Min. über dem linken Sernfufer.
In diesem seit einigen Jahren stillgelegten Steinbruch wurden seit dem Mittelalter Schiefertafeln gebrochen (Untertagbau, 1926 teilweise verschüttet). Verwendung zu Wandtafeln, Tischplatten usw. Ehemals berühmtes Exportprodukt in alle Welt (z. B. eigenes Schiff auf dem Rhein für die Glarner Schieferwerke von Engi, Elm). Glarner Dachschiefer wurde schon von den Römern zum Hausbau verwendet. Diese Gesteine lieferten auch eine große Anzahl versteinerter Fische und Fischreste (große Sammlung im Naturhistorischen Museum in Glarus).

Ennenda M 4 b

↳ **Rauhfußhühner, Bergvögel:** Schiltgebiet.
Bahn/Parkplatz Ennenda, Wanderung Brand–Rotärd–Fronalp–Sattel–Ennenda. Wald, Weiden, Fels.
F, S: Greifvögel (u. a. Steinadler), Rauhfußhühner (u. a. Alpenschneehuhn, Birkhuhn, Urhuhn), Eulen, Spechte, Singvögel (u. a. Drosseln, Mauerläufer, Zitronfink, Schneefink, Birkenzeisig, Erlenzeisig, Alpendohle, Tannenhäher, Kolkrabe).

Eptingen H 2 c

🐗 **Gemse** – *Eptingen* (558 m ü. M.): An der Nationalstraße nach Basel, Belchentunnel Nordportal. Beobachtungspunkt im Dorf.
↳ **Spechte, Kolkrabe:** Kettenjuralandschaft des Belchengebiets.
Bahn Sissach, Postauto/Parkplatz Eptingen, Rundwanderung Oberbelchen–Belchenflue–Neuhus. Wald, Gehölze, Hecken, Wiesen, Felder.
F, S: Spechte (u. a. Schwarzspecht), Singvögel (u. a. Baumpieper, Würger, Goldammer, Kolkraben in der Umgebung des Belchensattels).

Erdesson F/G 6 d/c

↳ **Würger, Ammern:** Dérochjaschlucht.
Bahn Sierre, Postauto/Parkplatz Grône, Postauto Erdesson, Wanderung Dailley–Dérochjaschlucht–Pramagnon–Grône. Wald, Felsen, Baumgärten, Felder.
F, S: Singvögel (u. a. Felsenschwalbe, Rotkopfwürger, Rotrückenwürger, Zippammer, Gartenammer).
W: Singvögel (u. a. Raubwürger, Kolkrabe).

● Erlach E 4 b

🏛 Malerisches **altes Städtchen** im Westen des Bielersees. Gründung durch Burkhard von Fenis, Bischof von Basel (1072–1107). Im **Schloß** wohnte einst der Berner Maler, Dichter und Staatsmann Niklaus Manuel.
↳ **Zwergdommel, Rohrsänger:** Naturschutzgebiet Heidenweg.
Bahn Ins, Postauto/Parkplatz Erlach, Wanderung Bielerseeufer–Spitze der St.-Peters-Insel. Seeufer, Gehölze, Sumpf, Schilf.
F, S, H: Reiher (u. a. Zwergdommel), Schwimmvögel, Greifvögel (u. a. Schwarzmilan), Jagdfasan, Limikolen (u. a. Kiebitz), Singvögel (u. a. Rohrsänger, Rohrammer).

● Erlenbach i. Simmental G 5 a

🏠 Sehenswürdiges Ortsbild, stattliche **Bauernhäuser** mit mächtigen Walmdächern, bemerkenswerte **Kirche,** möglicherweise karolingischen Ursprungs, im 15. Jh. vollständig ausgemalt.
🐗 **Gemse** – *Stockhorn* (2190 m ü. M.): Seilbahn Erlenbach–Stockhorn, Wege von Erlenbach oder Oberstocken aus.
Gelberg: Wege von Erlenbach oder Ringoldingen aus.

● Erlinsbach H 2 d

⊕ **Waldlehrpfad Erlinsbach:** Etwa 65 beschriftete Bäume und Sträucher sowie 3 Tümpel. Route von etwa 1,6 km (Zeitbedarf rund 1 Std.), ziemlich eben.
Start bei Koord. 644080/250650. Zu Fuß oder mit privaten Verkehrsmitteln erreichbar. Parkplätze am Waldeingang. Bestimmungsschlüssel in Vorbereitung (gratis bei der Waldhütte erhältlich).

Rotmilan, Kolkrabe: Südhang Egg bei Obererlinsbach.
Bahn Aarau, Postauto Obererlinsbach Oberdorf/Parkplatz Obererlinsbach, Wanderung auf rund 500–550 m ü. M.
F, S: Rotmilan, Spechte, Singvögel (u. a. Baumpieper, Rotrückenwürger, Goldammer, Kolkrabe).

Ernen   J 6 a

Vornehmes, intaktes Walliser Dorf. An einem Wohnhaus Fresken mit **Darstellungen aus der Tell-Sage,** 1578. Die Kirche besitzt außer kostbaren Plastiken und Altären den goldenen Kelch des Kirchenfürsten Matthäus Schiner, der im benachbarten Weiler Mühlibach geboren wurde. 5 Min. vom Dorf auf einem Hügelzug drei Steinpfeiler des alten Galgens.

Erstfeld   L 4 c

Schneidnößli. Etwa 2 km nördlich Erstfeld bei Großried oberhalb einer Wiese auf der Ostseite des Reußtals, 100 m am Hang.
Unter einem gut sichtbaren horizontalen Band von Sedimentgesteinen (Sandsteine und Dolomite) ist der Kontakt dieser Sedimente zu den kristallinen Gesteinen des Aarmassivs sichtbar (Erstfelder Gneis, der zuoberst stark verwittert ist, alte Landoberfläche). Die Sedimentbedeckung entstand nach der Überflutung des ehemaligen Festlandes durch das Meer.
Gemse (Sommer) – *Rinderstock* (2462 m ü. M.): Weg von Erstfeld (Station SBB) oder mit Seilbahn nach Ober Schwandi, weiter Strängmatt–Stich.
Gemse (Sommer)/**Murmeltier** – *Rot Grat, Seewligrat* (2245 m ü. M.): Weg Stich–Seewlisee.
Gemse (Sommer) – *Erstfeldertal:* Straße Erstfeld (Station SBB)–Taubach (Parkplatz), Weg Taubach–Bodenberg–Kröntenhütte SAC.
Hirsch – *Sagerberg ob Taubach.*
Rauhfußhühner, Bergvögel: *Riedtal* ob Erstfeld.
Bahn Erstfeld/Parkplatz Bühl, Wanderung Riedstafel, Aufstieg Richtung Heufallstockspitze, Abstieg auf gleicher Route. Weiden, Wald, Felsen.
F, S: Greifvögel, Rauhfußhühner (u. a. Alpenschneehuhn, Birkhuhn), Eulen, Spechte, Singvögel (u. a. Wasserpieper, Braunkehlchen, Drosseln, Alpenmeise, Zitronfink, Birkenzeisig, Tannenhäher).

Eschenz   M 1 c

Tauchenten, Wasservögel: Südufer Rhein Eschenz–Stein am Rhein.
Bahn/Parkplatz Eschenz, Wanderung Stad–Werd–Burg–Stein am Rhein. Rhein mit Uferzone, Schilf, Sumpf, Gehölzen, Wiesen.
F, H, W: Taucher, Kormoran, Graureiher, Schwäne, Gänse, Gründel-, Tauch- und Meerenten, Säger, Greifvögel, Möwen, Seeschwalben, Eisvogel, Singvögel (u. a. Pieper, Stelzen, Drosseln, Graudohle, Saatkrähe).

Eschlikon   L 2 b

Wasservögel, Singvögel: Verschiedene Weiher zwischen Eschlikon und Sirnach.
Bahn/Parkplatz Eschlikon, Wanderung nördlich Bahnlinie–Büfelden–linkes Murgufer–Hofen–Sirnach. Bachläufe, Weiher mit Schilf, Gebüsch, Wiesen, Felder.
F, S, H: Wasservögel (u. a. Reiher, Enten, Rallen, Limikolen), Greifvögel (u. a. Bussarde, Turmfalke), Singvögel (u. a. Braunkehlchen, Drosseln, Rohrsänger, Grasmücken, Laubsänger, Goldammer, Rohrammer).

Estavayer-le-Lac   D 4 d

Mittelalterliches Städtchen. Wälle aus dem 13. Jh. Mächtiges, im 15. Jh. wiederaufgebautes **Schloß.** Kirche **St-Laurent,** 14./15. Jh., schönes Chorgestühl von 1522/29. Dominikanerinnenkloster.
Sumpf- und Wasservögel: Ufer des Neuenburgersees.
Bahn/Parkplatz Estavayer, Wanderung zwischen Seeufer und Falaises nordwärts bis La Corbière oder südwärts bis Font. Auwald, Sumpfwiesen, Schilf, Seeufer.
F, S, H: Schwimmvögel, vor allem im Hafen von Estavayer und dort, wo die Wege bis ans Wasser führen, andere Arten im Röhricht und Auwald, Taucher, Reiher (u. a. Graureiher, Purpurreiher, Zwergdommel), Schwäne, Enten, Säger, Greifvögel (u. a. Schwarzmilan, Baumfalke), Jagdfasan, Rallen, Limikolen (u. a. Kiebitz,

Möwen, Seeschwalben, Eulen, Spechte (u. a. Kleinspecht), Singvögel (u. a. Nachtigall, Schwirle, Rohrsänger, Grasmücken, Laubsänger, Rohrammer, Pirol).

Etivaz, L' E 6 b
❦ **Rauhfußhühner, Bergvögel:** Col-de-Base–La Pierreuse (Gummfluh).
Bahn Château-d'Œx, Postauto/Parkplatz Devant-de-l'Etivaz, Wanderung Chalet-Neuf–Col-de-Base–La Plane–La Pierreuse–Les Granges–Château-d'Œx. Wald, Weide, Felsen.
F, S: Greifvögel (u. a. Steinadler, Turmfalke), Hühner (u. a. Alpenschneehuhn, Birkhuhn, Steinhuhn), Eulen (u. a. Rauhfußkauz), Spechte (u. a. Schwarzspecht), Singvögel (u. a. Wasserpieper, Alpenbraunelle, Drosseln, Mauerläufer, Zippammer, Zitronfink, Bluthänfling, Alpendohle, Tannenhäher, Kolkrabe).

Ettiswil H 3 d
✪ **Naturlehrgebiet Buchwald:** Stillgelegte Kiesgrube beim Schloß Wyher mit Bäumen und Sträuchern, Vogelnistkästen, 6 Amphibienteichen, 2 Stillwasser-Fischteichen, 4 Schlangenterrarien und einem Beobachtungsturm mit Gruppenschulräumen. Route 1,5 km lang mit 9 Posten, Zeitbedarf etwa 2 Std. Standortskoordinaten 644 450/222 600. Zufahrt mit Autobus Rottal bis Haltestelle Schloß Wyher. Parkplätze bei Grasag, Ettiswil, und im Naturlehrgebiet. Ein Führer ist geplant. Die Anlage ist jedermann zugänglich.
❦ **Singvögel:** Kantonales Naturlehrgebiet.
Bahn Willisau, Postauto/Parkplatz Ettiswil, Wanderung zum Lehrgebiet Buechwald östlich der Straße nach Ruswil (gegenüber Schloß Wyher). Kiesgrube mit Weihern, Sumpf, Schilf, Bachlauf, Auwald, Buchenwald, Naturlehrpfad.
F, S, H: Wasservögel (z. B. Enten, Rallen, Wasserläufer), Greifvögel (u. a. Bussarde, Turmfalke), Tauben, Eisvogel, Spechte, Singvögel (u. a. Stelzen, Rotschwänze, Drosseln, Rohrsänger, Grasmücken, Laubsänger, Schnäpper, Meisen, Goldammer, Rohrammer, Distelfink).

Euseigne F 7 b
▽ **Erdpyramiden.** An der Straße von Sitten ins Val d'Hérens, etwa 500 m vor der Ortschaft Euseigne.
Die Erdpyramiden bestehen aus Moränenmaterial der ehemaligen Gletscher von Süden her. Vom Regen wurde die Moräne ausgewaschen und zu Pyramiden ziseliert. Einige Pyramiden tragen auf der Spitze einen erratischen Block, von denen einige bei Erdbeben herunterfielen.

Euthal L 3 d
🐾 **Gemse** – *Groß Aubrig* (1895 m ü. M.): Weg schräg am Wäggitalersee–Bärlaui (1284 m ü. M.).
Hirsch – *Haldeli, Wißtannenweid, Duliweid, Sihltalhütte:* Straße Euthal–Haldeli–Sihltalhütte (Parkplatz).
Steinbock/Gemse – *Fluebrig* (2018 m ü. M.): Straße Euthal–Studen–Ochsenboden (929 m ü. M.) (Parkplatz), Weg von Au am Wäggitalersee aus.

Evilard F 3 c
🌳 **Reformationslinde,** eine Sommerlinde, *Tilia platyphyllos:* sommergrüner, großer und alter Baum mit stark zurückgeschnittenem Astwerk, aber mächtigem, vermutlich hohlem Stamm, $\varnothing$ 2,35 m (in 100–170 cm Höhe). Steht knapp 100 m nordöstlich des Dorfplatzes, wenig oberhalb der Bergstation der Seilbahn, in der Gabelung des Chemin des Ages und des Chemin du Crêt, um 700 m ü. M., an einer Böschung mit Brunnen. Soll nach der Überlieferung 1530–35 als Andenken an die bernische Reformation (1528) gepflanzt worden sein. Trotz des hohen Alters noch kräftig austreibend; von hohem historischen und baumkundlichen Interesse.

Evionnaz E 7 a
🐾 **Hirsch/Gemse/Steinbock/Murmeltier** – *Le Jorat* (1746 m ü. M.), *Dent-du-Salantin* (2482 m ü. M.): Straße Evionnaz (Station Evionnaz-Collonges SBB)–La Rasse, Weg La Rasse–Le Jorat-d'En-Bas–Col du Jorat.

Evolène G 7 a
🐾 **Gemse/Murmeltier** – Linker Talhang von *Evolène* bis *Arolla* (1998 m ü. M.).

Fahr K 2 c
Von Zürcher Kantonsgebiet umgebene Aargauer Enklave. Harmonischer Klosterbau mit sehenswerter Barockkirche.

Faido L 6 b
Felsenvögel: Rechte Talseite der Leventina von Faido–Lavorgo.
Bahn/Parkplatz Faido, Wanderung Chiggiogna–Lavorgo. Felsen, Steinbrüche, Wald.
F, S: Greifvögel (u. a. Turmfalke), Alpensegler (Felsenbrut), Singvögel (u. a. Felsenschwalbe, Steinrötel, Blaumerle, Mauerläufer, Zippammer).

Farnsburg H 2 a/c
Ruine einer großen Burganlage aus dem 14. Jh., 1798 eingeäschert. Großartige Aussichtslage. Ab Bahnhof Gelterkinden in 1 Std. zu erreichen.

Faulensee G 5 b
Gänsesäger, Schwimmvögel: Spiezer Bucht.
Bahn/Parkplatz Faulensee, Wanderung dem Thunersee entlang bis Spiez. Seeufer, Felder, Wald.
F, H, W: Schwimmvögel (u. a. Taucher, Enten, Säger, Rallen).

Felsberg O 4 c
Goldvorkommen am Calanda. Ehemalige Goldgrube am Taminser Calanda auf rund 1200 m ü. M., etwa 3 km westlich Alt-Felsberg, Lokalität Goldene Sonne.
In Quarz- und Kalzitgängen wurde im letzten Jh. in diesem Gebiet Freigold abgebaut. Goldflitter bis max. 125 g. Begleitmineral ist oft Pyrit. Ein Abbau fand 1809–20 und 1851–61 statt. Um 1960 gewann man Sammlungsstufen. Ein neuerlicher Abbau ist nicht ausgeschlossen.

Ferpècle G 7 c
Gemse (Winter)/**Murmeltier** – Talkessel von *Ferpècle* (1766 m ü. M.) bis *M. Miné* (2914 m ü. M.) (Parkplatz oberhalb am See).

Ferret E 8 b
Murmeltier – *Sur-la-Lys, Bondarray:* Über Ferret.
Hirsch (Sommer) – *Ferret:* Linker Talhang.
Rauhfußhühner, Bergvögel: Val Ferret.
Bahn/Parkplatz Orsières, Postauto Ferret, Tagestour im Gebiet Plan-de-la-Chaux–Lacs-de-Fenêtre (Felsenvögel) oder Wanderung am rechten Talhang La Seilo–Branche–La Sasse–Praz-de-Fort (Vögel des Bergwaldes und der Weiden). Wald, Weiden, Fels.
F, S: Greifvögel (u. a. Steinadler), Hühner (Alpenschneehuhn, Birkhuhn, Steinhuhn), Eulen (u. a. Rauhfußkauz, Sperlingskauz), Spechte (u. a. Schwarzspecht), Singvögel (u. a. Felsenschwalbe, Alpenbraunelle, Braunkehlchen, Steinschmätzer, Ringdrossel, Alpenmeise, Mauerläufer, Birkenzeisig, Zitronfink, Schneefink, Tannenhäher, Alpendohle).

Fex-Crasta P 6 a
Romanische **Kapelle** mit halbrunder, gewölbter Apsis mit bemerkenswertem Wandgemälde.

Fiesch J 6 a
Hirsch (Winter) – *Fürgangen* (1202 m ü. M.): An der Furkastraße zwischen Fiesch und Niederwald.

Filisur P 5 a
Schönes Straßendorf mit **reich dekorierten Steinhäusern** in Sgraffitotechnik.

Finhaut E 7 a/c
Cascade de Giétroz. Oberhalb des Lac de Barberine (Stausee). Erreichbar in längerer Bergwanderung von Finhaut aus.

Entwässerung des Giétrozgletschers (Glacier des Fonds). Bildet kurz unterhalb des Gletschers eine 500 m hohe Kaskade. Das Wasser verschwindet zum größten Teil in einem Trichter unterhalb des Falles in den Untergrund.

🐾 **Gemse** (Sommer/Winter) – *Mont-de-la-Barme* (2266 m ü. M.): Über Finhaut.
Col de Barberine: Weg Emaney–Lac de Barberine.
Gemse/Murmeltier – *Chaux-de-Fenestral* (2578 m ü. M.): Über Finhaut.

Fionnay F 7 c

☼ Im oberen Val de Bagne zwei große unterirdische Kraftwerkzentralen der Kraftwerke Mauvoisin und Grande-Dixence. Zwei parallele große Wasserstollen zu den Zentralen im Rhonetal zwischen Saxon und Riddes.

🐾 **Steinbock/Gemse/Murmeltier** – *Sentier des Chamois:* Weg von La Chaux oder der SAC-Hütte Mont-Fort aus über Louvie nach Fionnay (Parkplatz).
Rechter Talhang zwischen *Fionnay* (Parkplatz) und *Mauvoisin* (Parkplatz): Durch Pfade gut erschlossen.
Steinbock – *Le Pleureur* (3703 m ü. M.).

Fischbach-Göslikon K 2 c

🏠 **Pfarrkirche** mit festlichem Rokokoinnenraum.

✚ **Reußtalweg.** Route etwa 7 km (etwa 3 Std.), verkehrsfrei, z. T. mit Asphaltbelag, z. T. Fußweg. Naturkundlich-kunsthistorischer Lehrpfad mit 15 Posten: Bauerndorf Göslikon mit Kirche aus dem 11. Jh., Fischbacher Moos, Uferlandschaften entlang der Reuß.
Start in Göslikon (Koord. 665 400/247 260). Zufahrt Autobahnausfahrt Baden, dann Richtung Bremgarten, Autobusverbindungen von Wohlen oder Bremgarten. Parkplätze Brunnenplatz, Schulhausplatz in Göslikon. Broschüre mit Beschreibung erhältlich zum Preis von Fr. 1.– beim Ausgangspunkt (Automat).

🐦 **Graureiher, Rohrsänger:** Reußufer, Tote Reuß, Fischbacher Moos.
Bahn Bremgarten, Postauto/Parkplatz Fischbach-Göslikon, Rundwanderung auf dem markierten Reußtalweg. Flußufer, Altwasser, Sumpfgebiet, Gehölze.
F, S, H: Graureiher, Greifvögel (u. a. Schwarzmilan, Turmfalke), Singvögel (Lerchen, Stelzen, Nachtigall, Drosseln, Rohrsänger, Rohrammer.

Fischingen M 2 c

🏠 Ehemaliges **Benediktinerstift.** Kirche und Kloster mit prächtiger Barockausstattung. Die Idda-Kapelle gehört zu den schönsten hochbarocken Zentralbauten der Schweiz. An der Westwand der Idda-Grabaltar aus dem Jahr 1713. Die Heilige Idda, eine Gräfin von Toggenburg, war, von ihrem Gatten fälschlicherweise der Untreue bezichtigt, zum Fenster ihrer Burg hinausgestürzt worden. Nach ihrer wunderbaren Rettung lebte sie in den Wäldern um Fischingen als Einsiedlerin im Rufe der Heiligkeit.

Flaach L 2 a

🐦 **Wasservögel, Rotmilan:** Rhein zwischen Thurmündung und Eglisau.
Bahn Winterthur, Postauto/Parkplatz Flaach, Wanderung ans südliche Thurufer–Farhan–linkes Rheinufer–Ziegelhütte–Tößegg–Tößrieden–Eglisau. Lauf von Rhein und Thur, Tößmündung, Auwälder, Wiesen, Felder.
F, S, H: Wasservögel (u. a. Taucher, Reiher, Schwäne, Enten, Rallen), Greifvögel (u. a. Bussarde, Rotmilan, Schwarzmilan, Baumfalke), Tauben, Spechte (u. a. Mittelspecht), Singvögel (u. a. Stelzen, Wasseramsel, Nachtigall, Drosseln, Grasmücken, Laubsänger, Pirol).
W: Wasservögel (u. a. Taucher, Kormoran, Schwäne, Gründel-, Tauch- und Meerenten, Säger, Rallen, Möwen), Eisvogel, Singvögel (u. a. Wasserpieper, Stelzen).

Flamatt F 4 c

☼ Kühne Stahlverbundbrücke der N12.

Fläsch O 4 a

🐦 **Schwalben:** Fläscherberg, Südhang.
Bahn Maienfeld, Postauto/Parkplatz Fläsch, Wanderung zu den Felsen ob dem Dorf. Wiesen, Wald, Felsen.
F, S: Felsenbrutplätze von Mehl- und Felsenschwalbe.

Flendruz   E 6 b
Steinbock/Gemse/Murmeltier – *Vanil-Noir* (2388 m ü.M.), *Dent-des-Bimis*
(2243 m ü.M.), *Dent-de-Brenlaire* (2353 m ü.M.): Straße und Bahn Château-
d'Œx–Flendruz, Straße nach Ciernes-Picat (1168 m ü.M.) (Parkplatz), Weg nach
Vers-Champ–Le Sori–Folliéran oder Les Mortays (1970 m ü.M.).

Fleurier   C 4 d
Musée, Lokalmuseum mit vielseitiger Sammlung (Mai–Oktober 1. und 3. Samstag
im Monat 14–16 Uhr).

Gemse – *Roches-Blanches* (1470 m ü.M.), *Crêt-de-la-Neige* (1456 m ü.M.): Straße
Ste-Croix–Noirvaux–Grand-Suvagnier, Weg nach Petit-Suvagnier (1094 m ü.M.)
und Grande-Robella. Straße Neuchâtel–Fleurier–Buttes–Petite-Robella.

Flims-Waldhaus   N 4 d
Flimser Bergsturz. Späteiszeitlicher Bergsturz aus dem Segnestal, mit Moränen und
Findlingen bedeckt. Der gewaltigste Bergsturz der Schweiz. Mindestens
12 000 Mio m^3 Gestein sind abgestürzt. Der Trümmerstrom hat eine Länge von
14 km talabwärts und 6 km talaufwärts. Er bedeckt eine Fläche von 40 km^2. Die
Ausbruchnische wird flankiert im Westen vom Piz Grisch und im Osten vom Flim-
serstein (Crap de Flem). Das dazwischengelegene Bergstück ist als ganzer Berg
abgestürzt. Dieser Bergsturz sperrt das Vorderrheintal von Kästris bis Reichenau
auf 15 km Länge ab. Der Rhein hat in dieser Masse eine etwa 500 m tiefe Schlucht
gebildet. Diverse Bergsturzstauseen (z.B. Caumasee), gespiesen aus Grundwasser
im Trümmerstrom.

Mornell, Bergvögel: Cassonsgrat–Crap de Flem.
Bahn Reichenau, Postauto/Parkplatz Flims Dorf, Sessellift Alp Naraus, Luftseil-
bahn Cassonsgrat, Wanderung Crap de Flem–Togia Gronda–Bargis–Fieu Grond–
Fidaz–Scheia–Flims Dorf. Wald, Weiden, Fels.
F, S: Greifvögel (u.a. Steinadler, Wanderfalke), Hühner (u.a. Alpenschneehuhn,
Urhuhn, Birkhuhn, Steinhuhn, Wachtel), Mornell, Eulen (u.a. Rauhfußkauz),
Alpensegler (Felsenbrut), Spechte (u.a. Dreizehenspecht, Schwarzspecht), Singvö-
gel (u.a. Felsenschwalbe, Alpenbraunelle, Braunkehlchen, Steinschmätzer, Stein-
rötel, Drosseln, Mauerläufer, Schneefink, Alpendohle, Tannenhäher, Kolkrabe).

Flüelapaß   P 5 b
Gemse – *Flüela-Wißhorn* (3085 m ü.M.), *Piz Champatsch* (2945 m ü.M.): Weg
von der Flüelapaßhöhe oder Chant-Sura aus.
Murmeltier – *Karlimatten, Wägerhus* (2045 m ü.M.), *Flüelapaßhöhe* (2383 m
ü.M.): Rechte Talseite an der Flüelastraße.

Flüelen   L 4 c
Wasservögel, Singvögel: Südende Urnersee, Reußmündung, Reußebene.
Bahn/Parkplatz Flüelen, Wanderung rechtes Reußufer–Seedorf–See–linkes Reuß-
ufer–Brücke–Flüelen. Seebucht, Uferzone, Gräben, Felder, Wiesen, Gehölze,
F, S, H: Wasservögel (u.a. Taucher, Reiher, Schwäne, Enten, Säger, Limikolen,
Rallen), Greifvögel (u.a. Schwarzmilan), Singvögel (u.a. Lerchen, Pieper, Stelzen,
Rohrsänger, Rohrammer).
W: Schwimmvögel (u.a. Taucher, Enten, Rallen, Möwen).

Flüeli-Ranft   J 4 d
Gedenkstätte an den Hl. Nikolaus von Flüe, eine der hervorragendsten Gestalten
der spätmittelalterlichen Schweiz, als Landespatron und Friedensstifter verehrt.
Kapelle St.Karl Borromeo, nach der Legende an der Stelle erbaut, an der Bruder
Klaus durch Fürbitte das brennende Stans errettet haben soll. Geburtshaus (älte-
stes Holzhaus der Schweiz, aus dem 15.Jh.), Wohnhaus, verschiedene Kapellen.

Flums   N 3 d
St.-Justus-Kirche, auf spätrömischen Überresten karolingische Fundamente.
Wandmalereien aus dem 15./16.Jh. **Ruine Gräpplang.** Distanz vom Bahnhof
50 Min. Auf den letzten Ausläufern der Flumser Berge. Imposante Reste von
Palas, Wirtschaftsgebäuden, Küche, Verlies und Zisterne.

Rauhfußhühner, Bergvögel: Prodchamm, Maschgachamm.
Bahn Flums, Postauto/Parkplatz Tannenheim, Sessellift Prodchamm, Wanderung Maschgachamm–Seebenalp–Gamperdon–Tannenheim. Wald, Weiden, Fels.
F, S: Greifvögel (u. a. Steinadler), Rauhfußhühner (u. a. Alpenschneehuhn, Birkhuhn), Spechte (u. a. Schwarzspecht), Singvögel (u. a. Heidelerche, Pieper, Stelzen, Wasseramsel, Kehlchen, Nachtigall, Drosseln, Rohrsänger, Grasmücken, Laubsänger, Rohrammer, Pirol).

Fontana K 5 d
Hirsch – *Rosso di Fuori* (2128 m ü. M.), *Rosso di Dentro* (2080 m ü. M.): Weg von Fontana aus.
Gemse – *Campanile* (2741 m ü. M.): Weg von Fontana aus.

Foroglio K 6 b
Murmeltier – *Alpe Nassa* (1588 m ü. M.): Weg von Foroglio aus.

Fraubrunnen G 3 c
Bauerndorf mit ehemaligem **Schloß**, das zeitweise als Zisterzienserinnenkloster gedient hat. **Gedenkstein:** Bei Fraubrunnen fand am 5. März 1798 ein Treffen französischer und bernischer Truppen statt, das wie das gleichzeitige Gefecht im Grauholz zugunsten der Angreifer ausging. Daß eine andere französische Abteilung bei Neuenegg zurückgeschlagen werden konnte, vermochte den Untergang von Alt-Bern nicht mehr aufzuhalten.

Frauenfeld M 2 a
Die wichtigsten Sehenswürdigkeiten:
Schloß (13.–16. Jh.) mit Historischem Museum. Bedeutende Dokumente zur Geschichte, Kunst und Kultur des Thurgaus (Tel. 054 7 35 99; 10.30–12, 14–17 Uhr, Montag geschlossen). Ferner im alten Zentrum klassizistisches **Rathaus, alte Landeskanzlei**, Walzmühlekontor (Zürcherstraße 103; hier wohnte 1809–13 der berühmte Arzt Franz Anton Mesmer, der den Magnetismus in die Heilkunde einführte).
In Oberkirch, vor der Stadt gelegen (Straße nach Kreuzlingen, dann Abzweigung nach Reuti), die Kirche **St. Laurenzen**. Im Chor prachtvolle hochgotische Glasmalereien.

Zoo Plättli: 30 Tierarten, 200 Tiere, darunter Löwen, Tiger und andere Raubtiere, Schimpansen. Ganzjährig 9–21 Uhr offen. Zufahrt mit Auto von Frauenfeld Richtung Kreuzlingen, zu Fuß 30 Min., Parkplatz, Restaurant (Dienstag geschlossen).

Waldlehrpfad Loo: Beschriftung der Bäume (dt.) sowie der allgemeinen Funktionen des Waldes. Länge der Route 700 m, Höhenunterschied 30 m. Zeitbedarf etwa ½ Std.
Start beim Försterhaus, Koord. 710975/266000, wo auch diverse Parkplätze vorhanden sind. Lehrpfad wird weiter ausgebaut.

Waldlehrpfad Mühletobel: Lehrpfad mit 38 Bäumen und Sträuchern sowie Vogelnistkästen, z. T. dem Bach entlang mit ausgebauten Brücken und Treppen. Länge 2,5 km, mit einem Höhenunterschied von 160 m, Zeitbedarf 1½ Std.
Start beim Eingang Salomonshölzli, Koord. 710825/268450. Parkplätze beim Salomonshölzli und Stählibuck (Ziel).

Kiebitz, Jagdfasan: Allmend, Auen von Thur und Murg.
Bahn/Parkplatz Frauenfeld, Rundwanderung Langdorf–Römerstraße–Widen–Gil-Äuli–rechtes Murgufer–Frauenfeld. Wiesen, Felder, Waffenplatz, Tümpel, Binsen, Schilf, Sumpf, Kanäle, Läufe von Thur und Murg, Auwald, Gehölze.
F, S, H: Wasservögel, wie Taucher, Reiher, Enten (z. B. Krickente), Rallen, Limikolen (u. a. Kiebitzbruten), ferner Greifvögel (u. a. Turmfalke), Singvögel (u. a. Wasserpieper, Braunkehlchen, Steinschmätzer, Fichtenkreuzschnabel, Alpendohle, Tannenhäher, Kolkrabe).

Freienbach L 3 b/d
Waldlehrpfad Eichholz Pfäffikon: Etwa 90 Bäume und Sträucher sowie Wildfutterstellen und Vogelnistkästen. Die Objekte sind numeriert. Dazu existiert ein Nummernschlüssel mit dt. und lat. Namen, einem Plan und einer Testkarte (besonders geeignet für Schulklassen). Schlüssel und Testkarte sind gratis erhältlich beim

Kreisforstamt 4 oder Förster Helbling, Pfäffikon. Die Länge des Rundwanderweges beträgt 2 km, mit einem Höhenunterschied von 50 m, Zeitbedarf etwa 1 Std. *Start* bei Koord. 700370/228130. Zufahrt mit Auto über N1-Ausfahrt Pfäffikon. Parkplätze beim Start vorhanden.

Fribourg   E 4 d •

Juwel mittelalterlicher Stadtbaukunst. Von der **mittelalterlichen Wehranlage** sind einige Türme erhalten. **Prächtige Regierungsgebäude** und **Bürgerhäuser**. **Münster St-Nicolas,** Baubeginn 1. Hälfte des 14.Jh., interessante Portalskulpturen. Hl.- Grab-Gruppe von 1433. Chorgestühl von 1462–64. Jugendstil-Glasmalereien. **Franziskanerkirche,** bedeutende Altarbilder. Grabmal der Elisabeth von Kyburg (gest. 1275). **Augustinerkirche,** prachtvoller Hochaltar aus der Hochrenaissance. **Visitanerinnenkirche,** frühbarocker Zentralbau.
Loretokapelle von 1650, über die sehenswerte Unterstadt zu erreichen, auf dem gegenüberliegenden Saaneufer auf einer Anhöhe gelegen. Genaue Kopie der Casa Santa in Loreto.
Musée d'art et d'histoire. Vor- und frühgeschichtliche Funde aus dem Kantonsgebiet. Kunstwerke des 10.–19.Jh., hauptsächlich von Fribourger Künstlern (Tel. 037 2 14 66; Dienstag–Sonntag 10–12, 14–17 Uhr).

Stadt der Hochbrücken: flußaufwärts Pont Pérolle und Pont de Zähringen, flußabwärts Granfeyviadukt der SBB (aus früherer Stahlbrücke in Eisenbetonbrücke umgebaut), weiter abwärts Hochbrücke der N12. Flußaufwärts Stausee Rossens mit schöner Bogenstaumauer. Längs Stausee (Greyerzersee) 1,2 km langer Viadukt der N12. Flußabwärts Stausee des Kraftwerks Schiffenen. Anschluß an N12.

Musée cantonal d'histoire naturelle, Boulevard de Pérolles. Mittelgroße mineralogische und geologische Allgemeinsammlung. Geöffnet Montag–Freitag 9–12, 14– 17 Uhr (im Winter 14–16 Uhr), Sonntag 14–17 Uhr.

Botanischer Garten der Universität (630 m ü.M., 1,5 ha). Alpinum mit Gruppen von Kalk, Flysch, Granit und mit bodenvagen Pflanzen, besonders aus der Schweiz. Gewächshäuser. Montag–Freitag 8–12 und 13.30–17.30 Uhr, Samstag 8–12 Uhr; besonders empfehlenswert für Freiland Juni–Juli, Gewächshäuser ganzes Jahr. 3, rue Albert Gockel, Fribourg.

Murten-Linde, Tilia × europaea (Bastard zwischen *Tilia platyphyllos,* Sommerlinde, und *Tilia cordata,* Winterlinde): alter, allmählich absterbender Baum von hohem historischen Interesse, da nach der Überlieferung an der Stelle gepflanzt, wo der Überbringer der Siegesbotschaft nach der Schlacht bei Murten 1476 erschöpft zusammenbrach. Da das Alter mit einiger Sicherheit bekannt, auch dendrologisch wertvoll. Steht nördlich des Stadthauses (Hôtel de Ville) an der Gabelung der Rue Tilleul und der Rue Hôtel de Ville (Fortsetzung der Route des Alpes), südwestlich des Münsters; durch alte **Tafel** markiert: **Murtner Linde,** 1476. Stamm⌀ in 57 cm Höhe (unter den alten Astwülsten) 1,53 m, Stamm hohl, nur noch wenige lebende Äste vorhanden. Der Baum soll in den nächsten Jahren durch eine aus Stecklingen der Murtner Linde aufgezogene Jungpflanze mit völlig gleichen Erbanlagen an anderer Stelle ersetzt werden.

Wasservögel, Alpensegler: Lac de Pérolles, Stausee der Saane oberhalb Stadt. Bahn/Parkplatz Fribourg, Tram bis Ende der Avenue de Pérolles, Wanderung zum Stausee, entweder auf Sentier Ritter oder Sentier Schoch. Stausee mit Inseln, Uferzone, Wald.
F, H, W: Taucher, Reiher, Schwäne, Enten, Säger, Rallen, Möwen.
F, S: Haubentaucher, Zwergtaucher, Schwäne, Enten, Schwarzmilan, Rallen, Kolonien des Alpen- und Mauerseglers in der Altstadt, Singvögel.

Frick   H 2 b

In der **Friedhofskapelle** lebensgroße Kreuzigungsgruppe, Hauptwerk der aargauischen Barockplastik.

Waldlehrpfad Frickberg: Waldlehrpfad mit beschrifteten Bäumen, Sträuchern und Vogelnistkästen. Besonderer Trockenstandort. Schöne Aussicht. Route 1 km lang, Höhendifferenz 100 m (etwa 1 Std.).
Start bei Koord. 645470/262230. Mit dem Auto erreichbar, Parkplätze am Start vorhanden.

119

Frienisberg
F 4 a/b

Ehemaliges **Zisterzienserkloster,** älteste Bauteile 12. Jh.

Frodalera
L 5 d

Mineralfundstelle. Von Lukmanierpaßstraße Abzweigung nach Pian bei Acquacalda. Von dort nach Frodalera, etwa 700 m südlich der Paßstraße.
Der Abstecher lohnt sich wegen der prachtvollen Hornblendegarbenschiefer mit Hornblende- und Granatkristallen. Bei Brönich (500 m östlich Frodalera) sowie bei Camperio (3 km westlich Olivone) sind aus weißen Quarzgängen schöne Disthenkristalle bekannt.

Frutigen
G 5 d

Tellenburg, ursprünglich Sitz der Freiherren von Kien, 1885 abgebrannt.

Gemse – *Tschiparellenhorn* (2398 m ü. M.) Osthang: Wege von Frutigen aus.

Fuldera
R 5 d

Steinadler, Bergvögel: Alp Champatsch.
Bahn Zernez, Postauto Fuldera, Wanderung Lüsai–Lü–Alp Champatsch–Paß da Costainas–Alp Astras–Alp da Munt–Pradamunt–Tschierv (Postauto). Wiesen, Weiden, Wald, Felsen, Lauf des Rombachs.
F, S: Greifvögel (u. a. Steinadler, Turmfalke), Wildhühner, Spechte (u. a. Schwarzspecht), Singvögel (u. a. Pieper, Stelzen, Rotrückenwürger, Alpenbraunelle, Braunkehlchen, Steinschmätzer, Drosseln, Zitronfink, Schneefink, Bluthänfling, Fichtenkreuzschnabel, Alpendohle, Tannenhäher).

Fuorn, Il
Q 5 b

Steinadler, Bergvögel: Munt la Schera, Alp Buffalora, Nationalpark.
Bahn Zernez, Postauto/Parkplatz Il Fuorn, Wanderung Il Fuorn–Munt la Schera–Alp Buffalora–Buffalora (Postauto, Parkplatz). Wald, Weiden, Felsen, Lauf der Ova dal Fuorn.
F, S: Greifvögel (u. a. Steinadler bei Il Fuorn), Rauhfußhühner (Alpenschneehuhn auf Munt la Schera, Urhuhn, Birkhuhn), Spechte (u. a. Schwarzspecht), Singvögel (Pieper, Stelzen, Braunellen, Steinschmätzer, Drosseln, Alpenmeise, Mauerläufer an der Ofenstraße, Zitronfink, Schneefink, Birkenzeisig).

Furkapaß
K 5 c

Eishöhle beim Belvédère. In das Eis des Rhonegletschers gehauene Höhle. Geöffnet, solange der Paß offen ist. Eintrittspreis Fr. 2.–.

• Fürstenau
O 5 a

Miniaturstädtchen auf einem Felssporn über dem Hinterrhein. Unteres und Oberes Schloß (Privatbesitz).

Fusio
L 6 a

Murmeltier – Talgrund unterhalb der Staumauer: Weg von Fusio aus.

• Gais
O 2 c

Reizvolles, **geschlossenes Ortsbild,** stattliche Holz- und Steinhäuser mit geschwungenen Giebeln.

Gandria
M 7 d

Schwimmvögel, Felsenvögel: Gandria–Castagnola.
Bahn/Parkplatz Lugano, Postauto Gandria, Wanderung dem See entlang bis Castagnola, Bus Lugano. Felsen, Seeufer.
F, S, H: Schwimmvögel (u. a. Taucher, Schwäne, Enten, Rallen, Möwen), Greifvögel (u. a. Schwarzmilan), Alpensegler, Singvögel (u. a. Felsenschwalbe, Italiensperling, Nebelkrähe).

Gänsbrunnen
F/G 3 b/a

Zugvögel: Subigerberg.

Bahn/Parkplatz Gänsbrunnen, Wanderung Montpelon–Binzberg–Subigerberg–Althüsli–Gänsbrunnen. Wiesen, Weiden, Wald, Felsen, Beringungs- und Vogelzugstation.
H: Greifvögel, Tauben, Spechte, Singvögel (Schwalben, Pieper, Stelzen, Drosseln, Meisen, Finken, Zeisige).

Garstatt F 5 d

Gemse/Murmeltier – *Niederhorn, Meienberg:* Straße Garstatt–Hofstätten.
Gemse – *Ruhren:* Straße Garstatt–Ruhren.

Gelfingen J 3 b

Schloß Heidegg, mächtiger Bergfried an der Straße nach Lieli. Originalausgestattete Wohnräume, schöner Festsaal. **Heimatmuseum** Seetal (Tel. 041 88 63 25; April–Oktober 8.30–12, 14–17 Uhr).

Gelterkinden H 2 c

Singvögel: Weiher Warteck an der Hauptstraße Gelterkinden–Rickenbach.
Bahn Gelterkinden/Parkplatz beim Weiher, Wanderung von Gelterkinden Richtung Rickenbach. Weiher mit Umgelände, Gebüsche.
F, S: Singvögel.

Genève B 6/7 c/a

Kathedrale St-Pierre, romanisch-frühgotischer Bau, an der Stelle eines römischen Apollotempels errichtet. Eine der harmonischsten und feierlichsten Kirchen der Schweiz. Kapitellskulpturen und spätgotisches Chorgestühl.
Kirche Ste-Marie-Madeleine, 15. Jh. **Kirche St-Gervais,** spätgotisch, älteste Bauteile 8.(?) Jh.
Musée d'art et d'histoire, bedeutende archäologische und antike Abteilung, Kunstsammlung mit Werken des 15.–20. Jh., kunstgewerbliche Sektion (Tel. 022 25 92 36; Dienstag–Sonntag 10–12, 14–18 Uhr, Montag 14–18 Uhr).

Beim Zusammenfluß Rhone/Arve elegante Eisenbahnbrücke Pont de la Jonction. Pont Buttin etwa 5 km unterhalb Jonction: Hochbrücke, aus ehemaliger Stahlbrücke erstellt. Weitere 5 km flußabwärts Verbois mit Wasserkraftwerk. In der Nähe Atomkraftwerk geplant (mit Flußkühlung). 10 km flußabwärts mächtiges Flußkraftwerk Chancy Pougny. Westlich Genève zweitgrößter Flughafen Cointrin. In Meyrin Atomforschungszentrum CERN. Internationales Kernforschungszentrum mit riesigen Beschleunigungsanlagen für Atomteilchen, Ausstellungs-, Vorführungs- und Vortragsraum. Anmeldung im Empfangsraum.

Jet d'eau de la Rade. Im Genfersee beim Hafen gelegen. Höchste Fontäne Europas. 1951 installierter Springbrunnen, der das Wasser 130 m hoch schleudert. Die Wasserpumpe leistet 1378 PS. Pro Sekunde werden 500 l Wasser in die Luft geschleudert. Das Wasser hat am Austrittspunkt eine Geschwindigkeit von 200 km/Std.
Musée d'histoire naturelle, route de Malagnou. Schönes Fluoreszenzkabinett. Geöffnet Dienstag–Sonntag 10–12, 14–17 Uhr.
Conservatoire et jardin botaniques (380 m ü. M., 10 ha). Alpinum, Orchideen, Arboretum, seltene Wasserpflanzen. Gewächshäuser mit tropischen und subtropischen Pflanzen. Täglich außer Freitag geöffnet, Sommer 7–19 Uhr, Winter 8–17 Uhr; besonders empfehlenswert für Freiland April–Mai, Gewächshäuser ganzes Jahr.
192, route de Lausanne. Parkplatz beschränkt, Bus.

Domaine de Beaulieu, Teil der Stadtgärtnerei (nordnordwestlich des Bahnhofs Cornavin, Arrondissement du Petit-Saconnex): **Zedern von Beaulieu, Libanonzedern,** *Cedrus libani:* Gruppe von 3 Zedern, wovon 2 zu den größten der Schweiz und Europas gehören. Rund 50 m nordöstlich der **Rue du Grand-Pré** (Zugang von dieser), südwestlich der Gebäude der Stadtgärtnerei, mit Sicherheit älteste **Zeder der Schweiz,** gepflanzt 1735, Stamm⌀ 1,89 m, Kronen⌀ 36 m, Höhe 37,3 m. Verzweigung des Stammes außerordentlich schön, Äste berühren den Boden. **Tafel** mit genauen Angaben über die Pflanzung. Ein zweites Exemplar, östlich davon, ist kleiner, doch immer noch imposant, Stamm⌀ 1,63 m.
An der **Rue Léonard-Beaulacre** (4 m davon entfernt, etwa 175 m südöstlich der oben erwähnten Bäume), gegenüber der Ecole des Cropettes: **Zeder** mit wunder-

barer Stammverzweigung, Stamm⌀ 2,23 m, über einem großen, tiefstehenden Ast gemessen (1,20 m), Höhe über 30 m.

Umgebung des **Palais des Nations**: nördlich des Bahnhofs Cornavin, nordöstlich des Place des Nations: **Arizonazypressen,** *Cupressus arizonica:* Doppelreihe (2 × 6 Exemplare) von rund 15 m Höhe im Innenhof (Stamm⌀ 64 cm); 9 weitere Exemplare von gleicher Größe nordwestlich des Hauptgebäudes, längs des Zufahrtweges zum Musée de l'Ariana.

Jardin anglais: südliches Seeufer, längs des Quai Général-Guisan (am Südende des Pont du Mont-Blanc): **Immergrüne** oder **Großblütige Magnolie,** *Magnolia grandiflora:* 5 kleinere Bäume längs des Quais, gegenüber dem Hôtel Métropole.

Parc des Eaux-Vives: südöstliches Seeufer, längs des Quai Gustave-Ador (Arrondissement des Eaux-Vives), Teil der Stadtgärtnerei: **Mammutbäume,** *Sequoiadendron giganteum:* 2 große Gruppen unweit des Zufahrtweges (Einbahn) zum Restaurant vom See aus; 6 und 12 sehr hohe Exemplare mit Stamm⌀ von 1,39 und 1,53 m. **Eschenblättrige Flügelnuß,** *Pterocarya fraxinifolia:* 3 sehr hohe Bäume mit schrägstehendem Stamm (⌀ bis 1 m), 40 m östlich der untern Durchgangspforte zum Rosengarten im Parc de la Grange. **Sumpfzypressen,** *Taxodium distichum:* sehr hohe Dreiergruppe (Stamm⌀ bis 80 cm), 28 m nordöstlich des gleichen Durchgangs. **Japanischer Spindelstrauch,** *Euonymus japonicus* und **Portugiesischer Lorbeer,** *Prunus lusitanica:* schöne Büsche dieser beiden immergrünen Arten zwischen der Sumpfzypressengruppe und der Randmauer längs des Quai Gustave-Ador.

Parc de la Grange: südwestlich an Parc des Eaux-Vives anschließend, Teil der Stadtgärtnerei (geöffnet im Sommer von 6.30–21.30 Uhr, im Winter von 8–17.30 Uhr): **Rosengarten** (Roseraie) im Nordteil: verschiedene Sorten, Blütezeit Juni– August; **Versuchsfläche** für **neue Rosensorten** im südöstlichen Teil (oberhalb Gebäude).

Park Mon-Repos: nordwestliches Seeufer, begrenzt von See, Avenue de France und Rue de Lausanne: **Chile-Schmucktanne, Monkey-Puzzle-Tree,** *Araucaria araucana:* etwa 8 m hohes, gesundes Exemplar, 10 m südwestlich des Instituts Henry Dunant. **Lagerstroemie, «Blumenmyrte»,** *Lagerstroemia indica:* 9 sommergrüne, wärmeliebende, bis 6 m hohe Sträucher mit dünnen, glattrindigen Stämmchen und später Blütezeit (Juli–September); nur in den mildesten Lagen der Nordschweiz aushaltend (Montreux, Lausanne, Genève). Im nordöstlichen Teil des Parks, wenige Meter von der Grenzmauer zum Park Moynier. Heimat: China. **Immergrüne Magnolie,** *Magnolia grandiflora:* das schönere der beiden Exemplare 25 m westlich der Orangerie. **Pinie, Italienische Steinkiefer,** *Pinus pinea:* das größere der beiden Exemplare rund 40 m südöstlich des Kinderspielgartens, 19 m hoch (Stamm⌀ 60 cm). Wärmeliebende, auch in der Westschweiz nur an wenigen Orten aushaltende Art (siehe Montreux).

Park Perle-du-Lac: nordöstlich an Park Mon-Repos anschließend: **Korkeiche,** *Quercus suber:* etwa 10 m hohes, etwas schwächliches, 2stämmiges Exemplar, 58 m nördlich des Musée d'histoire des sciences (früher Villa Bartholoni); Stamm⌀ 55 cm, mit dicker Korkrinde! Eines der wenigen Exemplare am Genfersee (siehe Lugano).

Promenade des Bastions: südwestlich an das Stadtzentrum anschließend, umgibt die Universität, als nordöstlicher Abschluß das Reformationsdenkmal (Monument de la Réformation); Zugänge von der Rue Bartholoni, Rue de Candolle, Rue St-Léger: **Türkische** oder **Baumhasel,** *Corylus colurna:* etwa 15 m hoher, lockerkroniger, sommergrüner Baum (Stamm⌀ 68 cm) vor dem südöstlichen Flügel des Reformationsdenkmals (vor der Jahrzahl 1602). **Kleinblättrige** oder **Winterlinde,** *Tilia cordata:* selten größer und schöner Baum (Stamm⌀ 1,24 m), 60 m südwestlich des Musikpavillons (einheimisch). **Paulownie,** *Paulownia tomentosa:* großer Baum (Stamm⌀ 1,43 m) mit guterhaltener Krone, vor dem nordwestlichen Flügel (Schmalseite) der Universität, 25 m davon entfernt (50 m nordöstlich des Parkeingangs an der Rue de Candolle).

Rue de la Croix-Rouge, verläuft dicht nordöstlich des Reformationsdenkmals: **Südlicher Zürgelbaum,** *Celtis australis:* einreihige Allee von 18 mittelgroßen Bäumen (Stamm⌀ bis 66 cm) (siehe Montreux und Winterthur).

Weitere Parkanlagen:
Park Villa Barton, im Norden an den Park Perle-du-Lac anschließend; **Promenade des Cropettes,** zwischen Bahnhof Cornavin und der Domaine de Beaulieu.

Wasservögel, Singvögel: Rade de Genève.

Bahn/Parkplatz Genève, Wanderung zum See, entlang dem Ufer Jetée des Eaux-Vives–Jardin anglais–Pont du Mont-Blanc–Quai du Mont-Blanc. Uferzone, Quaianlagen, Parks.

F, H, W: Wasservögel (u. a. Taucher, Kormoran, Schwäne, Gänse, Gründel-, Tauch- und Meerenten, Säger, Rallen, Möwen, Seeschwalben), Greifvögel, Singvögel (u. a. Stelzen).
S: Wasservögel (u. a. Gänsesäger), Schwarzmilan, Singvögel in den Parkanlagen.

Genthod B 6 c

Libanonzeder, *Cedrus libani:* mächtige Zeder, in bezug auf Stamm⌀ (2,45 m) größte des Kantons Genf und der Schweiz, Krone jedoch infolge Windbruch einseitig (Gipfel und Ast verloren). In der früheren Propriété Jean Lullin, Le Petit-Saugy, Genthod, jetzt in Kantonsbesitz. Steht dicht nördlich des Chemin du Saugy, Zugang von der Rue du Village.

Gerlafingen G 3 c

Reiherente, Wasservögel: Gerlafinger Weiher.
Bahn/Parkplatz Gerlafingen, Wanderung zum Weiher am rechten Emmekanalufer südlich Eisenwerke von Roll, Rundgang um den Weiher. Emme, Kanal, Weiher, Schilf, Gehölze, Wald.
S: Zwergtaucher, Enten (u. a. Reiherentenbrutplatz), Rallen, Singvögel (u. a. Rohrsänger, Laubsänger).
F, H, W: Wasservögel (u. a. Taucher, Graureiher, Gründel- und Tauchenten, Rallen, Möwen), Erlenzeisige.

Gersau K 4 b ●

Bis 1798 die kleinste Republik der Welt, kam erst 1817 an den Kanton Schwyz. Die **Pfarrkirche** ist ein schönes Beispiel klassizistischer Sakralarchitektur. «**Gerbe**», typisches Blockhaus aus dem 16. Jh.
Die klimatisch günstige Lage des Ortes wird vor allem durch das Aushalten des aus der Mittelmeerregion stammenden **Lorbeerschneeballs** im Freien bewiesen.
Lorbeerschneeball, *Viburnum tinus:* rund 4 m hoher und ebenso breiter, immergrüner Strauch in dem zur **Casa Fontana** gehörenden Privatgarten (Besitzerin Frl. Müller); am Südrand der **Dorfstraße** (von dieser aus sichtbar), gegenüber dem Hause «Hof», 28 m südwestlich des alten Rathauses (hier Parkplätze). Ragt 2 m über den Metallzaun. Blüten rötlichweiß, schwach duftend, in Trugdolden, Blütezeit je nach Lage verschieden, in der Heimat November–April, oft bis August.
Interessante Gehölze beherbergt der **Kurpark,** der das neue Rathaus (früher Villa Flora) im Süden umgibt (grenzt an Seestraße, 150 m westlich der Dampfschiffstation):
Kalifornische Weihrauch- oder **Flußzeder,** *Calocedrus decurrens* (früher *Libocedrus decurrens*) (Etikette): 2 Exemplare, die beiden auffallendsten Bäume, rund 28 m nördlich der Seestraße; Höhe des östlichen, größeren Baumes 30,5 m, Zweige reichlich mit Früchten (Zäpfchen) behangen. Heimat: Küstenregion im Westen der USA (Oregon, Nevada, Kalifornien).
Riesenlebensbaum, *Thuja plicata* (früher *Thuja gigantea):* 2 Bäume, zu beiden Seiten des Plattenweges, gleich nördlich an die Weihrauchzedern anschließend. Das westliche Exemplar zeigt die charakteristische Kandelaberform (14 große und 10 dünnere, bewurzelte Seitentriebe, die sich als kleinere Stämme aufrichten, sogenannte Schleppen). Das Exemplar östlich des Plattenweges ist einstämmig, Stamm⌀ um 110 cm.
Ginkgobaum, Maidenhair-Tree, *Ginkgo biloba:* westlich des Gehweges an die Lebensbaumgruppe anschließend, 3 Exemplare (Einzelheiten siehe Basel).
Libanonzeder, *Cedrus libani* (Etikette): rund 40 m südöstlich der Villa (neues Rathaus) bei kleinem Teich. Der gewaltige Stamm (⌀ 130 cm) teilt sich ab 3 m Höhe in 5 dicke Hauptäste, Gipfel teilweise abgebrochen.

Dreizehenspecht, Bergvögel: Hochfluh.
Bahn/Parkplatz Brunnen, Postauto/Parkplatz Gersau, Wanderung Ochsenalp–Zilistock–Hochfluh–Ochsenalp–Fönnenberg–Sattelfluh–Gersau. Weiden, Wald, Felsen.
F, S: Greifvögel (u. a. Turmfalke), Rauhfußhühner (u. a. Birkhuhn, Uhrhuhn), Eulen (u. a. Rauhfußkauz), Spechte (u. a. Dreizehenspecht), Singvögel (u. a. Felsenschwalbe, Rotrückenwürger, Alpenbraunelle, Drosseln, Alpenmeise, Mauerläufer, Zaunammer, Zippammer, Zitronfink, Birkenzeisig, Tannenhäher, Kolkrabe).

Gibswil   M 3 a

⩔ **Gemse** – *Hüttenchopf* (1232 m ü. M.), *Tößstock* (1154 m ü. M.), Wildschongebiet: Straße Steg–Orütti–Tößscheidi.

Gilgenberg   G 2 c

⌂ **Burgruine** auf Jurahöhe, im 14. Jh. erbaut, 1798 eingeäschert. Großer, breiter Wohnturm. Ab Zullwil in 30 Min. zu erreichen.

● Giornico   M 6 a

Am rechten Ticino-Ufer, vis-à-vis von Giornico, die Kirche **S. Nicolao,** interessanteste Kirche des Kantons. Das schlichte Innere entspricht dem Typus der lombardischen Kirchen, in der Krypta reizvolle Kapitelle. In der Nähe, auf dem alten Burghügel, die Kirche **Santa Maria di Castello** (Schlüssel im Pfarrhaus bei S. Nicolao verlangen). Diese Gebäudegruppe besteht aus zwei Kirchen, deren Schiffe durch Pfeilerarkaden getrennt sind.

✕ Unterhalb Giornico fand 1478 die berühmte **Schlacht** statt, bei der nach der Morgartentaktik eine kleine Schar Eidgenossen eine Mailänder Armee von 10 000 Mann zu schlagen vermochte und so die Leventina zurückerobern konnte. Erinnerungsstatue von A. Pessina.

⩔ **Gemse/Murmeltier** – *Pizzo di Mezzodi* (2707 m ü. M.), *Cagnago* (1210 m ü. M.): Weg von Giornico (Station SBB) aus.
Gemse/Murmeltier/Hirsch – *Val Osadigo* (linker Hang), *Piano di Sobrio* (1752 m ü. M.) (rechter Hang des Talkessels): Weg von Giornico oder Chironico aus.

Gisikon   K 3 c

✕ Die politischen Wirren zwischen der Auflösung der Alten Eidgenossenschaft und der Gründung des neuen Bundesstaates im Jahr 1848 erlebten im Sonderbundskrieg ihren Höhepunkt. In den Gefechten von Gisikon, Meierskappel und Schüpfheim zwangen die eidgenössischen Truppen unter General Dufour die Sonderbundskantone zur Kapitulation.

Giswil   J 4 d

⩔ **Gemse** – *Giswiler Stock* (2011 m ü. M.), *Roßflue* (2072 m ü. M.), *Ob Alpoglen* (1567 m ü. M.): Straße Giswil–Kleinteil–Sörenberg, Wege von Chli Schwand oder Merli aus.
Steinbock – *Roßflue* (2072 m ü. M.).
Murmeltier – *Chringen, Stellenen* (2107 m ü. M.) Nordflanke.

⩔ **Sumpf- und Wasservögel:** Giswiler Ried am Südende des Sarnersees. Bahn/Parkplatz Giswil, Wanderung Großmatt–Dreiwässerkanal–See–Untergaß–Giswil. Delta und Mündung der Sarneraa, Seeufer mit Schilf, Gräben, Sumpf, Gebüsch.
F, S, H: Wasservögel (u. a. Taucher, Reiher, Schwäne, Enten, Säger, Limikolen, Rallen), ferner Singvögel (u. a. Stelzen, Rohrsänger, Rohrammer).
W: Schwimmvögel (Taucher, Gründel- und Tauchenten, Rallen, Möwen).

Giumaglio   L 6 c

⩔ **Murmeltier** – *Pizzo Cocca* (2222 m ü. M.), *Pizzo Muretto* (2243 m ü. M.): Weg Giumaglio–Cortone (1593 m ü. M.), Weg von der Valle d'Osola aus.
Gemse – *Pizzo delle Pecore* (2381 m ü. M.): Weg Giumaglio–Cortone–Alpe Spluga (1838 m ü. M.) oder Brione (Valle Verzasca)–Valle d'Osola–Alpe Osola (1697 m ü. M.).

Glaris   P 5 a

▽ **Bärentritt.** Etwa 4 km oberhalb Davos im Landwassertal Richtung Landwasser. Imposante Schlucht mit Wasserfall des Känzeli. Gute Übersicht von Plattform an der Landwasserstraße.

⩔ **Gemse** – *Bärental, Altsteingrat* (2369 m ü. M.): Weg von Glaris aus.
In den Zügen: Über der Bahnstation Monstein.
Murmeltier – *Fanezmeder* (2221 m ü. M.), *Bodmen:* Straße Glaris–Monstein, Weg zur Fanezfurgga (Oberalptal).

Mäschenboden (1995 m ü. M.), *Büelen:* Weg Monstein–Inneralp (1877 m ü. M.)–Mäschenboden, Weg Inneralp–Büelenhorn (2807 m ü. M.) (Inneralptal).

Glarus
M 4 b •

Der alte Stadtkern wurde 1861 durch einen Brand zerstört und in den folgenden Jahren einheitlich und großzügig wiederaufgebaut. **Kunsthaus** mit Sammlung von Schweizer Meistern des 19. und 20. Jh. (Sonntag 10–12, 14–17 Uhr).

Alpendohlen, Singvögel: Bergliwald.
Bahn/Parkplatz Glarus, Wanderung Richtung Riedern–Bergliwald. Siedlungsgebiet, Wiesen, Wald.
F, S, H: Greifvögel, Tauben, Mauersegler, Spechte, Singvögel (u. a. Drosseln, Meisen, Finken).
W: Alpendohlen, Krähenschlafplatz.

Gletsch
K 5 c

Rhonegletscher. Der Talboden von Gletsch bietet ein gutes Bild für den starken Gletscherrückgang in den letzten Jahrzehnten. 1870 lag die Stirn des Rhonegletschers nahe beim Hotel Gletsch, 1930 am hinteren Ende der Ebene von Gletsch. Heute liegt sie weit oben am Hang.

Glis
H 6 d

Eine der prunkvollsten Kirchen des Kantons. Der spätgotische Bau hat zahlreiche Veränderungen erfahren. Viel zum Glanz beigetragen hat der mächtige Georg Supersax, der in Glis sein Wohnhaus hatte.

Gnosca
M 6 d

Gemse/Murmeltier – *Cime dell'Uomo* (2390 m ü. M.), *Cimetta* (2030 m ü. M.): Weg Gorduno–Alpe Albagno (1867 m ü. M.), Weg Gnosca–Alpe Casale (1640 m ü. M.).

Goldach
O 2 a/c

Waldlehrpfad Witen: Route von 3 km Länge und etwa 50 m Höhenunterschied im Witenwald, mit 60 numerierten Bäumen und Sträuchern. Zeitbedarf 1–2 Std.
Start bei Koord. 753 425/259 175. Parkplätze bei der Schießanlage Witen, wo sich ein Automat mit Nummernschlüssel (Stück 20 Rp.) befindet.

Goldau
K 4 b

Roßberg-Bergsturz. Am 2. September 1806 vom Roßberg-Gnippe abgebrochener Bergsturz mit fächerförmiger Ausbreitung. Der Inhalt der Sturzmasse beträgt 30–40 Mio m³. Im Ablagerungsgebiet beträgt die Dicke der Bergsturzmasse 25–100 m. Am Gegenhang ist das Material 100 m hinaufgebrandet, bis über die Hauptstraße hinaus. Trotz Vorzeichen durch Vorstürze traf die Bevölkerung keine Sicherheitsmaßnahmen. Das alte Goldau mit 350 Gebäuden und 457 Menschen wurde verschüttet. Abrißnische und Sturzbahn sind heute noch deutlich zu erkennen.
Bergsturzmuseum im Natur- und Tierpark (Funde vom alten Dorf Goldau). Geöffnet Mai–Oktober 10.30–12, 13.30–18 Uhr. Eintritt Fr. 1.–, Kinder 50 Rp.
Broschüre «Der Goldauer Bergsturz» von J. N. Zehnder (Verlag Stiftungsrat Bergsturzmuseum Goldau, 1974).

Natur- und Tierpark: Das 43 ha große Gehege mit verschiedenen Hirscharten ist begehbar («Safari»-Park). Dazu Gemsen, Steinwild, Haustiere. Gegen 100 Tierarten, 250 Tiere. Ganzjährig offen. Zufahrt bis Goldau, Park am Dorfausgang gegen Steinen, Parkplatz, zu Fuß 5 Min. von Bahnhof Arth-Goldau, Kiosk.

Gemse – *Rigi Scheidegg* (1661 m ü. M.), *Rotenflue-Allmit* (1374 m ü. M.): Straße Goldau–Ochsenchneu (810 m ü. M.), Weg nach Hinteregg, Weg und Seilbahn von Gschwänd aus, Seilbahn von Chrabel (Station der Goldau-Rigi-Bahn) aus.

Rauhfußhühner, Bergvögel: Rigi Kulm, Nordseite.
Bahn Goldau, Bergbahn Rigi Kulm, Wanderung Schochenhütte–Platten–Goldauer Berg–Goldau. Felsen, Weiden, Wiesen, Felder, Wald.
F, S: Greifvögel (u. a. Turmfalke), Rauhfußhühner (u. a. Birkhuhn, Urhuhn), Eulen

(u. a. Rauhfußkauz), Spechte, Singvögel (u. a. Alpenbraunelle, Drosseln, Alpenmeise, Mauerläufer, Zitronfink, Birkenzeisig, Alpendohle, Tannenhäher, Kolkrabe).

Goldiwil G 5 b

🐏 **Gemse** – *Ried ob Hünibach:* Straße Thun (Station SBB)–Goldiwil oder Heiligenschwendi.

Goldswil H 5 a

🏚 Malerische Ruine der **romanischen Kirche**, zerfallen nach dem Bau der Kirche von Ringgenberg.

Golzern L 5 b

🦌 **Steinadler, Bergvögel:** Rechter Hang des Maderanertals, Golzersee.
Bahn Amsteg/Silenen, Postauto/Parkplatz Golzern Talstation Seilbahn, Seilbahn Golzern, Wanderung Stafelalpen–Oberkäsern–Golzern. Wald, Weiden, Felsen, Kleinsee.
F, S: Greifvögel (u. a. Steinadler), Rauhfußhühner, Eulen, Spechte, Singvögel (u. a. Wasserpieper, Alpenbraunelle, Drosseln, Zitronfink, Birkenzeisig).

Goms K 5 c–H 6 d

⚙ Verschiedene Talstufen mit interessanten Bahn- und Straßenanlagen (Furka-Oberalp-Bahn). Viele Lawinenverbauungen.

Gondiswil H 3 c

🦆 **Wasservögel:** Gondiswiler Weiher.
Bahn/Parkplatz Gondiswil, Wanderung von der Haltestelle–Houeten–Zälg–Dorfplatz Gondiswil. Wald, Felder, Weiher (vom Dorfplatz aus gut einzusehen).
J: Enten, Rallen, Spechte, Singvögel.

Gondo J 7 a

⛏ **Altes Goldbergwerk.** An der Simplonstraße, etwa 1 km vor der italienischen Grenze. Von etwa 1740–Ende des 19. Jh. betriebenes Goldbergwerk. Mehrere Stollen im Hügel südöstlich oberhalb Gondo. Im Tal einst größere Aufbereitungsanlage. Das Gold tritt in Quarzgängen auf und ist in diesen an Pyrit gebunden. Der Goldgehalt beträgt etwa 5,7 g pro Tonne erzhaltiges Gestein. In diesem Jh. noch einige Abbauversuche (vor allem Kriegsvorsorge).

Goppenstein H 6 a/c

🐏 **Murmeltier** – *Faldumalp* (2038 m ü. M.): Straße Gampel/Steg (Station SBB)–Goppenstein (Station BLS), Weg nach der Faldumalp oder Straße Goppenstein–Ferden (Parkplatz), Weg nach der Faldumalp.

Gorgier D 4 c/d

🏰 Kleines Weinbauerndorf. Nordöstlich in einsam-idyllischer Lage **Schloß** aus dem 16. Jh.; Ergänzungen im 19. Jh.

Gormund J 3 d

⛪ **Wallfahrtskapelle Maria Mitleiden** von 1509/1612, malerisch gelegener Bau.

Göschenen L 5 a

⚙ Zuhinterst im Göschenental Stausee Göscheneralp, gebildet aus künstlichem Erddamm (155 m hoch). Unterirdische Zentrale bei Göschenen. Oberhalb Göschenen Schöllenenschlucht mit alter und neuer Teufelsbrücke. Unterhalb Göschenen Teufelsstein, der wegen Nationalstraße verlegt wurde.

🐏 **Gemse** (Winter) – *Göschener Tal* zwischen *Göschenen* und *Abfrutt:* Straße Göschenen (Station SBB)–Göscheneralpsee (Parkplatz).

🦌 **Wildhühner, Bergvögel:** Südhang des Bergseeschijen.
Bahn/Parkplatz Göschenen, Postauto Göscheneralp, Wanderung Bergsee–Bergstafel–Gwüestwald–Gwüest–Vorder Bründli–Börtlistafel–Göschenen. Weiden, Fels, Wald.

F, S: Greifvögel (u. a. Steinadler), Wildhühner (u. a. Alpenschneehuhn, Birkhuhn, Steinhuhn), Eulen, Spechte, Singvögel (u. a. Alpenbraunelle, Steinrötel, Mauerläufer am Bergsee, Zitronfink, Birkenzeisig).

Göscheneralp K 5 b/d

Gemse (Sommer) – Weg *Göscheneralpsee–Kehlenalphütte* SAC oder Dammahütte SAC (beide Talhänge).

Gösgen H 2 d

Atomkraftwerk, in Bau seit 1973.

Goßau N 2 c

Walter-Zoo («Tierli-Walter»): 120 Tierarten, 400 Tiere, darunter Löwen, Affen und andere Exoten. 1 ha. Ganzjährig 9–18 Uhr offen. Zufahrt ab Nationalstraßenausfahrt Goßau, zu Fuß über Schloß Oberberg oder Mettendorf, Parkplatz, Kiosk mit Selbstbedienung.

Gotthard K 5 d

Bahntunnel (15 km) und längster Straßentunnel der Welt in Bau (15,5 km). Auf Paßhöhe Lucendrostausee mit Hohlmauer.

Gemse – *Pizzo Lucendro* (2926 m ü. M.), *Passo di Cavanna* (2613 m ü. M.): Weg von Villa aus, Weg Gotthardpaß, Alpe di Lucendro–Passo di Lucendro.
Hirsch/Murmeltier – *Pizzo di Pesciora* (2851 m ü. M.), *Cassina di Pèi* (2064 m ü. M.).

Gottlieben M 1 d

Guterhaltenes Ortsbild mit **Wasserburg** aus dem Mittelalter. Gräben im 19. Jh. verlandet. Prächtiger **Dorfplatz**.

Gottstatt F 3 c

Tulpenbaum, *Liriodendron tulipifera*: sommergrün, einer der größten Tulpenbäume des schweizerischen Mittellandes. StammØ 1,55 m, Stamm an der Basis verdickt, Umfang direkt über dem Boden 9 m (Wurzelwülste), Höhe um 25 m, noch reichlich fruchtend. Steht rund 25 m östlich der ehemaligen Klosterkirche Gottstatt. Über das Alter liegen keine Angaben vor. Heimat: Nordamerika.

Grabs O 3 c

Bergsturzstausee Voralpsee. 6 km südwestlich von Grabs. Zufahrt von Grabs bis zum Kurhaus Voralp. Von dort etwa 500 m zu Fuß.
Wildhühner, Bergvögel: Voralp, Gamser Rugg.
Bahn Buchs, Postauto/Parkplatz Voralp, Wanderung Schlawitz–Gamser Rugg–Gams–Ölberg–Gamperfin–Voralp. Weiden, Voralpsee, Wald, Felsen.
F, S: Greifvögel (u. a. Steinadler), Wildhühner (u. a. Alpenschneehuhn, Birkhuhn, Urhuhn am Ölberg, Steinhuhn), Eulen (u. a. Sperlingskauz), Spechte (u. a. Dreizehenspecht), Singvögel (u. a. Alpenbraunelle, Braunkehlchen, Steinschmätzer, Drosseln, Mauerläufer, Alpenmeise, Zitronfink, Birkenzeisig, Alpendohle, Tannenhäher, Kolkrabe).

Grächen H 7 a

Murmeltier – *Große Furgge, Kleine Furgge*: Weg oder Seilbahn von Grächen (1619 m ü. M.)–Alp Hannig (2114 m ü. M.).
Bergvögel: Grächer Wald, Übergang Mattertal–Saasertal.
Parkplatz Stalden, Bahn St. Niklaus, Postauto Grächen, Wanderung Alp Hannig–Eisten, Postauto Stalden. Weiden, Wald, Fels.
F, S: Greifvögel (u. a. Steinadler, Turmfalke), Hühner (u. a. Birkhuhn, Steinhuhn), Eulen (u. a. Sperlingskauz), Spechte (u. a. Schwarzspecht), Singvögel, wie Rotrückenwürger, Ringdrossel, Alpenmeise, Mauerläufer (bei Eisten), Goldammer, Fichtenkreuzschnabel, Tannenhäher, Kolkrabe.

Grande-Dixence F 7 b/d

Zuhinterst im Val des Dix größte Staumauer Europas (284 m hoch). Größter Kraftwerkkomplex der Schweiz. Drei große neue Zentralen. Einzugsgebiet des Saaser- und Zermattertals, Val d'Arolla, Val d'Anniviers, Val d'Hérémence, Val d'Hérens, Val Cleuson.

Grandson C/D 4 d/c

Von fünf Türmen flankiertes **Schloß** aus dem 13. Jh., jetzt **Burgen- und Automobilmuseum** (Tel. 024 2 29 26; Ostern–November 9–18 Uhr, Dezember–Ostern jeweils Sonntag 9–18 Uhr). Am 2. März 1476 errangen die Eidgenossen bei Grandson einen Sieg über die Truppen Karls des Kühnen. **Denkmal** auf dem Schlachtfeld nordwestlich von Corcelles. Kirche **St-Jean-Baptiste**, romanischer Bau mit bemerkenswerten Kapitellskulpturen aus dem 12. Jh., Wandmalereien und spätgotischem, geschnitztem Thron des Priors.

Würger, Ammern: Jurasüdhang oberhalb der Ortschaft.
Bahn/Parkplatz Grandson, Wanderung durch Hanggebiet ob dem Städtchen. Weinberge, Trockenhang mit Büschen, Felsen.
F, S: Singvögel, wie Lerchen (Heidelerche), Baumpieper, Rotrückenwürger, Schwarzkehlchen, Grasmücken, Laubsänger, Goldammer, Zaunammer, Distelfink, Bluthänfling.

Granges F 6 d

Sumpf- und Wasservögel: Marais-de-Grône, zwischen Sierre und Sion.
Bahn/Parkplatz Station Granges-Lens, Wanderung flußabwärts auf dem linken Rhonedamm bis Höhe St-Léonard. Linkes Rhoneufer, Teiche, Kanal, Sumpfwiesen, Schilf, Gebüsche, Gehölze, Kiesgrube, Baumgärten, Felder.
F, S, H: Wasservögel, wie Taucher, Reiher (u. a. Purpurreiher, Zwergdommel), Schwäne, Enten, Rallen, Limikolen (u. a. Flußregenpfeifer, Bekassine), Greifvögel, Hühner (Rebhuhn, Wachtel, Jagdfasan), Turteltaube, Eulen (u. a. Zwergohreule, Steinkauz), Nachtschwalbe, Eisvogel, Wiedehopf, Spechte (u. a. Kleinspecht, Schwarzspecht), Heidelerche, Pieper, Stelzen (u. a. Schafstelze), Würger, Nachtigall, Rohrsänger, Grasmücken, Laubsänger, Beutelmeise, Rohrammer, Pirol.

Gränichen J 2 c

Sehenswerte **Pfarrkirche,** Vogtshaus und Schloß **Liebegg,** habsburgische Lehensburg in der Nähe von Teufenthal.

Grauholz G 4 a

Gedenkstein (→ Fraubrunnen).

Greifensee L 2 c

Malerisches **Landstädtchen** mit **Burg** und hochgotischer **Kirche** mit dreieckigem Grundriß.

Sumpf- und Wasservögel: Nordende Greifensee.
Bahn/Parkplatz Station Nänikon-Greifensee, Wanderung Greifensee–Seeuferweg Richtung Schwerzenbach–Seeausfluß–Fällanden (Bus Zürich) oder Schwerzenbach (Bahn). Seeufer, Schilf, Sumpfwiesen, Gehölze, Wald, Glattlauf.
F, H, W: Taucher, Reiher, Schwäne, Gründel- und Tauchenten, Säger, Greifvögel (u. a. Weihen), Rallen, Limikolen, Möwen, Seeschwalben, Eisvogel, Wiedehopf, Singvögel (u. a. Schlafplatz für Schwalben).
S: Taucher, Schwäne, Enten, Greifvögel (u. a. Schwarzmilan, Baumfalke, Turmfalke), Jagdfasan, Rallen, Kiebitz, Bekassine, Eulen (u. a. Waldohreule), Spechte, Singvögel (u. a. Schwirle, Rohrsänger, Rohrammer).

Grenchen F 3 d

Gemse – *Grenchenberg* (1348 m ü. M.), *Hasenmatt* (1444 m ü. M.), *Wandflue, Stallflue, Gitziflue:* Zugänglich vom Stierenberg oder oberen Grenchenberg (Parkplatz) an der Straße Grenchen–Court, vom Bettlacherberg, Straße Grenchen–Lommiswil–Holz zum Burgbüel.

Kiebitz, Zugvögel: Flugplatz Staad.
Bahn/Parkplatz Grenchen, Wanderung Richtung Süd–Flugplatz–Aare–Staad–Breitholzfeld–Grenchen. Große Ebene, Wiesen, Felder, Aareufer, Gehölze.

F, S, H: Greifvögel (u. a. Bussarde, Milane, Turmfalke), Kiebitzbrutpaare, Tauben, Singvögel (u. a. Lerche, Pieper, Stelzen, Kehlchen, Drosseln, Ammern, Finken, Krähen).

Grevasalvas   P 6 a

Steinbock – *Piz Lagrev* (3164 m ü. M.): Weg von Grevasalvas oder der Julierpaßhöhe aus.

Grimentz   G 7 a

Hirsch – *St-Jean, Grimentz.*
Gemse (Winter) – *Pte-de-Lona* (2930 m ü. M.) Südseite, *Fâche* (Lac de Moiry).

Grimselpaß   K 5 c

Straße Gletsch–Innertkirchen.
Kraftwerke Oberhasli, dazugehörend auf Grimselpaßhöhe Totensee (2165 m ü. M.). Straße nach Oberaar, 400 m über dem Grimselsee. Oberaar: große Staumauer und Stausee bis zum Oberaargletscher. Staumauer mit Hohlräumen, darin Instrumente zur Beobachtung der Mauerbewegungen. Unterhalb Hospiz Grimselstaumauern mit Stausee, 100 m tiefer unterirdische Zentrale Grimsel mit Pumpwerk. Weiteres Pumpwerk in Bau. Stollen und Lift zum Hospiz. Straße führt längs Räterichsbodenstausee zur Staumauer mit Station für Stollenbahn nach der Grimsel und Luftseilbahn nach der Handegg. Zentralen Handegg I und II. Ältere oberirdisch, neue unterirdisch. Handegg III in Bau (unterirdisch). Von Handegg I Stollenbahn nach Guttanen (1061 m ü. M.). 8 km talabwärts in Innertkirchen Verwaltungsgebäude und unterirdische Zentralen I und II. Von Innertkirchen aus Sustenpaßstraße mit Tunnels und Kunstbauten. Talabwärts Aareschlucht mit künstlichem Weg und Steg.

Kristallhöhle. Während des Sommers im Hotel Grimselblick geöffnete Mineralienausstellung.
Mineralfunde vom Zinggenstock. 6 km westlich des Grimselsees, südlich des oberen Endes des Grimselsees. 1719 wurde am Vorderen Zinggenstock (Nordostseite, auf 2200 m ü. M.) der ergiebigste Mineralfund der Alpen von mindestens 1000 q (evtl. 3000 q) aus einer Kluft gemacht. Das Gebiet ist auch heute noch bekannt für seine schönen Funde von Bergkristall, Rauchquarz und Morion (schwarz) von bis zu 50 cm Größe. Früher zu Prunkgefäßen und Schmuck verwendet. Großfunde sind im Naturhistorischen Museum Bern ausgestellt.

Murmeltier – *Gallauistock* Osthang, *Stampfhorn* Südhang. *Grimsel Hospiz, Lauteraarhütte SAC, Gelmersee* Ostufer.
Gemse – *Benzlauistock* (2530 m ü. M.), *Steinhausenhorn* (3120 m ü. M.), *Ofenhorn* (2948 m ü. M.), *Gelmerhörner* (2352 m ü. M.), *Gerstenhörner* (3184 m ü. M.), *Nägelisgrätli*.
Räterichsbodensee Westufer.
Sidelhorn (2764 m ü. M.), *Aargrat*.
Gemse/Murmeltier – *Zinggenstock* (2920 m ü. M.), *Lauteraarhütte SAC*.

Grindelwald   J 5 c

Gletscherschlucht des Unteren Gletschers. 45 Min. zu Fuß von Grindelwald. Fahrsträßchen bis an das untere Ende der Schlucht. Autopendeldienst ab Bahnhof.
Großartige Gletscherschlucht des Unteren Grindelwaldgletschers, mit Wasserfällen, Gletschermühlen und Blöcken von Grindelwaldnermarmor (s. d.) im Bachbett. Die Bewegungen der beiden Grindelwaldner Gletscher sind nicht koordiniert wegen der verschieden großen Einzugsgebiete. Der Untere Gletscher folgt den Bewegungen des Oberen um etwa 12 Jahre nach. Seit etwa 1960 wächst der Obere Gletscher langsam wieder (letzte Vorstoßzeit 1913–24). Der Untere Gletscher könnte also auch wieder vorstoßen.
Länge der Schlucht rund 1200 m, Breite etwa 20–40 m, Tiefe 100–400 m. Geöffnet Mitte Mai–Mitte Oktober täglich 9–17 Uhr. Eintrittspreis Fr. 2.50.
Marmorsteinbruch. Nahe dem Ausgang der Schlucht des Unteren Grindelwaldgletschers auf etwa 1200 m ü. M. Fahrsträßchen nach Mättenberg, dann 150 m zu Fuß aufwärts. Fußweg auch vom unteren Ende der Gletscherschlucht. Ehemaliger Steinbruch des sogenannten Grindelwaldnermarmors. Ausbeutung des Gesteins von etwa 1740–70, dann bis 1865 vom Eis des Unteren Gletschers bedeckt, dann

wieder Abbau bis 1903. Wegen seiner schönen Färbung ehemals sehr beliebter Schmuckstein für Kommodenplatten (Funk-Kommoden, eigene Marmorsäge in Bern), Cheminée-Verkleidungen, Säulen (z.B. im Parlamentsgebäude und in der Universität Bern) usw. Auch ins Ausland exportiert. An den ehemaligen Abbau erinnert noch das Restaurant Marmorbruch.

Steinbock/Gemse/Murmeltier – *Mettenberg* (3104 m ü.M.): Weg Grindelwald–Bäregg.
Steinbock/Murmeltier – *Glecksteinhütte SAC* (2317 m ü.M.): Weg Grindelwald–Mühlebach–Oberer Grindelwaldgletscher.
Gemse/Murmeltier – *Lauchbühl, Große Scheidegg* (1961 m ü.M.), *Rosenlaui:* Straße und Weg Grindelwald–Unterer Lauchbühl (Parkplatz)–Große Scheidegg–Rosenlaui–Meiringen.
An den *Engelhörnern* (2639 m ü.M.).
Gemse – Am *Wellhorn* (3192 m ü.M.).

Alpenschneehuhn, Bergvögel: Hühnertal am Faulhorn.
Bahn/Parkplatz Grindelwald, Sesselbahn First, Wanderung Bachalpsee–Faulhorn–Hühnertal–Schynige Platte, Bergbahn Wilderswil. Weiden, Wald, Fels.
F,S: Rauhfußhühner (u.a. Alpenschneehuhn), Greifvögel (u.a. Steinadler), Singvögel (u.a. Wasserpieper, Steinschmätzer, Mauerläufer, Alpendohle).

Grüm, Alp Q 6 a

Alpengarten (2090 m ü.M., etwa 1 ha). Alpenpflanzen aus der Umgebung des Berninapasses. Im Sommer täglich geöffnet; besonders empfehlenswert Juni–August.
Zugänglich mit Berninabahn oder zu Fuß vom Berninapaß.

Grüningen L 3 b

Reizvolles **Landstädtchen** mit **Schloß.** Anfang des 13.Jh. erbaut, ist es eine der größten Burgen der Ostschweiz und diente 1442–1798 als Landvogtei. 1835–37 Teilabbruch, 1970 durch Brand teilweise zerstört. Im Schloß kleine lokalhistorische Sammlung (April–Oktober Sonntag 14–17 Uhr).
Botanischer Garten und Arboretum AG (500 m ü.M., etwa 2 ha). Neuer, privater Garten mit Alpenpflanzen aus aller Welt, Sammlung von den Kanarischen Inseln. Täglich geöffnet außer Montag.
Zufahrt von Zürich über Forchstraße bis Grüningen, weiter Richtung Binzikon–Adletshausen. Nach Binzikon an der Straße nach Adletshausen Wegweiser. Parkplatz, Postauto.

Grüsch O 4 b

Gemse – *Scesaplana* (2967 m ü.M.): Weg von Grüsch aus (Prättigau).

Gruyère E 5 d

Malerisches, vielbesuchtes Hügelstädtchen zu Füßen des **Schlosses** des Grafen von Greyerz. Rundturm aus dem 13.Jh. Möbel, Waffen, Kriegsbeute, Kunstwerke (Tel. 029 3 45 02; 8–12, 13–18 Uhr).

Gstaad F 6 a

Gemse/Murmeltier – *Giferspitz* (2542 m ü.M.), *Wasserngrat, Lauenenhore* (2377 m ü.M.): Straße Gstaad–Turbachtal, Wege von Lauenen aus, Seilbahn Gstaad–Wasserngrat.
Höhe Windspile (1939 m ü.M.): Wege von Gstaad und Lauenen aus. Seilbahn Gstaad–Grabenweid–Stand (1915 m ü.M.).
Arnenhorn (2211 m ü.M.), *Seeberghorn* (2071 m ü.M.): Straße Gstaad–Feutersoey, Weg ins Tschärzis.
Steinbock/Gemse/Murmeltier – *Furgenspitz* (2296 m ü.M.), *Wittenberghorn* (2350 m ü.M.), *Gummfluh* (2458 m ü.M.): Weg Gstaad–Meielsgrund (Parkplatz).

Gsteig F 6 a

Steinbock/Gemse/Murmeltier – *Oldenhorn* (3123 m ü.M.), *Sanetschhorn* (2924 m ü.M.), *Stierenberg* (2008 m ü.M.): Weg Gsteig–Sanetschpaß, Weg Col du Pillon–Cabane des Diablerets SAC.

Gemse/Murmeltier – *Spitzhorn* (2807 m ü. M.), *Hahnenschritthorn* (2468 m ü. M.):
Weg Gsteig–Walliser Windspillen oder Gsteig–Sanetschpaß.

Guarda   Q 4 d

Eines der geschlossensten und **schönsten Ortsbilder** der Schweiz.

Ammern: Guarda–Ftan, Terrasse auf der linken Innseite.
Bahn Guarda Station, Postauto Guarda, Wanderung Bos-cha–Pradasura–Chanoua–Muot Pednal–Ftan (Postauto Scuol). Wiesen, Weiden, Felsen, Wald, Gehölze.
F, S: Greifvögel (u. a. Turmfalke), Singvögel (u. a. Rotrückenwürger, Braunkehlchen, Goldammer, Zippammer, Gartenammer, Bluthänfling).

Guggisberg   F 5 a/b

Gemse – *Guggisberg:* Straße Schwarzenburg–Kalchstätten–Guggersbach, Gebiet westlich der Straße.

Gümligen   G 4 a

Schloß, 1736 für Beat v. Fischer-Reichenbach, das sogenannte **Hofgut** oder Kleine Schloß 1750 für den gleichen Auftraggeber erbaut; reizvolle Illusionsmalerei an den Fassaden.

Gümmenen   F 4 a

Bedeutende mittelalterliche Holzbrücke.

Günsberg   G 3 a

Zugvögel, Bergvögel: Balmberg–Kambenflue–Balmflue.
Bahn Solothurn/Parkplatz Günsberg, Postauto Günsberg–Oberbalmberg, Wanderung Kambenflue–Hinteres Hofbergli–Glutzehof–Gipsmühle–Balm–Günsberg. Weiden, Wald, Fels, günstig für Zugbeobachtungen.
F, H: Greifvögel (u. a. Bussarde, Milane, Falken), Tauben, Spechte (u. a. Schwarzspecht), Singvögel (u. a. Lerchen, Pieper, Stelzen, Drosseln, Ammern, Finken, Zeisige, Fichtenkreuzschnäbel, Krähen, Kolkrabe).

Gurnigel Berghaus   F 5 b

Gemse – *Schüpfenflue* (1720 m ü. M.): Straße Schwarzenbühl–Gantrischhütte oder Gürbetal–Riggisberg–Gurnigel–Stierenhütte (Parkplatz).

Vogelzug, Bergvögel: Wasserscheide Gurnigel.
Bahn Bern, Postauto/Parkplatz Gurnigel Berghaus, Wanderung zur Wasserscheide. Wald, Weiden, Fels.
H: Greifvogelzug (u. a. Adler, Bussarde, Weihen, Falken), Singvogelzug (u. a. Schwalben, Pieper, Stelzen, Drosseln, Meisen, Finken).
F, S: Greifvögel (u. a. Steinadler), Rauhfußhühner, Spechte (u. a. Schwarzspecht), Singvögel (Wasserpieper, Ringdrossel, Zitronfink, Birkenzeisig, Erlenzeisig, Fichtenkreuzschnabel, Tannenhäher, Kolkrabe).

Gurtnellen   L 5 a

Gemse (Winter) – *Felliberg* (1127 m ü. M.): Unweit von Gurtnellen (Station SBB).
Gemse (Sommer) – *Fedenstock* (2985 m ü. M.).
Gemse (Sommer)/**Murmeltier** – *Mettenberg* (2734 m ü. M.), *Auf den Bächen.*

Gutenthalboden   L 4 b

Steinbock – *Forstberg* (2215 m ü. M.), *Drusberg* (2281 m ü. M.), *Mieserenstock* (2199 m ü. M.): Straße Hinterklöntal–Unter Gampel (Parkplatz), Weg nach Chlön (1490 m ü. M.)–Pragel. Straße Muotathal–Pragel (1550 m ü. M.).

Steinadler, Bergvögel: Pragel–Silbern–Bödmern.
Bahn Schwyz–Seewen, Postauto Hinterthal/Parkplatz Gutenthalboden, Wanderung Biet–Alpeli–Silberenalp–Bödmeren–Gutenthalboden. Weiden, Felsen, Wald.
F, S: Greifvögel (u. a. Steinadler), Rauhfußhühner, Eulen, Spechte, Singvögel (u. a. Alpenbraunelle, Braunkehlchen, Steinschmätzer, Drosseln, Mauerläufer, Zitronfink, Schneefink, Birkenzeisig, Alpendohle, Kolkrabe).

● **Guttannen** J 5 b
Sehenswertes Ortsbild.
🐾 **Gemse** – *Laubstock* (1616 m ü. M.), *Gallauistöcke* (2869 m ü. M.), *Stampfhorn* (2552 m ü. M.).

Gwatt G 5 b

▽ **Kanderdelta.** Ursprünglich floß die Kander (inkl. Simme) von Wimmis durch das Glütschtal bei Uttigen in die Aare. Wegen der häufigen Überschwemmungen wurde 1711–14 der Hügelzug von Strättligen künstlich durchstoßen und die Kander in den Thunersee geleitet. Das mächtige Kanderdelta im Thunersee entstand also seit 1714. Der ehemalige Durchstich stürzte schon bald ein (heute tiefe Schlucht).

↳ **Reiherente, Wasservögel:** Naturschutzgebiet Gwattlischenmoos.
Bahn Thun, Bus/Parkplatz Gwatt Dorf, Wanderung Richtung See–Beobachtungsturm. Seeufer, Schilf, Ried, Gehölze.
F, H, W: Wasservögel (u. a. Taucher, Reiher, Enten, Säger, Limikolen, Rallen, Möwen, Seeschwalben), Greifvögel (u. a. Rohrweihe, Baumfalke), Singvögel (u. a. Starenschlafplatz im Herbst).
S: Schwimmvögel (u. a. Haubentaucher, Schwarzhalstaucher, Krickente), Greifvögel (u. a. Schwarzmilan), Singvögel (u. a. Rohrsänger, Grasmücken, Laubsänger).

Habkern H 5 a

▽ **Luegiboden-Granitblock.** Bei der ersten Brücke über den Lombach der Straße Unterseen–Habkern, Fußweg etwa 200 m aufwärts gegen die Rote Fluh, 1150 m ü. M. Größter Findling Europas von mindestens 5000 m^3 Inhalt. Geschützt seit 1868 (erster solcher Erwerb der Naturforschenden Gesellschaft Bern, daher der Name «Rütli des bernischen Naturschutzes»). Auf dem Block steht ein kleines Wäldchen. Er besteht aus einem Granit, der in den Alpen sonst nirgends mehr anstehend angetroffen wird (daher auch die Bezeichnung «exotischer Granit»). Heute wird dieser Granit allgemein «Habkerngranit» genannt. 1852 wurde aus diesem Block das Fundament für das George-Washington-Denkmal gewonnen und als Geschenk der Eidgenossenschaft nach Washington gesandt.
Naturschutzgebiet Hohgant–Seefeld. Etwa 5 km nordwestlich Habkern, erreichbar zu Fuß von Habkern aus. Eine der eindrücklichsten Karstlandschaften unseres Landes, unterhalb der Sieben Hengste gelegen. Schrattenkalkunterlage, welche durch Verwitterung ausgelaugt wurde. Viele unterirdische Wasserwege (keine oberirdischen). Unterirdische Abflüsse bis in den Thunersee. Seefeldhöhle im Hohgantsandstein (Gesamtlänge 914 m). Leider ziemlich ausgeraubt. Liegt in unwegsamer Gegend.

🐾 **Gemse** – Hang zwischen *Beatenberg* und *Sundlauenen*.
Fall (1223 m ü. M.), *Hohgant* (2188 m ü. M.): Weg Habkern–Bohlalp–Widegg (Parkplatz), Weg Habkern–Traubachalp, Straße Schwarzenegg–Schangnau–Kemmeriboden.
Gemse/Murmeltier – *Ringghuppi* (1699 m ü. M.), *Außer Läger* (1426 m ü. M.): Habkern–Lombachalp (Parkplatz).

Habsburg J 2 d

♜ **Stammsitz des berühmten Geschlechts.** Erbaut 1020. Bildete zusammen mit Brunegg (Privatbesitz) und Wildegg ein wirkungsvolles Verteidigungssystem. Die zu Macht und Ruhm gekommenen Habsburger zogen allerdings komfortablere Schlösser der «Habichtsburg» vor. Von Brugg aus in 45 Min., von Schinznach in 30 Min. erreichbar. Täglich und ganzjährig 8–21 Uhr geöffnet.

Hagenwil N 2 b

♜ Eine der besterhaltenen **Wasserburgen.** Vermutlich aus dem 13. Jh. (ganzjährig 8–18 Uhr geöffnet).

Haggenegg L 4 a

🐾 **Gemse** – *Große Mythen* (1898 m ü. M.), *Kleine Mythen* (1811 m ü. M.): Straße Schwyz–Haggenegg (1414 m ü. M.) (Parkplatz), Weg Rickenbach (Parkplatz)–Holzegg, Seilbahn Schachli im Alptal (Parkplatz)–Holzegg.
Murmeltier – *Holzegg* (1405 m ü. M.), *Zwüschet Mythen* (1356 m ü. M.).

Häggenschwil N 2 b

Ruine Alt-Ramschwang. Rest eines wuchtigen Wehrturms im wildromantischen Sittertal. Vermutlich in der Mitte des 12. Jh. erbaut, in der Mitte des 15. Jh. durch Erdrutsche beschädigt und aufgegeben. Ab Station Häggenschwil-Winden in ½ Std. erreichbar.

Haldenstein O 4 c

Reste eines seit dem 18. Jh. zerfallenen dreieckigen **Bergfrieds.** Von der Station Haldenstein in 15 Min. zu erreichen. Am Fuß der Ruine das «Untere Schloß» aus dem Jahr 1548. In der Nachbarschaft ferner die **Ruinen Lichtenstein** (30 Min.) und **Grottenstein** (45 Min.).

Hallau K 1 d

Singvögel: Weinbaugebiet um Hallau.
Bahn/Parkplatz Neunkirch, Postauto Oberhallau, Wanderung Hallauer Berghöfe–Hallauer Berg–Wilchinger Berg–Station Wilchingen-Hallau. Wiesen, Felder, Weinberge, Wald.
F, S: Greifvögel (u. a. Bussarde, Turmfalke), Singvögel (u. a. Baumpieper, Rotrückenwürger, Goldammer, Distelfink).

Hallwil → Seengen J 3 b

Halten G 3 c/d

Mächtiger **mittelalterlicher Wohnturm** in ausgezeichnetem Zustand. **Heimatmuseum** des Wasseramtes (Tel. 065 4 61 25; geöffnet Samstag- u. Sonntagnachmittag.

Hasle-Rüegsau G 4 b

Schöne alte Holzbrücke.

Haudères, Les G 7 a/c

Musée folklorique (Tel. 027 4 61 37; 8–20 Uhr).

Gemse (Winter)/**Murmeltier** – *Couronne-de-Bréona* (3159 m ü. M.): Straße Les Haudères–La Forclaz (Parkplatz).

Alpenkrähe, Bergvögel: Rechte Talflanke des Val d'Hérens, Ostflanke der Dents-de-Veisivi.
Bahn Sion, Postauto/Parkplatz Les Haudères, Tagesausflug Pra Floris–Ferpècle–Bricola oder La Forclaz–La Sage–Le Prélèt–Les Lachiores–Villa–La Sage–Les Haudères. Wald, Weiden, Fels.
F, S: Greifvögel (u. a. Steinadler, Turmfalke), Hühner (u. a. Birkhuhn), Spechte (u. a. Schwarzspecht), Singvögel, wie Felsenschwalbe (Dents-de-Veisivi), Rotrückenwürger, Braunkehlchen, Steinschmätzer, Ringdrossel, Mauerläufer, Birkenzeisig, Goldammer, Zippammer, Alpenkrähe, Alpendohle, Tannenhäher, Kolkrabe.

Hauenstein H 2 c

Alte Tongrube. Südöstlich der Paßhöhe an der Paßstraße. Parkplatz beim Motel. Hier wurden sogenannte Opalinustone für die Düngung kalkreicher Böden ausgebeutet. Die Grube interessiert heute nur wegen des Reichtums an Versteinerungen (Ammoniten, Belemniten = Donnerkeile).

Rotmilan, Singvögel: Jurahöhen im Gebiet Hauenstein–Wisen.
Bahn Olten, Postauto/Parkplatz Hauenstein, Rundwanderung Wisen–Rischberg–Flueberg–Froburg–Geißflue–Oberes Erlimoos–Hauenstein. Wiesen, Weiden, Wald, Fels.
F, S: Greifvögel (u. a. Rotmilan, Turmfalke), Spechte, Singvögel (u. a. Heidelerche, Baumpieper, Würger, Drosseln, Laubsänger, Goldammer, Zaunammer).

Hauptwil N 2 a/c

Am Dorfausgang der von der St. Galler Kaufmannsfamilie Gonzenbach erbaute Herrschaftssitz. **Gedenkstätte für Friedrich Hölderlin,** der hier im Jahr 1801 als Hauslehrer arbeitete.

Wasservögel, Singvögel: Hauptwiler Weiher.
Bahn/Parkplatz Hauptwil, Wanderung Horbach–Horb–Wilen–Störshirten–Frei-

hirten–Hauptwil. Wiesen, Felder, Wald, Baumgärten, Weiher, Schilf, Sumpf, Gehölze.
F, S, H: Wasservögel (u. a. Reiher, Enten, Rallen, Limikolen), Greifvögel, Spechte (u. a. Kleinspecht), Singvögel (u. a. Schwalben, Stelzen, Drosseln, Rohrsänger, Rohrammer).

Hauterive E 4 a

Zisterzienserabtei, 1160/80 in einer Saaneschleife erbaut. Die Klosterkirche kopiert die Zisterzienserkirche von Fontenay im Burgund. Bedeutende Grabmäler, prachtvolles spätgotisches Chorgestühl, schöner Kreuzgang.

Typusprofil des «Hauterivien». Etwa 5 km ostnordöstlich Neuchâtel. Eine der drei Typuslokalitäten (neben Niedermuhlern, Imihubel und Valangin) für eine Stufe (Abschnitt) der Erdgeschichte (Stratigraphie). Kalke und Mergel, die ziemlich im Dorfzentrum aufgeschlossen waren (heute unter Vegetation), wurden 1874 vom Geologen Renevier als Typusprofil für eine Stufe des Erdmittelalters (Mesozoikum) anhand der Versteinerungen aufgestellt. Absolutes Alter der Gesteine 120–126 Mio Jahre. Speziell der untere Teil ist reich an Versteinerungen (vor allem Ammoniten). Verbreitung des Hauterivien im westschweizerischen Juragebirge, südwestlich der Linie Biel–Sonceboz–La Chaux-de-Fonds.

Häutligen G 4 c/d

Fossilfundstelle. Am Lochenberg, zwischen Konolfingen und Oberdießbach. Straßenabzweigung in Ursellen nach Süden (1 km westlich Konolfingen), Straße Münsingen–Konolfingen. Von Ursellen etwa 2 km Richtung Häutligen bis rund 500 m vor Häutligen. Aufschlüsse an der Straße.
Aus diesem sogenannten «Petrefaktenlager» lassen sich viele Versteinerungen sammeln. Die Fauna ist sehr artenreich (von Einzellern bis Säugetierresten). Wichtig sind Austern, Muscheln, Schnecken, seltener sind Zähne von Fischen und Pflanzenreste. In den Reiseberichten des 18. Jh. wurde die «Austernbank von Häutligen» als Sehenswürdigkeit beschrieben. Goethe besuchte aus diesem Grund den Ort.

Hegi L 2 b

Das einstige **Wasserschloß** in Oberwinterthur gehört zu den besterhaltenen mittelalterlichen Schlössern des Kantons Zürich. Bemerkenswert seine spätgotische Ausstattung. Waffensammlung, Gegenstände aus dem bürgerlichen und bäuerlichen Leben (Tel. 052 27 38 40; März–Oktober Dienstag, Mittwoch, Samstag 14–17 Uhr, Sonntag 10–12, 14–17 Uhr, November–Februar Sonntag 10–12, 14–17 Uhr).

Heiden O 2 c

Einheitliches Ortsbild: Nach dem Brand im Jahr 1838 wurde Heiden in schlichtem Biedermeierstil wiederaufgebaut.

Kolkrabe: Gstaldenbach Heidentobel.
Bahn/Parkplatz Heiden, Wanderung zum oberen Teil der Schlucht. Lauf des Gstaldenbaches, Schlucht, Wald.
F, S, H: Wasservögel, Greifvögel, Spechte, Singvögel (u. a. Brutplatz des Kolkraben).

Heiligenschwendi G 5 b

Waldlehrpfad Heiligenschwendi: Route von 2,5 km Länge im Gebiet des Winterberges, mit etwa 50 numerierten Bäumen und Sträuchern und einer Wildfutterstelle. *Besonderheiten:* Holzschau mit 15 verschiedenen Holzarten im Längs- und Querschnitt, Aussichtspunkt Winterberg. Höhendifferenz etwa 90 m, Zeitbedarf 1½–2 Std.
Start beim Gründungsahorn (Koord. 619525/177800). Zu erreichen mit dem Postauto Thun–Heilstätte Heiligenschwendi (Parkplätze vorhanden). Autobahnausfahrt Thun-Nord. Bestimmungsschlüssel mit lat., dt. und frz. Artennamen gratis im Verkehrsbüro und in 4 Hotels in Heiligenschwendi erhältlich.

Heimiswil G 4 b

Gerstler- oder **Gärstlereibe,** *Taxus baccata,* nordöstlich Heimiswil: schönste, größte und wohl älteste Eibe der Schweiz. Höhe 14,65 m, Kronen∅ 17 m, Stamm∅

1,60 m (Messungen 1960). Trotz ernsthafter Schädigungen durch die Kälte im Februar 1956 sowie im Winter 1962/63 hat sich der Baum wiederum gut erholt, ist aber durch den Befall des Schwefelporlings gefährdet (heute einige dürre Äste in der obern Kronenhälfte). 1901 von der Schweizerischen Naturforschenden Gesellschaft angekauft, seit 1943 als Naturdenkmal unter kantonalbernischem Schutz. Wappenbaum der Gemeinde Heimiswil. Nach verschiedenen Überlieferungen soll der Baum ein Alter von «nicht weniger als 1000 Jahren» besitzen; vermutlich ist er aber jünger. Zufahrt von Heimiswil oder Wynigen aus auf guter Fahrstraße bis Kaltacker, dann südöstlich bis zum Gehöft Gerstler, 727 m ü.M.; leicht auch von der östlich davon gelegenen Lueg aus zu erreichen.

Hemishofen L 1 d

Graureiher, Wasservögel: Unterlauf der Biber Ramsen–Hemishofen, Rheinufer.
Bahn Ramsen, Parkplatz Hemishofen, Wanderung Wilen–Karolli–Bibermüli–Hemishofen. Felder, Gehölze, Wald, Biberlauf, Rheinufer.
F, H, W: Wasservögel, wie Taucher, Kormoran, Graureiher (Brutkolonie), Schwäne, überwinternde Wildgänse, Gründel-, Tauch- und Meerenten, Säger, Rallen, Limikolen, Möwen, ferner Greifvögel, Tauben, Singvögel (u. a. Pieper, Stelzen, Finken).

Herblingen L 1 c

Wasservögel, Sumpfvögel: Weier–Weierwiesen.
Bahn Herblingen/Parkplatz Weierwiesen, Wanderung durchs Gebiet. Weiher, Sumpf, Schilf, Felder, Wald.
F, S, H: Wasservögel, Singvögel (u. a. Rohrsänger, Rohrammer).

Herbriggen H 7 a

Steinbock – *Seematte:* Oberhalb Herbriggen.
Gemse – *Guggiberg:* Oberhalb Herbriggen/Breitmatten.

Hergiswald J 4 b

Wallfahrtskirche Maria Loreto. Am Pilatushang gelegenes originelles frühbarockes Bauwerk (1651–57). Die gewölbte Kassettendecke ist vollständig mit schlichten symbolischen Darstellungen bemalt.

Herisau N 2 c/d •

Kirche St. Laurentius. Bedeutendstes Baudenkmal des Kantons Appenzell-Außerrhoden. Spätgotische Landkirche. Burgruine **Rosenberg** nördlich des Dorfes. Burgruine **Rosenburg** westlich des Dorfes. Beide Burgen stammen vermutlich aus dem 13. Jh. und sind während den Appenzeller Freiheitskriegen zerstört worden.
Museum im Alten Rathaus. Ortsgeschichtliche Sammlung. Appenzellische Hirtenkultur und Bauernmalerei. Funde aus den Ruinen Rosenberg und Rosenburg (Tel. 071 51 23 73; Sonntag 10.30–12 Uhr).

Hermance B 6 d

Wasservögel: Pointe-à-la-Bise, Naturschutzgebiet.
Bahn Genève, Bus/Parkplatz Hermance, Wanderung Richtung Norden zum Seespitz an der Grenze. Seeufer mit Schilfzone, Gebüsch.
F, H, W: Wasservögel (u. a. Taucher, Reiher, Enten, Säger, Rallen, Limikolen, Möwen, Seeschwalben), Greifvögel, Singvögel.
S: Wasservögel (u. a. Zwergdommel), Greifvögel, Singvögel (u. a. Rohrsänger, Rohrammer).

Herznach J 2 c

Pfarrkirche in schöner Aussichtslage. Deren Chor wird zu den Meisterwerken der Schweizer Barockbaukunst gezählt.

Eisenerzbergbau im Bärhaldental. 700 m westlich Herznach. An der Straße Herznach–Wölflinswil. Heute verlassenes Eisenerzbergwerk. Das abgebaute Erz ist der Minette Lothringens ähnlich. Das Erz wurde zuerst vom Mittelalter bis 1743 intensiv abgebaut (schätzungsweise 350000 t Erz). Ab 1937 wurde das Bergwerk neu eröffnet, und täglich wurden rund 650 t abgebaut, per Seilbahn nach Frick transportiert und von dort exportiert. Der Vorrat des bis nach Wölflinswil (4 km süd-

westlich Herznach) sicher nachgewiesenen Erzflözes wird auf mindestens 70 Mio t
Erz geschätzt. Das Hauptflöz besitzt einen Eisengehalt von etwa 30 % Eisen.
Abgebaut wurde in mehreren Stollen. Berühmt ist das Bergwerk auch als reiche
Fossilfundstelle (vor allem Ammoniten). In Klüften und Drusen auch Funde von
Cölestin- und Barytkristallen. Stollen nicht zugänglich.

● Hilterfingen G 5 b

Schloß Hünegg. Museum für Wohnkultur des Historizismus und des Jugendstils
(Juni–September Montag–Samstag 14–17 Uhr, Sonntag 10–12, 14–17 Uhr).

Kalifornische Nußeibe, *Torreya californica:* rund 12 m hoher, buschiger, breit-
pyramidaler, reichlich fruchtender Baum im oberen, nordöstlichen Teil des Schloß-
parks Hünegg, im Süden an Tennisplatz angrenzend. Stamm⌀ 60 cm. Wohl das
schönste Exemplar unseres Landes (Details siehe Basel). Heimat: Kalifornien.
Kalifornische Weihrauch- oder **Flußzeder,** *Calocedrus decurrens:* stattliches Exemplar.
(Anlagen geöffnet täglich 14–17 Uhr, außerdem Sonntag 10–12 Uhr.)

● Hindelbank G 4 a

Spätgotische Kirche, in der südlichen Seitenkapelle Grabmal des Schultheißen
Hieronymus von Erlach, geschaffen von Joh. August Nahl. Ebenfalls von Nahl
stammt das seinerzeit weltberühmte Grabmal der Frau Pfarrer Langhans, die mit
ihrem Söhnchen, die Grabplatte durchbrechend, dargestellt ist.
Das **Schloß des Hieronymus von Erlach** ist eines der größten barocken Landhäuser
der Schweiz. Heute Strafanstalt.

Hinterfultigen F 4 d

Gemse – *Schwarzwasser:* Straße Schwarzenburg–Hinterfultigen (Parkplatz)–
Chromen oder Riggisberg–Hinterfultigen–Chromen.

Hinterrhein N 5 c

Zuhinterst im Rheinwald, Tal des Hinterrheins. Beginn des Bernardinostraßentun-
nels ins Mesolcinatal nach Bellinzona (7 km lang). Im Mesolcina interessanter
Straßenabschnitt mit vielen Kunstbauten (N13). Auf der Nordseite des Tunnels
(Graubünden) Hinterrheinkraftwerke. Unterhalb Splügen Zentrale Bärenburg mit
Ausgleichsbecken an der Straße. Talabwärts Rofflaschlucht. Von dort Straße ins
Averstal nach Innerferrera und ins Seitental Valle di Lei. Großer Stausee. Landes-
grenze mußte geändert werden, damit die Staumauer auf Schweizer Boden zu
stehen kam. Talabwärts Straße durch Viamalaschlucht.

Hinterthal L 4 b

Gemse – *Hinter Heubrig* (1558 m ü. M.), *Schluecht:* Weg Hinterthal–Horgrasen
(1104 m ü. M.) oder Hengstborn (1081 m ü. M.).
Felsenvögel, Singvögel: Rothflue–Bisistal.
Bahn Schwyz-Seewen, Postauto/Parkplatz Hinterthal, Wanderung Horgrasen–
Chrüz–Gschwand–Saum–Mettlen–Hinterthal. Wiesen, Weiden, Wald, Felsen,
Lauf der Muota.
F, S: Greifvögel, Eulen, Spechte, Singvögel (u. a. Stelzen, Wasseramsel, Drosseln,
Fichtenkreuzschnabel, Brutplätze des Kolkraben).

Hitzkirch J 3 b

Wasser- und Sumpfvögel: Nordufer des Baldeggersees.
Bahn/Parkplatz Station Hitzkirch, Wanderung im Gebiet Richensee-Stäfligen.
Seeufer mit Schilf, Ried, Gehölzen, Wiesen, Felder.
F, S, H: Wasservögel (u. a. Taucher, Graureiher, Zwergdommel, Schwäne, Enten,
Rallen), Singvögel (u. a. Stelzen, Rohrsänger, Rohrammer).

Hoch Ybrig L 4 b

Wildpark: 4 Tierarten, 0,15 ha, frei zugänglich, ganzjährig offen. Zufahrt: Unter-
iberg, Luftseilbahn Weglosen-Seebli, zu Fuß über Oberiberg–Fuederegg, Restaurant 15 Gehminuten entfernt, Parkplatz bei Talstation.

Rauhfußkauz, Bergvögel: Pfannenstöckli im Drusberggebiet.
Bahn Einsiedeln, Postauto/Parkplatz Hoch-Ybrig, Wanderung Leiteren–Druesberghütte–Schülberg–Pfannenstöckli. Wald, Wiesen, Fels.
F,S: Greifvögel (u. a. Steinadler), Rauhfußhühner (u. a. Birkhuhn), Spechte (u. a. Schwarzspecht), Eulen (u. a. Rauhfußkauz), Singvögel (u. a. Steinschmätzer, Ringdrossel, Zitronfink, Schneefink, Alpendohle).

Hohenrain K 3 c

Ehemalige **Johanniterkomturei**. Ordensburg aus dem 13./14. Jh. Seit 1847 Taubstummenanstalt.

Hohle Gasse K 3 c/d

→ Küßnacht.

Hohtenn H 6 c

Murmeltier/Gemse – *Kuhmattboden, Jagi:* Ijolital, Straße von Gampel/Steg (Station BLS)–Lalden (Parkplatz), Weg nach Tatz (1470 m ü. M.)– Ijolialp–Kuhmattboden (2054 m ü. M.)–Jagi (2995 m ü. M.).
Steinhuhn, Steinrötel: Lötschberg Südhalde.
Parkplatz Hohtenn Dorf, Bahn Hohtenn Station, Rundwanderung im Gebiet Hohtenn–Lalden. Trockenhalde, Wiesen, Wald, Felsen.
F,S: Turmfalke, Steinhuhn, Felsenschwalbe, Schwarzkehlchen, Steinrötel, Zaun-, Zipp- und Gartenammer, Distelfink, Bluthänfling.

Holderbank J 2 d

Jurazementfabrik. Etwa 1 km nördlich Bahnhof Wildegg. Für diese große Portlandzementfabrik werden bei Holderbank am Chestenberg an der Hauptstraße Kalke und am Jakobsberg bei Au-Wildegg (Zufahrt von Wildegg über die Aare) Mergel abgebaut, die in der Fabrik verarbeitet werden. In der großen Mergelgrube am Jakobsberg lassen sich auch reichlich Fossilien, vor allem Ammoniten, sammeln.

Hombrechtikon L 3 b

Prächtige Häusergruppe in Feldbach. Im Weiler Lautikon das **Haus Egli**, ein Meisterwerk der Holzbaukunst aus dem 17. Jh.
Kiebitz, Rohrsänger: Lützelsee und Lutiker Ried.
Bahn Stäfa, Postauto/Parkplatz Hombrechtikon, Rundgang um den See. Kleinsee, schwimmende Inseln, Schilf, Sumpf, Gehölze, Wiesen, Felder.
F,S,H: Wasservögel (u. a. Taucher, Reiher, Enten, Rallen, Kiebitzbruten), Singvögel (u. a. Rohrsänger, Rohrammer).

Homburg M 1 d

Ruine einer Burganlage aus dem 13. Jh., 1798 eingeäschert. Eindrückliche Reste mit respektablen Mauerhöhen. Ab Buckten in 30 Min. zu erreichen.

Horgen L 3 a

Rokokokirche mit ovalem Grundriß, 1779–82 erbaut. Geschlossener Dorfkern.
Alte Sust (Rast- und Lagerhaus) am See, heute **Ortsmuseum** (Sonntag 10.30–12, 14–16 Uhr). **Landhaus Bocken,** schönster barocker Herrensitz der Zürichseegegend.

Hornussen J 2 a

Intaktes Ortsbild.

Horw K 4 a

Sumpf- und Wasservögel: Steinibachried, Horwer Bucht.
Bahn/Parkplatz Horw, Wanderung Richtung See–Dörfli–Ätsagen. Ried, Schilf, Ufer, Gehölze, Seebucht.
F,H,W: Wasservögel (u. a. Taucher, Schwäne, Enten, Säger, Rallen, Limikolen, Möwen).

S: Schwimmvögel (u. a. Taucher, Schwäne, Enten, Rallen), Greifvögel (u. a. Schwarzmilan, Singvögel (u. a. Rohrsänger, Rohrammer).

Hospental
K/L 5 d/c

Turm auf einem Felsrücken über dem Dorf. Vermutlich im 13. Jh. zur Sicherung des Gotthardweges erbaut.

Hottingen
K/L 2 d/c

Spechte, Singvögel: Dolderwald, Dägenried.
Bahn Zürich, Tram Römerhof, Dolderbahn/Parkplatz Kunsteisbahn, Wanderung Dolderwald–Adlisberg–Dägenried. Siedlungsgebiet, Wald, Wiesen, markierter Waldlehrpfad im Dägenried.
F, S: Tauben, Spechte, Singvögel (u. a. Rotschwänze, Drosseln, Grasmücken, Laubsänger, Schnäpper, Meisen, Finken, Krähenvögel).

Hütten
L 3 c

Rothirsch – Gebiet der Sihl entlang zwischen *Finsterseebrugg–Hütten–Bergli* und *Hohe Rone* (1229 m ü. M.): Straße Richterswil–Samstagern (Station SBB)–Hütten–Örischwand (Parkplatz) oder Pfäffikon–Schindellegi–Hütten.

Hüttwilen
M 2 a

Beim Weiler Stutheien, 2 km in Richtung Nußbaumen, Ruinen eines römischen Landhauses. Wahrscheinlich beim Alemanneneinfall im Jahr 260 n. Chr. zerstört.

Ilanz
N 5 a

Die erste Stadt am Rhein. Reizvolles Städtchen, teilweise noch befestigt, mit prächtigen Häusern.

Indemini
L 7 b

Gemse – *Monte Tamaro* (1961 m ü. M.), *Alpe Foppa* (1409 m ü. M.), *SAC-Hütte Mte Rotondo* (1928 m ü. M.), *Alpe Conigiolo, Alpe di Toricella* (1260 m ü. M.): Wege von Rivera, Vira, Mezzovico und Sigirino an der Mte-Ceneri-Straße. Straße Vira (Lago Maggiore)–Indemini, Weg Alpe di Neggia–Mte Tamaro. *Monte Gambarogno* (1734 m ü. M.): Straße Vira (Lago Maggiore)–Alpe di Neggia–Indemini, Weg von der Alpe di Neggia (1604 m ü. M.) aus.

Inkwil
G 3 d

Wasservögel, Sumpfvögel: Inkwilersee.
Bahn/Parkplatz Inkwil, Rundgang um den See. Kleinsee, Schilf, Ried, Gräben, Gehölze, Felder.
F, S, H: Wasservögel (u. a. Taucher, Graureiher, Enten, Rallen), Singvögel (u. a. Rohrsänger, Rohrammer, Drosseln, Ammern, Finken, Krähen).

Innerferrera
O 5 c

Steinbock – *Piz Grisch* (3062 m ü. M.), *Piz Starlera* (2735 m ü. M.): Von Andeer nach Innerferrera (Parkplatz), Weg ins Val Starlera.
Gemse – *Piz Spadolazzo* (2720 m ü. M.): Weg von Innerferrera durch das Val Niemet.

Innertkirchen
J 5 b

Gemse/Murmeltier – *Dossenhorn* (3142 m ü. M.), *Dossenhütte SAC:* Straße von Innertkirchen aus ins Urbachtal.
Gemse – *Hühnertälihorn* (3179 m ü. M.), *Hangendgletscherhorn* (3292 m ü. M.).
Murmeltier – *Ritzlihorn* (3283 m ü. M.), *Gaulihütte SAC* (2205 m ü. M.).

Ins
E 4 b

Greifvögel, Gänse: Großes Moos zwischen Witzwil, La Sauge, Sugiez und Ins.
Bahn/Parkplatz Ins, Wanderung auf Feldwegen Eschenhof–Birkenhof–Lindergut–Sugiez. Felder, Gräben, Gehölze, Wald.
F, S, H: Graureiher, Greifvögel (u. a. Bussarde, Schwarzmilan, Turmfalke), Rebhuhn, Jagdfasan, Limikolen (u. a. Kiebitz, Großbrachvogel), Wiedehopf, Singvögel (u. a. ziehende Schafstelzen, Braunkehlchen, Steinschmätzer, Saatkrähe).
W: Wildgänse, Saatkrähe.

Insel Ufenau
L 3 b •

Insel im Oberen Zürichsee mit **zwei mittelalterlichen Kirchen** und dem **Grab** des deutschen Ritters und Humanisten **Ulrich von Hutten.** Mit Kursschiffen erreichbar.

Interlaken
H 5 a •

Ehemalige **Augustinerprobstei**, um 1130 gegründet, 1528 aufgehoben. In der neugotisch erweiterten (1909/11) **Klosterkirche** ist der hochgotische Altar erhalten geblieben. Die alten **Konventsgebäude** wurden größtenteils zum Landvogteischloß umgebaut (1747).

Interessante Nationalstraßenbauten (Brücken, Tunnels). Rugentunnel für Umfahrung Interlaken in Bau. Schiffahrtskanal. Regulierwehr für Brienzersee. Modelleisenbahn auf Heimwehfluh.

Waldlehrpfad Brückwald: Lehrpfad mit rund 60 Baum- und Straucharten in unmittelbarer Nähe des Alpenwildparks Harder. Rundwanderweg 1,5 km lang, mit einer Höhendifferenz von etwa 100 m. Zeitbedarf 1–2 Std.
Start bei der Talstation der Harderbahn (Koord. 632 700/171 210), erreichbar ab Bahnhof Interlaken-Ost, wo sich auch Parkplätze befinden. Nummernschlüssel mit allen Namen in lat., dt., frz. und engl. Sprache beim Kartenautomaten des Alpenwildparks gratis erhältlich.

Alpenwildpark Harder: große Steinwild-Zuchtgruppe und Murmeltiere. Zufahrt: Am Dorfausgang Interlaken Richtung Brienz gelegen, neben Talstation Harderbahn, Parkplatz auf Bahnhofareal Interlaken-Ost.
Bärenanlage Manor-Farm: Zufahrt: Straße Interlaken–Neuhaus–Beatenbucht, beim Campingplatz Neuhaus.

Steinbock/Gemse – *Augstmatthorn* (2137 m ü. M.): Bergbahn Interlaken–Harder, Weg über den Grat bis Brienzer Rothorn, Weg von Niederried am Brienzersee aus, Straße Interlaken–Habkern–Lombachalp.

Felsenvögel: Harder.
Bahn/Parkplatz Interlaken Ost, Wanderung Aarebrücke–Talstation Harderbahn, Absuchen der Felswände ob rechtem Aareufer.
S: Felsenschwalben.
W: Mauerläufer, Alpendohlen.

Intragna
L 7 a/b •

Etwa 2 km westlich von Intragna schwingt sich der Ponte Romanico, eine **Steinbrücke** aus dem Mittelalter, über die wild zerklüftete Schlucht der Melezza. Pfarrkirche **S. Gottardo** mit dem höchsten Glockenturm im Tessin (70 m).

Intschi
L 5 a

Gemse (Winter) – *Hinter Ried, Vorder Ried:* An der Gotthardstraße gegenüber Intschi.

Inwil
K 3 c

Kiebitz, Zugvögel: Feuchtwiesen zwischen Inwil und Perlen.
Bahn Luzern, Bus/Parkplatz Inwil, Rundgang Bürgerheim–Usserer Schachen–Inwil. Feuchtwiesen, Gräben, Felder, Gehölze.
F, S, H: Graureiher, Enten, Greifvögel, Rallen, Limikolen (u. a. kleine Kiebitzkolonie, rastende Bekassinen, Großbrachvögel, Wasserläufer), Singvögel (u. a. Lerchen, Pieper, Stelzen).

Iragna
M 6 c

Gneissteinbruch. 3 km südlich Biasca. Steinbruch etwas nördlich von Iragna. Von weitem sichtbarer Steinbruch am Hangfuß im sogenannten Leventinagneis. Viele weitere Steinbrüche in der ganzen Leventina und Riviera. Benennung des Gesteins jeweils nach den einzelnen Ortschaften (z. B. Iragnagneis). Verwendung: Randsteine, Treppenstufen, Sockelsteine usw. Leventinagneis steht als Baustein in der Schweiz an erster Stelle.

Gemse – *Val Camana* (linker Hang): Weg durch das Val d'Iragna–Alpe Repiano (1280 m ü. M.)–Ballone.

Irgenhausen L 2 d

An der Straße von Pfäffikon nach Kempten gelegene Reste eines **römischen Wehrbaus**. Instruktive quadratische Anlage von 61 m Seitenlänge.

Isenthal K 4 d

Gemse (Sommer) – *Chlital:* Weg Isenthal (Parkplatz)–Musenalp–Biwald.
Murmeltier – *Neienstalden:* Weg Isenthal–Stalden oder Bürglen–Neienstalden.

Islikon L 2 b

Kiebitz, Pirol: Ägelsee, Auen von Thur und Murg unterhalb Frauenfeld.
Bahn/Parkplatz Islikon, Wanderung Nordseite Bahnlinie Niederwil–Ägelsee–Straß–Hund–linkes Thurufer–Murgmündung–linkes Murgufer–Frauenfeld.
F, S, H: Wasservögel, wie Taucher, Reiher, Enten, Rallen, Limikolen (u. a. Kiebitzbrutplätze), ferner Greifvögel, Jagdfasan, Eisvogel, Spechte (u. a. Mittelspecht, Kleinspecht), Singvögel (u. a. Lerchen, Stelzen, Kehlchen, Nachtigall, Drosseln, Rohrsänger, Grasmücken, Laubsänger, Rohrammer, Pirol).

Itravers G 6 c

Gemse (Winter) – *Les Moulins* (991 m ü. M.): Straße Granges (Station SBB)–Réchy–Itravers, Parkplatz.
Tour-de-Bonvin (2444 m ü. M.) Osthang.
Hirsch – *Le Tsartsey* (2227 m ü. M.).
Murmeltier – *La Dzorina* (2312 m ü. M.).

Jaun F 5 c

Gemse – *Les Dents-Vertes, Vanil-d'Arpille* (2048 m ü. M.), *Vanils-des-Raveires:* An der Straße Charmey–Im Fang (Parkplatz)–Jaun, Seilbahn Charmey–Vounets (1626 m ü. M.).
Hochmatt (2151 m ü. M.): Straße Im Fang (La Villette)–Bi Chalet oder Im Fang–Schänis (1424 m ü. M.).
Gemse/Murmeltier – *Sattelspitzen* (2063 m ü. M.), *Gastlosen* (1935 m ü. M.): Straße Im Fang–Schänis oder Jaun–Chli Sattel oder Jaun–Abländschen (1309 m ü. M.) (Parkplatz).
Schafberg (2234 m ü. M.), *Rotenchasten* (2005 m ü. M.), *Kaiseregg* (2185 m ü. M.): Weg Jaun (Parkplatz)–Münchenberg–Rotenchasten oder Schwarzenmatt, Boltigen–Chlus (Parkplatz) oder Weg und Seilbahn Schwarzsee–Riggisalp (1437 m ü. M.).

Steinadler, Wildhühner: Neuschelspaß–Kaiseregg.
Bahn Boltigen, Postauto/Parkplatz Jaun, Wanderung Neuschelspaß–Riggisalp–Kaiseregg–Walag–Klus–Reidigenalp–Jaun. Wald, Weiden, Fels.
F, S: Greifvögel (u. a. Steinadler), Hühner (u. a. Urhuhn, Birkhuhn, Steinhuhn), Spechte (u. a. Schwarzspecht), Singvögel (u. a. Felsenschwalbe, Alpenbraunelle, Mauerläufer, Birkenzeisig, Erlenzeisig, Alpendohle, Tannenhäher).

Jegenstorf G 4 a

In der spätgotischen **Kirche** bemerkenswerter Bestand an Glasscheiben des 16.–18. Jh. **Schloß** im 11./12. Jh. erbaut, nach 1720 umgebaut. **Museum** für Wohnkultur des alten Bern (Tel. 031 96 01 59; Mitte Mai–Mitte Oktober Dienstag–Sonntag 10–12, 13.30–17 Uhr).

Jestetten (D) K 1 d

Sikahirsch (japanische Art, ausgesetzt) – *Nappenberg:* Von Wilchingen durch das Wangental Richtung Jestetten (Bahnstation an der Linie Schaffhausen–Zürich).

Jona L 3 b

Lehrpfad Rapperswil: Route von 1,5 km und 100 m Höhenunterschied im Oberwald. Zeitbedarf etwa 2 Std., 90 verschiedene Bäume und Sträucher.
Start bei Koord. 709 600/230 700, erreichbar ab SBB-Station Bollingen. Für Autos sind Parkplätze beim Hotel Schiff, Bollingen, vorhanden. Speziell zu erwähnen ist eine Ausstellung von Holzfehlern, Schädlingen, Holzwerkzeugen und alten Transportgeräten.

Juf O 6 b

Gemse – *Wengenhorn* (2848 m ü. M.), *Jufer Horen* (2867 m ü. M.): Weg Juf–Juferalp oder Juppa–Bergalga.

Julierpaß P 6 a

Römische Säulen auf der Paßhöhe.

Jungfraujoch H 5 d

Berühmte Zahnradbahn mit höchstgelegener Bergstation (3475 m ü. M.). Bei Bergstation Eidg. Forschungsstation für meteorologische und Weltraumforschung. Daneben Mehrzweckanlage der PTT (Richtstrahlen).

Großer Aletschgletscher. Größter Gletscher der Alpen (Fläche über 100 km², Länge 25 km). Entsteht durch die Vereinigung von Großem Aletschfirn, Jungfraufirn, Ewigschneefeld und Grüneggfirn, die sich am Konkordiaplatz vereinigen, sowie dem Mittelaletschgletscher weiter unterhalb. Imposant sind die Mittelmoränen, die bei der Vereinigung zweier Gletscher entstehen. Am unteren Ende des Gletschers (1 km nordwestlich Riederalp) Aletschwald-Naturschutzgebiet. Vom Jungfraujoch (3454 m ü. M, höchstgelegener Bahnhof und höchstgelegenes Hotel Europas) eindrücklicher Blick gegen den Konkordiaplatz (Eisdicke an dieser Stelle mindestens 800 m).

Jussy B 6 d

Wasservögel, Nachtigall: Près-de-Villette, Sumpf mitten im Bois de Jussy.
Bahn Genève, Postauto/Parkplatz Jussy, Rundwanderung Jussy–Grands-Bois–Les Epinasses–Jussy. Wald, Gehölze, Sumpf, Wiesen.
F, S, H: Zwergdommel, Enten (u. a. Krickente), Greifvögel (u. a. Bussarde, Rohrweihe), Rallen (u. a. Wasserralle), Schnepfen, Turteltaube, Singvögel (u. a. Baumpieper, Nachtigall, Schwirle, Grasmücken, Laubsänger, Rohrammer, Pirol).

Kaiseraugst G 2 b

Flußkraftwerk und projektiertes Atomkraftwerk.

Kaiserstuhl OW J 4 d

Mauerläufer, Bergvögel: Feldmoos–Giswiler Stock.
Bahn/Parkplatz Kaiserstuhl, Wanderung Feldmoos–Richenalp–Fluonalp–Furgge–Brosmatt–Giswil. Weiden, Wald, Felsen.
F, S: Greifvögel (u. a. Steinadler), Rauhfußhühner, Eulen, Spechte (u. a. Dreizehenspecht), Singvögel (u. a. Alpenbraunelle, Braunkehlchen, Steinschmätzer, Mauerläufer, Alpenmeise, Zitronfink, Schneefink, Birkenzeisig, Tannenhäher).

Kaiserstuhl AG K 2 a

Malerisches Brückenstädtchen mit dreieckigem Grundriß. Regensbergische Gründung aus der Zeit um 1254.

Kaltbrunn M 3 b

Waldlehrpfad Bachvögten: Route mit rund 90 numerierten einheimischen Bäumen und Sträuchern sowie rund 40 lat./dt. beschrifteten Exoten. Dazu Nistkästen und Posten mit Volumen- und Baumhöhenschätzung. Länge etwa 1500 m, eben. Zeitbedarf etwa 1 Std. *Start* bei Koord. 720 000/229 350, Bahnstation Benken. Für Autos Parkplätze am Ausgangspunkt. Bestimmungsschlüssel von Automat zu 20 Rp. erhältlich.

Jagdfasan: Waldlehrpfad im Südosten des Dorfes.
Bahn/Parkplatz Kaltbrunn, Wanderung Richtung Steinenbrugg (Zugang markiert). Wiesen, Felder, Bach, Wald.
J: Greifvögel, Jagdfasan, Tauben, Spechte, Singvögel (u. a. Stelzen).

Kandersteg G 6 b

Unterhalb des Dorfes, in der Nähe des Blausees, die **Ruine Felsenburg.** Kam 1400 aus Walliser Besitz an Bern.

▼ **Kandertaler Bergsturz.** Prähistorische nacheiszeitliche Felsstürze vom Fisistock und vom Kleinen Doldenhorn. Total sind rund 140 Mio m^3 Gestein abgestürzt. Bilden von Kandersteg an einen Schuttstrom über Bühlstutz/Blausee bis nach Kandergrund. Das Ende des Trümmerstroms ist undeutlich. Die Sturzlänge des Schuttstroms beträgt 10–11 km. Er füllt den etwa 500 m breiten Talgrund vollständig aus (siehe auch unter Mitholz, Blausee).
Öschinensee. 4 km oberhalb von Kandersteg. Zugang mit Sessellift und etwa 2 km leichter Wanderung.
In imposantem Felskessel gelegener Bergsturzstausee. Aufgestaut durch einen Bergsturz vom Nordhang des Kleinen Doldenhorns. Das Wasser des Öschinensees fließt zuerst unterirdisch ab und bildet erst etwa 500 m weiter unten den Öschinenbach.

🐾 **Gemse/Murmeltier** – *Elsighorn* (2341 m ü. M.), *Elsigen, Bonderspitz* (2584 m ü. M.): Wege von Mitholz (Station BLS), Kandersteg (Station BLS) oder Engstligental aus.
Üschinental: Straße Kandersteg–Eggenschwand–Üschinen.
Steinbock/Gemse – *Oberes Tatlishorn* (2962 m ü. M.), *Balmhornhütte SAC:* Straße Kandersteg–Gastern (Gasterntal).
Gemse – *Dündenhorn* (2861 m ü. M.), *Schafberg:* Weg Kandersteg–Öschinensee (1522 m ü. M.) (Öschinental).

Kappel SO H 3 a

🐾 **Rotmilan, Heidelerche:** Westhang des Borns.
Bahn Olten, Postauto/Parkplatz Kappel, Rundwanderung Chrüzfeld–Bornchrüz–Hochrüti–Kappel. Felder, Wiesen, Wald, Gehölze.
F, S: Greifvögel (u. a. Rotmilan, Turmfalke), Spechte, Singvögel (u. a. Heidelerche, Baumpieper, Rotrückenwürger, Goldammer).

● Kappel a. Albis K 3 b

Ehemalige Zisterzienserabtei. Die **Klosterkirche** gehört zu den schönsten gotischen Sakralbauten der Schweiz (1250–1310). Hervorragende Glasgemälde, prächtige
✗ Schnitzereien und Steinmetzarbeiten. Auf dem nahen Schlachtfeld der **Zwinglistein,** der an den Tod des Reformators im Jahr 1531 erinnert.

Kaufdorf G 4 c

🐾 **Gemse** – *Kaufdorf-Rümligen:* Straße und Bahn Bern–Belp–Thun, linker Talhang oberhalb Guetenbrünnen.

Kehrsatz F/G 4 d/c

🏛 **Schloß** aus dem 16. Jh. **Landhaus Lohn,** 1780/83, heute Gästehaus des Bundesrats.
⊕ **Grütli-Waldpfad Kehrsatz-Wabern:** Im Gebiet des Neßlerehölzlis. Parkplätze Eichholz und Dählhölzli.
Lehrpfad mit numerierten Bäumen und Sträuchern. Länge 2,8 km, Zeitbedarf 1½–2 Std. Waldpfadbroschüre zum Preis von Fr. 2.– bei der Gemeindeschreiberei Kehrsatz, bei den Kiosken Tramendstation Wabern und Bernstraße Kehrsatz, bei den Primar- und Sekundarschulen, im Restaurant Camping Eichholz oder bei jeder Grütli-Agentur erhältlich.

Kiental G 5 d

🐾 **Gemse/Murmeltier** – *Wetterlatte* (2009 m ü. M.): Wege von Kiental oder Reichenbach aus.
Griesalp (Hänge gegen das *Dündenhorn* [2862 m ü. M.] und das *Schwarzhorn), Dürrenberg.*
Dreispitz (2520 m ü. M.), *Ober-Lattreien* (1802 m ü. M.), *Hohkien* (2027 m ü. M.): Weg Kiental–Spiggengrund–Lattreien (Suldtal).
Gemse – *Ärmighorn* (2742 m ü. M.), *Knubel* (2411 m ü. M.), *Dündengrat* (2215 m ü. M.): Wege vom Gornerngrund aus.

Kiesen G 4 c

🐾 **Gemse** – *Falkenflue, Buchholterberg:* Straße Kiesen (Station SBB)–Oberdießbach–Bleiken–Heimenschwand.
Falkenflue: Straße Kiesen (Station SBB)–Oberdießbach–Äschlen.

Kilchberg K 3 b

Ortsgeschichtliche Sammlung im ehemaligen **Wohnhaus des Dichters C. F. Meyer.**
Dokumente zur Geschichte der lokalen Fischerei, der Schiffahrt und des Rebbaus.
Erzeugnisse der Porzellanmanufaktur im Schooren bei Kilchberg. Arbeitszimmer
von C. F. Meyer (Tel. 01 91 42 96; Dienstag–Samstag 14–17 Uhr, im Winter nur
bis 16 Uhr, Sonntag 10.30–12 Uhr).

Kippel H 6 a

Schönes Ortsbild. Holzhäuser aus dem 17. Jh.

Gemse/Steinbock (Sommer) – *Kummenalp* (2083 m ü. M.): Weg Ferden–Kummenalp–Unterferden oder Lötschenpaß (2690 m ü. M.).
Murmeltier – *Hockenalp* (2051 m ü. M.): Weg Ferden (Parkplatz) oder Kippel
(Parkplatz)–Haispiel oder Seilbahn Kippel–Haispiel.
Gemse (Winter) – *Kippeler Wald:* Weg Kippel–Hohgleifengebiet.
Birchmatte (1594 m ü. M.), *Nestwald:* Weg von Kippel aus.
Steinbock/Gemse/Murmeltier – *Hohgleifen* (3278 m ü. M.): Wege von Kippel und
Goppenstein aus.

Klingenberg M 1 d

Wasserschloß zwischen Homburg und Wigoltingen, von Steckborn oder Mühlheim
aus erreichbar. Stammsitz der Herren von Klingenberg. Die alte Burg wurde 1849
abgebrochen, sie war auf dem Felskopf nördlich der jetzigen Schloßkapelle angelegt. Das untere Schloß wurde im 18. Jh. erbaut. Schöne historische Zimmer (Tel.
054 8 33 61; täglich ganztägig geöffnet).

Klingnau J 2 b

Kraftwerk mit großem Stausee.

Wasservögel, Greifvögel: Klingnauer Stausee, Aarestau zwischen Klingnau und
Koblenz.
Bahn/Parkplatz Döttingen-Klingnau, Wanderung Aarebrücke–linkes Aareufer–
Gippingen–Koblenz. Stausee mit Schlickflächen, Schilfbeständen und Ufergehölzen, wichtiges Rast- und Überwinterungsgebiet für Schwimmvögel und Limikolen,
Beobachtungsturm.
F, H, W: Taucher, Reiher, Schwäne; Gänse, Gründel- und Tauchenten, Säger,
Greifvögel (u. a. Fischadler), Limikolen, Rallen, Möwen (u. a. Silber- und Sturmmöwe, Seeschwalben), Singvögel (u. a. Blaukehlchen, Beutelmeise, Rohrammer).
S: Haubentaucher, Schwarzmilan, Lachmöwen- und Flußseeschwalbenkolonie auf
künstlichen Inseln beim Kraftwerk, Mehlschwalbenkolonie beim Kraftwerk.

Klosters P 4 d

Heimatmuseum Nutli-Hüsli. Kleine kulturhistorische Sammlung des Prätigaus. An
der Monbielerstraße (Sommer Montag–Donnerstag 14–16 Uhr).

Steinbock/Gemse – *Vereina* (1943 m ü. M.), *Gatschiefer:* Straße Klosters–Berghaus Vereina.

Kloten L 2 c

Größter Flughafen der Schweiz.

Waldlehrpfad Chlos-Buhalm: Etwa 90 numerierte Bäume und Sträucher und
verschiedene einheimische Wildrosenarten. Route etwa 3 km lang (Zeitbedarf
etwa 1 Std.). Höhendifferenz etwa 40 m.
Start bei Koord. 686 800/257 900. Mit Bus erreichbar. Parkplätze vorhanden.
Bestimmungsschlüssel in Postkartenformat zum Preis von 20 Rp. beim Ausgangspunkt erhältlich.

Kiebitz, Greifvögel: Klotener Ried, Flugplatzareal.
Bahn/Parkplatz Kloten, Wanderung ums Flugplatzareal–Abbühl–Nider Rüti–
Hell–Schwäntenbüel–Oberglatt–Rümlang. Flugplatzareal (gesperrt), Riedreste,
Felder, Wiesen, Gehölze, Wald, Lauf der Glatt.
F, S, H: Greifvögel (u. a. Bussarde, Turmfalken), Jagdfasan, Limikolen (u. a. brütende Kiebitze), Singvögel (u. a. Lerchen, Pieper, Stelzen, Braunkehlchen, Steinschmätzer, Drosseln, Ammern, Finken, Krähen).

Kobelwald O 3 a

🐚 **Kristallhöhle.** Etwa 1 km nordnordöstlich Kobelwald. Spaziergang auf gutem Weg oder von Kobelwies (etwa 500 m). Die rund 150 m lange Höhle ist auf der ganzen Länge für die Besucher ausgebaut. Interessant ist ein kleiner See. Namengebend für diese Höhle sind die sehr schön ausgebildeten und zum Teil sehr großen Kalkspatkristalle. Geöffnet April–Oktober an Wochenenden (auf Anfrage auch an Werktagen). Dauer der Führungen etwa 20 Min. Eintritt ca. Fr. 2.–.

Koblenz J 2 b

🦆 **Wasservögel, Singvögel:** Auenwald zwischen Gippingen und Felsenau am linken Aareufer.
Bahn Koblenz/Parkplatz Gippingen, Wanderung Koblenz–Kraftwerk–Gippingen–Auenwald und zurück. Auenwald mit Sumpfgebiet und Stillwassern.
F, S: Zwergtaucher, Jagdfasan, Eisvogel, Spechte (u. a. Kleinspecht), Singvögel (Nachtigall, Feldschwirl, Pirol).

Kölliken H/J 3 b/a

⊕ **Waldlehrpfad Kölliken:** Waldbaulicher und dendrologischer Lehrpfad im Raume Höchi–Wallisgraben–Ägerten. Besonders zu erwähnen sind Hinweise auf die waldbauliche Behandlung, auf Wildschäden, Vogelnistkästen und -flugbilder. Länge der Route etwa 4 km, ziemlich eben, Zeitbedarf etwa 2½ Std.
Start bei Koord. 643300/242625. Zufahrt mit Privatfahrzeugen, Autobahnausfahrt Kölliken. Parkplätze beim Waldhaus. Bäume und Sträucher lat. und dt. beschriftet.

Königsfelden (→ Windisch) J 2 d

🌳 **Ahornblättrige** oder **Bastardplatane**, *Platanus acerifolia (Platanus occidentalis × orientalis):* mächtiger Baum, eine der größten Platanen des Landes, Stamm⌀ 1,60 m, Verzweigung des Stammes ab 2,5 m, Kronen⌀ 35–36 m, Alter 300–350 Jahre (Angabe von Königsfelden). Steht auf dem Areal der Kantonalen Psychiatrischen Klinik, 15 m nördlich des Eingangs zum Sozialpsychiatrischen Dienst, rund 20 m westlich der Pförtnerloge der Klosterkirche (9 m östlich des achteckigen Brunnens).
Schwarzföhre oder **Schwarzkiefer**, *Pinus nigra:* stattlicher Baum, 8 m westlich der Klosterkirche, Stamm⌀ 94 cm (in 1,20 m Höhe), von ungefähr gleicher Höhe wie die Kirche. Heimat: Zentral- und Südeuropa, Kleinasien.

Köniz F 4 d

⛪ **Kirche** der ehemaligen **Deutschordens-Kommende.** Geschnitzte und bemalte spätgotische Decke. Bemerkenswerte Glasgemälde aus der 1. Hälfte des 14. Jh.

🦌 **Gemse** – *Ulmizberg:* Straße Bern–Köniz–Schliern–Niederulmiz oder Bern–Kehrsatz (Station der Gürbetalbahn)–Kühlewil–Oberulmiz.

Kradolf N 2 a

🦆 **Mittelspecht, Uferschwalbe:** Thurlauf Kradolf–Weinfelden.
Bahn/Parkplatz Kradolf, Wanderung rechtes Thurufer–Auholz–Stocketen–Bürglen–Südseite Bahnlinie–Weiher–Weinfelden. Thurlauf, Auenwald, Wiesen, Felder, Kanäle, Kiesgruben, Weiher.
F, S, H: Wasservögel (u. a. Reiher, Enten, Rallen), Greifvögel, Spechte (u. a. Mittelspecht, Kleinspecht), Singvögel (u. a. Uferschwalbenkolonien in den Kiesgruben, Stelzen, Wasseramsel, Drosseln, Grasmücken, Laubsänger).

Krauchthal G 4 a

🦌 **Gemse** – *Thorberg:* Straße Krauchthal–Thorberg–Schwändi (809 m ü. M.) oder Straße Bern–Bolligen–Hueb (Parkplatz), Wanderweg Chlosteralp.

● Kräzern N 2 d

🏛 **Schloß Oberberg**, zwischen Mettendorf und Kräzern. Beherbergt kleine regionalgeschichtliche **Sammlung.** Gerichtssaal und Folterkammer (Tel. 071 85 23 18; Sonntag 11–16 Uhr).

Kreuzlingen
N 1 c

Ehemaliges **Augustinerstift** mit reicher Rokokoausstattung, heute Lehrerseminar.
In der Ölbergkapelle ungefähr 300 Figuren umfassende Gruppe (1720–30) aus etwa 30 cm hohen Arvenholzstatuetten.

Seeburgpark, nordöstlich des Zentrums, südöstlich an Hafen (P. 397,5 m) anschließend, öffentlich:
Ungarische Eiche, *Quercus frainetto:* großer Baum (Etikette), rund 100 m westlich des Schlosses (nicht Seeburg); in der Schweiz sehr selten anzutreffen.
Kulturform der **Stieleiche,** *Quercus robur «Cucullata»* (Kapuzenartige Stieleiche): 2 große Bäume (Etikette) unweit der Ungarischen Eiche. Im Park noch weitere interessante Gehölze.

Waldlehrpfad Kreuzlingen: Bei Espli-Schloßbühl: Lehrpfad mit 55 Holztafeln auf einer Länge von 1,5 km. Zeitbedarf 1–1½ Std.
Start bei Koord. 729 025/277 700, erreichbar auf der Staatsstraße Bernrain–Kreuzlingen. Parkplätze beim Kirchli Bernrain.

Kriens
J 4 b

Bergvögel: Pilatus Nordseite.
Bahn Luzern, Bus/Parkplatz Kriens, Luftseilbahn Pilatus, Wanderung Esel–Hörnli–Mittaggüpfi–Eigenthal, Postauto Kriens. Wiesen, Weiden, Wald, Felsen.
F, S: Greifvögel (u. a. Turmfalke), Rauhfußhühner (u. a. Alpenschneehuhn, Birkhuhn), Spechte (u. a. Schwarzspecht), Singvögel (u. a. Alpenbraunelle, Mauerläufer, Alpendohle).

Krummenau
N 3 a

Birkhuhn, Bergvögel: Speer.
Bahn Krummenau, Parkplatz Krümmenschwil, Sessellift Rietbach (Wolzenalp), Wanderung auf der Krete Speermürli–Speergipfel–Südgrat–Roßalp–Tüfental–Allmen–Rietbach. Weiden, Wald, Felsen.
F, S: Greifvögel (u. a. Steinadler), Rauhfußhühner (u. a. Birkhuhn), Eulen, Spechte, Singvögel (u. a. Pieper, Braunellen, Braunkehlchen, Drosseln, Alpenmeise, Zitronfink, Alpendohle, Tannenhäher, Kolkrabe).

Kunkels
O 4 c

Hirsch (Sommereinstand) – *Görbsbachtal,* beide Talhänge: Straße Vättis–Kunkelspaß (1357 m ü. M.).

Küsnacht
L 3 a

Waldlehrpfad Küsnacht: Lehrpfad von etwa 1,5 km Länge im Küsnachter Tobel längs des Dorfbaches bis zur untersten Brücke und am rechten Ufer zurück bis an den Waldrand. Ungefähr 80 Bäume und Sträucher dt. und lat. beschriftet.
Zeitbedarf für Rundgang etwa 30 Min., Höhenunterschied gering. Startpunkt eingangs Küsnachter Tobel (Koord. 686 400/241 400), erreichbar ab SBB-Station in 7 Min., ab Autobushaltestelle «Obere Heslibachstraße» in 2 Min. Keine Parkplätze, Zufahrt mit Auto am besten nur bis Küsnacht.

Küßnacht
K 3 c/d

Sogenannte **Geßlerburg.** Ruine einer der größten Burganlagen der Innerschweiz. Hohle Gasse mit Tellskapelle (1638).

Kyburg
L 2 d

Die **historisch wichtigste Burg der Ostschweiz.** Hat im wesentlichen ihr Gepräge aus der Feudalzeit erhalten. Stammburg der Grafen von Kyburg, seit 1273 in habsburgischem Besitz. Die Burg und Herrschaft wurde 1414 bzw. 1452 von der Stadt Zürich erworben. Hervorragend renovierte Wehranlage. Schloßmuseum mit Leihgaben aus dem Landesmuseum (Tel. 052 29 46 64; Dienstag–Sonntag 9–12, 13–17 Uhr).

Lachen
L/M 3 d/c

Pfarrkirche zum Hl. Kreuz, schöner Barockbau. **Wallfahrtskapelle im Ried** an der Straße gegen Wangen. Auf dem Hochaltar das während des Bildersturms aus dem See gerettete Gnadenbild.

Sumpf- und Wasservögel: Lachner Horn, Mündung der Wägitaleraa.
Bahn/Parkplatz Lachen, Wanderung Richtung Strandbad–See–Aadelta–linkes Ufer der Aa–Lachen. Seeufer mit Schilf, Sumpf, Gehölzen.
F, H, W: Taucher, Reiher, Gründel- und Tauchenten, Säger, Greifvögel, Rallen, Limikolen, Möwen, Seeschwalben, Singvögel (u. a. Pieper, Stelzen, Erlenzeisige).
S: Taucher, Graureiher, Enten, Greifvögel (u. a. Schwarzmilan, Baumfalke, Turmfalke, Jagdfasan), Rallen, Singvögel (u. a. Schwirle, Rohrsänger, Drosseln, Grasmücken, Laubsänger, Rohrammer).

Lagalb, Piz   Q 6 a

Alpinarium: 4 Tierarten, 0,3 ha, Bergstation Luftseilbahn Berninapaß–Lagalb, offen Juli–Oktober. Zufahrt: Berninapaß (Auto oder Bahn bis Station Bernina-Lagalb), Parkplatz Lagalbbahn, Restaurant bei Park.

Lain   O 5 a/b

Sehenswerte **Barockkirche.**

Lamboing   E 3 d

Gemse – *Mont-Sujet* (1284 m ü. M.): Über der Straße Orvin–Lamboing.

Landeron, Le   E 4 b

Hübsches Kleinstädtchen, gegr. 1325. Stadthaus, schöne Fassade, reizvolles Inneres. Im Stadthaus **kleine lokalgeschichtliche Sammlung** (auf Anfrage zugänglich).

Landquart   O 4 b

Steinbock/Gemse – *Falknis* (2566 m ü. M.): Straße Landquart (Station SBB)–Maienfeld–Luziensteig–Balzers.

Landshut   G 3 c

Ansprechende, reichhaltige Parkanlage, das Wasserschloß umgebend. Bis 1798 Sitz der bernischen Landvögte, seit 1958 unter kantonalbernischer Obhut, Schweizerisches Museum für Jagd und Wildschutz. Prospektschrift am Eingang erhältlich. Geöffnet von Mitte Mai–Ende September (10– 12 und 14–17 Uhr). Im südlichen Parkteil zahlreiche Pflanzen etikettiert; es wird hier nur auf wenige wichtige, bisher nicht beschriftete Arten verwiesen:
Schneeball-Ahorn, *Acer opalus:* mittelgroßer Baum (Stamm$\varnothing$ 77 cm), 10 m südlich der Zugbrücke, am Parkweg. Häufig im Jura bis südwestlich von Basel.
Roßkastanie, *Aesculus hippocastanum:* mächtiger Baum (Stamm$\varnothing$ 1,50 m) am Weg vom Parkplatz zum Schloß, 3 m vom Mühlebach entfernt.
Englische Ulme, *Ulmus procera:* großer Baum (Stamm$\varnothing$ 1,33 m), dicht östlich der Zugbrücke, westlich des Schlosses.
Beilblättriger Lebensbaum, Hiba, *Thujopsis dolabrata:* mehrstämmige Gruppe (9 Exemplare) mit typischer Schleppenbildung (Kandelaberwuchs), 40 m westlich der etikettierten Geschlitztblättrigen Buche im südwestlichen Parkteil. Schuppenblätter breit keilförmig, unterseits weißlich. Heimat: Japan.
Nordmanns-Tanne, *Abies nordmanniana:* Dreiergruppe auf der Nordseite des Schlosses, rund 30 m westlich des Abflusses aus Schloßweiher.

Langenbruck   H 3 a

Römischer Hohlweg am Oberen Hauenstein.

Langenthal   H 3 a/c

Hirschpark: 5 Tierarten, 40 Tiere, dazu Geflügel. 1,6 ha, frei zugänglich. Zufahrt in der Ortschaft erfragen, Parkplatz, zu Fuß 20 Min. von Ortschaft entfernt.
Öffentliche Voliere (Schorenweiher): 40 Arten, 200 Vögel, Schwäne, Gänse, Enten, Ziergeflügel, Sing- und Ziervögel, Sittiche, Papageien. Zufahrt ab Bahnhof via Eisenbahnstraße–Dorfgasse, Parkplatz, zu Fuß ab Bahnhof in 15 Min.

Alpensegler, Siedlungsvögel: Ortskern.
Bahn/Parkplatz Langenthal, Wanderung durch Ortskern. Alte Bauten mit Nischen und Dachluken.
F, S: Turmfalke, Alpensegler, Mauersegler, Singvögel (u. a. Schwalben, Rotschwänze).

Langnau a. A. K 3 b

Waldlehrpfad Langenberg: Lehrpfad mit 55 numerierten Bäumen und Sträuchern. Rundwanderweg etwa 1,2 km, geringer Höhenunterschied. Zeitbedarf etwa 1 Std. *Start* beim Restaurant Wildpark (Koord. 682500/238600). Station Gontenbach der Sihltalbahn. Parkplätze an Albis- oder Wildparkstraße. Broschüre «Waldlehrpfade der Stadt Zürich» erhältlich zu Fr. 10.– (Schulen Fr. 8.–) beim Stadtforstamt Zürich.

Wildpark Langenberg: 9 Tierarten, 230 Tiere. Große Hirschrudel, Wisente, Elche, Bärenfreianlage, Steinwild. 80 ha, frei zugänglich. Zufahrt: Nationalstraße Zürich–Adliswil–Albispaßstraße/Zug–Baar–Sihlbrugg–Langnau, Sihltalbahn (Station Gontenbach), Parkplatz vor Parkeingang, Restaurant.

Langnau i. E. H 4 a

Reizvolles Ortsbild. Interessantes **Ortsmuseum** mit reicher Keramiksammlung, Flüeli- und Schliffgläser. Handwerksgerät. Erinnerungsstücke an den Wunderdoktor Micheli Schüpach.

Weißtannen, sogenannte **Dürsrütitannen,** *Abies alba:* größte und älteste Weißtannen der Schweiz, möglicherweise auch Europas, im Weißtannen/Fichten/Buchen-Mischwald (sogenannter Plenterwald). Stamm⌀ bis 1,40 m; die bisher größte Weißtanne mit einem Stamm⌀ von 1,57 m, einer Höhe von 57,5 m und einem Alter von 350 Jahren wurde im Juli 1974 vom Blitz getroffen und gegen Jahresende gefällt. 5–7 der verbleibenden Tannen weisen Inhalte von rund 30 m^3 auf. Zugang: Weg markiert ab Langnau Oberdorf. Beim Ortsfriedhof (am Ausgang des Oberen Frittenbachgrabens) bis P. 675 m, 50 m nördlich davon westwärts abbiegend (Wegweiser), auf guter Fahrstraße bei den Gehöften Unter- und Ober-Dürsrüti vorbei bis P. 885 m (Anfang des beidseitigen Waldes, Parkplatz und Wegweiser). Von hier zu Fuß, der Wanderwegmarkierung folgend, gut 600 m weit in nordöstlicher Richtung bis P. 910 m.

Langwies P 4 c

Bei Langwies berühmter Langwieser Viadukt. Eine der ersten großen Eisenbetonbrücken.

Lantsch O 5 b

Alte Pfarrkirche **Sta Maria.** Heutiges Aussehen durch Neu- und Umbauten im 16. Jh. geprägt. Interessante Wandmalereien aus dem 14. Jh. Bemerkenswerter spätgotischer Flügelaltar von 1479. Auf dem Friedhof schöne schmiedeeiserne Grabkreuze.

Latterbach G 5 a

Gemse – *Nüschleten* (1987 m ü. M.): Straße Wimmis–Reutigen–Langenberg (1261 m ü. M.) (Parkplatz), Wege von Latterbach und Niederstocken aus.
Schwarzenberg (1710 m ü. M.): Straße Latterbach–Oey (Station SEZ)–Horboden–Vorder Chirel.

Lauenen F 6 a

Steinadler, Mauerläufer: Lauenensee–Geltental.
Bahn Gstaad, Postauto/Parkplatz Lauenen, Wanderung Richtung Süd–Lauenensee–Geltenschuß–Rottal. Seeufer, Sumpf, Weiden, Wald, Fels, Naturschutzgebiet.
F, S: Wasservögel, Greifvögel (u. a. Steinadler), Singvögel (u. a. Brutplätze des Mauerläufers).

Bergvögel, Vogelzug: Trüttlisbergpaß zwischen Lauenen und Lenk.
Bahn Gstaad, Postauto/Parkplatz Lauenen, Wanderung Trüttlisbergpaß–Lauenenhorn–Lenk. Weiden, Wald, Felsen, Vogelzugbeobachtungen im Herbst.
S: Alpenschneehuhn, Steinadler, Singvögel (u. a. Wasserpieper, Alpenbraunelle,

Steinschmätzer, Zitronfink, Schneefink, Birkenzeisig, Erlenzeisig, Alpendohle, Tannenhäher).
H: Zugvögel, wie Greifvögel, Tauben, Singvögel.

Lauerz K/L 4 b/a

Gemse – *Rigi-Hochflue* (1699 m ü. M.): Wege von Geschwänd, Gersau und Ingenbohl aus, Straße Lauerz–Scharteggli (1227 m ü. M.).

Sumpf- und Wasservögel: Lauerzersee, Segelried.
Bahn Schwyz–Seewen, Postauto/Parkplatz Lauerz, Rundgang Seeufer–Bergsturzgebiet–Richtung Goldau. See mit Uferzone, Schilf, Sumpfwiesen, Gehölze, Naturlehrpfad.
F, S, H: Taucher, Reiher (u. a. Zwergdommel), Enten (u. a. Reiherente), Greifvögel (u. a. Baumfalke), Wachtel, Rallen, Limikolen (u. a. Kiebitz, Bekassine, Großbrachvogel, Eisvogel, Singvögel (u. a. Schafstelze, Braunkehlchen, Blaukehlchen, Rohrsänger, Beutelmeise, Grauammer).

● Laufenburg J 2 a

Reizvolle **Kleinstadt** mit zahlreichen gotischen und barocken Bauten. Sehenswerte **Stadtkirche.** Die «Laufen», Stromschnellen, sind durch Sprengungen und Stauen des Rheins nicht mehr sichtbar.

Burghügel. Einziges schweizerisches Vorkommen von Schwarzwaldgneis. Analoge Kristallingesteine kommen erst in den Alpen wieder vor (Aarmassiv, Gotthardmassiv).

Wasservögel: Rheinufer auf Schweizer Seite.
Bahn/Parkplatz Laufenburg, Wanderung entlang dem Rhein oberhalb und unterhalb des Stadtkerns. Stausee mit Uferzone.
F, H, W: Schwimmvögel.

● Laupen F 4 c

Schloß, vermutlich um 930 gebaut, auf steilem Felsen über der Sense. Bernischer Besitz seit 1324. Hauptgebäude im 17. Jh. umgebaut. **Schlacht bei Laupen:** Die Berner besiegen 1339 unter Rudolf von Erlach den hochburgundischen Adel, der das Schloß Laupen zur Sicherung der Ostgrenze seines Besitzes errichtet und ausgebaut hat.

● Lausanne C/D 5 d/c

Malerische Altstadt. Die frühgotische **Kathedrale Notre-Dame** wird als edelstes Bauwerk ihrer Zeit und als schönste Schweizer Kathedrale betrachtet. Großartige Portalskulpturen und Glasmalereien. Rosette. Im **Museum der Kathedrale** Kunstwerke und Dokumente zur Geschichte von Notre-Dame.

Altes bischöfliches Schloß, erhalten ist nur noch der viereckige Turm. **Neues Schloß,** 1425–31, imposantes Gebäude unter Walmdach, Bischofszimmer mit geschnitzter Kassettendecke.

Musée Cantonal des Beaux-Arts. Kunstwerke von Schweizer und französischen Künstlern (Tel. 021 22 83 33; Mittwoch–Montag 10–12, 14–17 Uhr, Dienstag 14–17 Uhr).

Bemerkenswerte Bahnpostanlage. Kurze Untergrundbahn zu höher gelegenem Stadtteil.

Musée géologique cantonal, Palais de Rumine, place de la Riponne. Speziell schöne Gipskristalle aus der Saline von → Bex. Geöffnet täglich 10–12, 14–17 Uhr.

Jardin botanique de la ville et de l'Université de Lausanne (420 m ü. M., 1,9 ha). Alpinum und Heilpflanzen. Im Sommer, 1. April–31. Oktober, täglich geöffnet außer Montag; besonders empfehlenswert April–Juni.
14 bis, avenue de Cour, Stadtzentrum. Parkplatz beschränkt.

Quai d'Ouchy (von Schloß Ouchy bis Tour Haldimand), Pflanzungen zwischen Ufergehweg und Autostraße: Der interessante Gehölzbestand beginnt südlich des Hotels Beau-Rivage mit kleineren Bäumen der **Immergrünen** oder **Großblütigen Magnolie,** *Magnolia grandiflora* (2 Exemplare), sowie der **Arizonazypresse,** *Cupressus arizonica*.

Das große **Glanzstück der Quaianlagen** ist jedoch ein ab Boden mehrstämmiger Baum der **Sargent's Magnolie,** *Magnolia sargentiana robusta*, etwa 9 m hoch, 15 m

148

östlich des kleinen Denkmals «La Belgique reconnaissante à la Suisse hospitalière, 1914–1918». Eine der am frühesten blühenden Magnolienarten, Blütezeit Ende März–Anfang, seltener Ende April, Blüten becherförmig, hellrot, bis 12 cm lang, vor dem Blattaustrieb. **Einziges Exemplar der Schweiz** (Vermehrung sehr schwierig). Heimat: China. **Atlaszedern,** *Cedrus atlantica:* 2 große Bäume mit tief beginnender Stammverzweigung (StammØ über Boden um 1,40 m), der eine gegenüber dem Westeingang zum Parc du Denantou (beim Fußgängerstreifen), der andere 30 m östlich davon.
Parc du Denantou (im Osten des Quai d'Ouchy, nördlich der Autostraße): schöne Gruppe von **Lagerstroemien,** *Lagerstroemia indica* (etwa 4,5 m hoch), beim Westeingang zum Park (Tafel), dicht beim Toilettengebäude; (Details siehe Genf). **Orangenblume,** *Choisya ternata:* immergrüner Strauch (etwa 1,50 m hoch), Blätter 3teilig, aromatisch, Blüten weiß, im Mai–Juni. Verwandt mit Orange, Zitrone. Heimat: Mexiko. **Monumentale Atlaszeder,** *Cedrus atlantica:* mit bizarrer, eindrücklicher, tief beginnender Stammverzweigung (Ø über Boden 2,25 m). Bei Kinderspielplatz und Wasserträgerstatue (nordwestlich des Bassins). **Hainbuche, Weißbuche,** *Carpinus betulus:* riesiges, mehrstämmiges Exemplar mit wulstigfurchigem Stamm; etwa 200 m vom östlichen Parkeingang entfernt.
Parkanlagen beim Hotel Beau-Rivage, Westteil des Quai d'Ouchy; privat, aber vom Vorplatz aus gut sichtbar. Vom Eingang aus von Norden nach Süden: **Immergrüne Sequoie, Immergrüne Eibenzypresse,** *Sequoia sempervirens;* **Immergrüne** oder **Großblütige Magnolie,** *Magnolia grandiflora;* **Mammutbaum,** *Sequoiadendron giganteum* (im Hintergrund): **Arizonazypresse,** *Cupressus arizonica,* hoher Baum am Weg im südlichen Teil.
Parc de Valency: nordwestlich des Stadtzentrums, Eingang am besten von der Route de Prilly: **Surenbaum,** *Cedrela sinensis:* großer, vom Boden an 3stämmiger, sommergrüner Baum mit meist paarig-gefiederten Blättern, Früchte kapselig, in großen Rispen, im Herbst. **Sehr selten in Kultur.** Am waagrecht verlaufenden Mittelweg, im untern Drittel des Hanges, 50 m südöstlich der Steintreppe. Heimat: China.
Parc Mon Repos: zwischen Avenue Mon Repos und Avenue Ch. Secrétan (östlich des Stadtzentrums), umgibt das Eidgenössische Gerichtsgebäude; Zugang am besten von der Avenue du Tribunal Fédéral: **Sumpfzypresse,** *Taxodium distichum:* außergewöhnlich großer Baum (StammØ 1,17 m), verlor jedoch 1968 (?) infolge Blitzschlag die Gipfelpartie. Rund 20 m unterhalb (südlich) der Voliere. **Rotbuche,** *Fagus silvatica:* großer Baum mit eindrücklicher, tief beginnender Stammverzweigung (Ø 1,82 m in 1 m Höhe). Im südöstlichen Teil des Parkes.
Promenade J.J. Mercier: wenig südöstlich des Parkes Mon Repos, zwischen der Avenue Eugène Rambert und der Avenue du Léman. Zugang (auf Mitteltreppe) von beiden Seiten aus. Vom reichhaltigen Arteninventar am wichtigsten: **Stech-Eiche,** *Quercus ilex:* etwa 10 m hoher, immergrüner Baum auf der ersten Terrasse (von unten), 10 m westlich der Mitteltreppe. **Chilenische Schmucktanne,** *Araucaria araucana:* 3 gesunde, etwa 10 m hohe Exemplare dicht nordwestlich der Stech-Eiche.

Weitere Parkanlagen:
Umgebung der Ecole Polytechnique: im mittleren Teil der Avenue de Cour (Zugang von dieser), westlich des Botanischen Gartens; **Cret de Mont-Riond:** Kuppe oberhalb des Botanischen Gartens. Zugänge von diesem sowie von der Avenue Edouard-Dapples; **Cimetière** (Friedhof) **du Bois de Vaux:** westlich des Stadtzentrums, an der Route de Chavannes, Eingang an deren Ostende: **Mittelmeer-** und **Arizonazypressen,** im Westteil Südlicher Zürgelbaum.

Vivarium Lausanne: reiche Reptiliensammlungen.
Hirschpark Sauvabelin (Chalet-à-Gobet): 15 Tierarten, etwa 230 Tiere. Geöffnet Sommer 7–19 Uhr, Winter 8–17 Uhr, Eintritt gratis. Zufahrt: Bus 16, mit Auto Straße Lausanne–Chalet-à-Gobet, Parkplatz.

Alpensegler: Place de la Riponne.
Bahn/Parkplatz Lausanne, Wanderung Rue du Petit-Chêne–Le Grand-Pont–Rue Haldimand–Place de la Riponne. Altstadthäuser, Kathedrale, Palais de Rumine.
F, S: Alpensegler, Mauersegler, Graudohlen.
Wasservögel, Nachtigall: Parc Bourget, westlich der Stadt.
Bahn Lausanne, Bus/Parkplatz Vidy, Wanderung dem Seeufer entlang zum Park (Richtung St-Sulpice). Parkanlage mit Bäumen, Büschen, Wiesen, Teich, Seeanstoß.
F, S, H: Enten, Rallen, Tauben (u.a. Turteltaube), Spechte (u.a. Kleinspecht),

Singvögel (u. a. Nachtigall, Drosseln, Rohrsänger, Gelbspötter, Grasmücken, Laubsänger, Schnäpper, Meisen, Rohrammer).
W: Eisvogel, Singvögel (u. a. Finken, Erlenzeisig).

Lauterbrunnen H 5 d

▽ **Staubbachfall.** Etwa 1 km südlich Bahnhof Lauterbrunnen. Am imposantesten im Frühling (Schneeschmelze), direkt vom Fuß des Falles oder vom Gegenhang aus. Etwa 300 m hoher Wasserfall über zum Teil überhängende Felswände. Beschrieben z. B. in A. von Hallers «Alpen» (1729) oder von J. W. von Goethe im «Gesang der Geister über den Wassern» (1779).
Trümmelbachfälle. Erreichbar mit Auto (Parkplatz), mit Postbusservice Lauterbrunnen–Trümmelbach–Stechelberg, zu Fuß von Lauterbrunnen (3 km). Zugänglich gemacht mit Tunnellift, und durch Gehsteige erschlossen. 7 Gletscherwasserfälle, die sich durch die Erosion (Ausfurchung durch das fließende Wasser) in den Berg eingefressen haben. Erosionstätigkeit: pro 60 Jahre etwa 1 m Vertiefung des Bettes. Der Trümmelbach entwässert das Gebiet von Eiger, Mönch und Jungfrau (Nordseite).

↳ **Felsenvögel:** Lauterbrunnental von Stechelberg–Lauterbrunnen.
Bahn/Parkplatz Lauterbrunnen, Postauto Stechelberg, Wanderung nach Lauterbrunnen. Felswände links und rechts der Lütschine.
F, S: Greifvögel (u. a. Steinadler), Alpensegler, Singvögel (u. a. Felsenschwalbe, Mauerläufer).

Lauwil G 2 d

↳ **Zugvögel:** Ullmatt, Juraübergang zwischen Aleten und Geißberg im Südwesten von Lauwil.
Bahn Waldenburg, Postauto/Parkplatz Lauwil, Aufstieg zur Ullmatt Richtung Westsüdwest. Wald, Gehölze, Hecken, Baumgärten, Wiesen, Felder, auf Paßhöhe Beringungs- und Vogelzugbeobachtungsstation.
H: Greifvögel, Tauben, Spechte (u. a. Schwarzspecht), Singvögel (u. a. Schwalben, Pieper, Stelzen, Drosseln, Meisen, Finken, Tannenhäher, Kolkrabe).

Lavertezzo M 6 c

⚔ **Gemse** – *Madone* (2395 m ü. M.), *Alpe Rognoi* (1628 m ü. M.): Weg von Lavertezzo durch das Val Carecchio.
Cima di Prescastello (2359 m ü. M.), *Alpe Carnavosa:* Weg von Lavertezzo durch das Val Pincascia.
Pizzo d'Alnasca (2197 m ü. M.), *Alpe Corte Nuovo, Cima di Rierna* (2460 m ü. M.): Weg von Lavertezzo durch das Val d'Agro.
Murmeltier – *Materello* (2173 m ü. M.), *Alpe Caneggio* (1882 m ü. M.): Weg durch das Val Pincascia oder Lavertezzo–Forno–Agro.
Alpe Cangello (1522 m ü. M.): Weg von Lavertezzo aus.

Lavin Q 4 d

● Reformierte **Kirche,** um 1500 erbaut. Chor vollständig mit Fresken eines oberitalienischen Meisters ausgemalt. In Giarsun, oberhalb des Dorfes, befindet sich ein **vorgeschichtlicher Steinwall,** 9 m hoch und 120 m lang.

⚔ **Steinbock/Gemse** – *Piz Linard* (3410 m ü. M.): Wege von Lavin durch das Val Sagliains oder durch das Val Lavinuoz.

Leibstadt J 2 b

☼ Flußkraftwerk (Albbruck-Dogern) und Atomkraftwerkprojekt.

↳ **Wasservögel, Greifvögel:** Bernaustau am Schweizer Rheinufer.
Bahn Leibstadt/Parkplatz Bernau, Wanderung Richtung Zoll–Rheinufer–Full. Stausee mit Uferzone, Rast- und Überwinterungsgebiet für Schwimmvögel.
F, H, W: Schwimmvögel (u. a. Meerenten).
S: Schwarzmilan.
J: Turmfalke.

Leißigen H 5 a

▽ **Gipssteinbruch Rotenbühl der Gips-Union.** Etwa 2,5 km westlich Bahnhof Leißigen. Oberhalb der Straße Leißigen–Krattigen. Abzweigung von der Straße Leißigen–Krattigen (Wegweiser). Der Abbau des Gipses erfolgt in 10–12 m hohen Terrassen, von diesen aus werden Stollen und Förderschächte gesprengt. Neben Gips steht noch nutzloser Anhydrit an, der deponiert wird. Der Gipsvorrat reicht hier noch für etwa 50 Jahre. Im Anhydrit findet man ab und zu schöne Anhydritkristalle. Im Gegensatz zu früher wird seit 1971 nur noch eine Sorte Gips geliefert. Die Abtransportstelle liegt unten am See (Geleiseanschluß). Alte Gipsfabrik (für Gipsplatten usw.). Früher auch Abbaustelle bei Krattigen.

Gemse – *Greberegg* (1585 m ü.M.): Wege vom Suldtal und von Leißigen (Station SBB) aus.
Gemse/Murmeltier – *Morgenberghorn* (2249 m ü.M.): Wege vom Suldtal, von Leißigen und Saxeten aus.

Lenk F 6 b

Sieben Brunnen und Simmenfälle. Fahrsträßchen von Lenk bis zu den Simmenfällen, dann etwa 2 km leichte Fußwanderung.
Die 7 Quellen, die über die Nordwand des Fluhhorns fließen, bilden ein rund 30 m hohes Kaskadensystem. Quellarme der Simme. Von Räzliberg bis zur Ebene von Oberried südlich Lenk bildet die Simme 3 Fälle, wovon die beiden unteren eine etwa 300 m lange Stromschnellenstrecke bilden.

Gemse/Murmeltier – *Betelberg* (1943 m ü.M.) Osthang: Straße Lenk–Pöschenried, Seilbahn Lenk–Betelberg.
Hohberg (1963 m ü.M.), *Mittaghorn* (2685 m ü.M.): Straße Lenk–Pöschenried–Iffigen (Parkplatz).
Oberlaubhorn (1999 m ü.M.), *Laufbodenhorn* (1701 m ü.M.): Straße Lenk–Pöschenried oder Lenk–Oberried.
Ämmertenhorn (2666 m ü.M.): Straße Lenk–Oberried (Parkplatz).

Vögel: Naturschutzgebiet Lenkerseeli.
Bahn/Parkplatz Lenk, Wanderung am linken Simmeufer aufwärts Richtung Süd zum Seeli. Bergsee, Schilf, Sumpf, Wiesen, Wald, günstiger Rundweg.
F, S, H: Schwäne, Enten, Limikolen, Rallen, Singvögel (Rohrsänger, Rohrammer), Schlafplatz für Schwalben, Pieper (u.a. Wasserpieper), Stelzen (u.a. Schafstelze) und Stare.

Lenzburg J 2 d •

Hübsches Landstädtchen unterhalb der markanten und in der Schweiz **größten Höhenburg**. Heute Sitz der «Stätte der Begegnung», einer Institution, die Gespräche über Kultur und Politik auf breiter Ebene fördert. Sammlung zur aargauischen Geschichte, Wohnkultur und Kunst (Tel. 064 51 43 92; April–Oktober Dienstag–Sonntag 9.30–12, 13.30–17 Uhr). An der Nationalstraßenzufahrt Ruinen eines römischen Bühnentheaters, das 4000–5000 Zuschauer zu fassen vermochte.

Waldlehrpfad Fünfweiher: Lehrpfad mit 60 verschiedenen Pflanzenarten. Langpfad 1,25 km (rund ¾ Std.) und Kurzpfad 300 m (½ Std.). Höhendifferenz etwa 30 m.
Start beim «Glockenstuhl» Fünfweiher (Koord. 656300/247000). Zufahrt mit Auto möglich, Parkplätze beim Waldeingang. Bestimmungsschlüssel beim Start gratis erhältlich. Für Schulen geeignet, Testblätter vorhanden.

Segler: Altstadt.
Bahn/Parkplatz Lenzburg, Wanderung durch Altstadt. Alte Häuser mit Einschlupfmöglichkeiten unter dem Dach.
F, S: Alpensegler, Mauersegler, Singvögel (u.a. Schwalben, Rotschwänze).

Lenzerheide O 5 b

Heidsee. Etwa 10 km südlich Chur. Liegt etwas südlich der Paßhöhe im Innern der Sturz- und Moränenschuttmassen der Lenzerheide eingebettet. Diverse kleinere Bergstürze von den Talflanken her. Hauptbergsturz vom Gebiet Weißhorn–Rothorn.

Gemse – *Faulberg* (2572 m ü.M.), *Stätzerhorn* (2467 m ü.M.), *Piz Danis* (2497 m ü.M.), *Piz Scalottas* (2322 m ü.M.): Wege von Paspels und Scharans oder von Domleschg und Lenzerheide aus. Seilbahn Lenzerheide–Piz Scalottas oder Valbella–Stätzerhorn.

Leukerbad G 6 b

🐾 **Gemse/Murmeltier** – *Leukerbad* (1401 m ü. M.), *Gemmipaß* (2316 m ü. M.), an beiden Talhängen: Straße und Bahn Leuk (Station SBB)–Inden–Leukerbad, Weg und Seilbahn zum Gemmipaß, Weg Schwarenbach–Kandersteg.

🦅 **Felsenvögel, Ammern:** Rechter Hang des Leukertals, vor allem Felsen der Schattenflue bei Rumeling.
Bahn/Parkplatz Leukerbad, Wanderung Stafeling–Larsi–Miliüt–Inden–Rumeling–Tschingeren–Leuk. Wald, Weiden, Reben, Fels.
F, S: Turmfalke, Steinhuhn, Felsenbrutplätze des Alpenseglers, Felsenschwalbe, Rotrückenwürger, Schwarzkehlchen, Mauerläufer, Zaun-, Zipp- und Gartenammer, Distelfink, Bluthänfling, Graudohle, Kolkrabe.

• Leuk Stadt G 6 d

🏛 Stattliche **spätgotische Pfarrkirche** mit romanischem Turm. Geschnitzte Barockkanzel. Ehemaliges bischöfliches **Schloß.** Neubau im Jahr 1457 durch Walter Supersax. **Château des Vidomnes,** 1534 zum Rathaus umgebaut.

✱ Satelliten-Bodenstation PTT.

• Lichtensteig M 3 b

🏛 Mittelalterliches Städtchen. Denkmal für den Lichtensteiger Bürger **Jost Bürgi**
🏠 (1552–1632), den Erfinder der Logarithmen. **Heimatmuseum** beim Rathaus (Dienstag–Samstag 9–11, 13–17 Uhr, Sonntag 9–11, 13–16 Uhr, am 1. Sonntag des Monats geschlossen).

Liddes E 7 d

🐾 **Hirsch** (Sommer)/**Murmeltier** – *Bavon* (2030 m ü. M.): Straße Liddes–Drance, Weg nach La Tsissette–Vouasse (2393 m ü. M.).
La Tsissette (2005 m ü. M.): rechter Talhang.
Gemse – *Tour-de-Bavon* (2467 m ü. M.).
Steinbock (Sommer/Winter) – *Pte du Revedin*.
Hirsch (Winter)/**Murmeltier** – *Mont-Brûlé* (2568 m ü. M.): Straße Liddes–Chandonne (1554 m ü. M.), Weg nach Le Verney (1775 m ü. M.).
Hirsch (Sommer) – *Le Creux* (1627 m ü. M.): Straße Liddes–Drance–Chez-Petit (1365 m ü. M.).
Hirsch (Winter) – *Le Cœur* (2233 m ü. M.): Straße Liddes–La Combe, Weg nach La Dreudze–Le Cœur.

🦅 **Steinrötel, Bergvögel:** Montagnes d'Erra, rechte Talseite des Val d'Entremont.
Bahn Orsières, Postauto/Parkplatz Liddes, Wanderung Montagnes d'Erra–Chandonne–Liddes. Wald, Weiden, Fels.
F, S: Greifvögel (u. a. Steinadler, Turmfalke), Rauhfußhühner (Alpenschneehuhn, Birkhuhn), Singvögel (u. a. Alpenbraunelle, Braunkehlchen, Steinschmätzer, Steinrötel, Ringdrossel, Birkenzeisig, Fichtenkreuzschnabel, Schneefink, Kolkrabe).

Lieli K 3 a

🏰 Die wenige Min. oberhalb des Dorfes gelegene **Ruine Nünegg,** 1386 im Zug des Sempacherkrieges zerstört, war im 13./14. Jh. Sitz der Herren von Lieli.

Liesberg F 2 d

⛏ **Tongruben.** Untere Grube bei Liesbergmüli im Birstal, an der Straße Laufen–Delsberg, 500 m westlich Station Liesberg. Parkmöglichkeit bei der Fabrik. Neue, obere Grube: Abzweigung nach Liesberg (Wegweiser), nach etwa 800 m erste Abzweigung nach links, nach 200 m Grubenareal. Parkplatz. Bei Liesbergmüli verarbeitet man Kalk zu hydraulischem Kalk. Die Tone werden für das Zementwerk Laufen gewonnen. Altberühmt sind diese Gruben wegen ihrer Funde von Versteinerungen, vor allem Ammoniten. Einzelne Gesteinsstücke im östlichen Teil der unteren Grube sind durch einen organischen Farbstoff intensiv violett gefärbt (Fringelit genannt).

• Liestal G 2 d

🏛 **Römische Villa** in Munznach, Abzweigung bei der Tuchfabrik Schild AG zwischen
🏠 Liestal und Frenkendorf. Restaurierte Ruine unter Schutzdach. **Museum** mit Mo-

dell der Villa und gefundenen Gegenständen (geöffnet Februar–November Sonntagnachmittag 14–17 Uhr).

Lieu, Le B 5 b

Eulen, Bergvögel: Mont-Risoux, Gros-Crêt und Grande-Combe.
Bahn/Parkplatz Le Lieu, Wanderung Gros-Crêt–Grande-Combe–Le Pont. Weiden, Wald, Felsen.
F, S: Greifvögel, Rauhfußhühner (u. a. Urhuhn), Eulen (u. a. Rauhfußkauz, Sperlingskauz), Spechte (u. a. Schwarzspecht), Ringdrossel, Mauerläufer, Zitronfink, Fichtenkreuzschnabel, Kolkrabe.

Ligornetto M 8 a

Anmutiges Dorf, in dem der Bildhauer Vincenzo Vela (1820–90) geboren wurde und wo er zeitweise arbeitete. **Museum Vela** mit Originalen und Abgüssen (Tel. 091 6 20 54; Februar–November 9–12, 14–17 Uhr).

Lindenthal G 4 a

Gemse – *Lindenthal:* Gegend von Thorberg an der Straße Bern–Boll–Lindenthal (Parkplatz)–Thorberg–Krauchthal (Parkplatz), Flühe gegenüber Thorberg und Chlosteralp.

Kolkrabe, Mauerläufer: Lindenthal östlich Bantiger–Krauchthal und Geismefluh am Osthang.
Bahn Hindelbank, Postauto/Parkplatz Krauchthal, Wanderung Richtung Lindenthal. Sandsteinfelsen, Wald, Wiesen, Äcker, Naturschutzgebiet.
J: Greifvögel (u. a. Wanderfalke), Graudohlenkolonie, Kolkrabe.
W: Mauerläufer.

Linn J 2 c

Linner Linde, *Tilia platyphyllos,* Sommerlinde: mächtiger, freistehender Baum, eine der ältesten und größten Linden in der Schweiz, Stamm$\emptyset$, über Wülste und Furchen gemessen, 3,50 m; Stamm sich in etwa 3 m Höhe in verschiedene Teile auflösend; Krone noch relativ gut, einige dicke Äste früher zurückgeschnitten, Austrieb kräftig. Steht unmittelbar bei der Wegkreuzung Linn/Gallenkirch/Neu-Stalden–Schinznach Dorf, P. 580 m, rund 2 km westlich von Villnachern (10 m nordnordöstlich des Parkplatzes, 67 m nordöstlich der Ortstafel Linn). Eisenbank auf der Westseite. Das Alter wird von den Einwohnern von Linn mit 800-1400 Jahren angegeben (Gallus, gest. 630 oder 645 n. Chr., soll den Baum gepflanzt und unter seiner Krone gepredigt haben), doch dürften Angaben von 1000 und mehr Jahren zu hoch gegriffen sein. Wahrscheinlicher ist der Bericht, daß die Linde nach einer Pestepidemie zwischen 1349 und 1667 auf ein Massengrab gepflanzt wurde. Coaz schätzte 1911 das Alter auf 500–600 Jahre. Objekt des Schweizerischen Bundes für Naturschutz.

Linthal M 4 b/d

Steinadler, Bergvögel: Linker Hang des Durnachtals.
Bahn/Parkplatz Linthal, Wanderung Restiberg–Stalden–Langstafel–Heustafel–Heuplänkli–Restiberg–Linthal. Wald, Weiden, Fels.
F, S: Greifvögel (u. a. Steinadler, Turmfalke), Rauhfußhühner (u. a. Alpenschneehuhn, Birkhuhn), Eulen (u. a. Rauhfußkauz), Spechte (u. a. Schwarzspecht), Singvögel (u. a. Pieper, Stelzen, Alpenbraunelle, Steinschmätzer, Drosseln, Schneefink, Birkenzeisig, Alpendohle, Tannenhäher, Kolkrabe).

Littau J 4 b

Naturlehrpfad Rotenwald: Lehrpfad von 1,5 km Länge mit 84 Posten: Bäume und Sträucher dt./lat. beschriftet, Vogelnistkästen, erratischer Block, Molasseaufschluß, Zeitbedarf je nach Interesse 1½–2 Std.
Start bei Koord. 663 250/213 000, zu Fuß erreichbar ab Bahnstation Emmenbrücke oder Littau, mit Auto ab Staldenhöhe Reußbühl. Parkplätze bei Kantonsschule Reußbühl.

Uferschwalbe, Singvögel: Kiesgrube.
Bahn/Parkplatz Littau, Wanderung zur Kiesgrube nördlich des Dorfkerns. Kiesgrube, Siedlungsgebiet, Baumgärten, Felder.

F, S: Singvögel (u. a. Uferschwalbenkolonie, Mehl- und Rauchschwalben, Rotschwänze, Schnäpper, Meisen, Finken).

● **Locarno** L 7 b

Altstadt mit weitgehend intaktem Ortsbild. **Schloß** aus dem 15./16. Jh. In die historischen Räume wurde eine wertvolle **Sammlung moderner Kunst** integriert. Archäologische Ausstellungsstücke (Tel. 093 7 53 57; April–Oktober 9–12, 14–16 Uhr). **S. Vittore, Muralto,** in der Nähe des Bahnhofes. Romanische Pfeilerbasilika mit ausdrucksvollem Säulenschmuck in der Krypta. Ehemaliges Minoritenkloster **San Francesco,** gebaut 1528. **Madonna del Sasso,** hoch über der Stadt, zu Fuß oder mit Seilbahn zu erreichen. Die Wallfahrtskirche entstand im 17. Jh., das Kapuzinerkloster ist durch Umbauten aus der Zeit um 1900 geprägt. Votivtafeln. Tafelbilder von Bramantino, Bernardino de Conti und Antonio Ciseri. Großartige Aussicht.

Sitz der Maggiakraftwerke, größtes Tessiner Kraftwerksystem. Vier Zentralen: Peccia, Cavergno, Palagnedra, Verbano. Einzugsgebiet vom Griespaß über den Stausee Sambuco, Palagnedra im Centovalli bis Verbano am Langensee. Centovallibahn, interessantes Trassee. Speicherkraftwerk Verzasca 5 km östlich Locarno.

Maggiadelta. Lehrbuchhaft ausgebildetes Delta der Maggia (inkl. Melezza) in den Lago Maggiore, heute kanalisiert.

Die Uferzone am obern Langensee (vor allem von Minusio über Locarno, Ascona bis Brissago) genießt das auch gartenbaulich günstigste Klima der Schweiz. Man trifft daher hier die größte Zahl wärmeliebender, vielfach fremdländischer Zierpflanzen. **Zypressen** *(Cupressus-*Arten), der **Echte Lorbeer** *(Laurus nobilis),* die **Immergrüne Magnolie** *(Magnolia grandiflora),* die sogenannten **Mimosen** *(Acacia*-Arten), **Lagerstroemien** *(Lagerstroemia indica),* **Camellien** *(Camellia),* der **Erdbeerbaum** *(Arbutus unedo),* **Rhododendren** und **Azaleen** *(Rhododendron)* gehören in dieser Region – in ähnlicher Weise auch im Gebiet des Luganersees – bis auf etwa 700 m ü. M. (nach Art verschieden, in günstigen Lagen teilweise noch weiter hinauf) zur vertrauten Vegetation und bedürfen daher keiner besonderen Erwähnung. In die gleiche Gruppe fallen der **Kirschlorbeer** sowie der **Portugiesische Lorbeer** *(Prunus laurocerasus, Prunus lusitanica),* namentlich aber die **Edelkastanie** *(Castanea sativa),* welche höher ansteigen (die Edelkastanie bis 900 oder sogar 1000 m). An dieser Stelle können nur die auffallendsten Pflanzen Erwähnung finden; allen voran die **Palmen.**
1. Fächerpalmen: Blattsegmente von einem Punkt ausstrahlend: Die **Hohe Hanfpalme,** die sogenannte «**Tessiner Palme»,** *Trachycarpus fortunei,* mit immergrünen, fächerförmig angeordneten Blattsegmenten, unbewehrtem (nur etwas rauhem) Blattstiel, mit braunen Fasern bedecktem Stamm (einstämmig), ist zweihäusig (weibliche und männliche Exemplare). Diese aus Ostasien stammende Art ist heute im südlichen Tessin weit verbreitet und verwildert in den mildesten Lagen; sie steigt in den nördlichen Tessiner Tälern bis auf 800 m ü. M., einzig im Val Colla (Scareglia) erreicht sie nahezu 1000 m. Nach den bisherigen Beobachtungen hat die Hanfpalme in der nördlichen Schweiz einzig in Hertenstein (südlich Hotel Hertenstein) und Vitznau (östlich Hotel Vitznauerhof) und je ein Exemplar den kalten Februar 1956 überstanden. **Niedrige Zwergpalme,** *Chamaerops humilis:* ähnlich wie die Hohe Hanfpalme, aber Blattstiele mit Stacheln bewehrt; niedriger als diese, aber mit zunehmendem Alter zweistämmig. Weit weniger häufig kultiviert als die Hohe Hanfpalme (siehe Castagnola). Einzige auch in Europa wildwachsende Palmenart; Heimat: Nordafrika, Südwesteuropa. **Blaue Hesperidenpalme,** *Erythea armata:* Blattsegmente hell blaugrün, Blattstiele mit starken Stacheln. Größtes Exemplar der Schweiz am Quai von Muralto (östlich Dampfschiffsteg). Blütezeit August–September. Heimat: Südkalifornien.
2. Fiederpalmen: Blattsegmente längs der Mittelrippe stehend (wie Feder): **Chilenische Wein-** oder **Honigpalme,** *Jubaea chilensis,* früher *Jubaea spectabilis:* Palmen mit im Alter mächtigem, fast glattem Stamm. Ein großes Exemplar im Stadtpark, auch in den Quaianlagen von Muralto (siehe Castagnola). Heimat: Chile. **Yatay-** oder **Blaue Kokospalme,** *Butia (Cocos) yatay:* Blattwedel weniger groß als bei der Honigpalme, stark gebogen. 1 Exemplar in den Quaianlagen von Muralto (zwischen Dampfschiffstation und Eingang zum Hotel Reber, östlich des Scalo). Heimat: Argentinien. **Kanarische Dattelpalme,** *Phoenix canariensis:* einziges Exemplar der Schweiz auf der Isola di Brissago. Heimat: Kanarische Inseln.
Die Tatsache, daß von den 6 im Südtessin aushaltenden Palmenarten in Lugano nur deren 3, im Gebiet des obern Lago Maggiore dagegen 6 vorkommen, beweist deutlich die klimatische Überlegenheit des Locarnese.

Eukalyptusarten:
Grauer Eukalyptus, Argyle Apple, Mealy stringybark, *Eucalyptus cinerea:* Baum mit immergrünen, anfänglich eiförmig-lanzettlichen, später meist sichelförmig gebogenen, lanzettlichen, weißlichen bis graugrünen Blättern, junge Zweige und Knospen mit weißem Wachsüberzug. Blüten und Früchte zu 3; Blütezeit meist April. Ein stattliches Exemplar in den Quaianlagen von Muralto, unweit des Eingangs zum Hotel Reber. Heimat: südöstliches Australien.
In Garten- und Parkanlagen kommen noch andere Eukalyptusarten vor.
Kopfiger Hartriegel oder **Hornstrauch,** *Cornus capitata* (früher *Benthamia fragifera):* kleiner, immergrüner Baum, große Blüten im Juni, 4–6 gelbe Hochblätter tragend. Früchte kugelig, gefeldert, blaßrot (entfernt einer Erdbeere gleichend, daher auch «Erdbeerbaum»), im Oktober–November. Ein auffallender kleiner Baum am Westende der Quaianlagen von Muralto (unweit von P. 198 m). Heimat: Himalaya.
Oleander, Leandro, *Nerium oleander:* Strauch oder kleiner Baum mit immergrünen, lanzettlichen, 10–15 cm langen Blättern, alle Teile giftig. Blüten in endständigen Trugdolden, weiß, gelb bis leuchtenddunkelrot, Juli–September. Im Tessin und in Italien beliebt für Straßenpflanzungen, so in Locarno z.B. längs des Stadtparks (westlich der Dampfschiffstation). Heimat: Mittelmeergebiete.

Singvögel: Parco della Pace.
Bahn/Parkplatz Locarno, Wanderung zum Park an der Via Respini zwischen Lido und Maggiamündung. Park mit Nistkastenanlage.
F, S: Singvögel (u. a. Meisen, Finken, Italiensperling, Nebelkrähe).

Locle, Le   D 3/4
Musée d'histoire et musée d'horlogerie. Uhren- und Automatensammlung (Tel. 039 5 16 80; April–Oktober Dienstag–Freitag 14–17 Uhr, November–März Sonntag 14–17 Uhr).

Loco   L 7 a
Museo Onsernonese, volkskundliche und lokalgeschichtliche Sammlung (täglich 9–12 und 13.30–17.30 Uhr).

Lodano   L 6 c
Murmeltier – *Valle di Lodano, Alpe Agheirone:* Weg Lodano–Castello–Alpe Agheirone oder Lodano–Sassalto–Alpe Pii (1607 m ü. M.)–Alpe Agheirone.
Gemse – *Pizzo Cramalina* (2322 m ü. M.), *Madonetto:* Weg von der Valle di Lodano oder von Gresso (Valle Onsernone/Vergelletto) aus.

Lodrino   M 6 d
Gemse – *Val di Lodrino, Alpe Mercori:* Weg von Lodrino aus.
Murmeltier – *Val Drosina:* Weg von Lodrino–Dureda (Val Lodrino)–Alpe Nuovo (1117 m ü. M.).

Lucelle   F 2 c
Wasservögel, Singvögel: Weiher südlich Dorf.
Bahn Delémont, Postauto/Parkplatz Lucelle, Wanderung zum Weiher Richtung Süden. Größerer Weiher, Bach, Gehölze, Waldrand.
F, S: Wasservögel, Singvögel.

Lucens   D 5 b
Imposantes **Schloß.** Rundturm aus dem 13. Jh. **Stiftung Conan Doyle,** Dokumentation über den Sherlock-Holmes-Autor. Rekonstruktion des von Conan Doyle erdachten Wohnzimmers von Sherlock Holmes (Tel. 021 95 80 32; März–November Dienstag–Sonntag 10–12, 14–18 Uhr).

Lugano   M 7 c/d
Historisches Zentrum. Kathedrale **S. Lorenzo,** romanisch, spätgotisch und barock umgebaut. **Sta Maria degli Angioli** mit Kreuzigungsfresken von Bernardo Luini, 1529. Vom gleichen Künstler eine Madonnen- und Abendmahlsdarstellung. Prächtige **Bürgerhäuser** und **Paläste. Villa Ciani,** am See, Gemäldesammlung mit Werken von Schweizer und ausländischen Künstlern (Tel. 091 2 41 84; Dienstag–Sonntag 9–12, 14–18 Uhr).

☼ Bemerkenswerte Nationalstraßenbauten, Seedamm (Melide) für Bahn, Kantons- und Nationalstraße. Zwischen Lugano und Melide zwei Straßentunnels. Neues Fernmeldezentrum der PTT (Breganzona) für Telefon, Radio und Fernsehen (mit Antennenturm).

📖 **Museo di storia naturale,** Palazzo degli Studi. Schöne Mineraliensammlung. Geöffnet Dienstag und Samstag 9–12, 14–17 Uhr.

🌳 Die Uferpartien und die anschließenden untersten Hänge des Luganersees (Lago Ceresio) zeichnen sich durch ein sehr günstiges Klima aus, welches die Kultur zahlreicher wärmeliebender Zierpflanzen ermöglicht. Immerhin reichen die gartenbaulichen Möglichkeiten nicht ganz an die Region des obersten Langensees (Lago Maggiore) heran (siehe Locarno).
Parco Civico, Umgebung der Villa Ciani (Städtisches Museum): östlich des Stadtzentrums, an See grenzend; Zugänge an der Nord- und Westseite.
Umgebung des Liceo (Gymnasium), östlich an den Parco Civico anschließend; Zugang von diesem oder vom Viale Carlo Cattaneo aus: **Schirmakazien,** *Albizzia julibrissin:* mehrere mittelgroße Bäume im Innenhof des Liceo sowie beim Parkplatz Campo Marzio; (siehe Vitznau).
Villa Favorita: siehe Castagnola.
Quaianlagen Lugano bis Paradiso (von der Piazza B. Luini bis Dampfschiffsteg Paradiso); Pflanzungen zwischen See und der Uferstraße Riva Ant. Caccia: **Mammutbaum,** *Sequoiadendron giganteum:* bekanntes, mächtiges Exemplar (Stamm⌀ 2,24 m, Höhe um 32 m) vor Haus Riva Ant. Caccia 3. **Korkeiche,** *Quercus suber:* großer, etwa 14 m hoher Baum (Stamm⌀ über 60 cm) vor dem Haus Riva Ant. Caccia 2. **Stecheiche,** *Quercus ilex:* größte, rund 25 m hohe Stech-Eiche der Südschweiz (Stamm⌀ 1,45 m) bei der Kreuzung der Riva Ant. Caccia mit der Via Adamini. **Falscher Kampferbaum,** *Canfora falsa, Cinnamomum glanduliferum:* alter, 5stämmiger (Stamm⌀ bis 38 cm), etwa 15 m hoher buschiger Baum mit immergrünen, oberseits glänzenden, beim Zerreiben nach Kampfer duftenden Blättern (Blüten unscheinbar). Im Südtessin beliebter, aus Ostasien stammender Parkbaum. **Judasbäume,** Alberi di Giuda, *Cercis siliquastrum:* ein ab Boden 4stämmiges, etwa 17 m hohes prächtiges Exemplar vor dem Haus Riva Ant. Caccia 4 sowie 5 rund 12 m hohe kleinere Bäume (Stamm⌀ bis 35 cm) beim «Blindenbrunnen» vor dem Zentralpark. **Schirmakazien,** *Albizzia julibrissin:* 17 z.T. stattliche Bäume (Stamm⌀ bis 38 cm) vor der Engelskirche (Chiesa degli Angioli).
Die am Quai Lugano-Paradiso häufig zu beobachtenden **Hohen Hanfpalmen** *(Trachycarpus fortunei)* sowie der **Oleander** *(Nerium oleander)* bedürfen keiner speziellen Erwähnung (siehe Locarno).

🦆 **Schwimmvögel, Singvögel:** Parco Ciani am See.
Bahn/Parkplatz Lugano, Wanderung Richtung Seepromenade–Kursaal, Besuch des Parks zwischen Corso Elvezia und Mündung der Cassarate. Park, Seeufer, Flußmündung, Nistkastenanlage.
F, H, W: Schwimmvögel (u.a. Taucher, Schwäne, Enten, Rallen, Möwen), Singvögel (u.a. Grasmücken, Laubsänger, Meisen, Finken, Italiensperling, Nebelkrähe).

Lugano-Paradiso M 7 c
🦅 **Greifvögel, Felsenvögel:** San Salvatore–Melide.
Bahn/Parkplatz Lugano-Paradiso, Bergbahn San Salvatore, Wanderung Carona–Melide. Felsen, Wiesen, Wald.
F, S: Greifvögel (u.a. Schlangenadler, Schwarzmilan, Turmfalke), Segler, Spechte, Singvögel (u.a. Felsenschwalbe, Würger, Schwarzkehlchen, Ammern, Distelfink, Bluthänfling, Italiensperling, Nebelkrähe).

Lugnorre E 4 b
🐦 **Würger, Ammern:** Mont-Vully–Rebbaugebiet Lugnorre–Sugiez.
Bahn Sugiez, Postauto/Parkplatz Lugnorre, Wanderung Sur-le-Mont–Vully Gipfel–Sur-les-Planches–Vaux-de-Praz–Lugnorre. Felder, Gehölze, Rebbaugebiet.
F, S: Greifvögel (u.a. Schwarzmilan, Turmfalke), Tauben, Singvögel (u.a. Heidelerche, Schwalben, Rotrückenwürger, Goldammer, Zaunammer).

Lukmanierpaß L 5 d
🐐 **Gemse** – *Piz Lai Blau* (2961 m ü. M.): Weg von Alp Stegia zum Lai Blau (Lukmanierpaß).
Scai (2263 m ü. M.): Weg Lukmanierpaßhöhe–Alpe di Croce (1933 m ü. M.)–Pizzo dell'Uomo (2662 m ü. M.).

Lungern J 4/5

Steinbock/Gemse – *Höch Gumme* (2205 m ü. M.): Straße Lungern–Obsee–Dundel, Weg nach Breitenfeld (1762 m ü. M.), Seilbahn Obsee–Schönbüel (2011 m ü. M.).
Hirsch – *Schwand* (1285 m ü. M.): Wege von Obsee oder Dießelbach aus.
Schild (1260 m ü. M.): Straße Lungern–Brünigpaß (1002 m ü. M.), Weg Käle–Rüti–Oberbrünig.
Gemse/Murmeltier – *Alp Breitenfeld, Wilerhorn* (2005 m ü. M.): Von Schönbüel, Brienzwiler oder vom Brienzer Rothorn aus.

Lunschania N 5 a

Gemse – *Crap Grisch* (2844 m ü. M.): Weg von Lunschania (1018 m ü. M.) oder Safien Platz aus.

Luterbach G 3 a

Wasservögel, Singvögel: Mündung der Emme, Aare Luterbach–Solothurn.
Bahn/Parkplatz Luterbach, Wanderung Aareufer–Mündung Emme–Emmenholz.
Emme und Kanal, Aareufer, Auwald, Felder, Siedlungen.
F, H, W: Wasservögel (Rastplatz, Überwinterer), Singvögel.

Lutry D 5/6 c/a

Ehemaliges **Benediktinerkloster**. Prioratskirche **St. Martin**. Chor um 1300 erbaut, Langhaus aus der Mitte des 14. Jh., Westportal von 1578.

Lützelau K 4 b

Hintere Lützelau: große, private Liegenschaft am untersten Hang des Rigi, im Süden an Autostraße und See grenzend, mit interessantem Baumbestand. Alle Gehölze von der Straße aus sichtbar. Besitzer: Steiner Hermann Erben (siehe auch Vitznau).
Italienische oder **Mittelmeerzypresse**, *Cupressus sempervirens:* rund 24 m hoher, schlank-pyramidaler Baum mit zahlreichen kugelig-eiförmigen Früchten (Zapfen); Stamm⌀ 45 cm (1,4 m), Kronen⌀ an der Basis 4 m. Größtes und bestes Exemplar der Zentralschweiz, immergrün; 3 m vom Ostrand (durch Steinwall gebildet) der Parkanlagen und 12 m in nordöstlicher Richtung vom Osteingang der Liegenschaft (Schiebetor) entfernt.
Echter oder **Küchenlorbeer**, *Laurus nobilis:* völlig gesunder, 4,5 m hoher Strauch mit 10 Stämmchen, immergrün, dem Alter entsprechend noch nicht blühend (Blütezeit Anfang Juni); 10 m westlich der Zypresse (Richtung Villa); größtes gesundes Exemplar der nördlichen Schweiz (Pflanzen der gleichen Art, z. B. am Zürichsee, sind kleiner und frieren oft zurück).
Kirschlorbeer, *Prunus laurocerasus:* bildet in der Umgebung der Zypresse sowie seewärts der Straße große Büsche, stellenweise als Hecke geschnitten. Blütezeit Mai, Früchte schwarzpurpurn. Blätter groß, glänzend, immergrün.
Immergrüne oder **Großblütige Magnolie**, *Magnolia grandiflora:* kleiner, etwa 7 m hoher und 5 m breiter strauchförmiger Baum (Verzweigung beginnt wenig über dem Boden). Blätter groß, oberseits glänzend. Blüten groß, becherförmig, weißlich, ⌀ 15–20 cm (nur an größeren Bäumen), Blütezeit Juni–August.
Vordere Lützelau, beim Strandhotel Lützelau:
Mammutbaum, *Sequoiadendron giganteum:* großer Baum südlich des Strandhotels, zwischen Autostraße und See; Stamm⌀ 1,95 m, Basis verdickt.
Edelkastanie, *Castanea sativa:* größerer natürlicher Bestand am Hang «Chestenenweid», von 520–630 m ü. M., nordöstlich der Vordern Lützelau. Zugang: Wegabzweigung von der Uferstraße, rund 100 m ostnordöstlich vom Strandhotel Lützelau.

Lützelflüh G 4 b

Wirkungsort von Pfarrer Albert Bitzius (Jeremias Gotthelf). Kleines **Gotthelf-Museum,** Ueli-Brunnen beim Schulhaus.

Luzern J/K 3/4

Hofkirche, eindrücklicher Renaissancebau, nach dem Brand von 1663 neu aufgebaut. Frühbarocke Ausstattung. Stiftsschatz jeden Samstag 14–15 Uhr zugänglich, Voranmeldung nötig (Tel. 041 22 02 41). Daneben das **Pfrundhaus,** ein Blockbau

aus der Zeit um 1500, ältestes vollständig erhaltenes bürgerliches Holzhaus der Schweiz.
Kapellbrücke, älteste Holzbrücke Europas. Um 1300 erbaut, mehrmals erneuert. Im offenen Dachstuhl historische Darstellungen und Szenen aus dem Leben der beiden Stadtpatrone Leodegar und Mauritius.
Rathaus, 1602–04 im Stil der oberitalienischen Renaissance erbaut. Museggmauern, mit 870 m Länge und 9 Türmen außergewöhnlich großer Rest einer mittelalterlichen Stadtbefestigung.
Jesuitenkirche, der erste große barocke Kirchenbau in der Schweiz.
Löwendenkmal, eines der bekanntesten Monumente der Schweiz, das an die heldenhafte Verteidigung der Tuilerien durch die Schweizergarde erinnert.

🏠 Museen: **Historisches Museum,** Kornmarkt 1 (im oben erwähnten Rathaus), u. a. ur- und frühgeschichtliche Sammlung mit Funden aus dem Kanton (Mai–Mitte Oktober Montag–Samstag 9–12, 14–18 Uhr, Sonntag 10–12, 14–17 Uhr). **Kunstmuseum,** Sammlung von Schweizer und ausländischen Künstlern (Tel. 041 22 58 22; Dienstag–Sonntag 10–12, 14–17 Uhr). **Richard-Wagner-Museum,** Tribschen, Erinnerungsstücke an den 1866–72 in Tribschen wohnhaft gewesenen Komponisten.

✡ Verkehrshaus der Schweiz mit Ausstellung aller Verkehrsmittel, Nachrichtentechnik und Raumfahrzeuge, Planetarium. Zwischen Luzern und Emmenbrücke bemerkenswerte Nationalstraßen-Kunstbauten an der Kleinen Emme.

▽ **Gletschergarten,** Stiftung Amrein-Troller, Denkmalstraße 4. Vom Bahnhofplatz über Seebrücke Richtung Zürich, Wegweiser beachten.
Mehrere Gletschermühlen (max. 9,5 m tief, ⌀ 8 m) in den Luzernersandstein eingegraben. Gletscherschliffe. Erläuterungstafeln. Museum mit naturgeschichtlicher und historischer Ausstellung als Ergänzung des Gletschergartens. Geöffnet März–April und 16. Oktober–November 9–17 Uhr, Mai–15. Oktober 8–18 Uhr. Eintrittspreis Fr. 3.50. Illustrierte Broschüre an der Kasse: «Gletschergarten Luzern», von F. Roesli und P. Wick.

⊕ **Waldlehrpfad Bireggwald:** Grütli-Waldpfad von etwa 4 km, mit numerierten Bäumen und Sträuchern und direkt beschrifteten Kräutern.
Start bei Koord. 666 600/209 700, erreichbar mit Bus. Parkplätze nur in beschränkter Anzahl vorhanden. Handlicher Führer zum Preis von Fr. 2.– bei jeder Grütli-Agentur erhältlich.

👁 **Öffentliche Voliere:** etwa 300 Vögel. Zufahrt via Bahnhofplatz–Inselquai, Parkplatz Bahnhofplatz.
Schwanenkolonie: schwarze Schwäne, Singschwan, Japanische Höckergänse, Moschusenten, verschiedene Enten und Gänse. Zufahrt Bahnhofstraße, Parkplatz Bahnhofplatz.
Hirschpark: Edel-, Dam- und Sikahirsche, etwa 25 Stück. Zufahrt Buslinie Friedenthal.

🕊 **Alpensegler, Schwimmvögel:** Altstadt.
Bahn/Parkplatz Luzern, Wanderung Kapellbrücke (Wasserturm)–rechtes Reußufer–Spreuerbrücke–Museggstraße–Hofstraße–Englischgrußstraße–Hofkirche–Zinggentorstraße–Kursaal-See–Quaianlage–Bahnhof. Altstadt, Siedlungsgebiet, Anlagen, Ufer von Reuß und Vierwaldstättersee.
F, S: Schwimmvögel (u. a. Haubentaucher, Schwäne, Enten, Rallen), Greifvögel (u. a. Schwarzmilan), Eulen (Waldkauzbrutplatz Museggmauern), Alpensegler (Kolonien Wasserturm und Hofkirche), Mauersegler (Altstadt), Singvögel (Rotschwänze, Schnäpper, Meisen, Finken, Graudohle in Museggmauern).
F, H, W: Überwinternde Schwimmvögel (u. a. Taucher, Schwäne, Gründel- und Tauchenten, Säger, Rallen, Möwen), vor allem freie Reuß, «Trottli» beim Verkehrshaus und Inselpark.

Lyß
F 3/4 c/a

⊕ **Naturlehrpfad Dreihubel:** Lehrpfad mit rund 60 verschiedenen Baum- und Straucharten, Vogelnistkästen, einem Quellaustritt, einem künstlichen Weiher mit Sumpfpflanzen und einem Ameisenhaufen. Route 1: 2 km, Höhendifferenz 60 m, Zeitbedarf etwa 1 Std. Route 2: 4 km, Höhendifferenz 160 m, Zeitbedarf etwa 2 Std.
Start bei Koord. 590 940/214 300, vom Bahnhof Lyß aus erreichbar. Parkplätze vorhanden. Bestimmungsschlüssel zum Preis von Fr. 10.– bei der Spar- und Leihkasse Lyß erhältlich.

Maderanertal L 4 d–L 5 a
Mineralienfundgebiet. Das Maderanertal mündet bei Amsteg von Osten in das Reußtal. Es ist mit seinen Nebentälern (z. B. Grießerental) ein berühmtes Mineralfundgebiet für Quarz, Kalzit, Adular, Amiant, Titanit usw. Viele Fundstellen.

Madra M 6 b
Gemse/Murmeltier – *Alpe Piancalunga* (1766 m ü. M.): Weg Madra–Pianezza (1422 m ü. M.)–Alpe Piancalunga.
Pianezza (1422 m ü. M.): Talgrund.
Murmeltier – *Chiavasco:* Weg von Pianezza aus.
Gemse – *Cima dei Cogn* (2818 m ü. M.): Oberhalb Chiavasco.
Pizzo di Pianascio (2827 m ü. M.): Weg Pianezza–Alpe Bregnei (1622 m ü. M.)–Campione (1979 m ü. M.)–Alpe Rotondo (2250 m ü. M.).

Magadino M 7 a
Wasservögel, Singvögel: Südteil der Bolle di Magadino zwischen Tessin und Straße Quartino–Magadino.
Bahn/Parkplatz Magadino-Vira, Wanderung rund 1 km Richtung Quartino, dann nordwärts Richtung Tessin ins Naturschutzgebiet. Flußufer, Altwässer, Teiche, Röhricht, Auwald.
S: Zwergtaucher, Schwarzhalstaucher, Purpurreiher, Nachtreiher, Zwergdommel, Schwäne, Enten (u. a. Krickente), Wachtel, Jagdfasan, Flußregenpfeifer, Flußuferläufer, Rallen (u. a. Wasserralle, Tüpfelralle), Eisvogel, Wiedehopf, Singvögel (u. a. Schafstelze, Braunkehlchen, Rohrschwirl, Rohrsänger, Nachtigall, Beutelmeise, Rohrammer).
F, H, W: Taucher, Kormoran, Reiher, Schwäne, Gänse, Gründel- und Tauchenten, Greifvögel (u. a. Schlangenadler, Weihen, Falken), Limikolen, Rallen, Möwen (u. a. Silber- und Sturmmöwe), Singvögel (u. a. Pieper, Stelzen, Grasmücken, Ammern, Finken).

Maggia L 6 d
Sta Maria delle Grazie di Campagna. Eine der schönsten Kirchen des Tessins. Mittelalterliches Langhaus. Um 1528 entstanden Wandgemälde verschiedener Künstler. Votivtafeln.
Murmeltier – *Valle di Lareccio, Taciallo* (1185 m ü. M.), *Pizzo Costiscio* (2244 m ü. M.) Westseite: Straße Locarno–Ponte Brolla–Bignasco (Valle Maggia), Weg Maggia–Cortone–Taciallo oder Weg Campo (Valle Onsernone)–Taciallo.
Gemse – *Madone di Giove* (2264 m ü. M.): Wege von Maggia oder Brione (Valle Verzasca) aus.
Pizzo Pianascia (2359 m ü. M.): Wege von Maggia und Giumaglio aus.

Maienfeld O 4 a
Alte Stadtanlage mit Schloß und bemerkenswerten Bürgerhäusern. Wohnsitz der Bündner Adeligen Brandis, Sprecher, Salis, Brügger und Guggelberg von Moos.
Ammern, Singvögel: Weinbaugebiet Maienfeld–Malans.
Bahn/Parkplatz Maienfeld, Wanderung durch die Reben Rofels–Jenins–Malans. Weinberge, Trockenwiesen, Gebüsche, Gehölze, Felsen.
F, S: Greifvögel (u. a. Turmfalke), Singvögel (u. a. Baumpieper, Rotrückenwürger, Goldammer, Zaunammer, Distelfink, Bluthänfling).

Mairengo L 6 b
Gemse – *Pizzo d'Era* (2619 m ü. M.), *Löita Bella:* Straße Faido–Mairengo–Tarnolgio, Weg nach Predelp (1671 m ü. M.).

Malans O 4 b
Einheitliches Ortsbild, entstanden nach dem Brand von 1648. **Schloß Bothmar,** oberhalb des Dorfes, war der Lieblingssitz des Dichters, Haupt- und Staatsmannes Johann Gaudenz von Salis-Seewis.

Malix O 4 c
Ruine Straßberg, östlich von Malix, im 12. Jh. gebaut. Seit der Brandschatzung im Schwabenkrieg 1499 im Zerfall.

Wildhühner, Bergvögel: Dreibündenstein–Malixer Maiensäße.
Bahn/Parkplatz Chur, Luftseilbahn Furggabüel (Dreibündenstein), Wanderung Malixer Alp–Malixer Maiensäße–Malix Oberdorf–Stelliwald–Känzeli–Chur. Felsen, Weiden, Wald.
F, S: Greifvögel (u. a. Steinadler), Wildhühner (u. a. Alpenschneehuhn, Birkhuhn, Steinhuhn), Eulen, Spechte, Singvögel (u. a. Heidelerche, Alpenbraunelle, Braunkehlchen, Steinschmätzer, Zitronfink, Birkenzeisig, Erlenzeisig, Bluthänfling, Alpendohle, Tannenhäher, Kolkrabe).

Maloja   P 6 a

Gemse – *Monte del Forno* (3214 m ü. M.): Weg vom Malojapaß durch das Val Forno.

Wildhühner, Bergvögel: Lunghin–Septimerpaß.
Bahn St. Moritz, Postauto/Parkplatz Maloja, Wanderung Lunghinpaß–Tgesa da Sett–Septimerpaß–Casaccia. Weiden, Felsen, Wald.
F, S: Greifvögel (u. a. Steinadler), Wildhühner (u. a. Alpenschneehuhn, Birkhuhn, Urhuhn, Steinhuhn), Eulen (u. a. Rauhfußkauz), Spechte, Singvögel (u. a. Alpenbraunelle, Braunkehlchen, Steinschmätzer, Steinrötel, Drosseln, Mauerläufer, Zitronfink, Birkenzeisig, Fichtenkreuzschnabel, Alpendohle, Tannenhäher, Kolkrabe).

Malvaglia   M 6 b

Hirsch – *Val Pontirone:* Staße Malvaglia–Pontirone, Weg zum Passo di Giumella (2117 m ü. M.), Seilbahn Ponte Legiuno–Biborgo (1396 m ü. M.).
Jarì (1570 m ü. M.): Weg Pontirone (860 m ü. M.)–Forcola di Cava (2090 m ü. M.).
Gemse – *Alpe di Cava* (2011 m ü. M.), *Alpe di Scengio* (1785 m ü. M.): Weg über die Forcola di Cava oder von Biborgo aus.
Pizzo delle Streghe (2911 m ü. M.): Weg Biborgo–Mazzorino (1549 m ü. M.)–Arded (1790 m ü. M.)–Passo di Giumella.
Murmeltier – *Alpe Giumella* (1803 m ü. M.): Weg Biborgo–Legiuno (1474 m ü. M.)–Alpe Giumella.

Mammern   M 1 c

Schloß aus dem 17. Jh. Nach Brand im 18. Jh. Um- und Anbauten. Schloßkapelle mit höchst interessanter illusionistischer Ausmalung aus der frühen Rokokozeit.

Mammertshofen

Schönes und sehr gut erhaltenes Beispiel einer frühmittelalterlichen **Burg** mit wuchtigem Bergfried. In 25 Min. von der Station Roggwil-Berg aus erreichbar (Tel. 071 48 13 15; auf Anmeldung hin zu besichtigen).

Marbach   O 2 d

Schlößchen Weinstein, erwähnt 1375. Malerische Schloßanlage in steiler Rebhalde. Im «Ritterstübli» schönes Renaissancetäfer (Tel. 071 77 11 07; ganzjährig täglich geöffnet).

Marchissy   B 6 b

Linde von Marchissy, möglicherweise Sommerlinde, *Tilia platyphyllos(?):* größte Linde der Schweiz, vielleicht größter Baum Europas. Stamm⌀ 3,66 m, Stammumfang (100–182 cm) 10,55 m, Höhe 19,6 m, Stamm größtenteils hohl, teilweise auch die Basis der Äste, diese von außen zurückgeschnitten. Der Baum steht an einer Böschung, 7 m nordöstlich der Kirche von Marchissy.

Marécottes, Les   E 7 a

Parc zoologique alpin «Réno-Ranch»: auf 1000 m ü. M. Gebirgstiere, Wölfe, Bären, Haustiere, 25 Tierarten, 100 Tiere. 3 ha, Schwimmbad. 1. Mai–30. August 8–18 Uhr, 1. September–30. April 8–11.30, 13.30–17.30 Uhr. Zufahrt: An Straße und Bahn Martigny–Chamonix gelegen, Parkplatz, Station Les Marécottes 300 m entfernt, Buvette, Schwimmbad im Park.

Gemse (Sommer/Winter) – *Le Luisin* (2785 m ü. M.): Weg oder Seilbahn Les Marécottes–La Creusa (1780 m ü. M.).

Mariastein G 2 c
Benediktinerkloster und frühbarocke **Wallfahrtskirche**.

Marthalen L 2 a
Prächtige Riegelhäuser.

Martigny E 7 b
Reste der römischen Siedlung Octodurum. Amphitheater in Le Vivier. Auf römischen Grundmauern steht das mittelalterliche **Schloß La Bâtiaz**, oberhalb der gedeckten Drance-Brücke.
An der Straße über den Col-de-la-Forclaz Kraftwerk Châtelard, Stausee Barberine, Stausee Emosson. Von Martigny-Bourg Abzweigung der Straße ins Val d'Entremont (Großer-St.-Bernhard-Straßentunnel ins Aostatal).
Waldlehrpfad Mont-Chemin: Lehrpfad mit rund 40 frz./lat. beschrifteten Baumarten zusammen mit Vita-Parcours. Länge 3 km, etwa 50 m Höhendifferenz, Zeitbedarf etwa 1 Std.
Start bei Koord. 570 500/103 900.

Maschwanden K 3 a
Sumpf- und Wasservögel: Maschwander Allmend zwischen Lorze und Reuß.
Bahn Mettmenstetten, Postauto/Parkplatz Maschwanden, Wanderung durchs Reservat Richtung rechtes Reußufer–Rüßspitz. Wiesen, Sumpf, Ufergehölz, Auwald.
F, S, H: Taucher (u. a. Zwergtaucher), Reiher (u. a. Graureiher, Zwergdommel), Enten, Greifvögel (u. a. Schwarzmilan, Rohrweihe, Baumfalke, Turmfalke), Feldhühner (Wachtel, Jagdfasan), Rallen (u. a. Wiesenralle), Limikolen (u. a. Kiebitz, Großbrachvogel), Eisvogel, Wiedehopf, Spechte, Singvögel (u. a. Pieper, Stelzen, Braunkehlchen, Nachtigall, Drosseln, Schwirle, Rohrsänger, Grasmücken, Laubsänger, Gelbspötter, Grauammer, Goldammer, Pirol).

Massongex E 6 c
Ausgrabungen aus römischer Zeit mit bemerkenswerten Mosaiken.

Mathon O 5 a/c
Steinadler, Bergvögel: Piz Beverin, Südhang.
Bahn Thusis, Postauto Zillis–Mathon, Parkplatz Mathon, Wanderung Richtung Nord Muntogna–Alp Tumpriv–Alp Anarosa–Dumagns–Tgoms–Mathon. Wald, Weiden, Fels.
F, S: Greifvögel (u. a. Steinadler, Turmfalke), Rauhfußhühner (u. a. Alpenschneehuhn, Birkhuhn), Spechte (u. a. Schwarzspecht), Singvögel (u. a. Alpenbraunelle, Pieper, Braunkehlchen, Drosseln, Schneefink, Alpendohle, Tannenhäher, Kolkrabe).

Matt N 4 a
Dreizehenspecht, Bergvögel: Wissenbergen.
Bahn/Parkplatz Matt, Luftseilbahn Wissenbergen, Wanderung Orenberg–Sandigen–Chamm–Wissenbergen. Weiden, Wald, Felsen.
F, S: Greifvögel (u. a. Steinadler), Rauhfußhühner, Eulen, Spechte (u. a. Dreizehenspecht), Singvögel (u. a. Wasserpieper, Braunkehlchen, Drosseln, Alpenmeise, Zitronfink, Tannenhäher).

Matten F 6 b
Gemse/Murmeltier – *Wistätthorn* (2462 m ü. M.), *Dürrenwald* (1645 m ü. M.): Wege von Matten und Stocken (Parkplatz) aus.
Albristhubel (2124 m ü. M.), *Albristhorn* (2761 m ü. M.), *Fermelberg, Seewlenhorn* (2529 m ü. M.): Weg von Matten aus.

Mauensee J 3 c
Kiebitz, Sumpf- und Wasservögel: Mauensee, Hagimoos.
Bahn Sursee, Postauto/Parkplatz Mauensee, Wanderung Schloß–Bognau–Wald–Südseite Bahndamm–Hitzligen–Hagimoos–Mauensee. Kleinsee mit Schilf, Gehölzen, Wiesen, Felder, Wald, Torfstiche mit Sumpf.

F, S, H: Wasservögel, wie Taucher, Reiher (z. B. Graureiherkolonie), Zwergdommel, Enten (Gründel- und Tauchenten), Rallen (u. a. Wasser- und Tüpfelralle), Limikolen (u. a. Kiebitz, Bekassine, Wasserläufer), ferner Greifvögel, Spechte, Singvögel (u. a. Stelzen, Kehlchen, Drosseln, Rohrsänger, Beutelmeise, Rohrammer).
W: Wasservögel (u. a. Taucher, Enten, Rallen, Möwen), Zeisige.

Mauren FL O 3 a

✚ **Naturlehrpfad Schaanwald:** 45 Tafeln über Baumarten, Waldaufbau, im Wald lebende Tiere, Waldgeschichte, Klima usw. Dazu Schutzhütte, großer Kinderspielplatz, künstlicher Tümpel, Findling und Kletterbaum. Ungefährer Zeitbedarf 1 Std., Höhendifferenz 90 m.
Zufahrt ab Busstation Schaanwald oder mit privaten Verkehrsmitteln. Parkplätze beim Kindergarten Schaanwald mit Hinweistafel. Broschüre mit Führer zum Preis von Fr. 2.– bei der Gemeindeverwaltung Mauren erhältlich.

Mauvoisin F 7 c/d

🐾 **Steinbock/Gemse/Murmeltier** – Talhänge am *Lac de Mauvoisin*.
Steinbock/Murmeltier – *Glacier d'Otemma:* Wege beidseits des Lac de Mauvoisin zur SAC-Hütte Chanrion.
Steinbock/Gemse – Über dem Gletscher.

Meggen K 4 a

✚ **Naturlehrpfad Meggen,** Scheidegg: Route von 2,5 km, Höhendifferenz 50 m (Zeitbedarf 1½ Std.), mit beschrifteten Bäumen und Sträuchern. *Besonderheiten:* Tafeln über die Nutzung des Waldes, Anfertigung von Nistkästen, Umweltschutz, Vermehrung von Baumarten usw.
Start bei Koord. 670650/212250, erreichbar mit Bus Luzern–Meggen–Schlößli. Mit Auto bis Kreuzbuchstraße. Parkplätze bei Oberland Meggen.

Meilen L 3 a

🌿 **Pflanzungen bei der Dorfkirche** und kleine **Quaianlage südlich derselben:**
Kanadischer Judasbaum, *Cercis canadensis:* 4stämmiger Strauch südlich der Kirche, Blätter vorn breit zugespitzt, Blüten vor dem Austrieb, violett, April–Mai. Heimat: Südostteil der USA, selten in Kultur.
Schmalblättrige Ölweide, *Elaeagnus angustifolia:* etwa 9 m hoher und ebenso breiter, mehrstämmiger, sommergrüner Strauch mit schmalen, silbriggraugrünen Blättern; an der Südwestecke der Anlage, unmittelbar östlich der Autofähre. Heimat: Südeuropa bis Himalaya.
Aufsteigende (aufrechtzweigige) **Sumpfzypresse,** *Taxodium ascendens:* junger Baum in Ufernähe, 25 m östlich der Ölweide. Blättchen den jüngsten Kurztrieben (Zweiglein) angepreßt, diese aufrecht stehend. **Bisher der einzig bekannte Baum in der Nordschweiz.** Heimat: Südostteil der USA.
Blüten- oder **Manna-Esche,** *Fraxinus ornus:* 7–8 m hoher, ab Boden 3stämmiger sommergrüner Strauch im Nordteil der Anlage. Blätter gefiedert, Blüten in großen Rispen am Ende der Zweige, im Mai–Juni. Nicht häufig. Heimat: Südeuropa (bereits Tessin, siehe San Salvatore).
Gesägtblättrige Zelkove, *Zelkova serrata:* äußerst seltener, aus Japan stammender Strauch (später Baum) mit sommergrünen, der Hainbuche ähnlichen, scharf gesägten Blättern. Junge, 3stämmige Pflanze in der Nordhälfte der Anlage. **Einziges Exemplar der Nordschweiz.**

Meinier B 6 c/d

🌿 **Bastardwalnuß** (Walnuß × Schwarznuß), *Juglans × intermedia pyriformis (J. regia × nigra):* außergewöhnlich großer Baum mit waagrecht abstehenden Ästen, Stamm⌀ 1,78 m, Kronen⌀ 35 m, Höhe um 30 m, Früchte breit-birnförmig. Auf Gemeindegrundstück 100 m südöstlich der Dorfkirche. Einziger Baum des Bastards von solchem Ausmaß in der Schweiz.

Meiringen J 5 b

▽ **Aareschlucht.** Etwa 2 km östlich Meiringen. Erreichbar per Auto (Nord- und Südeingang) oder mit Postauto ab Meiringen sowie Innertkirchen (Südeingang).
Durch Fußweg begehbar gemachte imposante Schlucht in Kalkgestein. Schönes

Beispiel für die Erosionskraft eines fließenden Gewässers (Aare). Seit der letzten Eiszeit entstanden (in etwa 10000 Jahren). Länge 1,4 km, Tiefe 200 m. Geöffnet im Sommer von 8–18 Uhr, Juli und August auch Mittwoch- und Samstagabend (mit Illumination).
Gletscherschlucht Rosenlaui. 10 km südwestlich Meiringen Richtung Schwarzwaldalp. Erreichbar mit Auto (Parkplatz) oder mit dem Postauto ab Meiringen. 45 Min. dauernder Rundgang in einer durch das Wasser im Kalkgestein erodierten imposanten Gletscherschlucht.
Reichenbachfälle. Zu Fuß erreichbar von Meiringen zur Talstation der Drahtseilbahn (1 km südöstlich Bahnhof Meiringen) oder per Auto (Parkplatz). Drahtseilbahn speziell wegen der Fälle erbaut (Fahrpreis Fr. 2.40 resp. Fr. 3.80). Drei Wasserfälle, wovon der obere zu den mächtigsten der Alpen gehört (75 m Fallhöhe). Entwässerung des Rosenlauitals. Besucht von J. W. von Goethe, Lord Byron, Conan Doyle (Sherlock-Holmes-Gedenktafel bei der Drahtseilbahn).

Gemse/Murmeltier – *Hasliberg:* Staße Brienz–Brünigpaß–Hohfluh–Goldern–Reuti.

Felsenvögel: Aareschlucht.
Bahn/Parkplatz Meiringen, Aareschluchtbahn, Wanderung durch die Aareschlucht. Felswände.
F, S: Gänsesäger, Felsenschwalbe, Mauerläufer, Kolkrabe.

Melchsee-Frutt J 5 b
Steinbock/Gemse/Murmeltier – *Hohmad* (2441 m ü. M.), *Bonistock* (2020 m ü. M.): Straße Melchtal–Stöck–Frutt (1936 m ü. M.)–Melchsee (1891 m ü. M.).

Steinadler, Bergvögel: Melchsee-Frutt.
Bahn Sarnen, Postauto/Parkplatz Stöckalp, Luftseilbahn Melchsee-Frutt, Wanderung Boni–Melchsee–Blauseeli–Grund–Aastafel–Stöckalp. Bergseen, Felsen, Weiden, Wald.
F, S: Greifvögel (u. a. Steinadler), Rauhfußhühner (u. a. Alpenschneehuhn), Eulen, Spechte, Singvögel, wie Wasserpieper, Braunkehlchen, Drosseln, Mauerläufer (Felsen Boni), Zitronfink, Schneefink, Alpendohle, Tannenhäher.

Melchtal J 4 d
Gemse/Murmeltier – *Widderfeldstock* (2045 m ü.M.): Wege oder Seilbahn Melchtal–Schwandholz (1333 m ü.M.).
Wolfisalp (1857 m ü.M.): Wege oder Seilbahn von Stöck im hinteren Melchtal aus.
Steinbock – *Hanghorn* (2679 m ü.M.): Weg von der Wolfisalp aus.
Barglen (2660 m ü.M.), *Tannenstock* (2474 m ü.M.): Weg von der Wolfisalp aus.

Melide M 7 c
Parkanlagen östlich des Albergo La Romantica (östlich Melide, bei «La Punta»):
Kalifornischer Lorbeer, Königslorbeer, *Umbellularia californica:* großer, mehrstämmiger Baum auf der Ostseite des **Albergo La Romantica** (etwa 10 m vom Haus entfernt); Blätter immergrün, lanzettlich, bis 12 cm lang, beim Zerreiben aromatisch duftend, Geruch herber als beim gewöhnlichen Lorbeer. Früchte olivenähnlich, zuerst gelbgrün. Selten in Kultur, einziger Baum (dieser Größe) der insubrischen Region. Heimat: Südwestliche USA (Kalifornien, Oregon).
Gruppe von **Sumpfzypressen,** *Taxodium distichum:* im See, bei der Südostecke der Anlagen; eindrucksvoll wegen der zahlreichen aus dem Wasser ragenden «Kniewurzeln» (Pneumatophoren).

Mellikon K 2 a
Schwimmvögel: Stau Rekingen zwischen Mellikon und Rekingen am Schweizer Ufer.
Bahn/Parkplatz Mellikon, Wanderung Mellikon–Rheinufer–Kraftwerk Rekingen. Stausee mit Uferzone.
W: Schwimmvögel.

Mellingen J 2 d
Malerisches mittelalterliches Städtchen an der Reuß.

Greifvögel, Singvögel: Rechtes Reußufer zwischen Mellingen und Birmenstorf.
Bahn/Parkplatz Mellingen, Wanderung Reuß–Uferweg–Birmenstorf. Flußufer, Wald, Felder.

F,S,H: Greifvögel, Eisvogel, Wiedehopf, Spechte, Singvögel (u.a. Wasseramsel, Stelzen, Drosseln).

Mels O 4 a

Steinbruch Tiergarten. Am Hügel etwa 2,5 km nordwestlich Heiligkreuz an der Bahnlinie Walenstadt–Sargans. Abbau von roten Schiefern (Verrucano, Abtragungsschutt eines alten Gebirges). Steinbruch z.T. unterirdisch. Verwendung für Mauersteine, Bodenplatten, Kunststeinfabrikation. Sehr dekoratives Gestein, das durch Eisengehalt rot gefärbt ist.

Menzberg H 4 b

Steinadler, Bergvögel: Napfgebiet.
Bahn/Parkplatz Menznau, Postauto Menzberg, Wanderung Obere Waldegg–Napf–Hochänzi–Geißgratflue–Lüderenalp (Postauto Langnau i.E.). Weiden, Wald, Felsen.
F,S: Greifvögel (u.a. Steinadler), Rauhfußhühner (u.a. Birkhuhn, Urhuhn), Tauben, Eulen, Spechte (u.a. Schwarzspecht), Singvögel (u.a. Wasserpieper, Ringdrossel, Alpenmeise, Zitronfink, Erlenzeisig, Fichtenkreuzschnabel, Tannenhäher, Kolkrabe).

Menznau J 3 c

Wasservögel, Singvögel: Tuetensee.
Bahn/Parkplatz Menznau, Rundwanderung Gaßmeshus-See–Menznau. Wiesen, Felder, Baumgärten, Gehölze, Kleinsee mit Schilf, Binsen, Sumpf, Gebüsche.
F,S,H: Wasservögel (u.a. Zwergtaucher, Enten, Rallen), Singvögel (u.a. Lerchen, Stelzen, Rotschwänze, Rohrsänger, Schnäpper, Rohrammer, Finken).

Mergugno L 7 a

Alpengoldregen, *Laburnum alpinum,* **schönster und größter Bestand der Schweiz:** Bäume mit Stamm$\varnothing$ bis 80 cm und einer Höhe von annähernd 10 m: Blütezeit meist gegen Ende Juni, oft nur alle 2 Jahre blühend. Blüten in bis 40 cm langen, hängenden Trauben. Der Alpengoldregen wächst hier als stattlicher Baum, untermischt mit **Rotbuchen** *(Fagus silvatica),* im sogenannten «Bosco sacro» von 1200–1500 m ü.M. Der Bestand ist unbedingt schützenswert. Zugang am besten von **Brissago** aus: Abzweigung der zwar schmalen, aber asphaltierten Fahrstraße wenige Meter nordöstlich der Post Brissago, in zahlreichen Kehren über Incella, durch die Edelkastanienselven bei der Kapelle Porbetto vorbei nach Rovere (900 m), etwas über die Häuser von **Mergugno** (1037 m) hinaus bis Weggabelung bei P. 1060 m (hier Brunnen, dahinter Blautanne, genügend Parkierungsmöglichkeiten). Von hier in westlicher Richtung dem Fußweg (nach Alpe Arolgia) bis P. 1220,2 m folgend, dann auf gleicher Höhe am Berghang über Weiderasen etwa 50 m nordwestlich zum Waldrand, wo man auf die schönsten, großen Bäume des Alpengoldregens trifft.

Mesocco N 6 a

Pfarrkirche **SS. Pietro e Paolo,** in schöner Aussichtslage im Dorfteil Cremo. Mittelalterlicher, im 17.Jh. erneuerter Bau. **S. Maria del Castello,** ehemalige Pfarrkirche mit spätgotischen Wandgemälden. Das **Castello Mesocco** ist die bedeutendste Burganlage Graubündens und zählt zu den größten Wehranlagen der Schweiz. In beherrschender Lage erbaute frühmittelalterliche Volksburg mit eigenem Gotteshaus. Im 16.Jh. geräumt und großenteils zerstört.

Steinbock – *Pizzo di Trescolmen* (2581 m ü.M.): Wege von Mesocco und Rossa im Calancatal nach Valle Larsgè.

Steinhuhn, Bergvögel: Alpe di Barna, Passo di Barna.
Bahn Bellinzona, Postauto/Parkplatz Mesocco, Wanderung Calniscio–Nasel–Stabbio–Alpe di Barna–Passo di Barna–Alpe di Barna–Stabbio–Logiano–Mesocco. Weiden, Wald, Felsen.
F,S: Greifvögel (u.a. Steinadler), Wildhühner (u.a. Alpenschneehuhn, Steinhuhn), Spechte, Singvögel (u.a. Felsenschwalbe, Alpenbraunelle, Steinrötel, Mauerläufer).

Meyrin A 6 d

Zugvögel: Cointrin-Randzone, Marais de Mategnin.
Bahn Genf, Bus Cointrin, Wanderung Richtung Mategnin–Meyrin. Flughafengelände, Felder, Sumpf, Gehölze.
F, H: Zugvögel, vor allem Limikolen, Singvögel (Lerchen, Pieper, Stelzen, Drosseln, Rohrsänger, Ammern, Finken).

Mezzovico M 7 a

Altes Dorf an einer Straße aus römischer Zeit.

Miège G 6 c

Gemse (Winter) – *Cordona* (1244 m ü. M.): Straße Sierre–Miège, Weg nach Cordona, oberhalb Le Tsablo.

Miralago Q 6 d

Steinhuhn, Singvögel: Val Poschiavo, Le Prese–Campocologno.
Bahn/Parkplatz Miralago, Wanderung Motta–Presentia–Viano–Zalende–Campocologno. Lago di Poschiavo, Wald, Weiden, Felsen, Wiesen, Lauf des Poschiavino.
F, S: Steinhuhn, Flußuferläufer, Spechte, Singvögel (u. a. Felsenschwalbe, Stelzen, Rotrückenwürger, Wasseramsel, Braunkehlchen, Schwarzkehlchen, Steinrötel, Mauerläufer, Goldammer, Zippammer, Italiensperling, Nebelkrähe).

Mitholz G 5 d

Blausee. Etwa 1 km nordwestlich Mitholz, 5 Min. von der Hauptstraße (Parkplatz). Durch Material eines vom Fisistock (südlich Kandersteg) abgebrochenen Bergsturzes aufgestautes Seelein, das von Quellen aus dem Trümmerstrom gespiesen wird. Gleich entstanden ist der 600 m nördlich gelegene Riegelsee.

Natur- und Alpenwildpark Riegelsee: 4 ha, Steinwild und andere Gebirgstiere. Zufahrt: Zwischen Kandergrund und Blausee an der Straße gelegen (Parkplatz), zu Fuß je 30 Min. von Station Kandergrund oder Blausee-Mitholz, Kiosk.

Murmeltier – *Giesenen* (1918 m ü. M.): Weg und Seilbahn von Mitholz (Station BLS) aus.

Möhlin H 2 a

Weißstorch: Storchengehege.
Bahn/Parkplatz Möhlin. Freilaßgehege des Vogelschutzvereins.
J: Weißstörche, z. T. freifliegend.

Molare L 6 b

Gemse – *Alpe Vignone* (1970 m ü. M.), *Lago di Motella* (2248 m ü. M.): Straße Faido (Station SBB)–Molare–Croce, Wege von dort aus.

Bergvögel: Linke Talseite der Leventina.
Bahn Faido, Postauto/Parkplatz Molare, Ausflüge Cari, Alpe di Stuolo oder Alpe di Nara–Bassa di Nara. Wald, Weiden, Fels.
F, S: Greifvögel, Wildhühner (u. a. Alpenschneehuhn, Steinhuhn), Spechte, Singvögel (u. a. Braunkehlchen, Steinschmätzer, Steinrötel, Mauerläufer, Zippammer).

Moleno M 6 d

Gemse – *Val di Moleno, Monti della Valle* (910 m ü. M.): Weg von Moleno aus.

Moléson-Village E 5 c

Gemse/Murmeltier – *Moléson* (2002 m ü. M.), *Teysachaux* (1909 m ü. M.): Straße Bulle (Bahnstation)–Pringy (Bahnstation)–Moléson-Village (Parkplatz), Weg oder Seilbahn auf den Moléson.

Gemse – *Vanil-Blanc* (1826 m ü. M.), *Entre-deux-Dents* (1617 m ü. M.): Straße Neirivue (Bahnstation)–Plan-Maro (1136 m ü. M.) (Parkplatz) oder Weg von Villars-sous-Mont (Bahnstation), Seilbahn Moléson-Village–La Vudella (1668 m ü. M.).

Bergvögel: Moléson-Gipfel-Gebiet.
Bahn Bulle, Postauto/Parkplatz Moléson-Village, Luftseilbahn Moléson, Wanderung Petit-Moléson–Plan Mâro–Albeuve. Fels, Weiden, Wald.
F, S: Greifvögel (u. a. Steinadler), Rauhfußhühner (u. a. Birkhuhn), Spechte, Singvögel (u. a. Alpenbraunelle, Wasserpieper, Alpendohle).

Mönchaltorf L 3 b

Sumpf- und Wasservögel: Südende Greifensee.
Bahn Uster, Postauto/Parkplatz Mönchaltorf, Wanderung linkes Aaufer–Aadelta–Seeuferweg nach Maur (Bus nach Zürich). Seeufer, Schilf, Sumpf, Gehölze, Wiesen, Felder.
F, H, W: Wasservögel (u. a. Taucher, Reiher, Schwäne, Enten, Säger, Rallen, Limikolen, Möwen, Seeschwalben), Greifvögel, Singvögel.
S: Taucher, Schwäne, Enten, Greifvögel (u. a. Schwarzmilan, Baumfalke, Turmfalke, Jagdfasan), Rallen, Kiebitz, Bekassine, Singvögel (u. a. Schwirle, Rohrsänger, Rohrammer).

Montana G 6 c

Gemse – *Lac de Tseuzier* (1777 m ü. M.): Straße Sion–Ayent–Lac de Tseuzier (Parkplatz), Weg nach Montralesse (1990 m ü. M.).
Pointe-d'Hérémence (2731 m ü. M.), *Chamossaire* (2613 m ü. M.): An der Straße nach dem Lac de Tseuzier, oberhalb von Pra Combéra (1620 m ü. M.). Gebiet auch durch Seilbahn erschlossen.
Murmeltier – *Bella-Lui* (2548 m ü. M.): Straße und Bergbahn von Sierre (Station SBB) nach Montana (Parkplatz) und Vermala (Parkplatz), Weg und Seilbahn zur Cabane des Violettes (2240 m ü. M.)–Alpe Pepinet.

Bergvögel im Winter: Montana-Vermala, Ortschaft und Hänge ob dem Kurgebiet.
Bahn/Parkplatz Montana, gepfadete Spazierwege in und oberhalb dem Kurgebiet. Wald, Weiden, Fels, Siedlung.
W: Spechte (u. a. Schwarzspecht), Singvögel (u. a. Alpenbraunelle, Meisen, Erlenzeisig, Fichtenkreuzschnabel, Alpendohle, Tannenhäher).

Montbovon E 6 a

Gemse/Murmeltier – *Vanil-des-Artes* (1993 m ü. M.), *Cape-au-Moine* (1941 m ü. M.): Straße und Bahn Montbovon–Allières (Bahnstation) oder Straße Montreux–Blonay–Les Pléiades (Bahnstation, Parkplatz)–Petit-Caudon (Parkplatz).
Dent-de-Hautodon (1871 m ü. M.): Straße und Bahn Montbovon–Allières (Station SBB), Straße Montreux–Caux–Col de Jaman (Parkplatz) oder Bahn Montreux–Rochers-de-Naye (2041 m ü. M.).
Les Villards (1710 m ü. M.), *Vanil-Noir* (2388 m ü. M), *Dent-de-Brenlaire* (2353 m ü. M.): Gebiet zugänglich von Grandvillard, Neirivue, Albeuve, Lessoc und Montbovon aus.
Ganzes Gebiet Hänge von *Vanil-Carré* (2195 m ü. M.) bis *Dent-de-Brenlaire*.
Steinbock – Gipfelregion *Vanil-Carré–Dent-de-Brenlaire*.
Steinbock/Gemse/Murmeltier – *Gummfluh* (2458 m ü. M.), *La Pierreuse:* Straße und Bahn Montbovon–Château-d'Œx–Saanen, Straße Château-d'Œx–Gérignoz (Parkplatz), Weg nach La Pierreuse. Straße Château-d'Œx–Les Moulins–L'Etivaz, Weg nach Gros-Jable (1824 m ü. M.).

Montcherand C 5 b

Kleine Saalkirche aus dem 12. Jh. mit byzantinisch beeinflußten Fresken aus der Mitte des 12. Jh.

Monte Generoso M 8 b

Mehrzweck-Richtstrahlanlage der PTT, Zahnradbahn.

Monte San Giorgio M 8 a

Fossilfundstelle oberhalb Serpiano. Anfahrt von Mendrisio über Rancate–Besazio–Arzo (Marmorsteinbrüche)–Meride–Serpiano. Parkplatz beim Kurhaus.
Reichste Lagerstätte mariner Wirbeltiere der Welt aus der mittleren Trias (Alter etwa 210 Mio Jahre).

Von Serpiano Aufstieg nach Süden zu großer Wiese, von deren Südostecke zur alten Cava Tre Fontane. Hier wurde früher der sogenannte Grenzbitumenhorizont abgebaut (bituminöse Schiefer). Aus dem Bitumen wurde ein Tierarzneimittel gewonnen (Saurol, früher jährliche Produktion rund 2000 kg, Abbau eingestellt). Dieser Grenzbitumenhorizont ist weltberühmt wegen seiner Fisch- und Saurierfauna, ferner Eidechsenartige und auch Wirbellose (Ammoniten, Muscheln, Schnecken).
Von den Stollen Aufstieg gegen Nordost. 100 m nordöstlich der Einsattelung, wo man den Grat erreicht, wird die Grenzbitumenzone in einer großangelegten Grabung untersucht. Weitere frühere Grabungen bei Alla Cassina, nördlich Meride, und im Valporina, nordwestlich Meride. Die Fundstellen sind als Grab der gefundenen Versteinerungen zu deuten, sie wurden vom Lebensort dort zusammengeschwemmt. Von der Grabungsstelle weiter auf den Gipfel des Monte San Giorgio und von dort Abstieg nach Serpiano oder nach Meride. Zeitaufwand 3–4 Std. Broschüre: «Die Triasfauna der Tessiner Kalkalpen», von E. Kuhn-Schnyder (Seemann AG, Zürich, 1974).

Montfaucon E 3 a/b

Vögel der Felsen und des Flusses: Doubslandschaft Montfaucon–St-Ursanne.
Bahn/Parkplatz Montfaucon, Wanderung Les Enfers–Soubey–Doubsufer–St-Ursanne. Flußlandschaft, Felsen, Weiden, Wälder.
F, S, H: Rotmilan, Spechte (u. a. Schwarzspecht), Eisvogel, Singvögel (u. a. Stelzen, Wasseramsel, Kolkrabe).

Montreux D 6 b

Straßenpflanzungen:
Mandelbäume, *Prunus amygdalus:* 9 alte, abgehende, kleinere sommergrüne Bäume am talseitigen Rand der Avenue des Amandiers, längs eines Turn- und Tennisplatzes (nördliche Begrenzung des früheren Parc Donner), westlich des Temple de Montreux: Blätter schmal-lanzettlich, Früchte filzig-trockenhäutig. Zwischen den alten Mandelbäumen sind als Ersatz bereits junge Exemplare gepflanzt.
Stech-Eichen, *Quercus ilex:* 13 junge, immergrüne Bäume als einreihige Allee auf der Westseite der Avenue Nestlé, zwischen Avenue du Kursaal und dem Quai de Bon-Port. Blätter relativ klein, unterseits filzig, meist buchtig-gezähnt.
Südlicher Zürgelbaum, *Celtis australis:* 2reihige Allee aus etwa 50 mittelgroßen, glattstämmigen (∅ bis 45 cm) Bäumen bestehend, im Westteil der Avenue des Alpes (weitere Details unter Winterthur).
Quaianlagen von Clarens bis Territet: Pflanzungen längs der Ufermauer und in den angrenzenden, bergseitigen, privaten und öffentlichen Gartenanlagen: Von allen westschweizerischen Orten erfreut sich diese Uferzone des mildesten Klimas (Riviera des Genfersees). Daher halten hier zahlreiche wärmeliebende Arten im Freien aus, die uns sonst nur vom Südtessin (besonders den Uferzonen des Luganer- und Langensees) bekannt sind. Vom Reichtum dieser südlichen Vegetation können hier nur die allerwichtigsten Arten erwähnt werden, die vor allem den andern auffallen. Zu den oben bereits genannten Ziergehölzen gesellen sich: die **Hanfpalme** (Tessiner Palme), *Trachycarpus fortunei:* Fächerpalme, Stamm mit dichtem Fasernetz, so am Quai de Clarens, Quai J.-J.-Rousseau, Quai du Casino (vor dem Café Le Hogar), Quai de Bon-Port. Stammt aus Ostasien (siehe Locarno); die **Pinie** oder **Italienische Steinkiefer,** *Pinus pinea:* so am Quai J.-J.-Rousseau, westlich des Dampfschiffsteges Montreux und des Eurotels, Quai Bon-Port; die **Korkeiche,** *Quercus suber:* 2 schöne Exemplare vor dem Hotel Excelsior, Quai des Fleurs (siehe Genève, Lugano); der **Echte Lorbeer,** *Laurus nobilis:* hoher strauchartiger Baum, 24 m südwestlich der Station Sauvetage de Territet (vor einem orangegelben Haus), Quai de Bon-Port; der **Japanische Spindelstrauch,** *Euonymus japonicus:* Hecke beim Abstieg vom Parkplatz Jardin de Verte-Rive zum See; die **Großblättrige Fatsie,** (sogenannte «Zimmeraralie»), *Fatsia japonica* 'Moseri': heute meist noch niedrige Sträucher mit immergrünen, großen, tief 7- bis 9lappigen Blättern; neben *Euonymus japonicus* beim Jardin de Verte-Rive sowie mehrfach am Quai de Bon-Port. Heimat: Japan.
Camellien, *Camellia japonica,* sowie **Lagerstroemien,** *Lagerstroemia indica* (siehe Genève) am Quai J.-J.-Rousseau. **Erdbeerbaum,** *Arbutus unedo:* mitten vor dem Hôtel Suisse et Majestic im Park Filletaz (12 m westlich einer Mädchenstatue) sowie am Quai de Bon-Port, 10 m südwestlich der Station de relevage de Bon-Port (hier 3stämmig, 4–5 m hoch); immergrün, Blütezeit Oktober–Dezember, gleich-

zeitig mit den kugeligen, unreif grünlichgelben, zuletzt rotorangefarbenen Früchten. Heimat: Mittelmeergebiet (in der Südschweiz häufig angepflanzt).
Bemerkung über Winterhärte:
Die meisten wärmeliebenden Arten sind in extrem kalten Wintern gefährdet.

Steinadler, Wildhühner: Rochers-de-Naye–Molard.
Bahn/Parkplatz Montreux, Bergbahn Rochers-de-Naye, Wanderung Col-de-Jaman–Molard–Gouille-aux-Cerfs–La Forcla–Orgevaux–Gorges Chauderon–Montreux. Weiden, Wald, Fels.
F, S: Greifvögel (u. a. Steinadler, Turmfalke), Wildhühner (u. a. Alpenschneehuhn, Urhuhn, Birkhuhn, Steinhuhn), Eulen (u. a. Rauhfußkauz), Spechte (u. a. Schwarzspecht), Singvögel (u. a. Felsenschwalbe, Wasseramsel, Alpenbraunelle, Braunkehlchen, Zippammer, Zitronfink, Birkenzeisig, Erlenzeisig, Bluthänfling, Tannenhäher, Alpendohle).

Moosseedorf G 4 a

Wasservögel, Singvögel: Großer und Kleiner Moossee zwischen Schönbühl und Münchenbuchsee.
Bahn/Parkplatz Moosseedorf, Wanderung zu den beiden Seen. Kleinseen mit Schilfbeständen, Gehölze, Felder, Beobachtungsturm beim Kleinen Moossee, Naturschutzgebiete.
F, S: Wasservögel (u. a. Haubentaucher), Greifvögel (u. a. Turmfalke), Singvögel (u. a. Rohrsänger, Rohrammer).

Morbio Inferiore M 8 b

Wallfahrtskirche **S. Maria dei Miracoli,** 1595. Schlichtes harmonisches Äußeres, reich ausgestattetes Inneres.

Mörel J 6 c

Kraftwerk.

Hirsch (Sommer) – *Gifrischgraben:* Weg und Seilbahn von Mörel (Station der Furka-Oberalp-Bahn) aus.

Morgarten L 3 c

Turm zu Schornen, mittelalterlicher Wehrbau. Rest der alten Talsperre. **Schlachtkapelle,** die an den ersten Sieg der Eidgenossen über ein habsburgisches Heer erinnert.

Morges C 5 c

Schloß, erbaut 1286/91, 1549 teilweise umgebaut. Beherbergt das Waadtländer **Militärmuseum.** Waffen, Uniformen, Fahnen, Dokumente (Tel. 021 71 26 15; 15. April–15. Oktober Samstag und Sonntag 13.30–18 Uhr).
Parc de l'Indépendance, Quaianlage südsüdwestlich des Ortes, grenzt im Norden an Schloß (jetzt Zeughaus).
Mammutbäume, *Sequoiadendron giganteum:* 3 prächtige Bäume mit Stamm⌀ über 2 m, wovon die beiden größten in der Parkmitte, zwischen 2 Obelisken, mit Etikette (maximale Maße: Höhe 34,5 m, Stamm⌀ 2,18 m).
Himalaya-Tränenkiefer, *Pinus griffithii* (früher *Pinus excelsa):* 2 mächtige Bäume mit tiefer Verzweigung und langen, gelbgrünen Nadeln; Zapfen oft mit Harztropfen, in der Parkmitte, mit Etikette (Stamm⌀ bis 1,25 m). Heimat: Himalaya.
Schwarzkiefer, *Pinus nigra:* 2 Bäume im nordöstlichen Parkteil (einer mit Etikette).
Immergrüne oder **Großblütige Magnolie,** *Magnolia grandiflora:* mehrstämmiges, kleineres Exemplar auf der Nordwestseite des Schlosses (an der Rue du Parc), mit Etikette (die Bezeichnung «Laurier tulipier» ist irreführend).

Morgins D 6 d

Murmeltier/Gemse – *Val de Morgins:* Straße Monthey (Station SBB)–Morgins (1350 m ü. M.).
Pte-de-Bellevue (2041 m ü. M.) Süd- und Osthang: Weg von Pia-de-Sex über Les Tovares nach Portes-de-Culet (1787 m ü. M.) oder von Fenebet (Parkplatz) nach Portes-de-Culet.

Mörsburg
L 2 b

Burg beim gleichnamigen Weiler. Ursprünglich Wachtturm, in der Feudalzeit Wohnturm. In der frühgotischen Burgkapelle schöne Stukkaturen (Tel. 052 3 73 96; April–November 9–12, 13–17 Uhr).

Morteratsch
P/Q 6 b/a

Rauhfußkauz, Wildhühner: Val Bernina zwischen Morteratsch und Pontresina.
Bahn/Parkplatz Morteratsch, Wanderung Höhenweg Morteratsch–Pontresina, linke Talseite. Gletscherzunge, Lauf der Ova da Bernina, Wald, Weiden, Felsen.
F, S: Greifvögel (u. a. Steinadler), Wildhühner (u. a. Birkhuhn, Urhuhn, Steinhuhn), Eulen (u. a. Rauhfußkauz), Spechte (u. a. Dreizehenspecht), Singvögel (u. a. Pieper, Stelzen, Wasseramsel, Braunkehlchen, Drosseln, Zitronfink, Birkenzeisig, Tannenhäher, Kolkrabe).

Mosogno
L 7 a

Murmeltier – *Mosogno:* Weg Mosogno–Mosogno Sotto–Ponte Nuovo.

Môtiers
C 4 d

Musée Jean-Jacques Rousseau (Tel. 038 9 14 24; offen auf Anfrage).

Moudon
D 5 b

Frühgotische Pfarrkirche **St-Etienne** mit bemerkenswertem Chorgestühl von 1501/02. **Schloß Billens** am Eingang zur unteren Stadt. **Musée Eugène Burnand,** Sammlung von Werken des Künstlers (1850–1921) (Mai–Oktober Sonntag 14–18 Uhr). **Musée du Vieux-Moudon,** lokalgeschichtliche Sammlung im Château de Rochefort (15. März–15. Oktober Sonntag 14–17 Uhr).

Moutier
F 3 b

Chapelle de Chalière, ums Jahr 1000 gebaut. Wandmalereien aus dem 11. Jh. An der Straße nach Perrefitte gelegen.

Gemse –*Graitery* (1231 m ü. M.): Über der Straße Court (Station SBB)–Moutier (Station SBB).

Muggio
M 8 b

Gemse – *Muggiasca* (1951 m ü. M.): Straße und Bahn Lugano–Capolago–Mendrisio, Straße Mendrisio–Muggio, Weg nach Muggiasca. Straße Mendrisio–Somazzo–Bella Vista (Station der Bergbahn Capolago–Mte Generoso), Weg nach Muggiasca.

Mühlau
K 3 a

Sumpfvögel, Singvögel: Reußufer, Sumpfgebiet Schoren.
Bahn/Parkplatz Mühlau, Wanderung linkes Reußufer flußabwärts nach Hagnau-Rickenbach. Flußufer, Auwald, Gebüsche, Sumpfgebiet, Wiesen, Felder.
F, S, H: Graureiher, Enten, Greifvögel (Schwarzmilan, Rohrweihe, Turmfalke, Baumfalke), Jagdfasan, Limikolen (u. a. Kiebitz, Bekassine, Großbrachvogel), Rallen, Eisvogel, Wiedehopf, Singvögel (u. a. Lerchen, Pieper, Stelzen, Braunkehlchen, Nachtigall, Feldschwirl, Rohrsänger, Gelbspötter, Grauammer, Rohrammer, Pirol).

Mühleberg
F 4 a

Großes Flußkraftwerk. In der Nähe Atomkraftwerk mit direkter Wasserkühlung. In der Nähe N1 mit großem Viadukt über das Saanetal.

Mulegns
O 5 d

Steinbock – *Val Faller:* Weg von Mulegns aus.

Mülenen
G 5 d

Gemse/Murmeltier – *Niesen* (2362 m ü. M.) Süd- und Südosthang: Bergbahn Mülenen (Station BLS)–Niesen, Wege von Heustrich Bad und Reichenbach aus.

Mümliswil G 3 b
Urhahn, Schwarzspecht: Paßwanggebiet.
Bahn Balsthal, Postauto/Parkplatz Mümliswil, Wanderung Reckenkien–Paßhöhe–Limmern–Mümliswil. Wald, Weiden, Felsen.
F, S: Greifvögel, Rauhfußhühner (z. B. Urhuhn), Spechte (u. a. Schwarzspecht), Singvögel (u. a. Pieper, Drosseln, Laubsänger, Finken).

Münchenbuchsee F 4 b
Ehemalige **Johanniterkomturei,** gegründet 1180. Bedeutende Glasmalereien aus dem 14. Jh. Hier führte Heinrich Pestalozzi im Jahr 1804 sein Erziehungsinstitut weiter.

Münster VS J 6 b
Barockkirche mit Bauteilen aus dem 15. Jh. Schöner Hochaltar von 1509, vom Luzerner Jörg Keller geschnitzt.

Hirsch (Winter) – *Münster* (1388 m ü. M.): An der Furkastraße (Station der Furka-Oberalp-Bahn). Hang zwischen Münster und Geschinen (Birchwald).

Münsterlingen N 1 c
Ehemaliges **Benediktinerinnen-Konvent.** Die Klosterkirche ist ein schönes Beispiel der Vorarlberger Barockarchitektur. ·

Muotathal L 4 b
Hölloch. Oberhalb des Dorfes Muotathal, gegenüber dem Weiler Stalden, nach Überquerung des Starzlenbaches (Fahrsträßchen).
Längste Höhle der Welt. Bisher wurden etwa 120 km vermessen (noch nicht vollständig erforscht). Länge des ausgebauten Teils 650 m. Ganzjährig täglich von 8–18 Uhr geöffnet, nur bei Hochwassergefahr geschlossen. Dauer der Führungen etwa 1 Std. Eintrittspreis Fr. 3.–.

Gemse (Sommer)/**Murmeltier** – *Chinzerberg* (2085 m ü. M.) Nordseite: Weg Mättental–Chinzig Chulm–Sennalp–Waldhüttli–Muotathal.
Bödmeren (1634 m ü. M.): Straße Muotathal–Pragel.
Gebiet zwischen *Rätschtal* und *Charetal:* Wege von Seeberg und Schmallaui im Bisistal.
Hirsch – *Brandwald:* Über der Hauptstraße bei Hesigen, Mül und Ried.
Gemse – *Wasserberg, Wasserbergfirst* (2340 m ü. M.): Straße Muotathal–Hinterthal–Liplisbüel (1194 m ü. M.), Weg Steinweid (im Bisistal)–Hinteristhütte (1592 m ü. M.).
Twaren-Räudi-Gebiet (2319 m ü. M.): Straße Muotathal–Pragel (Parkplatz).

Muralto/Locarno L 7 b
Schwimmvögel: Lungolago.
Bahn/Parkplatz Muralto, Wanderung dem Lago Maggiore entlang. Seeufer.
H, W, F: Schwimmvögel (u. a. Schwäne, Enten, Rallen, Möwen).

Muri AG K 3 a
Bedeutender **Klosterkomplex.** Habsburgisches Erbbegräbnis. Mittelalterliche Klosterkirche, die Ende des 17. Jh. umgebaut worden ist; ihr Innenraum gehört zu den Hauptwerken der Schweizer Barockarchitektur. Im Kreuzgang einzigartiges Ensemble von Renaissanceglasmalereien.

Waldlehrpfad Maiholz: Lehrpfad mit 56 numerierten Bäumen und Sträuchern. Länge etwa 900 m, mit geringer Höhendifferenz. Zeitbedarf etwa ½ Std.
Start beim Forstgarten Maiholz (Koord. 669 300/236 250). Autobahnausfahrt Mägenwil resp. Lenzburg. Parkplätze beim Forsthaus. Nummernschlüssel gratis erhältlich im Forsthaus Maiholz oder beim Kreisforstamt 6 in Muri.

Muri BE G 4 a/c
Wasservögel, Singvögel: Naturreservat Elfenau, an der Aare, südlich von Bern.
Bahn Bern HB, Bus/Parkplatz Elfenau, Rundwanderung. Gießen, Flußufer, Stillwasser, Auwald, Sumpf, Wiesen.
F, H, W: Wasservögel (u. a. verschiedene Entenarten, Säger), Starenschlafplatz.
F, S: Enten (u. a. Kolbenente), Rallen, Spechte (u. a. Kleinspecht), Singvögel (u. a. Rohrsänger, Grasmücken, Laubsänger, Schnäpper, Meisen, Rohrammer).

Mürren
H 5 d

Gemse/Murmeltier – *Schilthorn* (2970 m ü. M.), *Hundshorn* (2929 m ü. M.), *Sefinenfurke* (2612 m ü. M.): Bahn Lauterbrunnen–Mürren, Schilthornseilbahn, Wege von Mürren und Gimmelwald aus.
Gemse – *Sefinental, Ellstabhorn* (2830 m ü. M.), *Ober Steinberg:* Weg Gimmelwald–Sefinental, Weg von Scheuerboden aus.

Murten
E 4 b/d

Intaktes mittelalterliches Städtchen. Ringmauern, Tore und Wehrgänge. **Schloß** aus dem 13. Jh. Schauplatz der Schlacht bei Murten. Der Angriff Karls des Kühnen auf das Städtchen endete mit einer vernichtenden Niederlage durch die Truppen Berns und die eidgenössischen Hilfstruppen am 22. Juni 1476.

Wasservögel, Nachtigall: Seeufer–Hafen–Muntelier.
Bahn/Parkplatz Murten, Wanderung zum Hafen–Seeufer–Richtung Muntelier–See-Ende (Chablais), Seeufer, Schilf, Gehölze, Auwald.
F, S: Wasservögel (u. a. Taucher, Enten, Rallen, Möwen), Greifvögel (u. a. Schwarzmilan, Turmfalke), Singvögel (u. a. Stelzen, Nachtigall, Schwirle, Rohrsänger, Rohrammer, Pirol, Graudohle).

Müstair/Münster GR
S 5 a/c

Benediktinerinnenkloster **St. Johannes Baptist.** Burgartiger Komplex mit dem bedeutendsten vor der Jahrtausendwende entstandenen Kirchenbau (drei Apsiden). In der ganzen Weltkunst einzigartiger Freskenzyklus aus karolingischer Zeit (um 800). Großartige Bauskulptur. **Klostermuseum.** Dokumente zur Geschichte des Klosters, zahlreiche Kunstwerke, historische Möblierung (Tel. 082 8 52 65; Montag–Samstag 9–11, 14–17 Uhr, Sonntag 10.30–11, 15–17 Uhr).

Muttenz
G 2 b

Pfarrkirche **St. Arbogast.** Einzige Wehrkirche der Schweiz, älteste Teile um 1200. Kirche von Ringmauer mit Tortürmen umgeben. Beinhaus mit Fresken aus dem Jahr 1513. **Ruinen der drei Wartenberg-Burgen.** Seit dem 18. Jh. Zerfall. Ab Bahnhof Muttenz in 45 Min. zu erreichen (langgestreckter Hügelzug südwestlich des Dorfes).

Näfels
M 3 d

Pfarrkirche **St. Fridolin und Hilarius,** stattlicher Spätbarockbau mit gewölbter Fassade. **Freuler-Palast,** einer der imposantesten Herrensitze der Schweiz, bei dem traditionelle Bauformen, Renaissance- und Frühbarockelemente auf interessante Weise vermischt sind. Im Palast das **Museum des Landes Glarus** mit historischer und kulturhistorischer Sammlung. Bedeutende Dokumentation über die Glarner Baumwollindustrie (Tel. 058 4 43 78; April–Oktober täglich 8–11.30, 13–17 Uhr, Montag geschlossen). **Schlachtdenkmal,** das an die erfolgreiche Abwehr eines österreichischen Einfalls durch ein Glarner Volksaufgebot erinnert. Das mehrfach überlegene Heer Herzog Albrechts III. von Österreich, das die Niederlage von Sempach rächen wollte, konnte vernichtend geschlagen werden.

Gemse – *Oberseetal, am Rautenspitz:* Straße Näfels–Niederseealp (992 m ü. M.) (Parkplatz).
Klöntal: Straße von Netstal oder Glarus nach Riedern, von dort nach Hinterklöntal.

Rauhfußhühner, Bergvögel: Oberseetal–Ahornenalp.
Bahn Näfels, Parkplatz Obersee, Wanderung Geißgaden–Geren–Ahornen–Soligrat–Ahornen–Brunnmetteln–Obersee. Wald, Weiden, Fels.
F, S: Greifvögel (u. a. Steinadler, Turmfalke), Rauhfußhühner (u. a. Alpenschneehuhn, Birkhuhn), Eulen (u. a. Sperlingskauz, Rauhfußkauz), Spechte (u. a. Schwarzspecht, Singvögel (u. a. Alpenbraunelle, Braunkehlchen, Ringdrossel, Zitronfink, Birkenzeisig, Fichtenkreuzschnabel, Alpendohle, Tannenhäher, Kolkrabe).

Narrenbach
G 5 c

Steinadler, Steinhuhn: Übergang Diemtigtal–Simmental südlich Niederhorn.
Bahn Oey-Diemtigen, Postauto Riedli/Parkplatz Narrenbach, Wanderung Mäniggrund–Meienbergalp–Zweisimmen. Weiden, Wald, Felsen.

F, S: Greifvögel (u. a. Steinadler), Wildhühner (u. a. Alpenschneehuhn, Steinhuhn), Spechte, Singvögel (u. a. Mauerläufer).

Naters
H 6 d

Murmeltier – *Murmeltkumme, Beler Schönbiel* (2433 m ü. M.), *Oberaletsch* (1756 m ü. M.): Straße Brig/Naters (Station SBB)–Blatten (Parkplatz), Weg oder Seilbahn nach Bel (2009 m ü. M.).
Murmeltier/Gemse (Sommer/Winter) – *Im Tälli:* Weg Bel–Hotel Belalp–Oberaletsch –Tällihütte.
Ganzes Gebiet von der *Tällihütte* bis *Mittelaletschgletscher*.
Steinbock (Sommer/Winter) – *Olmenhorn* (3314 m ü. M.): Weg Tällihütte–Mittelaletschgletscher.

Neerach
K 2 b

Wasservögel, Singvögel: Neerersee und Höriberg.
Bahn Bülach, Postauto/Parkplatz Neerach, Rundgang um das Gebiet Richtung Hochfelden–Höriberg–Neerach. Sumpfgebiet, Felder, Gebüsche, Wald.
F, S, H: Reiher, Enten (u. a. Krickente), Greifvögel (u. a. Rotmilan, Schwarzmilan, Turmfalke), Jagdfasan, Rallen, Limikolen, Singvögel (u. a. Drosseln, Schwirle, Rohrsänger, Beutelmeise, Rohrammer).

● Neuchâtel
D/E 4 b/a

Stiftskirche, eindrücklicher Bau von 1147/90. Romanisches Chor, frühgotisches Langhaus. Grabdenkmal der Grafen von Neuenburg. Östlich der Stiftskirche **Grafenschloß** aus verschiedenen Epochen. Maison des Halles, Hôtel du Peyrou und zahlreiche andere prächtige aristokratische und bürgerliche Wohnbauten. Klassizistisches Rathaus.
Musée d'art et d'histoire. Von besonderem Interesse ist die Uhren- und Automatensammlung (Tel. 038 5 17 40; Dienstag–Sonntag 10–12, 14–17 Uhr).
Musée d'ethnographie. Bedeutende Sammlung von völkerkundlichen Objekten aus dem afrikanischen und pazifischen Gebiet (Tel. 038 5 17 39; Dienstag–Sonntag 10–12, 14–17 Uhr).
Jardin botanique de l'Université (490 m ü. M., 1,5 ha). Pflanzen aus Alpen und Pyrenäen, besonders systematisch schwierige Sippen («Chromosomenrassen»). Im Sommer, 1. April–31. Oktober, täglich geöffnet von 8–12 und 14–18 Uhr; besonders empfehlenswert Mai–August.
11, rue Emile-Argand, Nähe Bahnhof. Parkplatz beschränkt, Bus.

Quai Léopold-Robert, zwischen Handelsschule und Hafen: **Immergrüne** oder **Großblütige Magnolie,** *Magnolia grandiflora:* gut 10 m hoher Baum in Privatgarten seewärts der Häuserreihe, 60 m südwestlich der Rue P.-L.-Coulon.
Umgebung der Kirche Notre-Dame (roter Sandstein): **Arizonazypressen,** *Cupressus arizonica:* je 2 Exemplare zu beiden Seiten des Südwestportals, mit Früchten, 8–9 m hoch. Daneben **Portugiesischer Lorbeer,** *Prunus lusitanica.*
Umgebung des Institut de Physique de l'Université (zwischen Rue Breguet und Avenue du 1er-Mars). **Libanonzeder,** *Cedrus libani:* mächtiger Baum mit schiefstehendem Stamm (Ø 1,74 m), Kronen Ø 29 m, Äste berühren beinahe den Vorbau des Instituts. Steht 19 m nordwestlich des Südwesteingangs des Instituts.
La Coudre, nordöstlicher Vorort der Stadt: Hängeform des **Mammutbaums,** *Sequoiadendron giganteum 'Pendulum':* sehr auffallendes, schmal-pyramidales Exemplar des Mammutbaums, mit hängenden Ästen und Zweigen, aber 3 sich aufrichtenden Gipfeln. In Privatgarten gegenüber Haus Nr. 81 der Rue de la Dîme, dicht bei der seeseitigen Einmündung des Chemin du Chable (30 m südwestlich Chapelle catholique romaine St-Norbert).
Parc du Musée de l'Ethnographie, zwischen Chemin du Petit-Pontarlier und Rue de St-Nicolas: neben zahlreichen andern Gehölzen sind klimatisch am interessantesten 2 Büsche (4 m hoch und breit) des **Lorbeerschneeballs,** *Viburnum tinus,* zu beiden Seiten des Grottenbrunnens beim Eingang Rue St-Nicolas Nr. 2 und 4 (siehe Gersau).
Serrières, südwestliches Quartier der Stadt: **Friedhof Beauregard:** zwischen Rue de Beauregard und Avenue Edouard-Dubois: **Mittelmeer-** oder **Italienische Zypressen,** *Cupressus sempervirens:* 5 säulenförmige, schmal-pyramidale, meist bis Boden beastete, fruchtende, bis 11 m hohe Exemplare in waagrechter Reihe am Hang oberhalb des Eingangs an der Rue de Beauregard.

Rue des Amandiers: Mandelbaum, *Prunus amygdalus:* letztes, schwaches Exemplar einer früher umfangreichen Pflanzung beim Treppeneingang (bergseits) der Häusergruppe Nr. 7 und 9.
Weitere Parkanlagen:
Jardin anglais (Stadtzentrum, nordwestlich der Universität); **Parc du Mail** und **Le Mail** (nordöstlich des Stadtzentrums).

Gemse – *Chaumont* (1771 m ü.M.): Straße Neuchâtel–Hotel Chaumont (Parkplatz)–La Dame–Grand-Savagnier (Parkplatz)–Fenin (Parkplatz).

Schwimmvögel: Ufer des Neuenburgersees.
Bahn/Parkplatz Neuchâtel, Wanderung zum Hafen und dem Seeufer entlang.
H, W, F: Schwimmvögel (u. a. Taucher, Schwäne, Enten, Rallen, Möwen).
F, S: Schwarzmilan.

Neudorf   J 3 d

Kirche **St. Agatha** mit prachtvoller Barockausstattung. Geschnitztes Chorgestühl.

Neuendorf   H 3 a

Kiebitz, Singvögel: Ebene der Dünnern zwischen Neuendorf und Kestenholz.
Bahn Olten, Postauto/Parkplatz Neuendorf, Rundwanderung Neufeld–Niederbuchsiten–Kestenholz–Buechbau–Allmend–Hubel–Neuendorf. Flüßchen, Gräben, Felder, bewaldete Hügel, Baumgärten.
F, S, H: Graureiher, Greifvögel (u. a. Bussarde, Milane, Turmfalke), Jagdfasan, Wachtel, Kiebitz, Turteltaube, Spechte (u. a. Schwarzspecht im «Buech»), Singvögel (u. a. Heidelerche, Rotkopfwürger, Braunkehlchen, Grauammer, Zaunammer).

Neuenegg   F 4 c

Gedenkstein (→ Fraubrunnen).

Neuhausen   L 1 c

Rheinfall. Erreichbar per Auto (Parkplatz), mit dem Trolleybus vom Bahnhof Schaffhausen, zu Fuß vom Bahnhof Neuhausen.
Mächtigster Wasserfall des festländischen Europa (Breite 150 m, Höhe 21 m). Alter des Falles etwa 6000 Jahre. Der Rhein floß vorher von Flurlingen direkt nach Neuhausen. Erst nach der letzten Eiszeit schuf er sein heutiges Bett. Er stürzt nun über seinen eigenen früheren Uferhang. Motorbootverkehr um mittleren Felsen. Literatur: «Neuhausen am Rheinfall», Beschreibung (Verkehrsverein), «Rheinfall Schweiz», Führer um den Rheinfall von C. Loetscher (Verkehrsverein), «Der Rheinfall» von W. U. Guyan und H. Steiner (Bern, 1958).

Schwimmvögel: Beide Rheinufer Rheinfall–Schaffhausen.
Bahn/Parkplatz Schaffhausen, Bus Rheinfall, Wanderung rechtes Ufer–Flurlingen–linkes Ufer unterhalb EW–rechtes Ufer–Schiffländestube Schaffhausen. Rheinfall, Rhein mit Ufern, Gehölze, Siedlungsgebiet.
H, W, F: Schwimmvögel (u. a. Taucher, Schwäne, Enten, Rallen, Möwen).

Neunkirch   K 1 d

Einzigartiges, befestigtes Landstädtchen. Grundriß in strengem Rechteckraster angelegt. Die Häuser stammen aus dem 16.–19. Jh., der Uhrturm des Obertores aus dem frühen 15. Jh.

Sikahirsch – *Wannenberg* (661 m ü.M.), *Roßberg* (641 m ü.M.): Straße Neunkirch (Bahnlinie Schaffhausen–Waldshut), durch das Ergoltingertal Richtung Jestetten oder von Wilchingen über Osterfingen Richtung Jestetten.

Neuveville, La   E 3/4 d/b

Malerisches Städtchen mit alten Toren und Türmen der Stadtbefestigung. Prächtige Bürgerhäuser. **«Weiße Kirche»** am Ostrand des Städtchens mit Fresken aus dem 14./15. Jh. Im Stadthaus **lokalgeschichtliche Sammlung** (Tel. 038 7 96 96; April–Oktober 1. und 3. Sonntag im Monat 9.30–11, 15–17 Uhr).

Gemse – *Bielersee, Chavannes:* Straße und Bahn Biel–La Neuveville–Neuchâtel, Hang zwischen Ligerz und La Neuveville.

Nidau   F 3 c
Schloß der Grafen von Nidau aus dem 12. Jh. Neben Chillon das prächtigste Wasserschloß der Schweiz. Heute Verwaltungsgebäude.

Schiffahrtskanal (Nidau-Büren-Kanal) mit Schiffsschleuse und Regulierwehr der Juragewässerkorrektion.

Niedergösgen   H 2 d
Singvögel, Wasservögel: Aare und Kanal Niedergösgen–Aarau.
Bahn/Parkplatz Schönenwerd, Wanderung Aarebrücke–Niedergösgen–linkes Aareufer bis Punkt 374–Stauwehr–rechtes Kanalufer bis EW–rechtes Aareufer–Aarau. Auenwald, Uferzone, Felder, Aare, Kanal.
F, S, H: Schwimmvögel (u. a. Enten, Rallen), Greifvögel (u. a. Schwarzmilan, Turmfalke), Jagdfasan, Spechte, Singvögel (u. a. Nachtigall, Drosseln, Grasmücken, Laubsänger, Meisen, Finken).
W: Schwimmvögel (u. a. Taucher, Schwäne, Gründel- und Tauchenten, Rallen, Möwen).

Niederhasli ZH   K 2 d
Schwimmvögel, Singvögel: Mettmenhaslersee.
Bahn/Parkplatz Niederhasli, Rundgang um den See Richtung Badeanstalt. Kleinsee, Schilf, Gebüsche, Sumpf, Wiesen, Felder, Siedlungsgebiet.
F, S, H: Schwimmvögel (u. a. Enten, Rallen), Singvögel (u. a. Stelzen, Rotschwänze, Drosseln, Rohrsänger, Schnäpper, Meisen, Rohrammer).

Niederhelfenschwil   N 2 c
Wasservögel, Singvögel: Thurlauf Wil–Niederhelfenschwil.
Parkplatz Niederhelfenschwil, Postauto/Bahn Wil, Wanderung Freudenau–Thurbrücke–rechtes Ufer–Felsegg, linkes Ufer Sonnental–Kleine Glattburg–Billwil–Niederhelfenschwil. Thurlauf mit Auen, Wald, Wiesen, Felder.
F, S, H: Wasservögel (u. a. Taucher, Graureiher, Enten, Rallen), Spechte, Singvögel (u. a. Stelzen, Drosseln, Grasmücken, Laubsänger).

Niedermuhlern   F/G 4 d/c
Imihubel, Typusprofil des «Helvetien». 400 m südlich Niedermuhlern bei Holzmatt Abzweigung nach Oberblacken (1 km), von dort 600 m zum Imihubel (Fußweg).
Eine der drei Typuslokalitäten (neben Hauterive und Valangin) für eine Stufe (Abschnitt) der Erdgeschichte (Stratigraphie). Die Gesteine des Imihubels bilden das Typusprofil für eine Stufe der Erdneuzeit (Känozoikum). Das absolute Alter der Schichten beträgt etwa 17–20 Mio Jahre. Das Profil besteht aus Nagelfluh, Mergeln und Sandsteinen. Härtere Schichten bilden Steilkanten, wo Fossilien (Muscheln, Schnecken, seltener Haifischzähne usw.) gefunden werden können. Der Rest des Profils liegt unter Vegetation. Verbreitung des Helvetien im zentralen schweizerischen Mittelland. Aufgestellt von Prof. Dr. R. F. Rutsch (1958) anhand der Fossilfunde.

Niederrickenbach   K 4 a
Gemse (Winter) – *Brisen, Schwalmis, Stollen:* Von Städtli (Station der Stansstad-Engelberg-Bahn, Parkplatz) zu Fuß oder mit der Seilbahn nach Niederrickenbach, von dort zum Stollen (an der Seilbahn nach Musenalp).
Murmeltier – *Waldbrueder, Zwelfer, Schinberg:* Fußweg von Niederrickenbach zum Brisenhaus SAC: Zwischen Waldbrueder und Zwelfer und am Schinberg Ostseite.

Niederried (Brienzersee)   H 5 b
Bergvögel: Augstmatthorn.
Bahn/Parkplatz Niederried, Aufstieg Bodmialp–Augstmatthorn. Weiden, Wald, Felsen.
F, S: Wildhühner (u. a. Rauhfußhühner, Steinhuhn), Singvögel (u. a. Steinrötel, Zippammer).

Niederried (bei Kallnach)   F 4 a
Wasservögel, Greifvögel: Naturschutzgebiet Niederriedstausee–Runtigenfluh (s. auch Wileroltigen).
Bahn Kallnach, Parkplatz Kraftwerk Niederried, Wanderung rechtes Stauseeufer–Oltigen. Aarestau, Insel, Schilf, Wiesen, Äcker, Sandsteinwände, bedeutendes Überwinterungsgebiet für Wasservögel.

F, H, W: Taucher, Reiher, Schwäne, Gründel- und Tauchenten, Säger, Greifvögel (u. a. Fischadler), Rallen, Möwen, Singvögel (u. a. Mauerläufer im Westen an Runtigenfluh).
S: Haubentaucher, Schwäne, Enten, Greifvögel (u. a. Schwarzmilan, Turmfalke), Rallen, Spechte (u. a. Schwarzspecht), Singvögel (u. a. Kolkrabe).

Niederstad J 4 b
Felsenvögel, Schwimmvögel: Lopper von Niederstad–Acheregg.
Bahn Alpnachstad oder Stansstad, Parkplatz Niederstad oder Stansstad, Wanderung dem Alpnachersee entlang. Felswände der Loppersüdseite, Wald, Seeufer.
F, S, H: Schwimmvögel (u. a. Taucher, Enten, Gänsesäger, Rallen), Greifvögel (u. a. Schwarzmilanansammlungen), Singvögel (u. a. Felsenschwalbe).
W: Schwimmvögel, Mauerläufer.

Niederurnen M 3 d
Gemse – *Chöpfenberg* (1879 m ü. M.): Wege von Niederurnen, Straße Näfels–Twing, Weg nach Hinterschwandi, Wege vom Wäggitalersee aus.
Wasservögel, Singvögel: Westende Walensee, Ein- und Ausfluß der Linth.
Bahn/Parkplatz Niederurnen, Wanderung Escherkanal–Bahnlinie Mühlehorn–Weesen–Biäsche–Weesen. Felder, Wiesen, Linthkanal, Gräben, Seeufer.
F, S, H: Wasservögel (u. a. Taucher, Enten, Gänsesäger, Limikolen), Greifvögel, Singvögel (u. a. Lerchen, Pieper, Stelzen, Braunkehlchen, Schwarzkehlchen, Drosseln, Grauammer, Finken).

Nods E 3 d
Gemse/Murmeltier – *Chasseral* (1548 m ü. M.): Gipfelregion, Südseite.
Gemse – *Combe Biosse, Le Fornel* (1227 m ü. M.), *Mét. de Dombresson:* Straße St-Blaise–Nods, Straße und Seilbahn Nods–Chasseral, Straße Neuchâtel–Valangin–Le Paquier–Les Bugnenets (Parkplatz)–St-Imier, Weg Les Bugnenets–Le Fornel.
Greifvogelzug, Bergvögel: Chasseralgipfel, Combe Grède.
Bahn La Neuveville/Postauto Nods, Luftseilbahn Chasseral, Parkplatz Hotel Chasseral, Wanderung Chasseral–Grat–Combe Grède–Villeret. Kettenjura, Schlucht, Wald, Weiden, Fels, Beringungs- und Vogelzugstation im Herbst.
F, S, H: Greifvögel, Urhuhn, Mornell (Herbstzug), Singvögel (u. a. Heidelerche, Pieper, Ringdrossel, Zitronfink).

Noiraigue D 4 a
Creux-du-Van. 2 km südlich Noiraigue. Fahrsträßchen von Noiraigue bis Ferme Robert am unteren Ende des Creux-du-Van. Imposanter Felszirkus mit bis zu 160 m hohen Felswänden. Entstanden durch Erosion. War zeitweise auch Ausgangspunkt von Lokalgletschern (Endmoränenwälle unterhalb des Creux-du-Van).
Steinbock/Gemse – Talkessel von *Noiraigue* bis zu den *Gorges de l'Areuse:* Straße und Bahn Neuchâtel–Brot-Dessous–Noiraigue–Ferme Robert, Straße St-Aubin-Gorgier–Le Lessy (Beobachtungspunkt). Weg zum Le Soliat (1463 m ü. M., Beobachtungspunkt) und zur Ferme du Soliat (1382 m ü. M., Beobachtungspunkt).
Gemse – *Roche-Devant:* Weg Le Lessy–La Chaille.
Felsenvögel: Les Rochers-de-la-Clusette.
Bahn/Parkplatz Noiraigue, Wanderung zu den Felsen im Nordnordosten des Dorfes. Wald, Felsen.
F, S: Greifvögel, Spechte, Singvögel (u. a. Mauerläufer, Kolkrabe).

Noirmont, Le E 3 a
Gemse – *La Goule:* Straße von Le Noirmont (Station SBB) aus.
Les Prailats: Straße Le Noirmont–Le Boéchet–Les Prailats, Hänge über dem Doubs.
Biaufond: Straße von Les Bois aus.

Novaggio M 7 c
Anlagen der Clinica Federale Militare, Eidgenössisches Militärspital, um 670 m ü. M.: reichhaltige, z. T. alte Parkanlagen mit **Edelkastanien, Kampferbäumen** *(Cinnamomum glanduliferum)*, einer einreihigen längeren Allee von **Stech-Eichen** *(Quercus ilex)* sowie einer prächtigen Gruppe der frühblühenden **Goldblumigen Edgeworthie,** *Edgeworthia chrysantha:* Blüten wohlriechend, in kugeligen Köpfen,

hellgelb, bereits im März, vor den sommergrünen Blättern. Neben andern Sträuchern bei der Pergola. Heimat: China, Japan. Anlagen öffentlich, jedoch Anmeldung bei der Verwaltung notwendig.

Nuolen M 3 a/c

Sumpf- und Wasservögel: Nuolener Ried.
Bahn Siebnen–Wangen, Postauto Wangen, Parkplatz Nuolen, Wanderung Wangen–Obere Allmend–See–Nuolen. Uferzone am Oberen Zürichsee, Sumpfwiesen, Schilf, Gehölze.
F, S, H: Taucher (u. a. Zwergtaucher, Schwarzhalstaucher), Reiher (u. a. Zwergdommel), Schwäne, Enten, Greifvögel (u. a. Rohrweihe), Rallen, Limikolen (u. a. Kiebitz, Großbrachvogel, Bekassine), Singvögel (u. a. Pieper, Stelzen, Rohrsänger, Rohrammer).

Nußbaumen L 1/2 d/b

Nachtigall, Wasservögel: Nußbaumer-, Hüttwiler- und Hasensee.
Bahn Frauenfeld, Postauto/Parkplatz Nußbaumen, Wanderung zu den Seen im Süden des Ortes. Felder, Wiesen, Wald, Obstgärten, Kleinseen mit Schilf, Sumpf, Bachlauf, Kiesgruben, Gehölze.
F, S, H: Wasservögel, (u. a. Taucher, Reiher, Enten, Rallen, Limikolen), Greifvögel, Wiedehopf, Singvögel (u. a. Lerchen, Uferschwalbenkolonien in den nahen Kiesgruben, Stelzen, Nachtigall, Rohrsänger, Grasmücken, Laubsänger, Pirol, Rohrammer).

Nußhof H 2 c

Spechte, Würger: Baumgärten und Südhang nördlich Dorf.
Bahn Sissach, Postauto Nußhof, Wanderung am Jurahang nördlich des Dorfes. Baumgärten, Hecken, Wiesen, Waldrand.
F, S: Spechte, Singvögel (u. a. Rotkopfwürger, Rotrückenwürger, Goldammer).

Nyon B 6 a/b

Bereits in römischer Zeit besiedelt. **Schloß** mit ältesten Teilen aus dem 13. Jh. Heutige Anlage größtenteils aus dem 16. Jh. Sitz der bernischen Landvögte bis 1798. Jetzt Gemeindehaus und **Historisches Museum** (Februar–Dezember Dienstag–Samstag 9–11, 14–17 Uhr, Sonntag 14–17 Uhr).

Echter oder **Küchenlorbeer**, *Laurus nobilis:* großer, immergrüner, etwa 9 m hoher Strauch (reicht bis zur 3. Etage) auf der Seeseite des Hotels Beau-Rivage. Eine der größten Pflanzen des Genferseegebietes. Auf der Südostseite wird der große, baumförmige Strauch teilweise verdeckt durch **Kirschlorbeer** *(Prunus laurocerasus).*

Oberaach N 2 a

Das Haus «Zum Goldenen Löwen» gehört zu den schönsten Riegelbauten der Schweiz.

Kiebitz, Wasservögel: Bießenhofenweiher.
Bahn/Parkplatz Oberaach Station, Wanderung Bießenhofenweiher im Wald–Eppishusen/Erlen–Engishofen–Oberaach. Wiesen, Felder, Wald, Baumgärten, Weiher, Bachläufe.
F, S, H: Wasservögel, wie Enten, Rallen, Limikolen (u. a. Kiebitzbruten Erlen–Oberaach), Greifvögel (u. a. Bussarde, Turmfalke), Tauben, Spechte (u. a. Kleinspecht), Singvögel (u. a. Lerchen, Schwalben, Stelzen, Drosseln).

Oberdießbach G 4 d

Schloß, 1668 erbaut, einer der schönsten Herrensitze des 17. Jh., beeinflußt von der französischen Landhaus- und Schloßarchitektur.

Oberdorf G 3 a

Wallfahrtskirche. Das heutige Aussehen der im 10. Jh. gebauten Kirche wird durch den Umbau nach 1600 bestimmt. Maßvoll-festliche Ausstattung.

Gemse – *Oberdorf* (493 m ü. M.): An der Straße Balsthal–Liestal (Oberer Hauenstein), Station der Waldenburger Bahn (Liestal–Waldenburg): Beobachtungspunkt direkt an der Straße zwischen Oberdorf und Waldenburg.

Weißenstein (1284 m ü. M.), *Hinterer Weißenstein, Dilitschchopf, Hächler, Rötiflue, Nesselbodenröti:* Straße Solothurn–Langendorf–Oberdorf–Kurhaus Weißenstein (Parkplatz), Seilbahn Oberdorf–Kurhaus. Von Gänsbrunnen an der Straße Balsthal–Moutier (Station der Solothurn-Münster-Bahn) nach Rüschgraben (Parkplatz) oder Kurhaus Weißenstein.
Zugvögel, Bergvögel: Weißenstein.
Bahn/Parkplatz Oberdorf, Sesselbahn Weißenstein, Wanderung auf Rötiflue. Weiden, Wald, Fels, günstig für Vogelzugbeobachtung.
F, H: Greifvögel (u. a. Bussarde, Milane, Falken), Tauben, Singvögel (u. a. Lerchen, Pieper, Stelzen, Drosseln, Ammern, Finken, Zeisige, Fichtenkreuzschnäbel, Krähen, Kolkrabe).

Oberglatt   K 2 d

Vivarium Python: reiche Schlangensammlung, 50 Arten. Täglich geöffnet (außer Mittwoch) 10–22 Uhr. Eintritt Erwachsene Fr. 2.20, Kinder Fr. 1.10. Zufahrt von Zürich Richtung Kaiserstuhl, 15 Min. ab Hauptbahnhof Zürich SBB, von Bahnstation Oberglatt in 3 Min. (Parkplatz), Restaurant.

Oberhofen   G 5 b

Schloß am See. Imposanter Bergfried, Palas und schöne Gartenanlage. Bedeutende **Sammlung zur bernischen Wohnkultur.** Bauernfayencen. Schloßkapelle mit Wandmalereien aus dem 15. Jh. (Tel. 033 7 12 35; Mai–Mitte Oktober 10–12, 14–17 Uhr).
Öffentliche Stiftung der Stadt, Burgergemeinde und des Kantons Bern, Filiale des Historischen Museums Bern. Geöffnet von Muttertag–Mitte Oktober gegen Eintrittsgebühr.

Wichtigste Arten:
Immergrüne Sequoie, Eibenzypresse, Küstensequoie, Redwood, *Sequoia sempervirens:* mächtiger, immergrüner, über 20 m hoher Baum im Schloßgraben auf der Ostseite (zwischen Edelkastanien und der Schloßmauer). Stamm⌀ 1,35 m, mit dicker, braunroter Borke, ab 7,5 m 2stämmig. Eines der schönsten Exemplare der Schweiz. Heimat: Südpazifikküste der USA.
Edelkastanien, *Castanea sativa:* 2 Exemplare an östlicher Böschung des Schloßgrabens, sommergrün.
Japanische Sicheltanne, *Cryptomeria japonica:* 2 kleinere, immergrüne Bäume nördlich und südlich der Immergrünen Sequoie im Schloßgraben.
Mittelmeer- oder **Italienische Zypresse,** *Cupressus sempervirens:* 3 hohe und große Exemplare am Rand der Anlagen östlich des Schlosses, reichlich fruchtend (Etikette). **Einzige ältere Mittelmeerzypressen des Berner Oberlandes.**
Libanonzeder, *Cedrus libani,* rund 16 m von der Südostecke des Schlosses entfernt (Etikette).
Mammutbäume, *Sequoiadendron giganteum:* 3 große Exemplare unweit des Kinderchalets, ostsüdöstlich des Schlosses.
Spanische Tanne, *Abies pinsapo:* vollkommenes, 16 m hohes Exemplar, 18 m nordwestlich des Spielplatzes, südöstlicher Teil der Parkanlagen.
Strandpromenade Oberhofen (zwischen Schloßpark und öffentlichem Seebad); wichtigste Arten: **Douglas-Tanne,** *Pseudotsuga menziesii,* 1 Exemplar; **Mammutbäume,** *Sequoiadendron giganteum,* 3 Exemplare; **Atlaszeder,** *Cedrus atlantica,* 1 Exemplar.

Oberhöri   K 2 b

Sumpf- und Wasservögel: Neeracher Ried.
Bahn Bülach, Postauto/Parkplatz Oberhöri, Wanderung auf Nebenwegen Richtung West durchs Sumpfgebiet bis nach Riet und zurück. Felder, Wiesen, Sumpf, Schilf, Gräben, Gehölze, Beobachtungsturm.
S: Zwergtaucher, Schwarzhalstaucher, Zwergdommel, Enten (u. a. Krickente, Knäkente), Greifvögel (Schwarzmilanbrut am Höriberg, Turmfalke), Jagdfasan, Rallen (u. a. Wasserralle, Tüpfelralle), Limikolen (Kiebitz, Bekassine), Lachmöwenkolonie, Singvögel (u. a. Feldschwirl, Rohrsänger, Grasmücken, Rohrammer).
F, H: Taucher, Reiher, Störche, Gründel- und Tauchenten, Greifvögel (u. a. Fischadler, Bussarde, Weihen, Falken), Rallen, Limikolen (u. a. Regenpfeifer, Großbrachvogel, Wasserläufer, Strandläufer), Möwen, Seeschwalben, Tauben, Wiedehopf, Singvögel (u. a. Lerchen, Schwalben, Pieper, Stelzen, Würger, Braunkehlchen, Blaukehlchen, Drosseln, Beutelmeise, Ammern, Star).

Oberrickenbach
K 4 c

🍂 **Rauhfußhühner, Bergvögel:** Bannalp.
Bahn Wolfenschießen, Aufstieg/Parkplatz Oberrickenbach, Luftseilbahn Bannalpsee, Wanderung Urnerstafel–Chrüzhütte–Hüethütte–Oberrickenbach. Weiden, Wald, Felsen.
F, S: Greifvögel, Rauhfußhühner (u. a. Alpenschneehuhn, Birkhuhn), Eulen, Spechte, Singvögel (u. a. Steinschmätzer, Steinrötel, Drosseln, Zitronfink, Schneefink, Birkenzeisig, Tannenhäher).

Oberschan
O 3 c

🍂 **Steinhuhn, Bergvögel:** Alvier, Malschüel.
Bahn Trübbach, Postauto/Parkplatz Oberschan, Postauto Scheidweg Gonzen-Palfris, Wanderung Palfris–Alvier–Malschüel–Sevelerberg–Oberschan. Weiden, Felsen, Wald.
F, S: Greifvögel (u. a. Steinadler), Wildhühner (u. a. Alpenschneehuhn, Birkhuhn, Steinhuhn), Eulen, Spechte, Singvögel (u. a. Pieper, Alpenbraunelle, Braunkehlchen, Steinschmätzer, Drosseln, Mauerläufer, Zitronfink, Birkenzeisig, Alpendohle, Tannenhäher, Kolkrabe).

Oberwald VS
K 5 c

🐾 **Hirsch** (Sommer) – *Ulricher* und *Oberwalder Blasen:* Hang zwischen Obergesteln und Oberwald (Station Furka-Oberalp-Bahn).

Oberwil i. S.
F 5 b

▽ **Prähistorische Höhle Schnurenloch.** Erreichbar zu Fuß von Oberwil oder Bunschen über Ställenen zur Höhle am Gsäßgrind. Markierter Wanderweg (etwa 2 Std.).
Prähistorische Höhle (unter Naturschutz) mit mehreren Fundschichten aus diversen steinzeitlichen Epochen. Einige Schichten sind fundleer. Bei den Tierarten überwiegen Höhlenbärenreste. Daneben auch Reste von Eisfuchs, Hirsch, Alpenwolf, Panther usw. Viele Artefakte des Steinzeitmenschen. Zuhinterst in der Höhle wurden etwa 6 m Sediment hinter Verschalung zwecks späterer Untersuchung stehengelassen. Funde deponiert im Naturhistorischen und im Historischen Museum in Bern. Zeitliche Einordnung der Höhle: untere Schichten Altpaläolithikum (Altsteinzeit I A), faustkeilfreie Abschlagkultur; obere Schichten Jungpaläolithikum (Altsteinzeit II A), Klingenkultur mit Aurignac-Einschlag.

🐾 **Gemse** – *Märe* (2087 m ü. M.), *Ochsen* (2034 m ü. M.), *Bürglen* (2064 m ü. M.): Weg von Schwefelbergbad oder Oberwil im Simmental aus.
Roßberg: Straße von Oberwil aus.

Oberwinterthur
L 2 b

● Reformierte **Kirche** mit frühgotischen Fresken, welche die Wände des Mittelschiffes vollständig bedecken. Romanische Pfeilerbasilika, mit Bauteilen aus dem 12. Jh., erhebt sich inmitten des Areals des einstigen römischen Kastells.

Obfelden
K 3 a

🍂 **Uferschwalbe, Sumpfvögel:** Rechtes Reußufer, Tal des Haselbaches zwischen Maschwanden und Knonau.
Bahn/Parkplatz Affoltern a. A., Postauto Obfelden, Wanderung Lunnern–Reußbrücke–rechtes Reußufer–Maschwanden–entlang Haselbach–Knonau. Wiesen, Felder, Gehölze, Auwald, Kiesgrube, Sumpf, Bachlauf.
F, S, H: Reiher, Enten, Greifvögel (u. a. Schwarzmilan, Rotmilan, Baumfalke, Turmfalke), Feldhühner (u. a. Jagdfasan), Rallen, Limikolen (u. a. Kiebitz, Großbrachvogel), Eisvogel, Spechte, Singvögel (u. a. Uferschwalbe, Stelzen, Nachtigall, Drosseln, Rohrsänger, Grasmücken, Laubsänger, Pirol).

Oensingen
G 3 b

🐾 **Gemse** – *Leberen, Ankenhubel* (1085 m ü. M.): Südhang zwischen Schmidenmatt (1013 m ü. M.) und Schwangimatt (1125 m ü. M.), zugänglich von Oensingen (Station SBB), Wiedlisbach oder Attiswil aus.
Schattenberg-Leberen, Chamben (1251 m ü. M.), *Rüttelhorn* (1192 m ü. M.), *Höllchöpfli* (1230 m ü. M.), *Schwängimatt* (1000 m ü. M.), *Wannenflue:* Straße Wiedlisbach–Rumisberg–Farnern–Schmidenmatt (Parkplatz)–Herbetswil oder Rumisberg–Hinteregg (Parkplatz), Straße Niederbipp–Schwängimatt–Klus bei Balsthal.

Oeschberg
G 3 c/d

Garten der Gartenbauschule Oeschberg (490 m ü. M., etwa 1 ha). Alte Parkanlage mit Zierstauden, Rhododendren. Warmhaus. Das Arboretum enthält z.T. seltene Arten (Chinesische Goldlärche). Täglich geöffnet.
Postauto ab Kirchberg und Herzogenbuchsee. Parkplatz vorhanden.

Ofenpaß
R 5 a

Steinbock/Gemse/Hirsch/Murmeltier – *Nationalpark:* An der Ofenpaßstraße Zernez (1472 m ü. M.)–Sta Maria im Münstertal (1375 m ü. M.) gelegen. Verschiedene Zugänge und Beobachtungsmöglichkeiten, man konsultiere den Nationalparkführer.

Oftringen
H 3 b

Waldlehrpfad. Ausgangspunkt: Koord. 637 100/241 500, bei der Loo-Eiche. Nationalstraßenausfahrt Oftringen. Parkplätze beim Restaurant Loohof (10 Min. Gehzeit zum Ausgangspunkt). Lehrpfad mit 46 numerierten Bäumen und Sträuchern. Länge 1,2 km, Höhendifferenz ca. 120 m. Zeitbedarf ca. 1–2 Std. Nummernschlüssel gratis erhältlich bei der Gemeindekanzlei oder im Reisebureau der Bank Langenthal in Oftringen.

Olivone
M 5 c

Museo di San Martino. Volkskundliche Gegenstände kirchlicher Kunst (Tel. 092 7 01 71; Auskunft im Pfarrhaus).

Hirsch – *Sa Stanga* (2425 m ü.M.): Weg Olivone–Compieto–Alpe Saltarescio (1839 m ü. M.)–Alpe Bresciana (1882 m ü. M.), über der Alpe Saltarescio.
Val Cavallasca: Weg Seilbahnstation–Alpe Cavallasca (1831 m ü. M.).
Gemse – *Pizzo Sorda* (2884 m ü. M.): Weg von Alpe Carassino (1766 m ü. M.) aus.
Gemse/Murmeltier – *Fornei:* Weg von der Alpe Cassimoi (1849 m ü. M.) aus.
Gebiet des *Lago di Luzzone:* Straße Olivone–Campo Blenio–Lago di Luzzone.
Seilbahn Olivone–Marzano–Lago di Luzzone.
Val Scarardra: Weg von Gar sotto aus (1627 m ü. M.).
Torrone di Nava (2832 m ü.M.): Linke Talflanke, zugänglich auch von der Alpe Saltarescio (Val Carassina) aus.
Murmeltier – *Testa di Gar zora* (3017 m ü. M.): Westhang.
Valetta di Güda: Von Gar zora aus.
Alpe Motterascio (2247 m ü. M.): Vom Rifugio (1628 m ü. M.) gegen La Crusch (2259 m ü. M.).
Pizzo Pianca (2376 m ü. M.): Am Weg nach der Alpe Cavallasca.
Marumo (2790 m ü. M.), *Sassina:* Straße Baselga–Camadra (1856 m ü. M.).
Steinbock/Gemse – *Val Larciolo:* Von der Alpe Larciolo (1797 m ü. M.) aus.

Olten
H 2/3 d/b

Sehenswerte **Altstadt. Gedeckte Holzbrücke. Kunstmuseum** mit reicher Sammlung von Künstlern des Mittellandes. Werke des Olteners Martin Disteli (1802–44) (Tel. 062 5 86 04; Dienstag–Samstag 9–12, 14–17 Uhr, Sonntag 10–12, 14–17 Uhr).

Flußkraftwerk.

Öffentliche Voliere: etwa 40 Arten, 500 Vögel. Enten, Fasane, Sittiche, Turakos, Rebhühner, Wachteln, exotische Tauben, verschiedene europäische Singvögel und diverse Exoten in vielen Arten, z.B. Tangare, Roter Ibis. Zufahrt: Bei der alten Holzbrücke Straße Richtung Aarau, nach etwa 300 m nach rechts bis zur gut sichtbaren Friedenskirche, diese links umfahren. Die Voliere befindet sich hinter der Kirche. Parkplatz. Ab Bahnhof Olten 10 Min. zu Fuß.

Wasservögel, Singvögel: Olten–Rutigen–Aarburg.
Bahn/Parkplatz Olten, Wanderung am linken Aareufer nach Aarburg, über Höfli–Bornflüe–Chliholz zurück nach Olten. Ufer mit Gehölzen, Wiesen, Wald, Fels.
F,S,H: Schwimmvögel (u. a. Schwäne, Enten), Greifvögel (u. a. Schwarzmilan, Turmfalke), Spechte, Singvögel (u. a. Baumpieper, Stelzen, Drosseln, Grasmücken, Laubsänger, Meisen, Finken).
W: Schwimmvögel (u.a. Schwäne, Enten, Rallen, Möwen), gelegentlich seltene Gäste, Singvögel (u. a. Pieper, Stelzen).

Opfikon
L 2 c

✣ **Waldlehrpfad Auholz:** Lehrpfad mit 55 numerierten Bäumen und Sträuchern und einer Holzmustersammlung der einheimischen Baumarten. Route etwa 1 km lang, eben, Zeitbedarf 1–2 Std.
Start bei Koord. 685500/252900. Mit Auto erreichbar über Wallisellen–Opfikon–Kloten. Parkplätze beim Sportplatz Auholz. Bestimmungsschlüssel «Waldlehrpfade der Stadt Zürich» zum Preis von Fr. 10.– (für Schulen Fr. 8.–) beim Stadtforstamt Zürich erhältlich.

Orbe
C 5 b

Im 7. Jh. Hauptstadt des transjurassischen Königreichs Burgund. **Reste des alten Schlosses,** 1475 im Burgunderkrieg durch die Eidgenossen zerstört. Die Römerstadt Urba lag im Bereich des 2 km nordöstlich von Orbe gelegenen **Boscéaz.** Fundstelle von zum Teil an Ort und Stelle konservierten römischen Mosaiken.

Ammern, Wildgänse: Plaine de l'Orbe von Orbe–Yverdon.
Bahn/Parkplatz Orbe, Wanderung durch Orbe-Ebene–Bochuz–Ependes–Yverdon. Schwemmebene mit Gräben, Tümpeln, Kanälen, Gebüschen, Wäldchen, Lauf der Orbe und Thièle.
F, S, H: Zwergtaucher, Reiher, Enten, Greifvögel (u. a. Turmfalke), Feldhühner (u. a. Rebhuhn, Jagdfasan), Rallen, Limikolen (u. a. Kiebitz), Tauben, Singvögel (u. a. Lerchen, Pieper, Stelzen, Kehlchen, Drosseln, Grau-, Gold- und Rohrammer).
W: Taucher, Graureiher, Gänse, Enten, Greifvögel, Rallen, Möwen, Saatkrähen.

Oron
D 5 d

Schloß. Einrichtung aus dem 17. und 18. Jh. Bilder und Bibliothek (Tel. 021 93 72 22; Dienstag–Sonntag 9–12, 14–18 Uhr).

Orsières
E 7 d

Hirsch (Winter) – Talausgang: Zwischen Praz-de-Fort (1151 m ü. M.) und Verlona (1065 m ü. M.).

Ammern: Rechter Talhang des Val d'Entremont.
Parkplatz Sembrancher, Bahn Orsières, Aufstieg zum Dorf, Wanderung La Rosière–Chamoille–Sembrancher. Trockenhang, Gebüsch, Gehölze, Wald.
F, S: Singvögel (u. a. Rotrückenwürger, Goldammer, Zippammer, Gartenammer).

Osogna
M 6 d

Gemse – *Val d'Osogna,* Talkessel: Weg von Osogna (Station SBB) aus.
Murmltier – *Alpe Rotondo, Alpe Ninagno:* Wege von Osogna und Iragna durch das Val d'Iragna aus.

Ossingen
L 2 b

Wasservögel, Singvögel: Husemersee.
Bahn/Parkplatz Ossingen, Wanderung Wilhof–Seehof–Chastelhof–Ossingen. Kleinsee, Torfstichteiche, Schilf, Sumpf, Gehölze, Wiesen, Felder, Wald.
F, S, H: Wasservögel (u. a. Taucher, Reiher, Enten, Rallen, Limikolen), Spechte, Singvögel (u. a. Rohrsänger, Grasmücken, Laubsänger, Rohrammer).

Osterfingen
K 1 d

Singvögel: Weinbaugebiet Osterfingen–Wilchingen.
Bahn/Parkplatz Station Wilchingen-Hallau, Postauto Osterfingen, Wanderung Spitz–Oberholz–Haslach–Station Wilchingen–Hallau. Wiesen, Felder, Weinberge, Flaumeichenwälder.
F, S: Greifvögel (u. a. Bussarde, Milane), Spechte, Singvögel (u. a. Baumpieper, Rotrückenwürger, Goldammer, Distelfink).

Ostermundigen
G 4 a

▽ **Abbaustelle des Bernersandsteins.** Auf der Westseite des Ostermundigenberges. 1 km südöstlich des Bahnhofs Ostermundigen. Bus 15 bis Endstation Ostermundigen. Parkmöglichkeit.

Seit etwa 1480 ausgebeuteter Sandsteinbruch. Wichtigster Lieferant des für Bern klassischen Baumaterials (Altstadt, deren Hausfassaden ganzer Straßenzüge aus diesem Gestein bestehen). Alter etwa 20 Mio Jahre (Burdigalien), abgelagert im Meer. Ganz vereinzelt sind auch Versteinerungen zu finden. 1871–1902 bestand vom Bahnhof Ostermundigen bis in den Steinbruch die erste kombinierte Zahnradbahn der Welt, erstellt von Riggenbach (Rigibahn-Erbauer).

Pardatsch   L/M 5 d/c

Gemse – *Piz Cristallina* (3128 m ü.M.), *Piz Medel* (3211 m ü.M.): Weg von Pardatsch durch das Val Cristallina.

Payerne   E 4 c

Reizvolle Kleinstadt. **Stiftskirche Sta Maria,** Baugeschichte und Datierung umstritten. Die im 11./12.Jh. erbaute Kirche steht auf den Grundmauern früherer sakraler und weltlicher Bauten. Harmonischer Innenraum, interessante Kapitellskulpturen.

Wasservögel, Wildgänse: Basse-Broye, untere Broye-Ebene Payerne–Avenches.
Bahn/Parkplatz Payerne, Wanderung auf Feldwegen den Broyeufern entlang bis Avenches. Schwemmebene mit Gräben, Tümpeln, Kanälen, Büschen, Gehölzen, Lauf von Glâne und Broye.
F, S, H: Zwergtaucher, Reiher, Enten, Greifvögel (u.a. Turmfalke), Feldhühner (u.a. Rebhuhn, Wachtel, Jagdfasan), Rallen, Limikolen (u.a. Kiebitz, Bekassine), Tauben, Singvögel (u.a. Lerchen, Pieper, Stelzen, Kehlchen, Drosseln, Grau-, Gold- und Rohrammer).
W: Taucher, Graureiher, Gänse, Enten, Greifvögel, Rallen, Möwen, Saatkrähen.

Pensa   O 5 d

Steinbock/Murmeltier – *Alp d'Err* (2177 m ü.M.): Weg Pensa–Val d'Err.

Pfäfers   O 4 a •

Ehemalige **Benediktinerabtei,** eines der bedeutendsten Klöster Rätiens. Nach einem Brand im Jahr 1665 wurde die großartige, erhalten gebliebene Barockkirche erbaut.
Bad Pfäfers (stillgelegt) in der Taminaschlucht, Badebetrieb seit 1242.

Pfaffensprung   L 5 a

Gemse (Winter) – *Pfaffensprung:* An der Gotthardstraße unterhalb Wassen, Hang über dem Stausee.

Pfäffikon SZ   L 3 b/d

Wasservögel, Singvögel: Pfäffikon–Hurden–Frauenwinkel–Ufenau.
Bahn/Parkplatz Pfäffikon, Wanderung bzw. Bootsfahrt Pfäffikon–Gwatt–Frauenwinkel. Waldlehrpfad (Pfäffikon), Kiesgruben (Hurden), Schilf, Sumpf (Frauenwinkel), Seedamm mit Zürichseeinseln (Ufenau mit Graudohlenkolonie, Lützelau).
S: Wasservögel, wie Taucher, Reiher (z.B. Graureiherkolonie, Zwergdommel), Schwäne, Enten, Limikolen (u.a. Kiebitz), Rallen (u.a. Wiesenralle), Greifvögel (u.a. Schwarzmilan, Baumfalke), Eisvogel, Singvögel (u.a. Uferschwalben, Stelzen, Rohrammer, Graudohlen).
H, W, F: Wasservögel (u.a. Taucher, Kormoran, Reiher, Schwäne, Gründel-, Tauch- und Meerenten, Säger, Rallen, Möwen, Seeschwalben), Greifvögel (u.a. Fischadler, Rohrweihe), Eisvogel, Singvögel (u.a. Pieper, Stelzen, Kehlchen, Beutelmeise, Ammern).

Pfäffikon ZH   L 2 d

Sumpf- und Wasservögel: Pfäffikersee.
Bahn/Parkplatz Pfäffikon, Rundwanderung um See Irgenhausen–Auslikon–Robenhausen–Seegräben–Pfäffikon. Seeufer, Schilf, Sumpf, Teiche, Gehölze.
F, S, H: Taucher, Reiher, Schwäne, Enten, Greifvögel, Jagdfasan, Rallen (u.a. Wiesenralle), Limikolen (u.a. Kiebitz- und Bekassinenbruten), Möwen (Lachmöwenkolonie), Singvögel (u.a. Schwirle, Rohrsänger, Rohrammer).

Pfaffnau
H 3 b

🌳 **Hainbuche, Hagebuche, Weißbuche,** *Carpinus betulus:* eine der größten freistehenden Hagebuchen des schweizerischen Mittellandes, Stamm⌀ 1,24 m (in 1,25 m Höhe, unter der Stammverzweigung), Kronen⌀ rund 18 m, Höhe um 20 m, reichlich fruchtend, sommergrün. Steht etwa 10 m nördlich des Pfarrhauses Pfaffnau in freiem Rasenstück mit Brunnen, 75 m nördlich der Dorfkirche, rund 505 m ü. M., auf dem Areal der Kirchgemeinde. Gut sichtbar vom großen Parkplatz des Gemeindehauses beim Feuerwehrdepot, zugänglich von Westen (Seitenstraße nach Hubel, die beim Zehntenhaus und einer Kapelle vorbeiführt). 1765 beim Bau des Pfarrhauses gepflanzt.

Pfeffingen
G 2 c

🏛 Mächtige **Ruine** einer von den Bischöfen von Basel errichteten Burganlage aus dem 12. Jh. Auf steil abfallendem Fels über Pfeffingen. In einer halben Stunde zu erreichen.

Pfyn TG
M 2 a

🦅 **Wasservögel, Singvögel:** Thurlauf Pfyn–Eschikofen.
Bahn Frauenfeld, Postauto/Parkplatz Pfyn, Rundwanderung Brücke Pfyn/Felben–linkes Thurufer–Eschikofen–rechtes Thurufer–Pfyn. Thurlauf, Gießen, Teiche, Sumpf, Auwald, Wiesen, Felder.
F, S, H: Wasservögel (u. a. Taucher, Reiher, Enten, Rallen, Limikolen), Greifvögel, Spechte, Singvögel (u. a. Stelzen, Wasseramsel, Nachtigall, Drosseln, Rohrsänger, Grasmücken, Laubsänger, Rohrammer, Pirol).

Piano di Peccia
L 6 a

🐐 **Gemse/Murmeltier** – *Pizzo Castello* (2808 m ü. M.), *Alpe Croso:* Weg von Piano di Peccia aus.
Gemse – *Alpe Masnaro* (1989 m ü. M.): Wege von Piano di Peccia und Erta aus.
Murmeltier – *Alpe della Bolla:* Weg Bolla–Corte Jelmet (1899 m ü. M.).

Pierre-Pertuis
F 3 a

🏛 Römischer Straßentunnel mit antiker Inschrift.

Pieterlen
F 3 d

🌳 **Buchsbaum, Buchs,** *Buxus sempervirens:* natürliche und angepflanzte Bestände in der Umgebung der protestantischen Kirche, 480 m ü. M. Von der Nordwestecke des Friedhofs 100 m dem Fußweg nach Romont folgend (Wegweiser) zum nahen **Naturschutzgebiet** (bei 75 m Beginn des Vita-Parcours); hier, am Waldrand des untersten Hanges, dichte, natürliche Bestände von *Buxus sempervirens* als Unterholz, Stämmchen bis 6 m Höhe und darüber. In der **Umgebung der Kirche** Buchs vermutlich teilweise angepflanzt: Wuchs höher, Stamm⌀ bis 30 cm. Man versäume nicht, auf der Westseite der Kirche dem **Buchsweg** abwärts zu folgen, vom untern Teil desselben unter einem immergrünen Dach über Stufen hinauf zur Kirche, östlich um diese herum auf die Bergseite (hier die schönsten Sträucher) und zurück zum Tor an der nordwestlichen Ecke des Friedhofs.

Plaffeien
F 5 a

▽ **Steinbruch Zollhaus.** Etwa 4 km südlich Plaffeien, an der Straße Richtung Schwarzwasser, beim Zusammenfluß von Kalter und Warmer Sense.
Hier wurden sogenannte Gurnigelsandsteine abgebaut, die zu Pflastersteinen verarbeitet wurden. Berühmteste schweizerische Fundstelle von versteinertem Harz (sogenannter Plaffeiit, ähnlich Bernstein, aber andere chemische Zusammensetzung und ohne Einschlüsse von Insekten usw.).

Plaine, La
A 7 b

🦅 **Schwimmvögel, Singvögel:** Rhone zwischen La Plaine und Genève.
Bahn/Parkplatz La Plaine, Wanderung am Rhoneufer–Cartigny (linkes Ufer)–Aire-la-Ville–Vernier (rechtes Ufer)–Genève. Flußufer, Gehölze, Felder.
F, H, W: Schwimmvögel (u. a. Taucher, Enten, Säger, Rallen), Spechte, Singvögel.
S: Singvögel.

Plans, Les
E 6 d

Wildhühner, Eulen: Naturschutzgebiet Vallon de Nant.
Bahn Gryon, Parkplatz Les Plans, Wanderung Pont-de-Nant–Vallon de Nant–Pointe des Savolaires–Euzanne–Les Plans. Wald, Weiden, Fels.
F, S: Greifvögel (u.a. Steinadler), Wildhühner (u.a. Alpenschneehuhn, Birkhuhn, Steinhuhn), Eulen (u.a. Sperlingskauz, Rauhfußkauz), Alpensegler, Spechte, Singvögel (u.a. Felsenschwalbe, Steinrötel, Mauerläufer, Zippammer, Alpendohle, Kolkrabe).

Pompaples
C 5 a/b

Buchs, Buchsbaum, *Buxus sempervirens:* ausgedehnter, reicher, oft mehr baumförmiger, stellenweise fast reiner Buchsbestand am untersten, nach Süden bis Südwesten neigenden Hang und unter den darüber aufragenden Kalkwänden des vom Flüßchen «Le Nozon» durchflossenen Tälchens «Le Fond de la Vaux», nordwestlich von Pompaples (nordöstlich gegenüber dem bekannten Sanatorium St-Loup). Zugang von der Dorfmitte (Auberge «Au milieu du monde») auf dem linken, nordöstlichen Ufer des Flüßchens, beim Friedhof des Ortes vorbei, auf gutem Pfad etwa 1 km weit. Sehr reichliches Buchsvorkommen auch am Hang über der Staatsstraße westlich und nordwestlich des P. 521,4 m, zwischen Pompaples und La Sarraz.

Pont, Le
B 5 b

Gemse – *Dent-de-Vaulion* (1482 m ü.M.): Straße und Bahn Lausanne–La Sarraz–Vallorbe, Straße nach Le Pont oder Straße La Sarraz–Romainmôtier–Vaulion–Chalet de la Dent-de-Vaulion (1348 m ü.M.).
Wasservögel: Lac de Joux, Lac Brenet, Lac Ter.
Bahn/Parkplatz Le Pont, Rundwanderung Lac Brenet–La Tarnaz–Les Charbonnières–Le Lieu–Le Pont. Seeufer, Schlickbänke, Weiden, Wald.
F, S, H: Taucher, Reiher, Enten, Rallen (u.a. Wiesenralle), Limikolen, Greifvögel, Spechte, Singvögel.

Pont-de-Nant
E 6 d

Jardin botanique alpin La Thomasia (1270 m ü.M., 0,6 ha). Alpine Pflanzen aus aller Welt. Wissenschaftliche Betreuung durch das Botanische Institut Lausanne. Im Sommer, 1. Mai–31. Oktober, täglich von 8–12 und 14–18 Uhr geöffnet; besonders empfehlenswert Juni–Juli.
Zufahrt per Auto von Bex im Rhonetal.

Ponte Capriasca
M 7 c

In **S. Ambrogio** befindet sich die wertvollste und besterhaltene Kopie von Leonardo da Vincis Abendmahl. Das Fresko ist besser erhalten als das Mailänder Original. Die heutige Kirche mit Teilstücken aus dem früheren Bau stammt aus dem Jahr 1835.

Pontenet
F 3 a

Gemse – *Moron* (1336 m ü.M.): Straße Court–Tavannes, über Pontenet.

Pontresina
P 5 d

Begräbniskirche **Sta Maria** oberhalb des Dorfes. Spätmittelalterlicher Bau mit bedeutenden Malereien. In der Nachbarschaft der **Wohnturm Spaniola,** 12. Jh.

Gemse – *Piz Chalchagn* (3154 m ü.M.), *Piz Morteratsch* (3611 m ü.M.): Straße Pontresina–Hotel (1999 m ü.M.) Val Roseg.
Steinbock/Gemse/Murmeltier – *Piz Albris* (3165 m ü.M.): Weg von Pontresina durch das Val Languard oder von Bernina Suot (Bahnstation).

Dreizehenspecht, Bergvögel: Val Roseg.
Parkplatz Pontresina, Bahn St. Moritz, Postauto Silvaplana, Seilbahn Fuorcla Surlej, Wanderung Hotel Roseg–Val Roseg–rechte Talseite–Pontresina. Felsen, Weiden, Wald, Lauf der Ova da Roseg.
F, S: Greifvögel (u.a. Steinadler), Wildhühner (u.a. Alpenschneehuhn, Birkhuhn, Urhuhn), Eulen (u.a. Uhu, Rauhfußkauz), Spechte (u.a. Dreizehenspecht), Singvögel (u.a. Pieper, Stelzen, Wasseramsel, Alpenbraunelle, Braunkehlchen, Steinschmätzer, Drosseln, Zitronfink, Schneefink, Birkenzeisig, Fichtenkreuzschnabel, Alpendohle, Tannenhäher).

183

Ponts-de-Martel, Les D 4 a

☙ **Sumpfvögel:** Torfstiche im Südwesten der Ortschaft.
Bahn/Parkplatz Les Ponts-de-Martel, Wanderung auf Feldwegen durch das Sumpfgebiet südlich der Straße nach Martel-Dernier. Sumpf, Gräben, Felder, Wiesen, Gehölze.
F, H: Rastende Limikolen, Singvögel (u. a. Pieper, Stelzen, Rohrsänger, Rohrammer).

Porrentruy E 2 d

Ehemalige **Jesuitenkirche** mit prächtiger Stukkaturausstattung. Repräsentative Bauten von Pierre-François Pâris: **Spital** und **Rathaus,** 1761–65. **Schloß,** der heutige Bau hat sein Aussehen Ende des 16. Jh. erhalten.

Jardin botanique de l'Ecole cantonale (450 m ü. M., 0,9 ha). Täglich geöffnet von 8–12 und 14–17 Uhr, Sonntag 8–12 Uhr.
Rue de Fontenais.

Portalban E 4 c

☙ **Sumpf- und Wasservögel:** Ufer des Neuenburgersees Portalban–Chevroux.
Bahn Domdidier, Postauto/Parkplatz Portalban, Wanderung zwischen Seeufer und Falaises nach Chevroux. Auwald, Sumpfwiesen, Schilf, Seeufer, Sandsteinfelsen.
F, S, H: Schwimmvögel, vor allem bei den beiden Schiffstegen, andere Arten im Röhricht und Auwald, Haubentaucher, Zwergtaucher, Reiher (u. a. Graureiher, Purpurreiher, Zwergdommel), Schwäne, Enten, Säger, Greifvögel (u. a. Schwarzmilan, Bussarde, Rohrweihe, Baumfalke), Jagdfasan, Rallen, Limikolen, Möwen, Seeschwalben, Eulen, Spechte (u. a. Kleinspecht), Singvögel (u. a. Nachtigall, Schwirle, Rohrsänger, Grasmücken, Laubsänger, Weidenmeise, Rohrammer, Pirol, Kolkrabe in den Sandsteinwänden).

Poschiavo Q 6 c

Malerische historische Ortschaft. Die wichtigsten Sehenswürdigkeiten: **Stiftskirche S. Vittore,** um 1500. **Rathaus,** 1548. **Hotel Albrici,** 1682, im 1. Stock reichverzierter «Sibyllensaal», seit 1848 Hotel. **Spaniolenviertel,** 1830 von einer Gruppe von Puschlavern erbaut, die nach Spanien ausgewandert und wieder zurückgekommen waren.
S. Maria Assunta, um 1700, am südlichen Dorfausgang, unweit des Spaniolenviertels. Hervorragende Renaissanceschnitzereien an der Kanzel, die ursprünglich in der Stiftskirche plaziert war.
Kapelle S. Pietro, auf der andern Talseite. In der Apsis farbintensive Malerei eines oberitalienischen Meisters aus dem Jahr 1538.

Pratteln G 2 b

Mittelalterliche Burg oberhalb der Ortschaft, einst Weiherschloß. Wassergräben und Umfassungsmauern zerstört (Tel. 061 81 53 45).

☙ **Spechte, Graudohle:** Fabrikhallen von Schweizerhalle, Hardwald.
Bahn/Parkplatz Pratteln, Wanderung Schweizerhalle–Hardwald. Wald, Wiesen, Industriegelände.
F, S: Spechte (u. a. Mittelspecht, Kleinspecht), Singvögel (u. a. Drosseln, Grasmücken, Laubsänger, Meisen, große Graudohlenkolonie an Fabrikhallen in Schweizerhalle).

Prayon E 7 d

Gemse (Sommer/Winter) – *Crête de Sèche* (3024 m ü. M.), *Treutse Bo* (2917 m ü. M.): Über Prayon.

Préfargier E 4 a

Privatpark: Libanonzeder, *Cedrus libani:* außerordentlich großer und schöner Baum beim Haupteingang, Stamm von 4 m an verzweigt, ⌀ 1,77 m, auf der Nordwestseite des Gebäudes.
Chile-Schmucktanne, Monkey-Puzzle-Tree, *Araucaria araucana:* Höhe 13,35 m; eines der wenigen Exemplare des schweizerischen Mittellandes, welches den kalten Februar 1956 überstanden hat. Am Weg zum Badehaus am See.

Steinfrucht-Wacholder, *Juniperus drupacea:* etwa 14 m hoher, pyramidaler, buschiger Baum, 7 m westlich des Badehauses. Äußerst seltene, wärmeliebende, zweihäusige, aus Kleinasien und Griechenland stammende Art, Nadeln breit, immergrün. **Einziges Exemplar der Nordschweiz** (nächstgelegener Standort ist Genève). Exemplar männlich, ohne Früchte.
Bemerkung: Die Klinik von Préfargier ist Privatbesitz. Interessenten sollten sich vor einem Besuch beim Verwalter, Herrn M. A. Graber, melden.

Prugiasco M 6 a

S. Carlo in Negrentino, einstige Pfarrkirche von Prugiasco, im 11. Jh. erbaut. Gehört zu den wichtigsten Beispielen romanischer Kunst in der Schweiz.

Hirsch – *Pianezza* (1519 m ü. M.): Weg Prugiasco–Migiodico–Pianezza.
Gemse/Murmeltier – *Foiada* (2090 m ü. M.): Weg Pianezza–Gariva–Piano degli Ossi–Foiada.

Puidoux D 5/6 c/d

Graureiher, Singvögel: Lac de Bret.
Bahn/Parkplatz Puidoux-Chexbres, Wanderung zum nordwärts von Puidoux gelegenen See, Rundwanderung. Kleinsee, Weiden, Felder, Wald.
F, S: Wasservögel (u. a. Taucher, Graureiherkolonie, Enten, Rallen), Singvögel (u. a. Pieper, Stelzen, Drosseln).

Punt, La P 5 d

Steinbock/Gemse – *Piz Prünella* (2990 m ü. M.): Weg La Punt–Chamues-ch (Val Chamuera)–Serlas (2017 m ü. M.), Weg Serlas–Alp Prünella (2213 m ü. M.).
Gemse – *Piz Kesch* (3418 m ü. M.): Weg Madulain–SAC-Hütte Es-cha.

Quinto L 5 d

Pfarrkirche SS. Pietro e Paolo, heutiger Bau aus der Barockzeit, ursprünglich romanisch. Am Campanile aus dem 12. Jh. Tierplastiken an Konsolen und Kapitellen.

Gemse – *Passo Comasnengo* (2538 m ü. M.): Straße Ambri (Station SBB)–Quinto–Deggio, Weg nach Cassin di Deggio (1635 m ü. M.). Weg vom Val Piora aus.

Rafz K 2 b

Greifvögel, Zugvögel: Rafzerfeld zwischen Rafz und Wil.
Bahn/Parkplatz Rafz, Rundwanderung durch die Felder Rütenen–Hard–Nüchemerfeld–Dorf Rafz–Nahon. Wiesen, Felder.
F, H: Greifvögel (u. a. Bussarde, Rotmilan, Turmfalke), Limikolen (u. a. Kiebitz), Möwen, Singvögel (u. a. Lerchen, Pieper, Stelzen, Braunkehlchen, Steinschmätzer, Drosseln, Finken, Bluthänfling, Saatkrähe).

Ragaz, Bad O 4 a

Anlagen bei den Bäderhotels (Kuranstalten) **Hof Ragaz** und **Quellenhof** (Kursaal): **Mammutbäume**, *Sequoiadendron giganteum:* 3 Exemplare nordnordöstlich des Hotels Hof Ragaz, wovon das mittlere das schönste (25 m gegenüber dem Haupteingang). Äste ringsum den Boden berührend, Stamm$\varnothing$ 1,68 m, Stammbasis stark verbreitert, Höhe 34,1 m; 1 prächtiges Exemplar auf der Südseite des Kursaals (6 m davon entfernt), Stamm$\varnothing$ 1,90 m (Etikette), Kronen$\varnothing$ rund 14 m. **Nordmanns-Tanne**, *Abies nordmanniana:* 1 Exemplar nordnordöstlich vom Hof Ragaz, 22 m nördlich der Terrasse mit Bänken, Stamm$\varnothing$ 89 cm. **Paulownie**, *Paulownia tomentosa:* im ganzen 4 Exemplare: 2 nordnordöstlich vom Hof Ragaz, die beiden größeren nordöstlich des Kursaals (nordwestlich der Musikterrasse), der größere, einstämmige Baum mit Stamm$\varnothing$ 1,34 m, Blüten groß, violett, Blütezeit Mai, sommergrün (siehe Wädenswil). **Schwarzkiefer, Schwarzföhre**, *Pinus nigra austriaca:* 3 prächtige Bäume nordöstlich des Kursaals, zu beiden Seiten der Musikterrasse, mit eindrücklichen Stämmen (1- oder 2stämmig), $\varnothing$ 99 cm bis 1,40 m, das östlichste Exemplar mit Etikette.
Anlagen beim Schloß Ragaz (Motel): Von den zahlreichen Gehölzen im Schloßpark wird nur die **Nordmanns-Tanne**, *Abies nordmanniana* erwähnt: 2 Exemplare südöstlich des Schlosses, wovon das untere, prächtige Exemplar in der auffallenden Linkskurve des Ausfahrtweges; Stamm$\varnothing$ 80 cm, Äste bis 1 m über Boden, Höhe 27,8 m. Heimat: Kleinasien, Kaukasus.

Hirsch – *Pardiel:* Hang zwischen Bad Ragaz und Vilters, Wege von diesen Orten aus. Seilbahn Bad Ragaz–Ober Säß (1708 m ü. M.).
Vilterser Au: Rheinebene zwischen Sargans und Bad Ragaz.
Gemse – *Fläscherberg* (937 m ü. M.): Straße Bad Ragaz–Maienfeld–Fläsch, Weg zum Regitzer Spitz und Gaschaspitz.

Steinadler, Bergvögel: Pizol.
Bahn/Parkplatz Bad Ragaz, Luftseilbahn Pardiel, Sessellift Laufböden (Pizolhütte), Wanderung Wildsee–Schottensee–Pizolhütte–Lasa–Valens–Bad Pfäfers, Postauto Bad Ragaz. Felsen, Bergseen, Weiden, Wald.
F, S: Greifvögel (u. a. Steinadler), Rauhfußhühner (u. a. Alpenschneehuhn, Birkhuhn), Eulen, Spechte, Singvögel (u. a. Alpenbraunelle, Steinschmätzer, Drosseln, Zitronfink, Schneefink, Birkenzeisig, Fichtenkreuzschnabel, Alpendohle, Tannenhäher, Kolkrabe).

Ramosch R 4 d

Eine der ältesten Pfarreien des Tales. Die spätgotische Kirche **St. Florinus** birgt den schönsten Wandtabernakel des Engadins.

Randen, Hoher K 1 b

Frauenschuh, *Cypripedium calceolus:* Gruppe von 50–60 meist blühenden Stengeln im lichten Mischwald, östlich «Ob Lucken», zwischen Beggingen und Merishausen, Übergang vom «Schloßranden» zum «Hohen Randen», um 870 m ü. M. Erreichbar entweder von **Beggingen** (nordöstlich Schleitheim), im nördlichsten Teil des Klettgaus auf guter Fahrstraße südöstlich zu P. 571 m und dem Südhang des «Chälengrabens» folgend zur Kehre P. 773 m, weiter bis «Heidenbomm» (hier Parkierungsgelegenheit), L + T-Karte 1011, oder von **Schaffhausen** nordwestlich nach **Hemmental,** dann zunächst westlich zur Kehre P. 664 m und auf ebenfalls asphaltiertem Fahrweg über «Mäserich»–«Talisbänkli» (P. 840 m) nach **«Heidenbomm»,** rund 820 m ü. M. (L + T-Karte 1031). Von hier zu Fuß streng nördlich (dem östlichen der beiden parallelen Wege folgend) 250 m zur Forstpflanzschule (rund 100 m westlich P. 842 m), dicht nördlich der «Hasenbuck»-Hütte (gegenüber der Pflanzschule), in westnordwestlicher, dann westlicher Richtung nach «Ob Lucken» (hier trigonometrisches Signal P. 879,5 m und Jägerhütte). Nun auf gleichem Weg etwa 100 m ostwärts bis zur Einmündung des Weges, der um P 898 m («Uf Neuen») herumführt; von hier 100–150 m weiter östlich (auf dem vorher begangenen Weg), dann auf den schwach ausgeprägten Fußpfad südöstlich abbiegend, der nach kurzer Strecke zu mehreren Gruppen des Frauenschuhs führt. Die kleineren und größeren Gruppen der prachtvollen Pflanze sind hier eingezäunt. Der Frauenschuh steht unter strengem Naturschutz; in keiner Weise beschädigen! Die Schönheit des Frauenschuhs, zur Blütezeit (Ende Mai–Mitte Juni) ein wahres Naturwunder, sollte jede Mahnung zur Schonung überflüssig erscheinen lassen.
Im Buchen/Fichten-Mischwald zwischen «Heidenbomm» und «Ob Lucken» kommen überall reichlich noch andere Orchideen vor, z. B. das **Langblättrige Waldvögelein,** *Cephalanthera longifolia* (weißblühend, mit dem Frauenschuh). Alle einheimischen Orchideen sind streng geschützt.

Ranzo L 7 b

Schwimmvögel: Lago Maggiore zwischen Ranzo und Isole di Brissago.
Bahn/Parkplatz Locarno, Schiffahrt Ascona–Gerra–Ranzo–Porto Ronco–Isole di Brissago–Brissago. See.
W: Schwimmvögel, vor allem große Gruppen von Enten (bis 200 Stück).

● Rapperswil L 3 b

Guterhaltenes mittelalterliches Städtchen. Das **Schloß,** vor 1200 erbaut, nach der teilweisen Zerstörung 1354 wiederaufgebaut, beherbergt das **Museum** des Schweizerischen Burgenvereins (Tel. 055 2 18 28; März–November Dienstag–Sonntag 9.30–17 Uhr).

Knies Kinderzoo: ganz auf das Kind zugeschnittener Kleinzoo. Elefanten, Nashorn, Giraffe und andere Zootiere, Delphinschau. 2 ha, 45 Tierarten, 400 Tiere. Geöffnet Mitte März–Mitte November 9–18 Uhr, Mai–August abends bis 19 Uhr. Zufahrt ausgeschildert, von Schiff und Bahn durch Bahnhofunterführung zur Oberseestraße, Restaurant, Feuerstellen.

Schwimmvögel: Kempratner Bucht.
Bahn/Parkplatz Rapperswil, Wanderung Richtung Kempraten–Seedamm. Seebucht, Quaianlagen, Siedlungsgebiet.
H, W, F: Schwimmvögel (u. a. Taucher, Kormoran, Schwäne, Gründel-, Tauch- und Meerenten, Säger, Rallen, Möwen, Seeschwalben).

Raron H 6 c

Schloßberg, **Kirche,** 1512/14 erbaut aus dem Gemäuer einer zum Teil zerstörten mittelalterlichen Burg. Spätgotische Wandmalereien, Beinhaus unter dem Chor. An der Außenmauer der Kirche das **Grab von Rainer Maria Rilke.**

Steinbock (Sommer)/**Murmeltier** – *Am Jägihorn* (3071 m ü. M.), *Jägisamd, Rämistafel, Krutighorn* (3020 m ü. M.): Weg Raron (Station SBB)–Bietsch (1466 m ü. M.)–Jägisamd–Rämistafel (2016 m ü. M.), Bietschtal.
Gemse – *Wannihorn* (3000 m ü. M.).

Raveisch R 4 b

Murmeltier – *Raveischer Salaas* (2364 m ü. M.): Weg von Raveisch aus.

Realp K 5 d

Steinadler, Bergvögel: Lochberg–Südabfall Winterstock.
Bahn/Parkplatz Realp, Wanderung Lochberg–Albert-Heim-Hütte–Tiefenbach–Tiefenbach Station. Wiesen, Wald, Weiden, Fels.
F, S: Greifvögel (u. a. Steinadler), Alpenschneehuhn, Wasserpieper, Braunkehlchen, Steinschmätzer, Schneefink, Alpendohle, Kolkrabe.

Reams/Riom O 5 d

Um 1200 erbaute **Burg** in beherrschender Lage. Seit dem 19. Jh. starker Zerfall.

Reckingen J 6 b

Kirche, 1743–45 nach Plänen von Joh. Georg Ritz erbaut, gilt als schönste Barockkirche des Wallis. Reiche und reizvolle Innenausstattung.

Murmeltier – *Ennergalen, Kummenhorn* (2754 m ü. M.): Wege von Mühlebach, Blitzingen, Biel und Reckingen aus.

Réclère E 2 c

Grottes de Réclère. 2 km südlich des Dorfes am Sträßchen nach Vaufrey, an der Grenze zu Frankreich. Postauto von Pruntrut nach Réclère.
Von diesem Höhlensystem sind etwa 700 m für den Besucher zugänglich gemacht worden. Imposante Tropfsteingebilde (z. B. der «große Dom», der «Gletscher», der «Mantel des Napoleon», «steinerner Wasserfall»). Kleiner unterirdischer See. Ganzjährig täglich von 8–18 Uhr geöffnet. Dauer der Führungen etwa ½ Std. Eintrittspreis Fr. 3.–. Besucher melden sich im «Restaurant des Grottes».

Regensberg K 2 c/d

Guterhaltenes mittelalterliches Städtchen mit **Schloß,** 1245 erbaut. Tiefster Sodbrunnen (57 m) der Schweiz. Schöne Aussicht.

Regensdorf K 2 d

Ruine Alt-Regensberg. Ursprünge im zweiten Viertel des 11. Jh. Im Alten Zürichkrieg zerstört, später wiederaufgebaut und nach dem Kauf durch die Stadt Zürich verfallen. In beherrschender Lage auf einem Moränenhügel am Großen Katzensee.

Schwimmvögel, Singvögel: Katzenseen.
Bahn/Parkplatz Station Regensdorf-Watt, Wanderung Richtung Altburg–Katzenseen. Siedlungsgebiet, Felder, Wiesen, Wald, Kleinsee, Schilf, Gebüsche, Sumpf.
F, S, H: Schwimmvögel (u. a. Taucher, Enten, Rallen), Tauben, Spechte, Singvögel (u. a. Stelzen, Rotschwänze, Drosseln, Rohrsänger, Grasmücken, Schnäpper, Meisen, Rohrammer, Finken).

Reichenbach G 5 d
- Sehenswertes Ortsbild.

Reichenburg M 3 c
✤ **Graudohle:** Dorf, Kirche.
Bahn/Parkplatz Reichenburg, Wanderung zum Dorfkern–Kirche. Wiesen, Felder, Siedlungsgebiet.
F, S: Mauersegler, Singvögel (u. a. Schwalben, Stelzen, Rotschwänze, Schnäpper, Meisen, Finken, eine der größten Graudohlenkolonien der Schweiz).

Reigoldswil G 2 d
✪ **Naturlehrpfad Reigoldswil** beim Schelmenloch, Wasserfallen: Lehrpfad auf Wanderweg von Reigoldswil in etwa 1 Std. erreichbar (etwa 3 km). Zeitbedarf für den Lehrpfad rund 1 Std. Parkplätze in Reigoldswil, auch mit Bus von Basel über Liestal zu erreichen. Zu sehen sind geologische Aufschlüsse, welche die Stratigraphie und die Tektonik des Faltenjuras zeigen. Dazu auch Bäume und Sträucher und verschiedene andere Objekte beschriftet. Bestimmungsschlüssel, Führer und Broschüre (erhältlich bei der Seilbahnstation) sind geplant.

Reinach BL G 2 a/c
✪ **Waldlehrpfad Leiwald:** Lehrpfad mit rund 40 beschrifteten Bäumen und Sträuchern, dazu einige Testbäume. Rundwanderung von etwa 2 km, geringe Höhendifferenz, Zeitbedarf 1–1½ Std. Längs des Lehrpfades 3 Rastplätze mit Bänken, Tischen und Feuerstellen.
Start beim Schulhaus Fiechten (Parkplatz) (Koord. 610750/259650).

🄖 **Tierpark:** 2 Hirscharten, Kraniche, Enten, 35 a, etwa 50 Tiere. Eintritt gratis, immer offen. Zufahrt ab Ortszentrum (Post, Kantonalbank) via Austraße, Tram 11 bis Landererstraße (dann durch Austraße) (Parkplatz).

Reuchenette F 3 c
▽ **Steinbrüche der Zementfabrik Vigier.** Etwa 4 km nördlich Biel. Bahn bis Reuchenette (Parkplatz). Imposante Kalksteinbrüche in der Suze-Klus durch die Chasseralkette zwischen Reuchenette und Rondchâtel (nördliche Fortsetzung der Taubenlochschlucht). Schönes Beispiel einer Juraklus mit den typischen Faltungen der Juraketten. Abgebaut wird ein heller Kalk mit Mergelzwischenlagen (gelbe dünne Bänder). In den Mergeln findet man reichlich versteinerte Muscheln. In Klüften Cölestin- und Pyritkristalle. Verwendung der Mergel und Kalke zur Zementfabrikation.

Reuti/Hasliberg J 5 b
✤ **Wildhühner, Bergvögel:** Übergang Hasliberg–Gental.
Bahn Brünig–Hasliberg, Postauto/Parkplatz Reuti, Wanderung Gummenalp–Planplatte–Schlafbühlen–Hinter Arni–Reuti. Weiden, Felsen, Wald.
F, S: Greifvögel (u. a. Steinadler), Wildhühner (Alpenschneehuhn, Birkhuhn, Urhuhn, Steinhuhn), Spechte, Singvögel, wie Braunkehlchen, Steinschmätzer, Steinrötel (Schlafbühlen), Drosseln, Zitronfink, Birkenzeisig, Tannenhäher.

Reutigen G 5 b
✤ **Jagdfasan, Singvögel:** Reutigenmoos, Seeliswald.
Bahn Thun, Postauto/Parkplatz Reutigen, Wanderung Richtung Nordwest–Reutigenmoos–Seeliswald. Felder, Gehölze, Wald.
F, S: Jagdfasan, Singvögel (u. a. Rotrückenwürger, Grauammer, Goldammer).

Rhäzüns N 4 d
🏛 **Kirche St. Georg,** außerhalb des Dorfes auf einem bewaldeten Hügel am Hinterrhein (Schlüssel im Bahnhof verlangen). Reichstes Beispiel eines mittelalterlichen, vollständig ausgemalten Kirchenraumes in der Schweiz. Fresken des Waltensburger Meisters (um 1350) und des Rhäzünser Meisters (etwas später).

🏰 **Schloß Rhäzüns** (Privatbesitz) war der Stammsitz eines der mächtigsten Bündner Geschlechter des Mittelalters, der Herren von Rhäzüns.

Rheinau L 1 c

Ehemalige **Benediktinerabtei** auf einer Rheinhalbinsel, um 800 gegründet. Der älteste erhaltene Teil ist das Bogenfeld (Tympanon) über dem Türsturz in der Vorhalle des Südturmes (im 16. Jh. in der heutigen Form gebaut). Das Kircheninnere gehört zu den schönsten Beispielen hochbarocker Baukunst in der Schweiz. Seit 1967 kantonale Heil- und Pflegeanstalt.

Greifvögel, Wasservögel: Rheinlauf Rheinau–Ellikon.
Bahn Marthalen, Postauto/Parkplatz Rheinau, Wanderung am linken Rheinufer bis Ellikon. Wiesen, Felder, Gehölze, Auenwald, Rheinlauf.
F, S, H: Wasservögel, wie Taucher, Reiher (Graureiherkolonie Lottstetten BRD), Schwäne, Enten, Rallen, Greifvögel (u. a. ziehende Fischadler, Rotmilan, Schwarzmilan, Baumfalke), Tauben, Spechte (u. a. Mittelspecht), Singvögel (u. a. Stelzen, Nachtigall, Drosseln, Grasmücken, Laubsänger, Pirol).
W: Wasservögel (u. a. Taucher, Kormoran, Schwäne, Gänse, Gründel-, Tauch- und Meerenten, Säger, Rallen, Möwen), Eisvogel, Singvögel (u. a. Wasserpieper, Stelzen).

Rheineck O 2 d

Festungs- und Schiffahrtsstädtchen am alten Rheinlauf. Sehenswert die **Hauptgasse mit Rathaus,** die erneuerte **reformierte Kirche** und der **Löwenhof,** einer der schönsten barocken bürgerlichen Prachtbauten.

Waldlehrpfad Bisewald: Route von 1,2 km mit dt. beschrifteten Bäumen und Sträuchern und Erläuterungstafeln über den Wald allgemein. Zeitbeanspruchung 1 Std.
Start bei Koord. 761 600/261 000, erreichbar von SBB-Station Rheineck. Parkplätze bei Kibag-Platz oder am Bahnhof Rheineck.

Rheinfelden H 2 a

Mittelalterliches Städtchen mit reizvollen Gassen. **Stadtkirche** aus dem 15. Jh. Von den **Befestigungsanlagen** ist am Ostrand der Altstadt ein beachtliches Stück vor der Zerstörung verschont geblieben. **Fricktaler Museum,** Marktgasse 12, mit bedeutender regionalgeschichtlicher Sammlung (Mai–September Dienstag, Donnerstag, Samstag 15–17 Uhr, Sonntag 10–12 Uhr).

Waldlehrpfad Wasserloch/Steppberg: Lehrpfad mit etwa 40 einheimischen Bäumen und Sträuchern, Nistkästen, geologischen Objekten und 1 Weiher, gleichzeitig Teilstück des Wanderweges Rheinfelden–Sonnenberg. Länge etwa 1,4 km, geringe Höhendifferenz.
Start beim Schützenhaus, Schulzentrum Engerfeld (Koord. 627 640/266 440). Zufahrt mit privaten Verkehrsmitteln, später evtl. Bus. Parkplätze vorhanden. Bestimmungsschlüssel beim Start erhältlich (Automat im Schulzentrum vorgesehen).

Schwimmvögel, Singvögel: Linkes Rheinufer mit Stau.
Bahn/Parkplatz Rheinfelden, Wanderung flußaufwärts Richtung Riburg–Schwörstadt. Flußufer, Stausee, Uferwald.
F, H, W: Schwimmvögel, Singvögel.

Riburg H 2 a

Wasservögel, Greifvögel: Stau Riburg–Schwörstadt am Schweizer Ufer.
Bahn Möhlin/Parkplatz Riburg, Wanderung Kraftwerk Richtung Wallbach. Stausee mit Uferzone, Wald.
F, H, W: Schwimmvögel.
S: Schwarzmilan, Spechte, Singvögel.
J: Turmfalke.

Richensee J 3 b

Ausgezeichnet erhaltener **Wohn- und Wehrturm** aus dem 11. Jh. War Mittelpunkt eines im Sempacherkrieg von den Österreichern zerstörten Städtchens am Ausfluß des Baldeggersees.

Richisau M 4 a

Uhu, Bergvögel: Hinteres Klöntal-Roßmattertal.
Bahn Glarus, Postauto/Parkplatz Richisau, Wanderung Chlüstalden–Chäseren–Wärben–Glärnischhütte–Wärben–Schlattalpli–Chlüstalden–Richisau. Wald, Weiden, Felsen.

189

F, S: Greifvögel (u. a. Steinadler), Rauhfußhühner, Eulen (u. a. Rauhfußkauz, Uhu), Spechte (u. a. Schwarzspecht), Singvögel (u. a. Drosseln, Zitronfink, Erlenzeisig, Tannenhäher).

Richterswil L 3 a
Schwimmvögel: Linkes Zürichseeufer–Richterswil–Bäch.
Bahn/Parkplatz Richterswil, Wanderung auf Uferweg dem See entlang bis Bäch. Seeuferzone.
F, H, W: Schwimmvögel (u. a. Taucher, Schwäne, Gründelenten, Tauchenten, Rallen, Möwen).

Riddes F 7 a
Gemse (Winter) – *L'Ardève* (1447 m ü. M.): Straße Riddes (Station SBB)–Leytron–Chamoson (Parkplatz)–Grugnay–Mayens-de-Chamoson (Parkplatz).

Riederalp J 6 a
Murmeltier/Gemse (Winter) – *Aletschwald, Riederalp, Greicheralp* (1919 m ü. M.): Straße Brig–Mörel (Station Furka-Oberalp-Bahn), Seilbahn Mörel (Parkplatz)–Riederalp oder Mörel–Greicheralp.
Gemse (Sommer) – *Aletschwald:* Weg Riederalp–Rieder Furka–Aletschwald–Blausee (2204 m ü. M.)–Katzlöcher (2315 m ü. M.).
Steinadler, Bergvögel: Gebiet Riederhorn–Hohfluh–Blausee.
Bahn/Parkplatz Mörel, Seilbahn Riederalp, Ausflüge Riederfurka–Riederwald, Riederfurka–Hohfluh oder Greicheralp–Blausee. Weiden, Wald, Fels.
F, S: Greifvögel (u. a. Steinadler, Wanderfalke, Turmfalke), Wildhühner (u. a. Birkhuhn, Steinhuhn), Spechte (u. a. Schwarzspecht), Singvögel, wie Lerchen (u. a. Heidelerche), Wasserpieper, Alpenbraunelle, Braunkehlchen, Steinschmätzer, Steinrötel, Drosseln, Alpenmeise, Mauerläufer (Riederhorn), Gartenammer, Zitronfink, Birkenzeisig, Tannenhäher, Kolkrabe.

Riehen G 2 b
Botanischer Lehrweg Außerberg: Von Wenkenhofstraße Richtung Außerberg. Länge der Route 1,2 km, mit geringem Höhenunterschied entlang der Waldstraße. Auf Holztafeln sind rund 40 Bäume und Sträucher dt. angeschrieben. Zufahrt mit Bus 32 von Riehen, BVB-Haltestelle Bückenweg. Nur wenige Parkplätze vorhanden.
Spechte, Singvögel: Wälder östlich der Ortschaft.
Bahn Basel HB, Tram/Bus Riehen, Parkplatz Riehen, Rundwanderung Chrischona–Bettingen. Wald, Hügel.
F, S: Spechte (u. a. Kleinspecht, Mittelspecht), Drosseln, Grasmücken, Laubsänger, Meisen.

Riffenmatt F 5 b
Gemse – *Hällstett* (1411 m ü. M.), *Pfyffe* (1665 m ü. M.): Straße Schwarzenburg–Riffenmatt–Schwarzenbühl.

Rifferswil K 3 b
Rhododendronmoor des Gartenbaubetriebes Seleger (600 m ü. M., etwa 2 ha). Eindrucksvolle Rhododendronsammlung auf ehemaligem Hochmoor, mit Verkauf. Für Besucher zur Blütezeit, im Mai/Juni, offen, mit Eintritt.
Zufahrt von Rifferswil Richtung Hausen, etwa 500 m nach Ortschaft Wegweiser nach links. Parkplatz beschränkt, Privatbus ab Zürich zur Blütezeit.

Riggisberg G 4 c
Schloß, ursprünglich Sitz der Edlen von Riggisberg, 1387–1799 im Besitz der Herren von Erlach, heute Altersheim.
Abegg-Stiftung, bedeutende Sammlung von Textilien, Plastiken, Wandmalereien und Kunstgewerbe (Tel. 031 81 72 01; Sommer 14–17 Uhr).

Ringgenberg H 5 b
Mittelalterliche **Burganlage.** 1671/74 Kirchenbau, wobei der Bergfried als Glockenturm übernommen wurde.

Riva S. Vitale
M 8 a/b

Zwischen Pfarrkirche und Pfarrhaus das **Baptisterium** mit Taufbecken aus frühchristlicher Zeit. Mosaiken und Gräber aus römischer Zeit. **Kirche S. Croce**, achteckiger Zentralbau aus dem späten 16. Jh.

Roche, La
E 5 b

Steinadler, Wildhühner: La Berra–Schwarzsee.
Bahn Fribourg, Postauto/Parkplatz La Roche, Wanderung La Berra–Schwarzseebad. Wald, Weiden, Fels.
F, S: Greifvögel (u. a. Steinadler), Wildhühner (u. a. Urhuhn, Birkhuhn, Steinhuhn), Spechte, Singvögel (u. a. Ringdrossel, Alpenmeise, Mauerläufer, Fichtenkreuzschnabel, Alpendohle, Tannenhäher).
H: Sattel ob La Roche günstig für Vogelzugbeobachtungen, u. a. Tauben, Greifvögel, Singvögel, wie Lerchen, Schwalben, Pieper, Stelzen, Drosseln, Meisen, Finken.

Rochers-de-Naye, Les
E 6 a

Jardin alpin Rambertia ob Montreux (2000 m ü. M.). Alpine Pflanzen aus aller Welt, dazu einheimische Arten. Im Sommer täglich von Juni–Oktober geöffnet, mit Eintritt.
Zufahrt mit Bergbahn Rochers-de-Naye ab Montreux, dann etwa 10 Min. zu Fuß.

Rodi-Fiesso
L 6 b

Gemse – *Pne Tremorgio* (2669 m ü. M.), *Alpe Tremorgio* (1848 m ü. M.): Weg von Rodi-Fiesso aus.
Pizzo Meda (2269 m ü. M.): Weg von der Alpe Cara oder Alpe Prato aus.
Hirsch – *Pne Tremorgio*, Westhang: Weg Alpe Tremorgio–Alpe Cara oder Ambri (Station SBB)–Alpe Cara.

Roggenhausen/Aarau
J 2 c

Hirschpark: verschiedene Hirscharten und Wildschweine in weiträumigen Gehegen, frei zugänglich. Zufahrt: Am Rand von Aarau Richtung Olten gelegen, Hinweistafel und Parkplatz, dann etwa 10 Min. zu Fuß, Restaurant.

Rolle
B 6 b

Schloß. Im 13. Jh. als Hafenfestung erbaut. Trapezförmige Anlage mit markanten Ecktürmen.

Schwimmvögel, Gänsesäger: Ile de la Harpe, Genferseeufer.
Bahn/Parkplatz Rolle, Wanderung zum Schiffsteg und dem Ufer entlang. Uferzone, Insel.
F, H, W: Schwimmvögel (u. a. Taucher, Schwäne, Enten, Säger, Rallen, Möwen).
S: Schwarzmilan, Gänsesägerfamilien.

Romainmôtier
C 5 a

Idyllisch gelegene **romanische Stiftskirche**. Ursprünge der Kirche ums Jahr 1000, in mehreren Phasen erweitert und ergänzt. Harmonischer und stimmungsvoller Bau. Fresken aus gotischer Zeit.

Romanshorn
N 2 b

Hafenanlage für Fährschiffe.

Mittelmeer- oder **Italienische Zypresse,** *Cupressus sempervirens:* etwa 12 m hoher, schmal-pyramidaler Baum im kleinen, heute nicht mehr benützten Friedhof, 25 m nördlich der alten Kirche Romanshorn (diese direkt neben Hotel-Restaurant Altes Schloß, knapp 100 m östlich der neuen, großen Kirche). Gipfelpartie dürr (50 cm), unten mit zahlreichen Früchten. **Wohl nördlichste Mittelmeerzypresse der Schweiz.**

Kormoran, Wasservögel: Bodensee Romanshorn–Luxburg–Arbon.
Bahn/Parkplatz Romanshorn, Wanderung Chelhof–Luxburg–Seeufer–Arbon. Luxburger Bucht, Steinacher Bucht, Uferzone mit etwas Schilf und Gehölzen.
F, S, H: Wasservögel (u. a. Taucher, Schwäne, Enten, Rallen, Limikolen, Seeschwalben), Greifvögel (u. a. Baumfalke), Singvögel (u. a. Stelzen, Kehlchen, Rohrsänger, Rohrammer).

W: Schwimmvögel (u.a. Taucher, Kormoran, Schwäne, Gründel-, Tauch- und Meerenten, Säger, Rallen, Möwen), Eisvogel, Singvögel (u.a. Wasserpieper, Stelzen).

● Romont D/E 5 b/a

Mittelalterliches Städtchen auf Hügelzug. **Schloß der Grafen von Romont,** 1577/89, Mauerring und Wehrtürme. **Kirche Notre-Dame-de-l'Assomption,** frühgotisches Chor, spätgotisches Schiff.

Rona O 5 d

Gemse – *Piz Arblatsch* (3203 m ü.M.), *Val da Livizung:* Weg von Rona aus.

Ronco L 7 b

In der **Pfarrkirche** Hochaltarbild des aus Ronco stammenden Malers Antonio Ciseri.

Rondez, Les F 2 d

Von-Roll-Museum, route de Berne. Ausstellung über die frühere Gewinnung und Verarbeitung von Bohnerz. Geöffnet auf Anfrage.

● Rorschach O 2 a/c

Barockes **Kornhaus** am Hafen, Wahrzeichen der Stadt. Ehemaliges **Benediktinerkloster Mariaberg** am Abhang über der Stadt. Bedeutender spätmittelalterlicher Klosterbau mit einzigartigen Beispielen spätgotischer Steinmetzkunst.

Kalifornische Fluß- oder **Weihrauchzeder,** *Calocedrus decurrens* (früher *Libocedrus decurrens):* 2 rund 20 m voneinander entfernte, etwa 25 m hohe Exemplare nördlich der Promenadenstraße, 25 m östlich der Kreuzung mit der Maria-Berg-Straße; die schönsten der Ostschweiz. Der westliche Baum, mit imposanter Stammverzweigung in rund 1 m Höhe (∅ etwa 110 cm) und aufsteigenden Ästen, gegenüber dem «Berghaus» Nr. 89; Stamm∅ des östlichen Baumes um 75 cm (nähere Angaben unter Gersau).
Riesenlebensbaum, *Thuja plicata* (früher *Thuja gigantea):* 2 stattliche Bäume nördlich der benachbarten Jugendkirche, etwa 50 m westlich der Flußzedern an der Promenadenstraße. Stamm∅ 80–100 cm. Heimat: Westliches Nordamerika.

Schwimmvögel: Bodensee–Goldach–Staad.
Bahn/Parkplatz Rorschach, Wanderung dem Seeufer entlang Richtung Rietli–Goldach oder Richtung Badeanstalt–Staad. See mit Uferzone, Siedlungsgebiet, Quaianlagen.
H,W,F: Schwimmvögel (u.a. Taucher, Kormoran, Schwäne, Gründel-, Tauch- und Meerenten, Säger, Rallen, Möwen, Seeschwalben).

Roseto K 6 b

Gemse – *Alpe Sologna, Sédone* (2017 m ü.M.): Weg von Roseto aus.
Alpe Foioi, Pizzo Foioi (2628 m ü.M.): Weg von Fardo aus.

Rossens E 5 b

Bach- und Felsenvögel: Saaneschlucht Rossens–Chésalles.
Bahn Fribourg, Postauto/Parkplatz Rossens-Village, Wanderung am linken Talhang der Saane nach Illens–Corpataux–Hauterive–Chésalles. Felder, Wald, Fels, Flußbett mit Alluvionen.
F,S: Greifvögel (u.a. Turmfalke), Limikolen (u.a. Flußuferläufer), Eisvogel, Spechte, Singvögel (u.a. Stelzen, Wasseramsel, Kolkrabe).

Rossinière E 6 b

Wasservögel: Saanelauf Rossinière–La Tine.
Bahn/Parkplatz Rossinière, Wanderung linkes Saaneufer–Les Leytels–La Tine (rechtes Ufer). Flußlauf, Kiesbänke, Wald, Sumpfwiesen, Schilf.
F,S: Wasservögel (u.a. Enten, Gänsesäger, Flußuferläufer), Singvögel (u.a. Stelzen, Wasseramseln, Braunkehlchen, Rohrsänger, Grasmücken, Laubsänger, Kolkrabe).

Rossura
L 6 b

Prächtig gelegene **Pfarrkirche** mit romanischem Freskenschmuck und schönen Grabkreuzen.

Rotberg
G 2 c

Mittelalterliche **Burg.** Seit dem 17. Jh. unbewohnt und dem Zerfall preisgegeben. 1936 wiederaufgebaut, heute Jugendherberge. Am Nordabhang des Blauen gelegen (Tel. 061 83 30 49; ganzjährig täglich geöffnet).

Röthenbach i. E.
G 4 d

Gemse – *Münchegg:* Straße Oberdießbach–Röthenbach.
Hürlisegg (1205 m ü. M.): Straße Röthenbach oder Signau–Eggiwil–Hürlisegg.
Honegg (1508 m ü. M.): Straße Röthenbach–Oberei–Sattel.

Rothenbrunnen
O 5 a

Schloß Ortenstein. In beherrschender Lage um 1250 erbaute Anlage, zahlreiche Erweiterungen und Umbauten (Privatbesitz). Am Fuß des Burgfelsens die **Kapelle St. Victor,** die an der Stelle des Martyriums des legendären Priesters Victor erbaut worden ist, dessen Gebeine in der St.-Peter-und-Paul-Kirche in Cazis aufbewahrt werden.

Rothenthurm
L 3 c

Zugvögel: Altmatt, 150 m südlich Bubrugg.
Bahn/Parkplatz Rothenthurm, Wanderung Richtung Nord–Zweite Altmatt–Bubrugg. Torfmoor mit Weiher, Schilf, Gehölzen, Beobachtungshütte, Beringungsaktion im Herbst.
H: Greifvögel, Spechte, Singvögel (u. a. Schwalben, Pieper, Stelzen, Braunkehlchen, Steinschmätzer, Rotschwänze, Drosseln, Grasmücken, Laubsänger, Meisen, Ammern, Finken).

Rothrist
H 3 b

Wasservögel, Singvögel: Aareinseln, Aarestau Ruppoldingen.
Bahn/Parkplatz Rothrist, Wanderung zum Stauwehr Ruppoldingen, dann flußaufwärts am rechten Aareufer–Bonigen. Stausee mit Inseln, Gehölzen, Schilf, Teichen, Felder.
S: Schwimmvögel (u. a. Taucher, Schwäne, Enten, Rallen), Greifvögel (u. a. Schwarzmilan, Turmfalke), Spechte, Singvögel (u. a. Rohrsänger, Grasmücken, Laubsänger).
F, H, W: Wasservögel (u. a. Taucher, Kormoran, Reiher, Schwäne, Gründel- und Tauchenten, Säger, Rallen, Möwen, Limikolen), Eisvogel, Singvögel (u. a. Pieper, Stelzen).

Rottenschwil
K 3 a

Zwergdommel, Rohrsänger: Reußufer, Stille Reuß.
Bahn Muri, Postauto Rottenschwil Kapelle, Parkplatz Rottenschwil (Restaurant Hecht), Rundwanderung linkes Reußufer–Werd–Stille Reuß. Flußufer, Altwasser, Sumpfgebiet, Gebüsche, Auwald.
F, S, H: Graureiher, Zwergdommel, Enten, Greifvögel (u. a. Schwarzmilan, Turmfalke), Jagdfasan, Rallen, Singvögel (u. a. Drosseln, Rohrsänger, Gelbspötter, Rohrammer, Pirol).

Roveredo
N 6 c

S. Giulio, romanisch-gotische Kirche mit Renaissance- und Barockausstattung.
Madonna del Ponte chiuso, auch Kirche S. Anna genannt. Mit dem Pilgerhaus und der Steinbrücke am Eingang der Traversagnaschlucht bildet diese Barockkirche ein reizvolles Ensemble. Am linken Ufer der Moesa befand sich der berühmte **Palazzo Trivulzio,** von dem noch einige Reste erhalten sind.

Rubigen
G 4 c

Vögel: Naturschutzgebiet Kleinhöchstettenau zwischen Rubigen und Kleinhöchstetten.
Bahn/Parkplatz Rubigen, Wanderung Aare–rechtes Aareufer Richtung Kleinhöchstetten. Flußauen, Gehölze, Auwälder, Stillwasser, Gießen, Sumpfwiesen.

F, H: Reiher (u. a. Graureiher, Zwergdommel), Enten, Greifvögel (u. a. Fischadler, Rohrweihe, Bussarde), Jagdfasan, Limikolen, Rallen (u. a. Wasserralle, Tüpfelralle), Singvögel (u. a. Blaukehlchen, Nachtigall).
S: Enten (u. a. Krickente, Knäkente), Greifvögel (u. a. Schwarzmilan, Baumfalke), Rallen (u. a. Wasserralle), Singvögel (Rohrsänger).

Rüdlingen K 2 b

🍂 **Graureiher, Zaunammer:** Rheinlauf, Rebgebiet.
Bahn Rafz, Postauto/Parkplatz Rüdlingen, Wanderung durchs Weinbaugebiet Rüdlingen–Buchberg und flußaufwärts dem Rhein entlang. Rebberge, Trockenhang, Wiesen, Felder, Rheinlauf mit Inseln, Gehölze, Auwäldchen.
F, S, H: Wasservögel (u. a. Taucher, Graureiherkolonie auf Insel, Schwäne, Enten, Rallen), Greifvögel (u. a. Rot- und Schwarzmilan), Spechte (u. a. Mittelspecht), Singvögel (u. a. Rotrückenwürger, Zaunammer).
W: Wasservögel (u. a. Taucher, Reiher, Enten, Rallen, Möwen).

Rueun N 4 c

🐾 **Gemse** – *Panixer Paß* (2407 m ü. M.): Straße Ilanz (Station der Furka-Oberalp-Bahn)–Rueun–Pigniu (Panix).

Runcahez M 5 a/b

🐾 **Steinbock/Gemse/Murmeltier** – *Piz Cavel* (2945 m ü. M.): Straße Rabius (Bahnstation)–Surrhein–Tenigerbad–Runcahez (Val Sumvitg/Somvix), Weg Runcahez–Alp Sutglatscher.

Rupperswil J 2 c

🍂 **Wasservögel, Singvögel:** Schachen zwischen Rohr und Rupperswil.
Bahn/Parkplatz Rupperswil, Wanderung Aarebrücke–rechtes Aareufer Richtung Rohr. Flußufer, Auwald, Wald, Felder, Gießen.
F, S: Zwergtaucher, Greifvögel, Jagdfasan, Wasserralle, Eisvogel, Spechte, Singvögel (u. a. Rohrsänger, Feldschwirl, Grasmücken, Laubsänger, Rohrammer, Pirol).

Rüschlikon K 3 b

⊕ **Waldlehrpfad Rüschlikon:** Lehrpfad mit 55 numerierten Bäumen und Sträuchern (11 Nadelhölzer, 24 Laubhölzer, 20 Straucharten).
Start beim Parkplatz Schützenhaus Rüschlikon (Koord. 683 854/239 227). Verlauf bis zum Schützenhaus. Nähere Auskünfte durch Förster Hotz, Adliswil.

Russin A 7 b

🍂 **Ammern, Flußvögel:** Vallon d'Allondon.
Bahn/Parkplatz Russin, Wanderung Les Baillets–Dardagny. Flußbett mit Alluvionen, Wald, Weide, Weinberge, trockene Buschheide, Gehölze.
F, S: Eisvogel, Spechte, Singvögel (u. a. Rotrückenwürger, Wasseramsel, Schwarzkehlchen, Gold-, Zaun-, Zipp-, Garten- und Rohrammer, Distelfink, Bluthänfling).
W: Rallen, Limikolen, Eisvogel, Singvögel (u. a. Wasseramsel, Zippammer, Birkenzeisig, Erlenzeisig).

Ruswil J 3 c

🍂 **Zugvögel:** Homberg zwischen Ruswil und Neuenkirch.
Bahn Luzern, Postauto/Parkplatz Ruswil, Wanderung Guetischwand–Homberg–Hellbühl (Postauto Luzern). Felder, Wiesen, Wälder, günstiger Punkt für Zugbeobachtungen.
H: Greifvögel, Tauben, Singvögel (u. a. Lerchen, Pieper, Stelzen, Ammern, Finken, Krähen).

Rüti L 3 b

⊕ **Waldlehrpfad Rütiwald:** Lehrpfad mit 24 verschiedenen, beschrifteten Arten (je 1- bis 4mal). Rundwanderwege von etwa 3 km Länge, geringe Höhendifferenz, Zeitbedarf etwa 2 Std.
Start am Waldeingang beim Spital (Koord. 706 100/235 300). Parkplätze in der Nähe. Verlauf parallel Vita-Parcours. Bestimmungsschlüssel erhältlich.
Weiterer Naturlehrpfad in der Schulhausanlage Lindenberg/Widacher in Rüti.

Rütli L 4 a

Nationale Gedenkstätte am Urnersee, auf der 1291 die Vertreter von Uri, Schwyz und Unterwalden die Befreiung der Waldstätte beschlossen. 1940 versammelte General Guisan hier die höheren Kommandanten der Armee zum Rütli-Rapport, durch den der Widerstandswille der bedrohten Schweiz wesentlich gestärkt wurde.

Rüttenen G 3 a

Solothurner Waldlehrpfade: Lehrpfad mit 49 bezeichneten Bäumen und Sträuchern, zahlreiche Angaben über die Bodenflora, Weiher, Verenaschlucht, erratischen Blöcken, Einsiedelei, Biedermannsweiher. 2 Rundwanderwege mit einer Höhendifferenz von rund 100 m. Pfad 1: 5 km (ca. 2 Std.), Pfad 2: 1½ km (ca. 1 Std.).
Start bei Kreuzen (Koord. 607 100/230 000). Bus Solothurn-Wasseramt. Parkplätze am Ausgangspunkt und anderen Zugängen. Bestimmungsschlüssel gratis erhältlich bei der Kanzlei der Bürgergemeinde Solothurn.

St. Antönien P 4 a

Gemse – *St. Antönier Joch* (2379 m ü. M.): Straße Küblis (Bahnstation)–St. Antönien, Weg zum St. Antönier Joch.

S. Bernardino N 6 a

Gemse – *Pizzo Muccia* (2956 m ü. M.): Weg von S. Bernardino (1608 m ü. M.) aus.

St-Blaise E 4 a

Ammern, Singvögel: Les Roches-de-Châtoillons, Les Râpes-près-d'Hauterive.
Bahn/Parkplatz St-Blaise, Wanderung La Goulette–Roches-de-Châtoillons–Le Maley–Les Buissons–Les Râpes–Les Grands-Creux–Hauterive–St-Blaise. Weinberge, Trockenwiesen, Eichenwald, Felsen, Büsche, Steinbrüche.
F, S: Spechte (u. a. Mittelspecht), Singvögel (u. a. Heidelerche, Baumpieper, Rotrückenwürger, Grasmücken, Laubsänger, Goldammer, Zaunammer, Distelfink, Bluthänfling).

St-Brais E 3 b

Wasservögel, Singvögel: Naturschutzgebiet Etang de Bollement.
Bahn/Parkplatz Bollement, Wanderung zum See, Rundwanderung. Kleinsee, Weiden, Wald.
F, S, H: Wasservögel (u. a. Zwergtaucher, Enten), Spechte, Singvögel.

S. Carlo Q 6 c

Pfarrkirche **S. Carlo Borromeo,** 1613 erbaut. In der Passionskapelle links des Hauptaltars großartige illusionistische Wand- und Deckengemälde eines italienischen Meisters des 17. Jh. Hinter dem Seitenaltar beinahe lebensgroße Beweinungsgruppe.

Murmeltier – *Campo* (1390 m ü. M.): Weg von S. Carlo aus.
Gemse – *Robiei* (1964 m ü. M.): Weg oder Seilbahn von S. Carlo aus.
Steinbock – *Valletta:* Straße Robiei–Alpe Lielpe (2003 m ü. M.) oder SAC-Hütte Basodino (Robiei)–Alpe Lielpe–Pioda.

Ste-Croix C 4 c/d

Gemse – *Aiguilles-de-Baulmes* (1522 m ü. M.): Straße und Bahn Yverdon–Baulmes–Ste-Croix, Straße Baulmes–Les Praz–Col de l'Aiguillon (1320 m ü. M.).

● **St. Gallen** N 2 d

Klosterkirche, gilt als schönste Spätbarockkirche der Schweiz, 1755/69 erbaut. Prunkvolles Chorgestühl. Fast ebenso prächtig ist die Ausstattung der **Stiftsbibliothek,** 1756/59, in der eine der wertvollsten Manuskriptsammlungen der Welt untergebracht ist (Tel. 071 22 57 19; Mai–Oktober 9–12, 14–17 Uhr, Sonntag 10.30–12 Uhr, Juni–August auch 14–16 Uhr, November–April Montag 9–12 Uhr, Dienstag–Samstag 9–12, 14–16 Uhr).

Schwierige Nationalstraßenführung durch die Stadt. 5 km westlich bei Bruggen Häufung kühner Brücken. Sitterviadukt der Bodensee-Toggenburg-Bahn mit Gegengewicht zwischen Stahlbrücke und Bogenreihe Seite St. Gallen. Gegengewicht (von unten sichtbar) gibt Schub von 228 t auf Bogenreihe und Stahlträger ab, um das Ausbiegen des fast 100 m hohen Pfeilers zu verhindern (ähnlich wie bei der Eisenbahnbrücke Eglisau). Ebenfalls über das Sittertobel Eisenbahnbrücke und zwei Straßenbrücken.

Botanischer Garten St. Gallen (660 m ü. M., 1,8 ha). Will der Belehrung, Freude und Erholung für Schulen und Bevölkerung dienen. Einheimische ebenso wie tropisch-subtropische Pflanzen und Sukkulenten, Alpenpflanzen von St. Gallen und Appenzell. Ganzjährig geöffnet.
Zufahrt über Rorschacherstraße zur Brauerstraße 69. Parkplatz beschränkt, Bus.

Heimatmuseum, Kirchhoferhaus, Museumstraße 27. Vollständiges Höhlenbärenskelett aus der Wildkirchlihöhle.

Stadtpark an der Museumstraße: **Zerr-Eiche,** *Quercus cerris:* Baum mit spitzgelappten Blättern, Stamm⌀ 60 cm, auf der Südseite des Historischen Museums. Heimat: Südeuropa, bereits Tessin; selten kultiviert. **Schwedische Eberesche,** *Sorbus intermedia:* 2 Bäume zu beiden Seiten des Parkeingangs beim Historischen Museum (Westecke). Blätter nach unten zunehmend tiefer gelappt, Stamm⌀ 60 cm.
Kantonsschulpark, Oberer Burggraben: **Persische Eiche,** *Quercus macranthera:* mächtiger Baum mit stark gelappten, weichhaarigen, dekorativen Blättern; 17 m von der Westecke der Kantonsschule entfernt, unweit des Denkmals für Peter Scheitlin. In der Schweiz sehr selten kultiviert. Heimat: Kaukasus, Armenien bis Nordpersien.
Anlagen bei der St.-Magni-Kirche (sogenannte Mangenanlage), südöstlich Unterer Graben: **Geschlitztblättrige Rotbuche,** *Fagus silvatica 'Laciniata':* großer, 5stämmiger Baum, Stamm⌀ 90 cm (an Basis), mit eingeschnittenen Blättern. Am nordwestlichen (bergseitigen) Rand der Anlage, gegenüber der Central-Garage (bei Bänken), **Weißer Maulbeerbaum,** *Morus alba:* seltener, relativ großer Baum, 5 m südöstlich der Kirche, Stamm⌀ 65 cm (Blätter früher Futter für Seidenraupen). Ursprünglich aus China stammend.
Umgebung der Handelshochschule: Hopfenbuche, *Ostrya carpinifolia:* in der Nordschweiz sehr selten angepflanzte, aus Südeuropa stammende Art (siehe San Salvatore). Kleinerer, zurückgeschnittener, talwärts neigender Baum am Hang in der Gabelung der Dufour- und Winkelriedstraße. Im Herbst reichlich fruchtend, Früchte hopfenähnlich! Blätter fast wie Hainbuche. Stamm⌀ 51 cm. **Eschenblättrige Flügelnuß,** *Pterocarya fraxinifolia:* 2 vom Boden auf verzweite, 4- und 7stämmige Exemplare in kleiner Anlage am Hang zwischen Tigerberg- und Dufourstraße **(Tigerberganlage).** Blätter eschenähnlich gefiedert, Früchte in langen Trauben, rundlich geflügelt. Heimat: Kaukasus, Persien. **Mammutbaum,** *Sequoiadendron giganteum:* buschiger, nicht sehr hoher Baum mit imposantem Stamm, Stamm⌀ 1,93 m. Steht dicht ostsüdöstlich bei der Mensa der Handelshochschule. Zufahrt durch Varnbüelstraße. **Nordmanns-Weißtanne,** *Abies nordmanniana:* hoher, von der Mitte an 2stämmiger Baum mit schönem Stamm, ⌀ 83 cm. Rund 10 m unterhalb (ostsüdöstlich) des Mammutbaumes.

Waldlehrpfad Peter und Paul: Lehrpfad rund um den Wildpark von 1,3 km Länge, mit 90 Bäumen und Sträuchern sowie Schaukästen, Holzschnitzereien und einem Ruheplatz. Zeitbedarf 1 Std.
Start beim Parkrestaurant (Koord. 747000/257300), erreichbar mit Bus bis Heiligkreuz oder Rotmonten, mit Auto via Kirchlistraße. Parkplätze beim Wildparkrestaurant. Nummernschlüssel zu 20 Rp. beim Kartenautomaten des Wildparks erhältlich.

Wildpark Peter und Paul: einheimisches Großwild, berühmte Steinwildzuchtstätte (hier wurden ab 1907 die ersten Steinböcke gehalten und 1911 ausgesetzt), Gem-

sen. 6 ha, 7 Tierarten, 100 Tiere, frei zugänglich. Zufahrt von der Stadt an ausgeschildert, Trolleybusstation 30 Min. entfernt, Parkplatz, Restaurant.
Öffentliche Voliere: diverse einheimische Vogelarten, verschiedene Exoten, Papageien, Raubvögel, Wassergeflügel, Jungfernkraniche.
St. Gallen/Gübsensee: 30 Arten, 65 Vögel, verschiedene Enten und Gänse. Zufahrt: Ab Bahnhof Winkeln in 15 Min. zu Fuß, ab Busstation Stocken in 20 Min. mit Auto über Zufahrtstraße Bild oder Stocken oder über Winkeln (Parkplatz).
Mühleggweiher: Bläßhühner, Schwanenpaar. Zufahrt: Buslinie 4 oder VBSG (Haltestelle Mühlegg).
Segler, Exoten: Altstadt, Stadtpark beim Museum.
Bahn/Parkplatz St. Gallen, Wanderung Marktplatz–Brühltor–Museumstraße–Stadtpark–Spisertor–Gallusplatz–Bahnhof. Parkanlage mit Voliere und Teich, Altstadt.
F, S, H: Alpensegler, Mauersegler, Singvögel (u. a. Rotschwänze, Schnäpper, Meisen, Finken).
J: Exotische und einheimische Vögel im Gehege, Kolkrabenbrutplätze in den Schluchten der Goldach (östlich der Stadt) und Urnäsch (westlich der Stadt).

St. Gotthard K 5 d

Gotthardpaßhöhe. Die Hänge des Passes wurden während der Eiszeit rundgeschliffen. Der Gletscher floß damals von Norden (Urserental) ins Tessintal. Die Hänge werden durch kristalline Gesteine aufgebaut (Granit und Gneis).
Mineralienfunde an der Fibbia. Das Gebiet auf der Südseite der Fibbia bis zum Pizzo Lucendro (oberhalb der Alpe di Feud) ist weltberühmt durch seine Fundstellen von Eisenrosen (= Hämatit, max. ⌀ 12 cm). Daneben wird in Klüften auch Quarz, Adular usw. gefunden. Auch an der neuen Gotthardstraße (1962–64 erbaut) wurden schöne Mineralfunde gemacht.

St-Imier E 3 c

Gemse – *Coperies, La Ragie* (1165 m ü. M.): Straße Frinvillier–Rondchâtel–Coperies oder Weg La Heutte (Vallon de St-Imier).
Mont-Soleil (1291 m ü. M.): Straße und Seilbahn St-Imier–Mt-Soleil.
Chasseral, Combe Grède: Straße von St-Imier/Villeret oder Nods aus.
Murmeltier – *Chasseral, Sous les Roches.*

St. Jakob K 4 d

Murmeltier – *Sulztal:* Straße Flüelen (Station SBB)–Seedorf–Isleten–Isenthal–Bürglen–St. Jakob, Weg St. Jakob–Sinsgäuer Schonegg–Sinsgäu.
Schöntal: Weg St. Jakob–Alt Rüti–Großalp–Rimi.
Gemse (Sommer) – *Oberes Großtal:* Weg St. Jakob–Rüti–Biwald–Melchboden–Uri-Rotstock.

St-Léonard F 6 d

Le lac souterrain. 500 m östlich des Dorfes, oberhalb der Durchgangsstraße (Parkplatz). **Größter unterirdischer See Europas.** Länge etwa 300 m, größte Breite 18 m, Höhlenhöhe bis zu 20 m, Wassertiefe etwa 5 m. Entstand durch Auslaugung einer Gipsschicht. Führungen im Ruderboot durch die ganze Höhle. Ganzjährig geöffnet (November–Ende Februar Führungen auf Verlangen). Täglich 7.30 Uhr–Dämmerung. Führungsdauer etwa ½ Std. Eintrittspreis Fr. 3.–.

St-Luc G 6/7 c/a

Gemse/Murmeltier – *Bella-Tola* (3025 m ü. M.): Weg von St-Luc (Parkplatz) aus oder Seilbahn St-Luc–Tignousa, Weg durch die Montagne-de-Roua. Beim Cht. Blanc.

St. Luzisteig O 4 a

Kirche St. Luzius auf der Paßhöhe. Die ausgegrabenen Grundmauern einer der ersten christlichen Kirchen sind mit Steinplatten markiert.

Sta Maria di Calanca N 6 c

Pfarrkirche **Sta Maria Assunta.** Prachtvoll dekorierte Kirche in schöner Aussichtslage.

St. Martin
N 4 b

Gemse – *Carmina* (1925 m ü. M.): Bei St. Martin.
Gemse/Murmeltier – *Malanser Alp* (1832 m ü. M.) oder *Calfeisen:* Weg von St. Martin aus.
Gamserälpli, Rothusboden (1947 m ü. M.), *Sardona:* Weg St. Martin–Brennboden.

St-Maurice
E 6/7 c/a

Abteikirche. Im 4. Jh. wurden hier eine große Zahl römischer Legionäre von der thebäischen Legion und ihr Anführer Mauritius hingerichtet. Sie hatten sich geweigert, Christen zu verfolgen. Bischof Theodor von Octodurus ließ die Gebeine der Märtyrer an der Stelle des heutigen Klosters begraben und eine kleine Kirche erbauen, die bald durch größere Bauten ersetzt wurde. Das Gesicht des heutigen Kirchenbaus wurde durch den Umbau einer Vorgängerkirche (vermutlich 12. Jh.) im 17. Jh. geprägt. Als bedeutendster **Kirchenschatz** der Schweiz spiegelt er die Geschichte der im Jahr 515 gegründeten Abtei wider. Eine der wichtigsten Sammlungen mittelalterlicher Goldschmiedekunst. Sakrale Gebrauchsgegenstände aus dem 12.–20. Jh. (Tel. 025 3 61 81; Juli–August geführte Besuche um 9.30, 10.30, 11.15, 14, 15, 16, 17.30 Uhr).
Bei der Rhonebrücke **spätgotisches Schloß,** Militärmuseum.
Auf der rechten Talseite der Rhone Flußkraftwerk Lavey, auf der linken Hochdruckkraftwerk Vernayaz.
Grotte aux Fées. Etwa 500 m nördlich St-Maurice, 90 m oberhalb der Hauptstraße, Fußweg. Höhle, von der bis heute 4000 m bekannt sind. Davon wurden etwa 500 m für Touristen zugänglich gemacht. Wenig Tropfsteine, interessant wegen des unterirdischen Wasserlaufes mit kleinen Seen und Wasserfällen bis zu 50 m Höhe. Ganzjährig täglich von 9–18 Uhr geöffnet. Führungsdauer etwa ½ Std. Eintrittspreis Fr. 2.50.

St. Moritz
P 5 d

Museum engiadinais, bedeutende kulturhistorische und volkskundliche Sammlung (Juni–September Montag–Samstag 9.30–12, 14–17 Uhr, Sonntag 10–12 Uhr).
Segantini-Museum, Werke des italienischen Malers Giovanni Segantini (1858–99), der im Engadin seine Wahlheimat gefunden hatte (Montag–Samstag 9.30–12, 14–17 Uhr, im Winter nur bis 16 Uhr, Sonntag 11–12 Uhr).
Gemse/Murmeltier – *Piz Nair* (3057 m ü. M.): Bahn St. Moritz–Corviglia, Seilbahn Piz Nair.
Murmeltier – *Alp Giop:* Straße von St. Moritz aus.
Gemse – *Il Rosatsch, Muottas da Schlarigna* (2305 m ü. M.): Wege von St. Moritz Bad aus.

St. Niklaus
H 7 a

Gemse – Linker Hang zwischen *Stalden* und *Herbriggen:* Straße oder Bahn Visp–Stalden–St. Niklaus–Zermatt (Mattertal).
Steinbock – *Jungtal, Steintalhorn* (3095 m ü. M.), *Säldgalen:* Beim Hohberggletscher.
Steinbock (Winter)/**Murmeltier/Hirsch** (Winter) – *Sparrenhorn* (2733 m ü. M.): Über St. Niklaus.
Gemse (Sommer/Winter)/**Hirsch** (Sommer/Winter) – Rechter Hang zwischen *St. Niklaus* und *Breitmatten.*

St.-Peters-Insel
E 3/4 d/b

Edelkastanie, *Castanea sativa:* natürlicher, lockerer Bestand (untermischt mit großen Eichen) auf der Kuppe des Inselhügels, 30–40 m über dem Seeniveau. Vom Hotel-Restaurant St.-Peters-Insel (ehemaliges Kloster) auf steilem Pfad in der Fallinie des Hanges oder von P. 431 m aus über den Rücken des Hügels auf die Kuppe.

Wildkaninchen (ausgesetzte Kolonie).

St-Pierre-de-Clages
F 7 a

Kirche, Anfang des 11. Jh. erbaut. Kleine, dreischiffige Anlage mit achteckigem Vierungsturm.

St-Prex C 6 a
Kirche, älteste Teile möglicherweise 7.Jh., Chor 12.Jh., Langhaus 1663 umgebaut.
Schloß mit Wohnturm aus dem 13.Jh. Ehemalige Landvogtei.

San Salvatore, Monte M 7 c
Natürliche Vegetation auf dem Gipfel (912 m ü. M.) und längs des Südgrates bis Ciona (612 m ü. M.):
Blüten- oder **Mannaesche,** *Fraxinus ornus:* rundkroniger, sommergrüner Baum oder (in höheren Lagen) Strauch mit unpaarig gefiederten Blättern und weißlichen Blüten in endständigen Rispen. Blütezeit April–Mai (in tieferen Lagen früher).
Gewöhnlicher Goldregen, *Laburnum anagyroides:* sommergrüner Strauch oder kleiner Baum, Blätter dreizählig, Blüten gelb, in langen Trauben. Blütezeit 2. Hälfte Mai (in tieferen Lagen früher).
Hopfenbuche, *Ostrya carpinifolia:* sommergrüner Baum oder Strauch mit Blättern ähnlich der Hainbuche, Früchte aber hopfenähnlich, im Herbst.
Alle drei genannten Arten können schon auf dem Gipfel, besonders eindrücklich aber längs des Fußweges (Marschschuhe!) nach Ciona beobachtet werden.

St-Sulpice C 5 d
Ehemalige **Klosterkirche** aus dem 11.Jh. Nur noch Partien des östlichen Teils erhalten, die aber immer noch sehenswerte Beispiele romanischer Kunst darstellen.
Wasservögel, Singvögel: Embouchure de la Venoge, Genfersee.
Bahn Lausanne, Bus/Parkplatz St-Sulpice, Wanderung zum Schiffsteg–Seeufer Richtung Morges–Venogemündung. Seeufer, Schilf, Auwald, Bachufer.
F, S, H: Wasservögel (u. a. Taucher, Reiher, Schwäne, Enten, Säger, Rallen, Limikolen, Möwen, Seeschwalben), Greifvögel, Tauben, Eisvogel, Singvögel (u. a. Drosseln, Grasmücken, Laubsänger).
W: Schwimmvögel (u. a. Taucher, Schwäne, Enten, Säger, Rallen, Möwen).

St-Sulpice C 4 d
Stromquelle der Areuse (La Doux). 1 km westlich St-Sulpice, Fahrsträßchen. Einer der schönsten Quellkessel. Das Wasser dieser Quelle stammt aus dem Hochtal von Les Verrières, wo es hauptsächlich in einem großen Trichter bei der Säge von Belle Perche östlich Les Verrières versickert. Auch im Tal von La Brévine versickerndes Wasser tritt hier wieder zutage. Die Quellschüttung ist sehr verschieden und schwankt zwischen 300 und etwa 40000 l/Min.

St-Triphon E 6 c
Kalksteinbrüche südlich Le Lessus. Hügel im Rhonetal zwischen Bex und Aigle (1 km südlich Haltestelle St-Triphon-Village oder nördlich St-Triphon-Gare der Bahn ins Val d'Illiez). Straße bis Le Lessus.
Drei größere Steinbrüche, in denen seit Jahrhunderten der Schwarze «Marmor» von St-Triphon gebrochen wird («Noir de St-Triphon»). In der ganzen Schweiz häufig verwendet als Mauer- und Haustein für Hausfundamente, für Brunnenbekken, Säulen, Altäre, Grabsteine usw. Heute vorwiegend Gewinnung von Bahn- und Straßenschotter.

St. Urban H 3 a
Ehemaliges **Zisterzienserkloster.** Gehört zu den wichtigsten barocken Klosteranlagen der Schweiz. Prachtvoll geschnitztes **Chorgestühl,** eines der schönsten der Welt.

St-Ursanne E 2 d
Malerisch am Doubs gelegenes mittelalterliches Städtchen, um das **Chorherrenstift** angelegt, das auf die Einsiedelei des irischen Mönches Ursinus zurückgeht. Bemerkenswertes Portal, Kreuzgang.
Kalksteinbruch. Steinbruch direkt östlich der SBB-Station St-Ursanne. Eintritt nur mit Bewilligung.
Hier wird der sogenannte «Caquerelle-Kalk» abgebaut (= «Kreide von St-Ursanne»), ein fast weißes Gestein aus reinem Kalk. Verwendung in der Zement- und in der chemischen Industrie. Der Steinbruch ist wegen seiner Versteinerungen interessant. Der feinporöse Kalk ist mit versteinerten Korallenriffen durchsetzt. Weitere Fossilien: Muscheln, Schnecken, Seelilien-Stielglieder usw.

San Vittore
M/N 6 d/c

Stiftskirche **SS. Giovanni e Vittore** mit romanischem Glockenturm. Im **Palazzo Viscardi** neben der Stiftskirche befindet sich das **Museum** des Tales mit einer kleinen lokalgeschichtlichen Sammlung (Auskunft im Pfarrhaus).

St. Wolfgang
G 3 b

Ehemaliger Wallfahrtsort und geheimer Treffpunkt für Reisläuferverschwörungen. Das **Sakramentshäuschen** in der **Kirche St. Wolfgang** gehört zu den schönsten Werken spätgotischer Bildhauerei.

Saanen
F 6 a

Mauritiuskirche, romanischer Bau, 1444–47 umgebaut. Achteckiger Pyramidenhelm. Im Chor mit spätgotischer Holzdecke sowie am Chorbogen bedeutende Wandmalereien aus dem 14. Jh.

Gemse – *Kalberhöni* (1559 m ü. M.): Weg Saanen–Rübeldorf–Kalberhöni, Seilbahn Gstaad–Kalberhöni.

Saanenmöser
F 5 c

Gemse/Murmeltier – *Saanenwald, Hornberg, Hornfluh* (1949 m ü. M.): Wege von Saanenmöser und Gstaad aus.

Saas Balen
H 7 b

Weiler mit schönen Holzhäusern, monumental anmutende Rundkirche (1809/12).

Saas Fee
H 7 b

Geologischer Naturlehrpfad Felskinn–Britanniahütte–Plattjen. Mit 16 geologischen Erläuterungstafeln versehener Naturlehrpfad in kristallinen Gesteinen. Bergwanderung von Felskinn (Bergstation der Luftseilbahn Saas Fee–Felskinn, 3000 m ü. M.) über Britanniahütte nach Plattjen (Bergstation der Luftseilbahn Saas Fee–Plattjen, 2750 m ü. M.). Nur im Sommer begehbar für gute Berggänger. Saas Fee (autofrei) erreichbar von Visp mit Auto oder Postauto. Parkplatz vor Saas Fee. Erläuterungstext von J. Kopp: «Führer durch den geologischen Wanderweg Felskinn–Britanniahütte–Plattjen» (Verkehrsbüro Saas Fee).

Gemse (Winter) – *Äbiberg, Hohtschuggen* (1618 m ü. M.): Straße von Stalden bis Mattmarkstausee (2197 m ü. M.), Saastal.
Steinbock/Murmeltier – *Hannig* (2535 m ü. M.), *Mällig* (2700 m ü. M.): Seilbahn von Saas Fee aus.
Steinbock – *Distelhorn* (2806 m ü. M.), *Gemsplatten:* Über Saas Fee.
Britanniahütte SAC (3030 m ü. M.).
Schwarzberg: Straße vom Stausee bis Schwarzbergalp (2372 m ü. M.).
Murmeltier – *Gletscheralp, Spielboden* (2352 m ü. M.): Seilbahn von Saas Fee/Chalbermatten aus.
Hang am *Schwarzmies* (3194 m ü. M.): Vom Chrizboden bis Hebord.
Gemse/Murmeltier – *Plattjen* (2411 m ü. M.): Seilbahn von Saas Fee/Chalbermatten aus.
Almageller Tal, Moßgufer, Hohfad.
Almageller Alp (2194 m ü. M.): Seilbahn von Saas Almagell aus.
Steinbock (Winter)/**Gemse** (Winter)/**Murmeltier** – Linke Talseite von *Saas Fee* bis *Mattmarkstausee*, Hang über *Zer Meiggeru.*

Bergvögel: Oberes Saaser Tal.
Bahn Visp, Postauto/Parkplatz Saas Fee, Ausflüge Längflue (Luftseilbahn), Wildi–Melig oder Almagellertal–Weißtal–Zwischbergenpaß. Weiden, Wald, Fels.
F, S: Greifvögel (u. a. Steinadler, Wanderfalke, Turmfalke), Wildhühner (Alpenschneehuhn, Steinhuhn), Spechte (u. a. Schwarzspecht), Singvögel, wie Wasserpieper, Stelzen, Wasseramsel, Alpenbraunelle, Braunkehlchen, Steinschmätzer, Drosseln, Alpenmeise, Goldammer, Zippammer, Zitronfink, Birkenzeisig, Fichtenkreuzschnabel, Tannenhäher, Kolkrabe.

Saas Grund
H 7 b

Gemse (Sommer) – Linke Talseite bis *Saas Fee* (1792 m ü. M.).
Steinbock (Sommer) – *Senggflüe* (2699 m ü. M.): Über Saas Grund.

Sachseln
J 4 d •

Pfarr- und Wallfahrtskirche **St.Theodul,** eine der schönsten frühbarocken Kirchen der Schweiz. Im an den Turm angebauten Beinhaus das Grabmal des Hl. Niklaus v. Flüe. Deckplatte mit ausdrucksvoller, liegender Figur des Heiligen von 1518. Votivgaben und Votivbilder.

Safien Platz
N 5 b

Steinbock/Gemse/Murmeltier – *Piz Beverin* (2734 m ü.M.), *Bruschghorn* (2962 m ü.M.): Straße Versam–Safien Platz (Safiental), Weg Safien Platz–Glaspaß–Krähenköpfe oder durch das Carnusatal, zugänglich auch von Zillis aus nach Mathon.

Saignelégier
E 3 a

Gemse – *Pré Sergent:* Straße Delémont–Bassecourt–St-Brais–Saignelégier–La Chaux-de-Fonds. Über St-Brais.
Jeannottat: Straße Saignelégier–Les Pommerats–Jeannottat.
Vautenaivre: Straße Saignelégier–Les Pommerats–Vautenaivre.

Saillon
E 7 b

Imposante **Ruinen des ehemaligen Schlosses,** in der Mitte des 13.Jh. erbaut, 1475 umgebaut. Rundturm und Reste der Ringmauer erhalten.

Salvan
E 7 a

Gemse (Sommer/Winter) – *Mont-d'Ottan:* An der Straße Martigny–Salvan.
Sex-des-Granges (2082 m ü.M.).

Samedan
P 5 d •

Typische **Engadiner Häuser. Kirche** aus dem Jahr 1682 mit interessantem Grundriß und einfallsreicher Raum- und Fassadengestaltung.

Samnaun
R 4 b

Gemse – *Piz Mundin* (3120 m ü.M.), *Piz Mezdi* (2974 m ü.M.): Weg von Pfandshof aus.
Piz Ot (2758 m ü.M.): Wege von Samnaun oder Raveisch aus.
Gemse/Murmeltier – *Munt da Sterls, Munt da Plaz:* Weg von Pfandshof durch das Val Sampuoir.
Oberes *Val Cahmins* (2371 m ü.M.): Weg von Samnaun aus.
Murmeltier – *Val Maisas* (2190 m ü.M.): Weg von Samnaun aus.

Säntis
N 3 b

Erste meteorologische Station Europas (1879). Größte Richtstrahl-Mehrzweckanlage der PTT. Internationale Telefon-, Radio- und Fernsehverbindungen. Seilschwebebahn zum Säntisgipfel (2500 m ü.M.).

Säntisgipfel. Sehr schönes Beispiel für die alpine Gebirgsbildung. Einst im Meer horizontal abgelagerte Kreidekalkschichten wurden durch den Zusammenschub der Alpen aufgefaltet und auf Gesteine des Mittellandes überschoben. Am deutlichsten von Nordwesten her zu erkennen.

Sargans
O 4 a •

Eindrückliche **Burganlage** in beherrschender Situation. Stammsitz der Grafen Werdenberg-Sargans, bereits 1282 erwähnt. **Waffensammlung,** Möbel, lokalhistorische und volkskundliche Dokumente (Tel. 085 8 04 88; 1. April–31. Oktober täglich 9–18 Uhr).

Kraftwerk Sarganserland mit Stausee und Zentrale im Calfeisental, unterste Zentrale bei Ragaz. Stillgelegtes Eisenbergwerk Gonzen. Rheinkorrektion Chur bis Bodensee.

Eisenerzabbau am Gonzen. 6 Gruben auf der Ostseite des Gonzen auf 1000–1200 m ü.M., etwa 500 m über dem Tal. 2,5 km nördlich Sargans im Gonzenwald südlich Naus gelegen. Fußweg ab Sargans (sogenannter «Erzweg»), 1½ Std. Aufstieg. Hier wurde bis 1966 das reichste Eisenerzlager der Schweizer Alpen abgebaut. Es handelt sich um Hämatit (= Roteisenstein) mit 50–60 % Eisen. Als Begleiterz tritt auch ein Manganerz auf (= Hausmannit). Vom Mittelalter an bis 1876 wurde das Erz nur an den Austrittstellen an die Oberfläche abgebaut. Im 20.Jh. begann man mit dem Stollenabbau. Das Erz ist bis nach Trübbach (4 km nördlich Sargans) nachgewiesen. Der Erzvorrat wird auf mehrere Mio Tonnen geschätzt. Der Transport ins Tal nach Sargans erfolgte mit einer Seilbahn. 2 km im Berginnern wurde eine Kalzitkristallhöhle von etwa 16×9×4 m gefunden, mit Kristallen von bis zu 80 cm Kantenlänge. Stollen nicht frei zugänglich.

Sarmenstorf J 3 b

Ruinen eines römischen Landhauses. Abzweigung beim Gasthaus Adler.

Sarnen J 4 d

Nach dem Brand von 1468 wiederaufgebaut. Das alte Dorfbild ist weitgehend bewahrt. Pfarrkirche **St. Peter**, reich ausgestattete barocke Hallenkirche. **Beinhaus** mit spätgotischer Holzdecke, deren 48 Felder mit bemalten Flachschnitzereien geschmückt sind.

Heimatmuseum, lokalgeschichtliche und naturhistorische Sammlung. Sakrale und profane Kunst (Tel. 041 85 13 65; 15. April–15. Oktober Sonntag–Freitag 10–11, 14–17 Uhr).

Waldlehrpfad Enetriederwald: Weg von etwa 2,5 km Länge (etwa 1½ Std.), mit 47 numerierten Bäumen und Sträuchern. Höhendifferenz rund 80 m.
Start eingangs Enetriederwald (gleich wie bei Vita-Parcours), Koord. 662 200/ 193 480. Zugang vom Bahnhof Sarnen in wenigen Minuten, Parkplätze vorhanden. Autobahnausfahrt Sarnen-Nord. Bestimmungsschlüssel mit Auszug aus dem Forstkalender zum Preis von Fr. 2.– beim Oberforstamt Sarnen erhältlich.

Murmeltier – *Esel* (2119 m ü.M.), *Matthorn* (2041 m ü.M.), *Gräfimattnollen* (2034 m ü.M.).
Steinbock – *Tomlishorn* (2128 m ü.M.).
Gemse/Murmeltier – *Widderfeld* (2075 m ü.M.).
Steinbock/Gemse – *Mittaggupfi* (1916 m ü.M.).
Gemse – *Arvihütte* (1785 m ü.M.), *Gräfimattstand* (2050 m ü.M.), *Hinterschafberg* (2106 m ü.M.): Straße Sarnen–Kerns–Schwendiflue–Wiesenberg–Städtli, Wege von Kerns aus.
Hirsch/Gemse – *Höch Dossen* (1877 m ü.M.), *Wolflisberg* (840 m ü.M.): Straße Sachseln (Station SBB)–Flüeli–Wolflisberg.

Wasservögel, Felsenvögel: Wichelsee zwischen Sarnen und Alpnach.
Bahn/Parkplatz Sarnen, Wanderung Richtung Nord, entlang der Bahnlinie bis zum See und nach Alpnach. Stau der Sarneraa, Schilf, Sumpf, Unterlauf von Schliere und Aa, Felsen, Felder, Obstgärten.
S: Wasservögel, wie Taucher (Haubentaucher, Zwergtaucher), Schwäne, Rallen (u.a. Wasserralle), ferner Schwarzmilan, Turmfalke, Tauben, Eulen, Spechte, Singvögel (u.a. Felsenschwalbe, Stelzen, Wasseramsel, Braunkehlchen, Rohrsänger, Rohrammer, Kolkrabe).
F, H: Wasservögel, wie Taucher, Reiher, Enten, Gänsesäger, Limikolen (u.a. Kiebitz, Bekassine, Wasserläufer), Rallen, Möwen, ferner Greifvögel (u.a. Fischadler, Bussarde), Eisvogel, Wiedehopf, Singvögel (u.a. Pieper, Stelzen, Würger, Kehlchen, Steinschmätzer, Beutelmeise).
W: Wasservögel (u.a. Taucher, Reiher, Schwäne, Enten, Rallen, Möwen), Greifvögel, Mauerläufer.

Sarraz, La C 5 b

Burg, um 1050 erbaut, Neubau 1475. In der Burgkapelle das eindrucksvolle Grabmal von François I. von La Sarraz (gest. 1363). Wertvolle Kunst- und Gebrauchsgegenstände (Tel. 021 87 76 41; April–Oktober 9–12, 14–18 Uhr).

Buchs, *Buxus sempervirens,* natürliche Vegetation: dichter, stellenweise reiner, strauchförmiger Bestand, nördlich der Straße von La Sarraz nach Ferreyres, von mehr als 500 m Länge, östlich und westsüdwestlich des großen Kieswerkes Carbière de la Sarraz, nach Westsüdwesten etwa 150 m über P. 518 m hinausreichend. Der östliche Rand des prächtigen Bestandes, etwa 500 m westlich der Ortsmitte (nordwestlich von P. 506 m), ist auf der L+T-Karte mit «Les Buis» gekennzeichnet. Höhe der auf reinem Kalkstein wachsenden Sträucher meist um 2 m, vereinzelt bis 3 und 4 m; oft untermischt mit **Liguster** *(Ligustrum vulgare)* und **Flaumeiche** *(Quercus pubescens).*

Judasbaum, *Cercis siliquastrum:* größter bisher in der Schweiz beobachteter Baum dieser Art im Privatgarten von Mme Eug. Urech, beim Haus Nr. 189 (Assekuranz-Nr.) an der Route du Chêne (Straße nach La Foule–Cossonay). Stamm mit Wülsten und Furchen, Stamm⌀ 1,32 m, Kronen⌀ und Höhe etwa 10 m. Baum neigt stark gegen Südwesten, ein großer Ast unterstellt von Mauer an der Hauptstraße aus. Die violetten Blüten erscheinen am kahlen Holz Mitte Mai. Blätter rundlich-herzförmig, vorn gerundet bis ausgerandet.

Graudohlen, Nachtschwalbe: Falaises du Nozon bei St-Loup.
Bahn/Parkplatz La Sarraz, Rundwanderung St-Loup–Nozonschlucht–Pompaples. Wald, Wiesen, Baumgärten.
F, S: Greifvögel (u. a. Turmfalke), Feldhühner (Rebhuhn, Wachtel, Fasan), Nachtschwalbe, Wiedehopf, Spechte (u. a. Kleinspecht, Schwarzspecht), Singvögel (u. a. Heidelerche, Rotrückenwürger, Rotkopfwürger, Grau-, Gold- und Zaunammer, Distelfink, Bluthänfling, Pirol, Graudohlenkolonie).

Sassal-Masone   Q 6 a

Alp südwestlich des Lago Bianco mit **Steinhütten** des Bienenkorbtyps, wie sie auch in der Provence und in Irland anzutreffen sind. Diese einfachen, ohne Mörtel erbauten Häuschen dienen heute hauptsächlich zur Kühlhaltung der Milch und als Käselager. Man findet sie auch noch auf verschiedenen andern Alpen auf beiden Talseiten des Puschlavs.

Sauge, La   E 4 a/b

Sumpf- und Wasservögel: Chablais–La Sauge–Cudrefin.
Schiff/Parkplatz La Sauge am Broyekanal, Wanderung südlich Broyedamm–Chablais–Cudrefin. Auenwald, Gehölze, Schilf, Sumpfwiesen, Seeufer.
F, S, H: Taucher, Reiher (u. a. Graureiher, Purpurreiher, Zwergdommel), Schwäne, Enten, Säger, Greifvögel (u. a. Schwarzmilan, Weihen, Baumfalke), Jagdfasan, Rallen, Limikolen (u. a. Kiebitz, Bekassine), Möwen (u. a. Silbermöwe, Sturmmöwe, Seeschwalben), Tauben (u. a. Turteltaube), Eulen (u. a. Steinkauz), Spechte (u. a. Kleinspecht), Singvögel (u. a. Schafstelze, Blaukehlchen, Nachtigall, Schwirle, Rohrsänger, Gartenspötter, Grasmücken–Laubsänger, Weidenmeise, Rohrammer, Pirol).

Savièse   F 6 d

Pfarrkirche **St-Germain,** 1523/24, weiträumige Hallenkirche. **Ruinen** des Bischofschlosses La Soie.

Savognin   O 5 d

Pfarrkirche **St. Martin** mit prachtvoller Barockausstattung, über dem Dorf gelegen. Die Kuppelmalereien von Carlo Nuvolone gehören mit den Fresken von San Carlo im Puschlav zu den bedeutendsten Wandmalereien im Kanton Graubünden.

Sax   O 3 a

300 m über dem Dorf Sax erhebt sich auf einem steilen Fels die **Ruine Hohensax.** Seit dem Ende des 14. Jh. österreichisch, wurde sie 1446 von den Appenzellern in Brand gesteckt.

Saxeten   H 5 c

Gemse – *Därligengrat, Abendberg* (1133 m ü. M.): Wege von Därligen, Saxeten und Wilderswil aus, Straße von Interlaken aus.
Murmeltier – *Neßlern:* Weg von Saxeten oder vom Suldtal aus.
Saustal: Wege von Isenfluh aus.
Gemse/Murmeltier – *Sulegg* (2413 m ü. M.), *Schwalmern* (2777 m ü. M.): Wege von Saxeten und Zweilütschinen (Station BOB) oder Isenfluh aus.

Schaffhausen   L 1 c

Malerisch am Rhein gelegen. Die Altstadt gibt eine ausgezeichnete Vorstellung einer mittelalterlichen Stadt.
Die wichtigsten Sehenswürdigkeiten:
Ehemalige **Benediktinerabtei Allerheiligen,** für die Stadtentwicklung sehr wichtiges Kloster mit romanischer Basilika und stimmungsvollem Kreuzgang, heute

🏠 Museum. Archäologische Funde aus dem Kanton Schaffhausen, Dokumente aus der kirchlichen und bürgerlichen Welt, kleine **Kunstsammlung** (Tel. 053 5 43 77; November–März Dienstag–Sonntag 10–12, 13.30–16.30 Uhr, April–Oktober Dienstag–Sonntag 9–12, 13.30–17 Uhr).

🏛 **Munot,** eine die Stadt überragende Festung, 1527 nach den Befestigungslehren Albrecht Dürers erbaut.
Prachtvolle **Zunft- und Wohnhäuser.** Das **Haus zum Ritter** (Vordergasse 65) zeigt Kopien der einzigartigen Fassadenmalereien von Tobias Stimmer, Original im Museum Allerheiligen.
Altes Zeughaus, gehört zu den schönsten Beispielen deutscher Renaissance-Architektur in der Schweiz.

⚙ Modernes Flußkraftwerk.

🌿 **Mosergarten:** im südöstlichen Teil des Stadtzentrums, östlich der Münsterkirche Allerheiligen und der Stadtbibliothek (zwischen Moser- und Baumgartenstraße), heute gebührenpflichtiger Parkplatz: **Abendländischer Zürgelbaum,** *Celtis occidentalis:* 4 Exemplare zu beiden Seiten der Zufahrt an der Südwestecke der Anlage. Mittelgroße Bäume (Stamm⌀ 50–60 cm) mit unterseits fast kahlen Blättern und kleineren, kürzer gestielten Früchten. **Breitblättrige Eberesche,** *Sorbus latifolia:* 3stämmiger, sommergrüner kleinerer Baum (Stamm⌀ 58 cm) mit tief beginnender Verzweigung und gelappten Blättern; selten in Kultur, obschon einheimisch. Steht auf der Westseite der Anlage, 8 m südlich des Brunnens mit der Jahrzahl 1939.
Kreuzgang («Junkernfriedhof») der **Münsterkirche Allerheiligen: Japanischer Pagoden-** oder **Schnurbaum,** *Sophora japonica:* 4 Exemplare von seltener Größe, Stamm⌀ des größten 94 cm (unter der Stammverzweigung). Heimat: China, Korea.
Friedberganlage, kleine Anlage zwischen Friedbergstraße und Rehgütliweg, Zugang von diesem (westlich des Stadtzentrums): **Schwarznuß,** *Juglans nigra:* 2 Exemplare am Südrand der Terrasse, wovon das östliche das schönere und größere, Stamm⌀ 1,30 m. Früchte groß, kugelig, nicht genießbar. Heimat: Östlicher Teil der USA.
Stokarbergstraße (westlich des Stadtzentrums): **Libanonzeder,** *Cedrus libani:* mächtiger Baum beim sogenannten Kehrplatz, auf aussichtsreicher Terrasse. Äste waagrecht abstehend, Stamm⌀ 1,35 m, Höhe 26,4 m, Kronen⌀ um 22 m. **Spanische Tanne,** *Abies pinsapo:* etwa 14 m hoher Baum von seltener Größe, 2gipflig ab 8 m. Steht 23 m östlich vom Eingang zum Haus Nr. 93 der Stokarbergstraße, hinter Mauer in privater Liegenschaft (von Straße aus sichtbar). **Schlangenfichte,** *Picea abies virgata:* etwa 15 m hoher, schlanker Baum mit langen, spärlich verzweigten Ästen, in der gleichen Liegenschaft, 10 m östlich der Spanischen Tanne. Selten in Kultur, einheimisch.

Weiter sehenswert:
Rheinquaianlage «Lindli» mit 2 großen **Mammutbäumen** sowie Anlage beim früheren **Schloßhotel Rheinbühl (Magnolie** und **Tulpenbaum).** Beide am Ostrand der Stadt an der nördlichen Rheinstraße (nach Stein am Rhein). **Waldfriedhof** am nordöstlichen Stadtrand (erster Waldfriedhof der Schweiz).
Forstlehrpfad Buchtalerwald: Vom Schießstand Buchthalen bis Parkplatz Vita-Parcours an der Ecke Widlen-/Stimmerstraße. Lehrpfad mit Bäumen, Sträuchern und Stauden. Route etwa 1,1 km, Zeitbedarf rund 1 Std., Höhendifferenz 45 m.
Start bei Koord. 691925/284638. Mit öffentlichem Verkehrsmittel über Buchthalen, mit dem Auto bis Kreuzung Widlenstraße/Bietingerweg. Bestimmungsschlüssel in Vorbereitung.

✜ **Lehrpfade Mogerenweiher:** Lehrpfad mit etwa 110 numerierten Bäumen und Sträuchern. Daneben Lehrpfad mit beschrifteten Findlingen. Länge rund 1,5 km, Zeitbedarf etwa 2 Std.
Start beim Forsthaus Neutal (Koord. 692425/286850). Mit öffentlichem Verkehrsmittel bis Herblingen. Parkplätze am Ausgangspunkt. Nummernschlüssel bei der Forst- und Güterverwaltung der Stadt Schaffhausen erhältlich.

🕊 **Alpensegler, Schwimmvögel:** Obertor, Altstadt, Schifflände.
Bahn/Parkplatz Schaffhausen, Wanderung Obertor (beim Bahnhof)–Vordergasse–Schifflände–Lindli. Altstadt, Rheinufer, Siedlungsgebiet, Anlagen.
F, S, H: Schwimmvögel, Greifvögel (u. a. Schwarzmilan), Alpenseglerkolonie am Obertor, Mauersegler, Singvögel (u. a. Stelzen, Rotschwänze, Schnäpper, Meisen, Finken).
W: Schwimmvögel (u. a. Taucher, Schwäne, Gründel- und Tauchenten, Rallen, Möwen), Schwimmvogelfütterung am Salzstadel.

S-chanf Q 5 c

Steinadler, Bergvögel: Val Trupchun, Nationalparkrand.
Bahn/Parkplatz S-chanf, Wanderung Varusch–rechtes Ufer bis Brücke, Aufstieg Richtung Val da Serigns–Höhenweg auf linker Talseite, Richtung Alp Purchèr–Trupchun–rechte Talseite–Varusch. Wald, Weiden, Fels, Lauf der Ova da Varusch.
F, S: Greifvögel (u. a. Steinadler), Rauhfußhühner (u. a. Birkhuhn, Urhuhn), Eulen, Spechte (u. a. Dreizehenspecht), Singvögel (u. a. Pieper, Stelzen, Wasseramsel, Braunellen, Drosseln, Zitronfink, Birkenzeisig, Fichtenkreuzschnabel, Tannenhäher).

Schangnau H 4 c

Steinadler, Mornell: Naturschutzgebiet Hohgant.
Bahn Wiggen, Postauto/Parkplatz Schangnau–Bumbach, Aufstieg zum Hohgantgrat. Weiden, Wald, Felsen, Schrattenfelder.
S: Steinadler und andere Bergvögel.
H: Rastort für ziehende Mornell.

Schänis M 3 d

Ehemaliges **Damenstift zum Hl. Kreuz.** Bedeutender romanischer Kirchenbau mit einer Hallenkrypta und den besterhaltenen karolingischen Flechtwerkreliefs der Schweiz.

S-charl R 5 b

Mauerläufer, Bergvögel: Val Mingèr, Val dal Botsch, Nationalpark.
Bahn Scuol-Tarasp, Postauto S-charl, Parkplatz Pradatsch, Wanderung Val Mingèr–Il Foß–Val dal Botsch–Stabelchod (Parkplatz)–Buffalora (Postauto). Wald, Weiden, Felsen, Lauf der Clemgia.
F, S: Greifvögel (u. a. Steinadler), Rauhfußhühner, Eulen, Spechte (u. a. Dreizehenspecht im Val Mingèr), Singvögel, wie Pieper, Stelzen, Wasseramsel, Alpenbraunellen (Val dal Botsch und Margunel–Stabelchod), Steinschmätzer, Drosseln, Mauerläufer (Clemgiaschlucht bei Pradatsch), Zitronfink, Schneefink, Birkenzeisig, Erlenzeisig, Fichtenkreuzschnabel, Alpendohle, Tannenhäher, Kolkrabe.

Schatzalp P 4 c/d

Alpengarten des Hotels Schatzalp ob Davos (1900 m ü. M., 0,3 ha). Alpine Pflanzen aus aller Welt. Im Sommer, Juni–Oktober, täglich geöffnet.
Zufahrt per Bahn und Auto ab Davos (Parkplatz).

Scherzingen N 1 c

Wasservögel, Singvögel: Scherzinger Bucht, Bodenseeufer Scherzingen–Kreuzlingen.
Bahn/Parkplatz Scherzingen–Münsterlingen, Wanderung Münsterlingen–See–Kreuzlingen. Seeufer, Schilf, Gebüsche, Gehölze, Scherzinger Bucht.
F, H, W: Taucher, Reiher, Schwäne, Gründel-, Tauch- und Meerenten, Säger, Greifvögel, Rallen, Limikolen, Möwen, Seeschwalben, Singvögel.
S: Haubentaucher, Zwergtaucher, Schwarzhalstaucher, Schwäne, Enten, Schwarzmilan, Rallen, Singvögel (u. a. Schwalben, Stelzen, Rohrsänger).

Schiffenen F 4 c

Wasservögel: Schiffenensee von Schiffenen–Fribourg.
Bahn Düdingen, Postauto/Parkplatz Schiffenen, Wanderung dem linken Ufer des Stausees entlang über Pensier–Fribourg. Saanestausee mit Uferzone, Gehölze, Felder.
F, H, W: Wasservögel (u. a. Taucher, Graureiher, Enten, Möwen), Greifvögel, Singvögel.
S: Schwimmvögel, Schwarzmilan, Singvögel.

Schinznach Bad J 2 d

Waldlehrpfad Schinznach Dorf: Lehrpfad mit etwa 60 numerierten Bäumen, Sträuchern und Kräutern. Länge, ohne anschließenden Rundwanderweg, etwa 500 m. Höhendifferenz etwa 50 m, Zeitbedarf rund ½ Std., mit Rundwanderweg etwa 1 Std.

205

Start bei Koord. 652450/256950. Zugang via Unterführung vor Station Schinznach Dorf. Zufahrt möglich, Parkieren jedoch besser in Dorfnähe. Nummernschlüssel erhältlich bei der Gemeindekanzlei.

Wasservögel, Greifvögel: Stau Holderbank, Aarestau zwischen Wildegg und Schinznach.
Bahn/Parkplatz Schinznach Bad, Wanderung rechtes Aareufer Richtung Holderbank. Stausee mit Ufergelände, Auwäldchen, wichtiges Rast- und Überwinterungsgebiet für Schwimmvögel und Limikolen.
F, H, W: Taucher, Reiher, Schwäne, Enten, Greifvögel, Limikolen, Rallen, Möwen, Seeschwalben, Singvögel (u. a. Wasserpieper, Stelzen).
S: Haubentaucher, Schwarzmilan, Singvögel.
J: Jagdfasan.

Schlappin P 4 b/d

Gemse – *Großes Seehorn* (3120 m ü. M.): Weg von Klosters durch das Schlappinatal.

Schleitheim K 1 b/d

Gips-, Stollen- und Naturkundemuseum Oberwiesen.

Gemse – *Langer Randen* (899 m ü. M.), *Schloßranden* (890 m ü. M.), *Uf Neuen* (889 m ü. M.), *Siblinger Schloßranden* (790 m ü. M.): Straße Schaffhausen–Siblingen–Schleitheim–Beggingen oder Schaffhausen–Hemmental–Beggingen. Ganzes Gebiet durch Wanderwege gut erschlossen.

Schloßwil G 4 d

Wohnturm mit quadratischem Grundriß, 12./13. Jh. Spätere Anbauten.

Schmerikon M 3 a

Kiebitz, Wasservögel: Schmerikoner Ried zwischen Aabach und Linthkanal, Obersee.
Bahn/Parkplatz Schmerikon, Wanderung Richtung Linthkanal–rechtes Kanalufer–See. Seeufer, Schilf, Sumpf, Inseln.
F, S, H: Wasservögel, wie Taucher, Reiher, Schwäne, Enten, Rallen, Limikolen (u. a. Brutplatz des Kiebitz), Möwen, Seeschwalben, ferner Greifvögel, Singvögel (u. a. Stelzen, Wasseramsel, Rohrsänger, Rohrammer).

Schönenberg L 3 c

Graureiher, Wasseramsel: Sihltal–Sihlsprung–Sihlwald.
Bahn/Parkplatz Horgen, Postauto Schönenberg, Wanderung Sagen–Suener–Sihlbrücke–linkes Sihlufer–Sihlsprung–Sennweid–Thal–Sihlbrugg–rechtes Sihlufer–Ruebgarten–Steinmatt–Sihlwald (Bahn). Lauf der Sihl, Wiesen, Felder, Wald, Felsen.
F, S: Graureiher, Enten, Greifvögel (u. a. Baumfalke), Tauben, Eulen, Spechte (u. a. Schwarzspecht), Singvögel (u. a. Stelzen, Wasseramsel, Drosseln, Grasmükken, Laubsänger, Kolkrabe).

Schönenboden F 5 b

Gemse/Murmeltier – *Schafarnisch* (2107 m ü. M.), *Märe* (2087 m ü. M.): Straße Plaffeien–Zollhaus–Sangerenboden–Schönenboden (Parkplatz), erschlossen auch vom Simmental (Waldried/Oberwil) aus.

Schönenwerd H 2 d

Pfeilerbasilika, angeblich 778 gebaut. Der heutige Bau stammt hauptsächlich aus dem 11./12. Jh. Grabmäler, Kreuzgang.

Museum Bally Prior (Bally-Museumsstiftung), Oltnerstraße 80. Gute alpine Sammlung von Mineralien. **Größte Sammlung** von Meteoriten der Schweiz. Geöffnet Februar–Mai und September–November Sonntag 14–17 Uhr, Juni–August am 1. und 3. Sonntag des Monats 14–17 Uhr.

Schwimmvögel, Singvögel: Bally-Park am rechten Aareufer.
Bahn/Parkplatz Schönenwerd, Wanderung aareaufwärts durch den Park. Aareufer, Teiche, Auwald, Parkanlage.

F, S, H: Schwimmvögel (u. a. Schwäne, Enten, Rallen), Spechte, Singvögel (u. a. Drosseln, Grasmücken, Meisen, Finken).

Schönthal H 2 c

Ehemalige **Benediktinerklosterkirche,** romanisch, 1187 geweiht. An der Westfassade interessant verziertes Portal.

Schwägalp N 3 b

Gemse – *Schwägalpgebiet:* Straße Urnäsch–Grünau–Blattendürren (Parkplatz), Weg Blattendürren–Betten–Nußhalden–Petersalp–Spitzli (1519 m ü. M.).
Gemse/Murmeltier – *Schwägalpgebiet:* Weg Chammhaldenhütte–Schwägalp (1318 m ü. M.)–Talstation der Säntisbahn, Straße Urnäsch–Roßfall (Parkplatz)–Steinflue (Parkplatz), Weg Steinflue–Tanne–Schwägalp.

Alpenschneehuhn, Steinadler: Säntis–Meglisalp.
Bahn Urnäsch, Postauto/Parkplatz Schwägalp, Seilbahn Säntis, Wanderung Lisengrat–Rotsteinpaß–Meglisalp–Wasserauen. Fels, Weiden, Wald.
F, S: Alpenschneehuhn, Greifvögel (u. a. Steinadler), Singvögel (u. a. Wasserpieper, Alpenbraunelle, Steinschmätzer, Ringdrossel, Alpenmeise, Mauerläufer, Schneefink, Alpendohle).

Schwanau L 4 a

Vermutlich wurde die noch heute sichtbare **Burganlage** auf der Insel Schwanau im 12. Jh. auf den Fundamenten einer prähistorischen Siedlung erbaut. Zerstörung im 13. Jh.

Schwanden GL M 4 b

Lochseite. Erreichbar von Schwanden, Straße ins Sernftal. Etwa 150 m nach den letzten Häusern von Schwanden Fußweg 20 m links der Straße durch den Wald aufwärts.
An dieser Stelle wurde von A. Escher von der Linth 1840 zum erstenmal die Überlagerung von alten Gesteinen (permischer Verrucano = etwa 250 Mio Jahre alte Festlandablagerungen) über jüngere Schichten (eozäne Schiefer = etwa 45 Mio Jahre alte Meeresablagerungen) festgestellt (Gedenktafel am Aufschluß). Dazwischen liegt der «Lochseitenkalk», ein mechanisch ausgewalzter Kalk (Malm, etwa 150 Mio Jahre alt). In diesem Kalk liegt eine messerscharfe Fuge, die Überschiebungsfläche der Glarnerdecke über mehr oder weniger am Entstehungsort liegende Gesteine (Alpen = Deckengebirge, d. h. Gesteinsschichten wurden über eine fremde Unterlage über viele Kilometer hinweg verschoben).

Hirsch/Gemse/Murmeltier – *Stausee Garichte:* Straße Schwanden–Kies (1092 m ü. M.) (Parkplatz), Seilbahn Garichte.

Schwarzenburg F 4 d ●

Originelle **Kapelle** mit einzigartigem Turm, dessen Wände mit Schindeln bedeckt sind, aus dem 15./17. Jh.
In halbstündiger Wanderung ist von Schwarzenburg aus die **Ruine Grasburg** zu erreichen, die auf einem hohen Felsen am Senseufer liegt. Mittelalterliche Grenzfeste, seit dem 16. Jh. im Zerfall.

Gemse – *Schwarzwasser, Sensetal:* Straße und Bahn Bern–Schwarzenburg, zwischen Riedburg und Schwarzenburg westlich der Straße.

Felsenvögel, Flußvögel: Senseschlucht zwischen Schwarzenburg und Zusammenfluß Sense/Schwarzwasser.
Bahn/Parkplatz Schwarzenburg, Wanderung Dorfwald–Vogelstand–rechter Abhang der Schlucht bis Äckenmatt. Sandsteinfelsen, Wald, Felder.
F, S: Gänsesäger, Greifvögel (u. a. Wanderfalke, Turmfalke), Flußuferläufer, Spechte (u. a. Schwarzspecht), Singvögel (u. a. Stelzen, Wasseramsel, Fichtenkreuzschnabel, Kolkrabe).
W: Mauerläufer.

Schwarzenmatt F 5 d

Gemse – *Rotenflue* (1816 m ü. M.), *Chlushorn* (1690 m ü. M.): Straße Schwarzenmatt–Chlus.

Bäderhorn (2006 m ü. M.): Straße Schwarzenmatt–Jaunpaß (1509 m ü. M.) (Parkplatz).

Schwarzwaldalp J 5 a

🗸 **Birkhuhn, Bergvögel:** Breitenbodenalp.
Bahn Meiringen, Postauto/Parkplatz Schwarzwaldalp, Wanderung Pfanni–Obere Stafel–Oberes Läger–Bidem–Schwarzwaldalp. Wald, Weiden, Fels.
F, S: Rauhfußhühner (u. a. Urhuhn, Birkhuhn), Greifvögel (u. a. Steinadler), Eulen (u. a. Sperlingskauz), Spechte (u. a. Dreizehenspecht), Singvögel (u. a. Ringdrossel, Zitronfink, Schneefink, Erlenzeisig).

Schwefelbergbad F 5 b

🗸 **Wildhühner, Bergvögel:** Gantrischgebiet.
Bahn Bern, Postauto/Parkplatz Schwefelbergbad, Wanderung Gantrischseeli–Morgetengrat–Weißenburg. Wald, Weiden, Fels.
F, S: Greifvögel (u. a. Steinadler), Wildhühner (u. a. Alpenschneehuhn, Birkhuhn, Steinhuhn), Spechte (u. a. Dreizehenspecht), Singvögel (u. a. Steinschmätzer, Steinrötel, Mauerläufer, Schneefink, Kolkrabe).

Schweizerhalle G 2 b

▽ **Vereinigte Schweizerische Rheinsalinen.** 1. Saline Schweizerhalle BL an der Rheintalstraße Basel–Rheinfelden, 1,5 km nordwestlich Bahnhof Pratteln; besteht seit 1837. 2. Saline Riburg AG, 500 m nördlich Bahnhof Möhlin, Zufahrt von Rheinfelden oder Möhlin; besteht seit 1848.
Dieses in 100–400 m Tiefe lagernde Steinsalz wird durch Auslaugung mit Wasser, das durch Bohrlöcher in das Steinsalz gelangt, ausgebeutet. Die Mächtigkeit der Salzschicht beträgt max. 97 m. Gefördert wird eine Salzsole, welche in den beiden Salinen zu Speise- und Industriesalz verarbeitet wird. Diese beiden Salinen produzieren Salz für die ganze Schweiz (außer dem Kanton Waadt mit Salz von Bex). Entdeckung des Salzes 1836 bei Schweizerhalle. Weitere Salinen bestanden bei Kaiseraugst (1843–1909) und bei Rheinfelden (1844–1942, hier heute nur noch Soleförderung für den Kurbetrieb). In der Umgebung der Rheinsalinen von Basel bis Möhlin (z. B. an der Nationalstraße) stehen heute noch einige Salzbohr- und Solefördertürme.

Schweizersbild L 1 c

● Prähistorische Wohnhöhle.

Schwende O 3 a

▽ **Leuenfall.** Etwa 4 km oberhalb Schwende im Wißbachtal am Fahrsträßchen. 33 m hoher Wasserfall des Leuenbaches kurz vor dessen Vereinigung mit dem Wißbach.

● Schwyz L 4 a

Seit der Gründung der Eidgenossenschaft, der Schwyz später den Namen gab, hat dieser malerische Ort unter den Mythen als politisches Zentrum der Urschweiz eine bedeutsame Rolle gespielt. Zahlreiche **Herrenhäuser** zeugen vom Reichtum und Ansehen, das sich Schwyzer Söldnerführer in fremden Diensten erworben hatten.
Pfarrkirche St. Martin, 1769–74 neu erbaut, von Linus Birchler als festlichste Pfarrkirche der Schweiz bezeichnet. Das benachbarte **Beinhaus** dient im Obergeschoß als Kapelle. Zierliche und originelle spätgotische Architektur.
Der **Dorfplatz** gilt als schönste barocke Platzanlage der Schweiz.
Bundesbriefarchiv mit bedeutenden Dokumenten aus der Gründungszeit der Eidgenossenschaft. Einziges erhaltenes Exemplar des Bundesbriefes von 1291. Bedeutende Sammlung von Fahnen des 13.–18. Jh. (Tel. 043 3 16 37; Mai–September 10–11.30, 14–17 Uhr, Oktober–April 10–11.30, 14–16 Uhr).

▽ **Mythen.** Berühmter Zeuge alpiner Gebirgsbildung. Die Mythen bestehen aus etwa 70–200 Mio Jahre alten Kalken, welche als sogenannte «Klippen» auf jüngeren Gesteinen (alttertiärer Flysch, 50–60 Mio Jahre alt) liegen. Die Mythen sind Erosionsreste einer ehemals viel größeren alpinen Decke, die von Südosten überschoben worden ist.

Hirsch – *Uf Ibrig:* An der Gotthardstraße (Bahnstation Seewen-Schwyz), bewaldeter Hang gegen Schwyz, Straße Schwyz–Muotathal bis Rüti, Straße Schwyz–Rikkenbach–Grubi (734 m ü. M.).

Schynige Platte H 5 b

Alpengarten Schynige Platte (2000 m ü. M., 0,8 ha). Zeigt die meisten in der Schweiz wildwachsenden Pflanzen der subalpinen und alpinen Stufe in natürlichen Pflanzengesellschaften. Im Sommer, Juni–Oktober, täglich geöffnet, mit Eintritt; besonders empfehlenswert Ende Juni–Anfang Juli (Frühlingsflora mit sehr vielen Blumen von wenigen Arten), Anfang August (größte blühende Artenzahl, bis über 200), September (Hochstauden).
Zufahrt ab Wilderswil bei Interlaken mit Zahnradbahn.

Scona M 5 c

Hirsch – *Punta di Larescia* (1943 m ü. M.): Straße Olivone–Scona–Pianezza, Weg nach Faura.

Scuol/Schuls R 4 c

Museum d'Engiadina bassa. Interessante kulturhistorische Sammlung im ehemaligen Kloster (1. Mai–15. Oktober Samstag 16–17.30 Uhr, 15. Juni–31. August Dienstag, Donnerstag und Samstag 10–11.30, 15–17 Uhr).
Gemse – *Piz Lischana* (3105 m ü. M.): Weg von Scuol durch das Val Lischana.
Gemse/Steinbock – *Piz Sesvenna* (3204 m ü. M.): Straße von Scuol in das Val S-charl, von S-charl (1810 m ü. M.) in das Val Sesvenna.

Sedrun L 5 b

Pfarrkirche **St. Vigilius.** 1691 umgebaute Barockkirche mit prachtvoller Ausstattung.
Steinbock/Gemse – *Val Strem, Chrüzlipaß* (2347 m ü. M.): Weg von Sedrun (Station der Furka-Oberalp-Bahn) aus.

Seeb K 2 b/d

Interessante Ruinen eines römischen Gutshofes. Reste von Ökonomiegebäuden und eines Landhauses. Der «Gutshof» liegt zwischen dem Weiler Seeb und dem Flughafen Kloten. Im Jahr 260 n. Chr. bei einem Alemanneneinfall zerstört.

Seedorf L 4 c

Frauenkloster **St. Lazarus** mit größtenteils barocker Anlage. Zierliche barocke Klosterkirche. **Schlößchen A Pro,** burgartiger, spätmittelalterlicher Landsitz, in dem heute das Urner **Heimatmuseum** untergebracht ist (Tel. 044 2 34 92; Donnerstag, Samstag und Sonntag 13.30–17 Uhr).
Gemse (Sommer) – *Großpfaffen* (1605 m ü. M.): Weg oder Seilbahn Seedorf (Oberdorf)–Rüti, Weg Rüti–Talberg–Distlern.

Seelisberg L 4 a

Schwimmvögel, Singvögel: Urnersee, Seelisbergersee mit Umgebung.
Bahn Stansstad, Postauto/Parkplatz Seelisberg, Wanderungen Treib, Seelisbergersee–Bauen oder Rütli. Vierwaldstättersee, Kleinsee, Wiesen, Wald.
F, S, H: Schwimmvögel (u. a. Taucher, Enten, Säger, Rallen), Greifvögel, Spechte, Singvögel (u. a. Felsenschwalbe, Braunkehlchen, Drosseln).

Seelmatten M 2 c

Wasservögel, Singvögel: Bichelsee.
Bahn Turbenthal, Postauto/Parkplatz Seelmatten, Wanderung zum See. Kleinsee, Schilf, Sumpf, Felder, Wiesen, Wald.
F, S, H: Wasservögel (u. a. Taucher, Reiher, Enten, Rallen), Singvögel (u. a. Rohrsänger, Rohrammer).

Seengen J 3 b

Schloß Hallwil, eine der imposantesten und besterhaltenen Wasserburgen der Schweiz. Seit der Gründung im 12. Jh. bis in die Gegenwart im Besitz der Herren

🏠 von Hallwil. Interessante kulturgeschichtliche Sammlung (April–Oktober 8–12, 13–18 Uhr).

🦆 **Sumpf- und Wasservögel:** Boniswiler und Seenger Ried am Hallwylersee.
Bahn Boniswil–Seengen, Postauto Seengen, Parkplatz Brestenberg oder Schloß Hallwyl, Rundgang im Gebiet. Sumpfgebiet mit ausgedehnten Schilf- und Seggenbeständen, Gebüschen, Seeufer, Aabach.
F, S, H: Schwimmvögel, Greifvögel (u. a. Rohrweihe), Limikolen (u. a. Kiebitz, Bekassine, Großbrachvogel), Eisvogel, Singvögel (u. a. Schafstelze, Feldschwirl, Rohrsänger, Rohrammer, Graudohlenkolonie am Schloß Hallwyl).

Seewen L 4 a

🦆 **Felsenvögel:** Steinbruch Zingel am Lauerzersee, Seeufer.
Bahn/Parkplatz Seewen, Wanderung Muotabrücke–Südufer Lauerzersee–Steinbruch Zingel. Ausfluß Muota, Seeufer, Felsen, Steinbruch.
F, S, H: Schwimmvögel (Taucher, Enten, Rallen), Greifvögel (u. a. Schwarzmilan), Singvögel (u. a. Felsenschwalbe, Stelzen, Rotschwänze).
W: Schwimmvögel, Mauerläufer.

Seiry D 4 d

▽ **Muschelkalksteinbruch.** 600 m nordöstlich des Ortes, 100 m südlich der Straße Seiry–Mussillens. Hier wird ein Baustein gebrochen, der vorwiegend aus Schalenresten von Meerestieren besteht (Muscheln, Schnecken usw.). Die Mächtigkeit der abbauwürdigen Schicht beträgt 18 m. Die Lokalbezeichnung für das Gestein heißt «Grès de la Molière». Verwendung: Fassadenverkleidungen, Steinmetz- und Bildhauerarbeiten. Alter etwa 20 Mio Jahre (Burdigalien), abgelagert im Meer.

Selnau/Zürich K 2 d

🦆 **Schwarzspecht, Singvögel:** Ütliberg, Sihl, Allmend Wollishofen.
Bahn Zürich, Tram/Parkplatz Selnau, Bahn Ütliberg, Wanderung Annaburg–Albisgüetli–Gänziloobrücke–Allmend–Sihl–Selnau. Wald, Wiesen, Felder, Siedlungsgebiet, Sihllauf.
F, S, H: Greifvögel, Tauben, Spechte (u. a. Schwarzspecht), Singvögel (u. a. Lerchen, Stelzen, Rotschwänze, Drosseln, Grasmücken, Laubsänger, Goldhähnchen, Schnäpper, Meisen, Finken, Ammern, Rabenvögel).
W: An der Sihl Eisvogel, Singvögel (u. a. Wasserpieper, Stelzen, Wasseramsel).

Sembrancher E 7 d

⚙ Abzweigung der Straße ins Val de Bagnes. Zuhinterst Stausee Mauvoisin (zweitgrößte, elegante Bogenstaumauer der Schweiz, 235 m Höhe).

🐾 **Murmeltier** – *Col des Planches* (1411 m ü. M.), *Chez Larze* (1345 m ü. M.), *Col du Tronc, Le Lin*.
Gemse – *La Crevasse* (1807 m ü. M.), *Le Medille* (990 m ü. M.).
Hirsch – *Cries:* Gegend von Levron (1307 m ü. M.).
Gemse/Murmeltier – *Les Deforans*.

Semione M 6 a

🔶 **Museo di minerali e fossili (Fondazione Paolo Frey).** Casa San Carlo. Etwa 20 000 Fundstücke zählende Sammlung von Fossilien und Kristallen. Vor allem Funde aus dem Berner Jura.
Geöffnet April–Oktober an Werktagen 15–17 Uhr (Montag auf telefonische Vereinbarung).

● Sempach J 3 d

🏛 **Historisches Städtchen** mit teilweise erhaltenen Wehranlagen. Um 1220 zur Kontrolle der Gotthardstraße von den Habsburgern gegründet.

✕ An der Straße nach Hildisrieden liegen das **Schlachtfeld** und die **Schlachtkapelle**. Hier fand 1386 die Auseinandersetzung zwischen 1300 Eidgenossen und dem 2000 Mann starken österreichischen Ritterheer statt, die den Untergang der österreichischen Herrschaft in der Schweiz besiegelte. Der Sieg der Eidgenossen ist gemäß Überlieferung durch die heldenhafte Aufopferung Winkelrieds zustande gekommen. In der Schlachtkapelle großes Schlachtenbild von Hans Rudolf Manuel aus dem Jahr 1551.

Wasservögel, Singvögel: Südufer Sempachersee, Vogelwarte mit Gehegen.
Bahn/Parkplatz Sempach-Neuenkirch, Wanderung Büezwil–Seesalz–Vogelwarte–Sempach Stadt, Postauto Station Sempach–Neuenkirch. Wiesen, Felder, Obstgärten, Seeufer mit Schilf, Gehölze.
F, H, W: Wasservögel (u. a. Taucher, Reiher, Schwäne, Gründel- und Tauchenten, Säger, Rallen, Limikolen, Möwen, Seeschwalben), Greifvögel, Singvögel (u. a. Beutelmeise).
S: Wasservögel (u. a. Haubentaucher, Zwergdommel, Schwäne, Enten, Rallen), Greifvögel (u. a. Schwarzmilan, Baumfalke), Spechte (u. a. Kleinspecht), Singvögel (u. a. Schwalben, Stelzen, Rotschwänze, Rohrsänger, Rohrammer).

Sent
R 4 c/d

Reizvolles Haufendorf. Vor dem Dorf **Kirchenruine St. Peter,** ursprünglich befestigte Anlage. Seit dem 17. Jh. nicht mehr benützt.

Steinbock/Gemse/Murmeltier – *Val Chöglias, Val Tiatscha:* Straße von Sent nach Zuort, Weg von dort nach Pra San Peder (1831 m ü. M.).

Steinhuhn, Ammern: Spadla–Val Sinestra.
Bahn Scuol–Tarasp, Postauto/Parkplatz Sent, Wanderung Telf–Alp Spadla–Plan Dartos–Plattas–Tschern–Crusch–Sent. Wiesen, Wald, Felsen.
F, S: Greifvögel (u. a. Turmfalke), Steinhuhn, Singvögel (u. a. Felsenschwalbe, Rotrückenwürger, Braunkehlchen, Goldammer, Zippammer, Kolkrabe).

Serpiano
M 8 a

Chilenische Schmucktanne, Pino del Chile, *Araucaria araucana:* hohes, prächtiges Exemplar südlich des Kurhauses, gepflanzt 1910. Trotz der hohen Lage eine der schönsten Araucarien des Südtessins.

Sertig Dörfli
P 5 b

Gemse – *Hoch Ducan* (3063 m ü. M.), *Mittaghorn* (2735 m ü. M.): Straße Sertig Dörfli–Großalp, Weg ins Ducantal.
Alplihorn (2844 m ü. M.): Weg Sertig Dörfli–Fanezfurgga (2580 m ü. M.).
Murmeltier – *Brämabüel* (2492 m ü. M.), *Clavadeler Berg, Jakobshorn* (2590 m ü. M.), *Jatzhorn* (2681 m ü. M.), *Stadler Berg* (2295 m ü. M.): Wege von Sertig Dörfli, Davos und Clavadel aus. Seilbahn Davos–Jakobshorn.
Chüealptal, rechte Talseite: Weg Sertig Dörfli–Sertigpaß (2739 m ü. M.).
Steinbock – *Leidbachhorn* (2908 m ü. M.): Von Sertig Dörfli aus.

Eulen, Bergvögel: Rechte Seite Sertigtal.
Bahn/Parkplatz Davos Platz, Postauto Sertig Dörfli, Aufstieg Eggen–Dörfliberg, dann Wanderung rechter Talhang–Sertig Dörfli–Gasihurna–Davos Platz. Weiden, Wald, Fels.
F, S: Greifvögel (u. a. Steinadler), Rauhfußhühner (u. a. Alpenschneehuhn, Urhuhn, Birkhuhn), Eulen (u. a. Sperlingskauz, Rauhfußkauz), Spechte (u. a. Dreizehenspecht, Schwarzspecht), Singvögel (u. a. Alpenbraunelle, Steinschmätzer, Drosseln, Zitronfink, Bluthänfling, Birkenzeisig, Erlenzeisig, Alpendohle, Tannenhäher, Kolkrabe).

Servion
D 5 c/d

Zoo Servion: 100 Tierarten, 250 Tiere. Löwen und andere Raubtiere, Antilopen, Hirsche. 4 ha, ganzjährig 9–21 Uhr offen. Zufahrt: Straße Moudon–Vevey bis Servion, Hinweisschild, Bahnhof Châtillon (Linie Lausanne–Lyß) 2 km entfernt (Parkplatz), Buvette.

Sevelen
O 3 c

Flußregenpfeifer, Wasservögel: Rheinlauf Sevelen–Haag.
Bahn/Parkplatz Sevelen, Wanderung linker Rheindamm–Buchs–Station Haag-Gams. Rheinlauf mit Kiesinseln, Auwald, Dämme, Kanäle, Teiche, Sumpf, Schilf.
F, S, H: Wasservögel, wie Reiher, Enten, Rallen, Limikolen (u. a. Flußregenpfeifer, Flußuferläufer), ferner Greifvögel, Tauben, Eisvogel, Spechte, Singvögel (u. a. Stelzen, Wasseramsel, Kehlchen, Rohrsänger, Grasmücken, Laubsänger, Ammern).
W: Wasservögel (u. a. Taucher, Reiher, Gründel- und Tauchenten, Rallen), Singvögel.

Sézegnin
A 7 b

↳ **Ammern, Flußvögel:** Vallon de la Laire, zwischen Sézegnin und Chancy.
Bahn Genève, Postauto/Parkplatz Sézegnin, Wanderung am rechten Laireufer bis Chancy. Trockene Buschheide, lichter Wald, Wiesen, Flußbett.
F, S: Steinkauz, Eisvogel, Spechte (u. a. Kleinspecht), Singvögel (u. a. Rotrückenwürger, Wasseramsel, Schwarzkehlchen, Gold-, Zaun-, Zipp-, Garten- und Rohrammer, Distelfink, Bluthänfling).
W: Rallen, Limikolen (u. a. Bekassine, Großbrachvogel), Eisvogel, Singvögel (u. a. Wasseramsel, Zippammer, Birkenzeisig, Erlenzeisig).

Siblingen
K 1 d

↳ **Singvögel:** Siblinger Schloßranden.
Bahn Schaffhausen, Postauto/Parkplatz Siblingen, Wanderung Churz Tal–Randenhaus–Aussichtsturm–Siblingen. Felder, Wiesen, Wald, Weinberge.
F, S: Greifvögel (u. a. Bussarde), Spechte, Singvögel (u. a. Baumpieper, Würger, Drosseln, Goldammer).

● Sierre
G 6 c

Pfarrkirche **St-Catherine**, 1682/83, Stuckdekoration, kronenförmiger Hochaltar. **Château des Vidomnes**, Schloß der bischöflichen Kastellane, 16. Jh. **Château de la Cour**, Herrensitz, 17. Jh. **Schloß Goubin**, außerhalb Sierre, ehemaliges Karthäuserkloster. **Manoir de Villa**, enthält verschiedene **Sammlungen**, so über den Weinbau im Wallis, die Jagd und Erinnerungsgegenstände an Rainer Maria Rilke (Tel. 027 5 18 96; täglich 14–18 Uhr).

↳ **Nachtschwalbe, Wasservögel:** Pfinwald, linkes Rhoneufer zwischen Pfin und Sion.
Bahn/Parkplatz Sierre, Rhonebrücke Richtung Pfin, Rundgang durch Pfinwald. Wald, Wiesen, Teiche, Flußarme, Kiesinseln.
F, S: Wasservögel, Tauben, Nachtschwalbe, Eisvogel, Wiedehopf, Spechte, Singvögel (u. a. Stelzen, Wasseramsel, Goldhähnchen).

Signau
G 4 d

↳ **Gemse** – *Farnegg:* Straße Langnau–Schüpbach–Signau.

Sihlwald
K 3 b

✚ **Waldlehrpfad Sihlwald-Langrain:** Lehrpfad mit numerierten Bäumen und Sträuchern sowie Vogelnistkästen. Route von 1,2 km, ziemlich eben.
Start beim Waldhaus Langrain oder an der Albishornstraße. 25 Min. von der Station Sihlwald der Sihltalbahn. Zufahrt mit Auto ebenfalls bei Station Sihlwald, Parkplätze vorhanden. Führer mit Bestimmungsschlüssel «Waldlehrpfade der Stadt Zürich» zum Preis von Fr. 10.– (für Schulen Fr. 8.–) beim Stadtforstamt Zürich erhältlich.
Waldlehrpfad Sihlwald: Lehrpfad mit 55 numerierten Bäumen und Sträuchern sowie Vogelnistkästen auf einer Strecke von 320 m entlang der Sihl.
Start beim Restaurant Forsthaus Sihlwald, erreichbar ab Sihltalbahnstation Sihlwald. «Waldlehrpfade der Stadt Zürich» zum Preis von Fr. 10.– (für Schulen Fr. 8.–) beim Stadtforstamt erhältlich.
Farnpfad Birriboden, Sihlwald: Über 30 verschiedene Farnarten und zahlreiche Schachtelhalme.
Start ab Station Sihlwald der Sihltalbahn. Markierter Rundwanderweg (Fuchssignet) zur Birribodenhütte etwa ¾ Std., anschließender Farnpfad etwa 1 Std.

↳ **Schwarzspecht, Singvögel:** Albishorn, Sihlwald.
Bahn/Parkplatz Sihlwald, Wanderung auf verschiedenen möglichen Routen zum Albishorn oder Begehung einer der drei Varianten des markierten Waldlehrpfades. Wald mit Tobeln und Bächen, Sihllauf.
F, S: Greifvögel (u. a. Baumfalke), Tauben, Eulen, Spechte (u. a. Schwarzspecht), Singvögel (u. a. Stelzen, Wasseramsel, Drosseln, Grasmücken, Laubsänger, Goldhähnchen, Meisen, Finken, Kolkrabe).

● Sils im Domleschg
O 5 a

Palazzo, bedeutendster Herrschaftsbau im Domleschg, um 1740 für den Söldnergeneral Conradin Donatz erbaut. Begräbniskapelle **St. Cassian**, mittelalterlicher Bau von schlichter Harmonie in reizvoller Lage östlich des Dorfes. **Burgruine Hohenrä-**

tien, am Platz einer Fluchtburg aus vorgeschichtlicher Zeit. **Ruine** der mittelalterlichen Kirche **St. Johannes** und der Burg der Herren von Rialt. **Burg Ehrenfels,** mittelalterliche Burg, die im 16. Jh. zerfiel und 1938–40 wiederaufgebaut wurde, heute Jugendherberge. **Ruine Campell.** Am Ausgang der Albulaschlucht steht als Sperr-Riegel die zerfallene Burg Campell, die vermutlich im 13. Jh. erbaut worden ist.

Steinadler, Uhu: Val Fedoz.
Bahn St. Moritz, Postauto/Parkplatz Sils, Wanderung Vaüglia–Petpreir–rechte Talseite bis Plan Vadreß–linke Talseite bis Alp Cadsternam–Petpreir–Sils. Wald, Weiden, Felsen, Gletscher.
F, S: Greifvögel (u. a. Steinadler), Rauhfußhühner (u. a. Alpenschneehuhn), Eulen (u. a. Uhu), Singvögel (u. a. Stelzen, Wasseramsel, Alpenbraunelle, Braunkehlchen, Steinschmätzer, Zitronfink, Schneefink, Birkenzeisig, Tannenhäher, Kolkrabe).

Sils-Maria P 6 a

Nietzsche-Haus mit Sammlung von Erinnerungsgegenständen an die Silser Zeit des Philosophen und Dichters.

Gemse – *Fextal,* rechter Talhang: Straße Sils Maria–Curtins.

Silvaplana P 6 a

Murmeltier – *Alp Güglia:* An der Julierstraße ob Silvaplana.
Silvaplana: Am Westausgang des Dorfes.
Alp Albana (1934 m ü. M.): Weg von Champfèr aus.
Gemse – *Piz Albana* (3082 m ü. M.): Weg von Silvaplana aus.
Steinbock/Murmeltier – *Piz Güglia* (3380 m ü. M.): Wege vom Julierpaß und von Silvaplana aus.

Wildhühner, Bergvögel: La Tscheppa, Fuorcla Surlej.
Bahn St. Moritz, Postauto/Parkplatz Silvaplana, Ausflüge Julierstraße–Mutaun–La Tscheppa–Fiuors und Surlej–Seilbahn Fuorcla Surlej–Lej dals Chöds–Lej Nair–Surlej. Wald, Weiden, Felsen, Bergseen, Sümpfe.
F, S: Greifvögel (u. a. Steinadler), Wildhühner (u. a. Alpenschneehuhn, Birkhuhn, Steinhuhn), Eulen (u. a. Uhu, Rauhfußkauz), Spechte, Singvögel (u. a. Pieper, Alpenbraunelle, Braunkehlchen, Steinschmätzer, Mauerläufer, Zitronfink, Schneefink, Birkenzeisig, Erlenzeisig, Alpendohle, Tannenhäher, Kolkrabe).

Simplonpaß J 6 c

Gemse/Murmeltier/Hirsch – *Tochenhorn* (2648 m ü. M.) Südhang: Paßstraße Brig–Gondo, Weg vom Simplonpaß aus.

Sion F 6 d

Tourbillon, ehemaliges bischöfliches Schloß auf dem Felshügel nordöstlich der Altstadt, seit 1788 Ruine. Auf dem südlich gelegenen Hügel **Notre-Dame-de-Valère,** festungsartige Gebäudegruppe mit Kirche, deren älteste Teile aus dem 12. Jh. stammen. Älteste noch spielbare Orgel der Schweiz. Phantastische romanische Bauskulptur. Mosaikartige Fensterverglasungen und Grisaillen aus dem 13. Jh. **Kathedrale Notre-Dame,** romanischer Westturm mit etwas später aufgesetztem Steinhelm.
Musée cantonal des Beaux-Arts, Werke von Walliser Künstlern und Werke mit Walliser Themen (Tel. 027 2 24 81; Sommer 8–19 Uhr, Winter 9–17 Uhr, Sonntag geschlossen).
Musée cantonal de Valère, vor-, frühgeschichtliche und religiöse Kunst, Waffen, Uniformen, Folklore (Tel. 027 2 16 76; Sommer 8–19 Uhr, Winter 9–17 Uhr, Sonntag geschlossen).

Ammern, Singvögel: Mont d'Orge.
Bahn/Parkplatz Sion, Wanderung Gravelona–Mont d'Orge–Pont de la Morge–Châteauneuf–Sion. Rebberge, Trockenwiesen, Gebüsch, Gehölze.
F, S: Singvögel (u. a. Felsenschwalbe, Rotrückenwürger, Schwarzkehlchen, Zippammer, Gartenammer, Distelfink, Bluthänfling).

Sisikon
L 4 a

Tellskapelle, zur Erinnerung an Wilhelm Tell erbaut. Hier soll sich Tell im Föhnsturm aus dem Nachen Geßlers durch einen Sprung auf die Felsplatte gerettet haben.

Gesteinsfalten am Axen. Etwa 3 km südlich Sisikon ist an der Straße oberhalb der Tellskapelle eine liegende Gesteinsfalte mit starker Kleinfältelung in Kalkgestein zu erkennen. Bei der Gebirgsbildung wurden diese Schichten über andere geschoben und dabei in eine Falte, die selbst noch verfältelt ist, gelegt.

Gemse (Sommer) – *Rophaien* (2078 m ü. M.), *Bluttstöckli* (1884 m ü. M.): Straße Sisikon (Station SBB)–Riemenstalden (Parkplatz), Weg Riemenstalden–Alplersee–Rophaien.
Gemse (Sommer)/**Murmeltier** – *Hundstock* (2213 m ü. M.), *Gämsstock* (2270 m ü. M.) Nordseite: Weg Riemenstalden–Alplen–Spilauersee–Schön Chulm.
Gämsstock Südseite: Weg Schön Chulm–Flesch–Mättental oder Flüelen (Station SBB)–Eggenbergen–Mättental.

Sissach
H 2 c

Singvögel: Weiher nördlich Ergolz, zwischen Sissach und Böckten.
Bahn Sissach, Parkplatz Schießstand Böckten, Wanderung nördlich der Ergolz Richtung Böckten. Naturschutzgebiet mit kleinen Weihern, Bachufer, Felder.
F, S: Singvögel.

Soazza
N 6 a

Buffalorafall. Etwa 2 km südlich Soazza im Moësatal. Von der San-Bernardino-Straße auf der rechten Talseite sichtbar. Fall des Buffalorabaches beim Austritt ins Misox. In mehrere Stufen gegliedert.

Soglio
O 6 d

Über dem Tal auf einer Sonnenterrasse gelegenes Dörfchen mit großartiger Aussicht in die Berggruppe Pizzi di Sciora. **Salis-Paläste** aus dem 16.–18. Jh.

Solothurn
G 3 a/c

Auf dem römischen Castrum und der Kulturstätte der thebäischen Märtyrer St. Urs und Victor entstand Solothurn (1218 zur freien Reichsstadt erklärt). Als Sitz der französischen Ambassadoren war die Stadt Bindeglied zwischen Frankreich und der Eidgenossenschaft. Die Anwesenheit der französischen Aristokratie hat sich auch auf ihr architektonisches Aussehen ausgewirkt.

St.-Ursen-Kathedrale, Prachtbau in klassizistischen Barockformen, 1762–73, Hauptwerk der Asconeser Architekten Pisoni. Eindrückliche Treppenanlage.
Domschatz (Tel. 065 2 37 53; Montag–Samstag 11–12 Uhr, während Gottesdiensten nicht zu besichtigen).
Jesuitenkirche, 1680–88. **Renaissance-Rathaus. Bollwerk,** Mauern, Gräben, Türme und Tore.
Kunstmuseum mit reicher Sammlung von Werken alter und neuerer Schweizer Künstler (Tel. 065 2 23 07; Dienstag–Samstag 9–12, 14–17 Uhr, Sonntag 10–12, 14–16 Uhr).
Museum der Stadt Solothurn, Werkhofstraße 30. Mit erdkundlicher Sammlung. Schildkrötenfunde aus dem «Solothurnermarmor». Geöffnet Dienstag–Samstag 9–12, 14–17 Uhr, Sonntag 10–12, 14–16 Uhr.
Waffen- und Uniformensammlung im alten Zeughaus (Tel. 065 2 25 28; Sonntag 10–12, 13–16 Uhr, Oktober–März Dienstag–Samstag 9–12, 13–17 Uhr, April–September Dienstag–Samstag 8–12, 13–17 Uhr).
Patriziersitz Blumenstein, historische Abteilung des Städtischen Museums. Gebäude aus dem späten 18. Jh. Am nördlichen Stadtrand gelegen. Ab Hauptbahnhof in 25 Min. zu erreichen.
Aarebrücken.

Steinbrüche am St.-Verena-Hügel. 2 km nördlich Bahnhof Solothurn. Straße Richtung Riedholz. Heute noch ausgebeuteter Steinbruch an der Straße in St. Niklaus (Nähe Südausgang der Verenaschlucht). Weitere Abbaustellen (total 11) bei Kreuzen, Waldegg usw.

Abbaustellen des seit der Römerzeit berühmten Solothurnermarmors (Nerineenkalk, [Nerinea = Spiralschnecke]). Hauptverwendung als Mauerquadern (früher für Schanzen und Stadtmauern), Fassadenarbeiten, Brunnentröge usw. Exportartikel (z. B. das Siegesmonument in Padang auf Westsumatra besteht aus diesem Stein). Die Brüche sind auch als reiche Fossilfundstellen bekannt. Berühmt sind die Schildkröten (ausgestellt im Naturhistorischen Museum in Solothurn) sowie die bis zu 15 cm großen Spiralschnecken.

Neue Kantonsschule an der Fegetzallee (Bushaltestelle Linie 4): **Schmalflüglige Flügelnuß,** *Pterocarya stenoptera:* rund 15 m hoher, an der Basis 3stämmiger, weiter oben 5stämmiger Baum mit gefiederten Blättern und langen Fruchttrauben (Blattspindel und Früchte schmal geflügelt). Beim Eingang zum Hauptgebäude Fegetzallee 18 (12 m von dessen Ecke, 2 m von Pavillon 80–83 entfernt). Stamm⌀ (auf 70 cm Höhe) 40 und 50 cm, Baumhöhe um 15 m. Die sommergrüne Art stammt aus China, in der Schweiz sehr selten angepflanzt, frostempfindlich. Ein eher noch größeres, 6stämmiges und 15 m hohes Exemplar mit einer Kronenbreite von 18 m steht beim Haupteingang des **Vorstadtschulhauses,** Bürenstraße (Eingang vom Hilariweg), am südlichen Stadtrand. Im Gegensatz zu einem großen, alten Baum derselben Art in Zürich haben die beiden Solothurner Exemplare im kalten Februar 1956 nicht gelitten.

Umgebung des **Museums** und **Konzertsaals: Orientalische Fichte.** *Picea orientalis:* stattlicher, bis Boden beasteter Baum zwischen Museum und Konzertsaal (16 m südwestlich Museum, 9 m vom Denkmal Jos. Joachim entfernt), Stamm⌀ 54 cm. Heimat: Kleinasien, Kaukasus.

Seraphisches Liebeswerk, Gärtnerstraße: **Arizonazypresse,** *Cupressus arizonica:* rund 10 m hoher, reichlich fruchtender Baum mit blaugrünem Astwerk auf der Südwestseite des Hauses; Stamm⌀ 40 cm, Kronenbreite etwa 3 m (privat). Sichtbar vom Tor Obere Greibengasse 12. **Im nördlichen Mittelland sehr seltene Art,** nach Westen an Häufigkeit zunehmend (bereits Neuenburg). Heimat: Südwestlicher Teil der USA.

Solothurner Waldlehrpfade Rüttenen, Feldbrunnen, St. Niklaus, Riedholz: 2 Lehrpfade von verschiedener Länge im Stadtwald bei Kreuzen-Chalchgraben. Nebst Bäumen und Sträuchern diverse erratische Blöcke. Sehenswert sind außerdem der Biedermannsweiher, die Einsiedelei und die Verenaschlucht.
Der große Pfad hat eine Länge von 5 km, Zeitbedarf 2 Std., der kleine 1,5 km mit einem Zeitbedarf von etwa 1 Std. Die Höhendifferenz beträgt rund 100 m. Eingerichtete Feuerstelle vorhanden.
Start bei Kreuzen (Koord. 607 100/230 000), erreichbar mit Bus von Solothurn–Wasseramt. Parkplätze an den wichtigsten Zufahrtsstraßen. Bestimmungsschlüssel gratis erhältlich bei der Bürgergemeindekanzlei Solothurn.

Öffentliche Voliere: Enten, Sittiche, exotische Vögel usw. Zufahrt von Bahnhof Solothurn über Rötibrücke, zu Fuß etwa 10 Min.

Singvögel, Alpensegler: Altstadt, Jesuitenkirche.
Bahn/Parkplatz Solothurn, Wanderung Wengibrücke–Bieltor–Marktgasse–Jesuitenkirche (Professorenkirche)–Baseltor–Aareufer–Landhausquai–Wengibrücke–Bahnhof. Altstadt, Siedlungsgebiet, Parkanlagen, Aarelauf.
F, S: Alpensegler, Mauersegler, Singvögel (u. a. Rotschwänze, Schnäpper, Meisen, Finken).
J: Schwimmvögel (u. a. Schwäne, Enten, Rallen).

Sonogno L 6 d

Gemse/Murmeltier – *Cima di Cardedo* (2221 m ü. M.), *Alpe Cardedo* (1661 m ü. M.): Weg von Sonogno aus.

Sonvilier E 3 c

Gemse – *Sonvilier:* An der Montagne du Droit (1206 m ü. M.) und Montagne de l'Envers, Straße von Sonvilier aus.
La Grande-Combe: Straße Renan–Vue-des-Alpes.

Sörenberg J 4 c

Steinbock (Sommer)/**Gemse/Murmeltier** – *Brienzer Rothorn* Nordflanke: Straße Schüpfheim (Station SBB)–Flühli-Sahlwidili (Parkplatz) oder Sörenberg–Schönenboden (Parkplatz), Seilbahn Schönenboden–Brienzer Rothorn oder Weg Sahlwidili–Brienzer Rothorn Westgrat.

↳ Rauhfußhühner, Bergvögel: Schrattenflue.
Bahn Schüpfheim, Postauto/Parkplatz Sörenberg, Wanderung Schneeberg–Chlus (Schibengütsch)–Schlund–Salwideli–Sörenberg. Wald, Weiden, Felsen.
F, S: Greifvögel (u. a. Steinadler), Rauhfußhühner (u. a. Alpenschneehuhn, Birkhuhn), Eulen, Spechte, Singvögel (u. a. Wasserpieper, Alpenbraunelle, Braunkehlchen, Steinschmätzer, Ringdrossel, Alpenmeise, Mauerläufer, Zitronfink, Schneefink, Birkenzeisig, Alpendohle, Tannenhäher, Kolkrabe).

● **Spiez** G 5 b

Schloß, älteste Teile aus dem 12./13. Jh. Prächtiger Rittersaal mit Spätrenaissancetäfer (Tel. 033 54 34 12; Ostern–Mitte Oktober Dienstag–Sonntag 9.30–12, 14–18 Uhr, Montag 14–18 Uhr). In der Nähe des Schlosses liegt die romanische **Pfeilerbasilika** aus dem 11. Jh. Die Kirche gilt als verkleinerte Kopie derjenigen von Amsoldingen.

Chilenische Schmucktanne, Monkey-Puzzle-Tree, *Araucaria araucana:* einziges Exemplar der bernischen Region und eines der wenigen der cisalpinen Schweiz, welches den kalten Februar 1956 überdauert hat; im Hof des Schlosses. Höhe gegen 12 m, Stamm⌀ 57 cm, beastet in der obern Hälfte, etikettiert.

↳ Enten: Spiezer Stauweiher.
Bahn/Parkplatz Spiez, Wanderung Spiezmoos–Stauweiher. Weiher mit Umgelände, Rundweg.
S, H: Schwimmvögel (u. a. Mauserplatz für Reiher- und Tafelenten).

Spinas P 5 d

Steinbock/Gemse – *Piz d'Alp Val* (3053 m ü. M.): Weg von Spinas durch das Val Bever oder von Naz an der Albulastraße durch das Val Mulix.

Staffelegg J 2 c

↳ Spechte, Singvögel: Schenkenberger Tal zwischen Staffelegg und Thalheim.
Bahn Aarau, Postauto/Parkplatz Staffelegg, Wanderung Staffelegg–linker Talhang–Thalheim. Wald, Feldgehölze, Hecken, Wiesen, Äcker.
F, S: Greifvögel, Spechte, Singvögel (u. a. Baumpieper, Drosseln, Grasmücken, Laubsänger, Würger, Goldammer).

Stalden OW J 4 d

↳ Birkhuhn, Bergvögel: Glaubenberg–Schlierental.
Bahn Sarnen, Postauto Stalden, Parkplatz Stalden oder Glaubenberg, Wanderung Glaubenberg–Schwendikaltbad–Wolfelsmatt–Arben–Stalden. Weiden, Wald, Felsen.
F, S: Greifvögel (u. a. Steinadler), Rauhfußhühner (u. a. Birkhuhn), Eulen, Spechte (u. a. Dreizehenspecht), Singvögel (u. a. Wasserpieper, Braunkehlchen, Drosseln, Alpenmeise, Zitronfink, Birkenzeisig, Tannenhäher).

● **Stammheim** L 1 d

Das schönste Winzerdorf des Zürcher Unterlandes, mit prächtigen Fachwerkbauten **(Riegelhäuser).** Das **Gasthaus Hirschen** in Oberstammheim wird als das schönste Riegelhaus der Schweiz bezeichnet.
Heimatmuseum Stammheimertal mit reicher ortsgeschichtlicher Sammlung, 24 wertvolle Wappenscheiben aus dem 16./17. Jh. Oberhalb des Dorfes, malerisch gelegen, die **Galluskapelle,** ehemalige Pfarrkirche des Stammheimertales, im 12. Jh. neu erbaut. Hochgotische Fresken (Schöpfungsgeschichte, Passion, Drachenkampf des hl. Georg, Szene aus dem Leben des hl. Eligius).
Hochgotische Fresken auch im Nachbardorf Waltalingen **(St.-Antonius-Kapelle).** Die beherrschend gelegenen Schlösser **Schwandegg** und **Girsberg** sind in Privatbesitz.

● **Stampa** O 6 d

Talmuseum, Ciäsa Granda, Sammlung zur Lokalgeschichte und Werke der Künstlerfamilie Giacometti (täglich 14–17 Uhr geöffnet).
Palazzo Castelmur, unterhalb Stampa, mit Inneneinrichtung aus dem 19. Jh. (1. Mai–31. Oktober 9–11.30, 14–18 Uhr).

Ciäsa Granda. Kleine, aber schöne Sammlung von Mineralien aus den Alpen. Geöffnet im Sommer täglich 14–17 Uhr.
Gletschermühlenreservat auf dem Malojapaß. Erreichbar von der Malojapaßhöhe aus (Abzweigung beim Postgebäude). Parkplatz. Zugänglich durch Wanderwegnetz. Bester Überblick vom Burghügel aus.
Seit 1953 geschütztes, 30 ha großes Naturschutzgebiet. Ungefähr 35 in Gneis eingeschliffene Gletschermühlen, die maximal bis zu 11 m Tiefe und bis zu 22 m Umfang aufweisen. Sie entstanden am Ende der letzten Eiszeit, d. h. vor rund 10000 Jahren. Broschüre: «Führer durch das Gletschermühlenreservat Maloja und seine Umgebung» (Bischofberger, Chur).

Stans K 4 a

Frühbarocke Pfarrkirche **St. Peter** mit romanischem Glockenturm. Der **Dorf- und Rathausplatz** vor der Pfarrkirche hat sein barockes Gepräge fast vollständig erhalten.
Historisches Museum im ehemaligen Salz- und Kornmagazin. Historische Sammlung, Dokumente zur Kunst- und Kulturgeschichte Nidwaldens (täglich 8–12 und 13–19 Uhr geöffnet).

Gemse – *Stanserhorn* (1848 m ü. M.) Nordwestflanke: Stanserhornbahn von Stans (Parkplatz), unter dem Gipfel am Chälgraben, unter dem Gipfel weiter östlich. Straße Stans–Sarnen, Abzweigung bei Roren nach Ebnet (Parkplatz), von dort zu Fuß Richtung Hinterlaui und Brünnli.

Bergvögel: Stanserhorn.
Bahn/Parkplatz Stans, Bergbahn Stanserhorn, Wanderung Krinnen–Ober Kneu–Chalcherli–Hueben–Stans. Felsen, Weiden, Wiesen, Wald.
F, S: Greifvögel (u. a. Steinadler), Eulen (u. a. Rauhfußkauz), Spechte, Singvögel (u. a. Wasserpieper, Braunkehlchen, Ringdrossel, Alpendohle, Tannenhäher).

Stansstad K 4 a

Öffentliche Voliere: 80 Arten, etwa 500 Vögel, Kakadus, Papageien, Enten, Fasanen, Sing- und Ziervögel. Zufahrt ab Nationalstraßenausfahrt Stansstad und über Normalstraße, Parkplatz, zu Fuß ab Bahnhof oder Schifflände in etwa 5 Min.

Schwimmvögel: Ufer Vierwaldstättersee.
Bahn/Parkplatz Stansstad, Wanderung zum See. Seebucht.
W: Schwimmvögel (u. a. Taucher, Schwäne, Gründel- und Tauchenten, Säger, Rallen, Möwen).

Staufen J 2 c

Reformierte **Kirche Staufberg** auf dem Hügel in der Nähe des Schlosses Lenzburg (Richtung Suhr). Im Chor wertvolle Glasmalereien aus dem frühen 15. Jh.

Stechelberg H 5 d

Steinbock/Gemse – *Schwarzer Mönch* (2648 m ü. M.): Wege von Stechelberg und Trümmelbach aus.
Gemse/Murmeltier – *Breitlauenen:* Weg Stechelberg–Trachsellauenen–Breitlauenen.

Stein a. Rhein L/M 1 d/c

Stein am Rhein zählt zu Recht zu den meistbewunderten **mittelalterlichen Städtchen** Mitteleuropas. Der Marktflecken mit seinen Wehrtürmen, bemalten Bürgerhäusern und seinem vorzüglich erhaltenen ehemaligen **Benediktinerkloster St. Georgen** gehört gesamthaft zu den bedeutendsten Kunstdenkmälern der Schweiz (Klostermuseum St. Georgen 1. 2.–30. 11. 9–12, 13.30–17 Uhr). Ruinen des römischen Kastells auf der linken Rheinseite, unweit der Brücke. Inmitten des Kastellareals befindet sich die Kirche.

Ammern, Singvögel: Hohenklingen.
Bahn/Parkplatz Stein am Rhein, Wanderung Falenberg–Hohenklingen–Stein am Rhein. Trockenhang, Weinberge, Wiesen, Wald.
F, S: Greifvögel (u. a. Milane, Turmfalke), Spechte (u. a. Kleinspecht), Singvögel (u. a. Baumpieper, Würger, Goldammer, Zaunammer, Distelfink).

Steinerberg L 4 a

Birkhuhn, Bergvögel: Roßberg Südhang.
Bahn/Parkplatz Steinerberg, Wanderung Schwendiberg–Wildspitz–Nuolberg–Steinerberg. Wiesen, Weiden, Runsen, Wald, Felsen.
F,S: Greifvögel, Rauhfußhühner (u.a. Birkhuhn), Eulen, Spechte (u.a. Schwarzspecht), Singvögel (u.a. Braunkehlchen, Ringdrossel, Zippammer, Zitronfink, Tannenhäher, Kolkrabe).

Steingletscher K 5 a

Gletscherlehrpfad am Stein- und Steinlimmigletscher, mit Hinweistafeln. Erreichbar mit Auto bis Hotel Steingletscher. Postautokurs Meiringen–Sustenpaßhöhe–Göschenen (Halt Steingletscher).

Steinhausen K 3 d

Wasservögel, Singvögel: Lorzelauf, Zugerseeufer südlich Kollermühle.
Bahn/Parkplatz Steinhausen, Wanderung Höfen–Letzilorze–Lorzemündung–linkes Lorzeufer–Ammansmatt–Steinhausen. Felder, Wiesen, Gräben, Seeufer mit Schilf, Lorzelauf.
S: Wasservögel, wie Taucher, Reiher (u.a. Zwergdommel), Schwäne, Enten (u.a. Reiherente), Greifvögel (u.a. Schwarzmilan), Kiebitz, Singvögel (u.a. Lerchen, Rohrsänger, Rohrammer).
H,W,F: Wasservögel (u.a. Taucher, Reiher, Schwäne, Enten, Rallen, Möwen), Greifvögel, Limikolen (u.a. Kiebitz, Bekassine, Wasserläufer), Singvögel (u.a. Lerchen, Pieper, Stelzen, Kehlchen, Drosseln, Ammern, Finken).

Steinmaur K 2 b

Wasservögel, Singvögel: Steinmaurer–Dielsdorfer Ried.
Bahn Station Steinmaur, Parkplatz Niedersteinmaur, Zugang bis zum Rand des Riedes auf verschiedenen Fahrwegen von Westen und Norden her. Sumpfwiesen, Schilf, Büsche, Gehölze, Wiesen.
F,S,H: Graureiher, Enten, Greifvögel (u.a. Rohrweihe), Jagdfasan, Rallen, Limikolen (u.a. Kiebitz, Bekassine), Wiedehopf, Singvögel (u.a. Baumpieper, Schwirle, Rohrsänger, Grauammer, Rohrammer).

Stettfurt M 2 a

Schloß Sonnenberg, Ursprung um 1200. Nach Plünderung und Brandschatzung 1596 wiederaufgebaut. Prächtiger Frühbarockbau mit bemerkenswerter Inneneinrichtung (Tel. 054 9 61 12; ganzjährig zu üblichen Tageszeiten).

Stierva O 5 b

Pfarrkirche **Sta Maria Magdalena,** spätgotischer Bau mit außergewöhnlich komplizierter Rippengewölbekonstruktion und schönem Flügelaltar.

Stoos L 4 a

Steinadler, Bergvögel: Fronalpstockgebiet.
Bahn/Parkplatz Schwyz, Bergbahn Stoos, Sessellift Fronalpstock, Wanderung Oberfeld–Mettlershütte–Bärentros–Weißfluhwald–Morschach oder Sessellift Fronalp, Wanderung Furggelenpaß–Hausern–Sisikon. Weiden, Felsen, Wald.
F,S: Greifvögel (u.a. Steinadler), Rauhfußhühner, Eulen, Spechte, Singvögel (u.a. Wasserpieper, Alpenbraunelle, Braunkehlchen, Steinschmätzer, Drosseln, Alpenmeise, Mauerläufer, Zitronfink, Birkenzeisig, Alpendohle, Tannenhäher, Kolkrabe).

Stoss O 2 c

Zur Erinnerung an den Sieg der Appenzeller über ein österreichisches Heer im Jahr 1405 errichtete **Schlachtkapelle.**

Strengelbach H 3 b

Waldlehrpfad Ramoos: Lehrpfad mit 46 numerierten Bäumen, Sträuchern und Stauden, dazu mit Waldweiher. Länge der Route 1,2 km, Höhendifferenz 40 m, Zeitbeanspruchung etwa 30 Min.

Start bei Weißberg (Koord. 636 540/236 700). Zufahrt mit Privatverkehrsmittel, Parkplätze beim Rastplatz Dentsch vorhanden. Nummernschlüssel gratis beim Gemeindeförster oder auf der Gemeindekanzlei Strengelbach erhältlich.

Studen b. Biel F 3 c

Ruinen der römischen Siedlung **Petinesca**, Tempelbezirk auf bewaldeter Anhöhe, Bruchstück der Stadtmauer und Haupttor.

Tierpark «Seeteufel»: 13 Tierarten, 200 Tiere, dazu sehr viele Meerestiere. Menschenaffenstation, Kragenbären, Löwen, Meeraquarium. 6 ha, Sommer 9.30–23 Uhr, Winter 9.30–20 Uhr, Montag geschlossen. Zufahrt über Bern–Lyß/Solothurn–Büren/Biel–Brügg nach Studen. Zu Fuß ab Bahnstation Bußwil 15 Min. Busstation Studengrien (ab Biel), Parkplatz, Restaurant (Montag geschlossen).

Sugiez E 4 b

Nachtigall, Wasservögel: Broyedämme am Murtensee.
Bahn/Parkplatz Sugiez, Wanderung zum Seeufer–östlicher Broyedamm. Seeufer mit Schilf, Auwald.
F, S, H: Taucher, Reiher (u. a. Graureiherkolonie), Schwäne, Enten, Greifvögel (u. a. Schwarzmilan), Rallen, Limikolen (u. a. Flußuferläufer), Möwen, Turteltaube, Singvögel (u. a. Nachtigall, Rohrsänger, Grasmücken, Laubsänger, Rohrammer).

Sumiswald G/H 4 b/a

Gemse – *Vorderarni, Chiebisegg* (1144 m ü. M.): Straße Sumiswald–Wasen–Hünigershut–Vorderarni (Parkplatz).

Wasservögel, Alpensegler: Schloßweiher, Dorfkern.
Bahn/Parkplatz Sumiswald, Wanderung durchs Dorf zum südlich gelegenen Weiher. Siedlungsgebiet, Weiher mit Umgelände.
F, S: Enten, Rallen, Alpensegler (Kirche), Mauersegler, Singvögel (u. a. Schwalben, Rotschwänze, Schnäpper, Meisen, Finken).

Sundlauenen H 5 a

Beatushöhlen. Erreichbar per Auto (Parkplatz), Autobus ab Interlaken oder Thun, Busstation Sundlauenen mit Fußmarsch über den Pilgerweg.
Labyrinthartige Tropfsteinhöhlen in Kalkgestein mit sehr schönen Stalaktiten und Stalagmiten. Ungefähr 1 km beleuchtete unterirdische Gänge mit Grotten und Wasserfällen. Auch historisch interessante Höhle. War zuerst von Höhlenbewohnern besiedelt. Dann Klause (Einsiedelei) für den heiligen Beatus (Glaubensapostel des Berner Oberlandes). Mittelalterliche Wallfahrtskapelle (heute Ruine). Geöffnet ab Palmsonntag–Oktober. Führungen je nach Saison alle 20–60 Min. (Dauer etwa 1 Std.). Eintrittspreis Fr. 4.–.

Surava O 5 b

Ruine Belfort, eine der besterhaltenen und eindrücklichsten Ruinen des Bündnerlandes. Im Schwabenkrieg (1499) nach Brandschatzung aufgegeben. Auf steilem Felsvorsprung 200 m über Surava. Ab Bahnhof Surava in 1 Std. erreichbar.

Surlej P 6 b

Murmeltier – *Margun Surlej:* Weg von Surlej aus.

Sursee J 3 c

Pittoreskes Landstädtchen. Die Pfarrkirche **St. Georg** gehört zu den seltenen Beispielen von Spätrenaissance-Kirchenbauten. Eines der schönsten **Rathäuser** der Schweiz (1539–45).

Wasservögel, Singvögel: Nordufer Sempachersee, Suhrelauf, Altstadt.
Bahn/Parkplatz Sursee, Wanderung zum See Richtung Bellevue–Strandbad. See mit Uferzone, Insel, Schilf, Sumpf, Gräben, Gehölzen, Seeausfluß.
F, S, H: Wasservögel (u. a. Taucher, Schwäne, Enten, Rallen), Greifvögel (u. a. Baumfalke), Jagdfasan, Alpen- und Mauersegler (Altstadt), Eisvogel, Spechte, Singvögel (u. a. Stelzen, Rohrsänger, Grasmücken, Laubsänger, Rohrammer).
W: Wasservögel (u. a. Taucher, Reiher, Schwäne, Gründel- und Tauchenten, Rallen, Möwen).

Sustenpaß
K 5 b

Gemse/Murmeltier – *Mährenhorn* (2923 m ü. M.), *Radlefshorn* (2603 m ü. M.), *Giglistock* (2900 m ü. M.), *Gadmenfluh* (2599 m ü. M.), *Wendenstöcke* (3042 m ü. M.): Straße Brienz–Innertkirchen–Gadmen (Parkplatz)–Sustenpaß (2224 m ü. M.) (Parkplatz).
Rothorn (2525 m ü. M.), *Lauberstöcke* (2491 m ü. M.): Straße Wiler am Sustenpaß–Engstlen (Parkplatz)–Jochpaß (2209 m ü. M.) (Gental).
Murmeltier – *Steingletschergebiet, Engstlenalp, Scharmad.*
Steinbock/Gemse – *Schafberg* (2524 m ü. M.), *Jochpaß.*

Tägerwilen
M 1 d

Unter-Castell, Ruine an der Straße von Tägerwilen nach Neuwilen, neben dem prachtvollen, nicht öffentlich zugänglichen **Schloß Ober-Castell.** Unter-Castell wurde in der Mitte des 13. Jh. vom Bischof von Konstanz als Fluchtburg gebaut und im Schwabenkrieg (1499) zerstört. Teile des Bergfrieds, Palas und Umfassungsmauern erhalten. Ab Station Tägerwilen in 35 Min. erreichbar.

Kolbenente, Wasservögel: Untersee–Ermatinger Becken.
Bahn/Parkplatz Tägerwilen, Wanderung Gottlieben–See–Triboltingen–Ermatingen. Seeufer, Schilf, Gehölze, Sumpfwiesen, Sandbänke, Felder.
F, H, W: Taucher, Kormoran, Reiher, Schwäne (u. a. überwinternde Singschwäne), Gänse, Gründel-, Tauch- und Meerenten, Säger, Greifvögel, Feldhühner (Jagdfasan), Rallen, Limikolen, Möwen (u. a. Silbermöwen), Seeschwalben, Singvögel (u. a. Wasserpieper, Stelzen).
S: Taucher, Enten (u. a. Mausergebiet Kolbenente), Rallen, Greifvögel (u. a. Schwarzmilan, Baumfalke), Lachmöwe, Flußseeschwalbe, Singvögel (u. a. Rohrsänger, Rohrammer).

Tamins
O 4 c

Gemse – *Ringelspitz* (3247 m ü. M.): Straße Chur–Reichenau–Tamins–Trin–Bargishütte (1552 m ü. M.).

Tarasp
R 4 c

Schloß Tarasp, eine der großartigsten Burgen in beherrschender Lage über dem Dorf. Entstehungszeit unbekannt. Gut restauriert, mit allen ursprünglichen Wehrbauten. Prachtvolle Innenräume in der Art der Südtiroler Schlösser. Möbel und vollständige Einrichtungen, Glasgemälde und Waffensammlung (Tel. 084 9 12 29; öffentliche Führungen, Zeiten erfragen).

Gemse – *Piz Plavna Dadaint* (3166 m ü. M.): Weg von Tarasp durch das Val Plavna.

Alpenkrähe, Singvögel: Schloß mit Parkanlage.
Bahn/Parkplatz Scuol-Tarasp, Wanderung talaufwärts–Innbrücke–Florins–Schloß–Sparsels–Vulpera–Scuol. Felsen, Park mit Bäumen, Gehölze, Wiesen, Weiher, Lauf des Inn, Wald.
F, S: Turmfalke, Spechte, Singvögel (u. a. Rotrückenwürger, Braunkehlchen, Rotschwänze, Gelbspötter, Grasmücken, Meisen, Goldhähnchen, Goldammer, Distelfink, Zitronfink, Bluthänfling, Italiensperling, Alpenkrähe, Kolkrabe).

Täsch
H 7 c

Gemse/Murmeltier – *Längenflueberg* (2278 m ü. M.), unterhalb *Mittelgrotzen:* Linker Hang zwischen Breitmatten und Täsch.
Gemse – Unterhalb *Weißhornhütte SAC, Zen Spichern* (2380 m ü. M.), *Großhaupt* (2654 m ü. M.), *Domhütte SAC* (2940 m ü. M.), *Leiterspitzen* (3409 m ü. M.): Rechter Hang zwischen Breitmatten und Täsch.
Fluh (3314 m ü. M.): Gebiet oberhalb der Täschhütte SAC, zwischen Alphubel (4206 m ü. M.) und Spitzi, *z'Muttlentschuggen* (2735 m ü. M.).
Murmeltier – *Rötiboden* (1970 m ü. M.), *Ottavan,* unterhalb *Sparrenflue* (2910 m ü. M.).

Taverne
M 7 c

Halsbandschnäpper, Singvögel: Monte Bigorio, Kastanienwald ob Kloster.
Bahn/Parkplatz Taverne-Torricella, Postauto Tesserete, Wanderung zum Kloster,

Rundgang durch Kastanienwald, Aufstieg Richtung Bigoriogipfel, Abstieg Taverne. Wald, Wiesen, Fels, Nistkastenanlage für Halsbandschnäpper.
F, S: Greifvögel (u.a. Baumfalke), Steinhuhn, Spechte, Singvögel (u.a. Schwarzkehlchen, Steinrötel, Halsbandschnäpper, Italiensperling, Nebelkrähe).

Tellsplatte/Tellskapelle (→ Sisikon) L 4 a

Tellsplatte (Vierwaldstättersee) zwischen Sisikon und Flüelen, auf der L+T-Karte 1171 mit «Tellen» bezeichnet; am waldfreien, gegen den See abfallenden Hang, westlich des Restaurants Tellsplatte:
Chilenische Schmucktanne, Monkey-Puzzle-Tree, *Araucaria araucana:* 6–7 m hoher (Stamm⌀ 43 cm), am obersten Rand des Hanges unmittelbar unter der Stützmauer stehender Baum, der am besten von der Terrasse südlich des Kioskes Tellsplatte sichtbar ist und diese um rund 2 m überragt. Äste lang, bizarr verzweigt, mit breiten, starren, spitzigen Schuppenblättern bekleidet, immergrün. Eines der wenigen Exemplare der Zentralschweiz, die den kalten Februar 1956 überdauert haben. Heimat: Chile.
Douglas-Tanne, Douglas-Fichte oder **Douglasie,** *Pseudotsuga menziesii* (früher *Pseudotsuga douglasii):* selten großer, etwa 15 m hoher, im Aussehen an eine Zeder erinnernder Baum mit einem Stamm⌀ von 1,28 m und überneigendem, abgebrochenem Gipfel. Ab etwa 2 m 2stämmig, weiter oben einstämmig. Die Nadeln stehen – wie bei der Fichte (Rottanne) – allseitig radial von den Zweigen ab; die 3spitzigen Deckschuppen der hängenden Zapfen ragen zwischen den Zapfenschuppen heraus. Steht rund 75 m westlich der Kioskterrasse (Luftlinie), aber etwa 30 m tiefer als diese, in der nach Norden offenen Biegung des Weges zur Schiffstation und Tellskapelle (Markierung «Weg zur Tellskapelle» dicht nördlich des Kioskes).
Kirschlorbeer, *Prunus laurocerasus:* unmittelbar westlich der Terrassenstützmauer hat sich der im Februar 1956 erfrorene Kirschlorbeer wiederum üppig entwickelt und bildet heute nördlich und südlich der Araucarie einen mehrere Meter hohen, fast zusammenhängenden, den Terrassenrand stellenweise erreichenden Gürtel. Beweis für das günstige Klima.

Tenero M 7 a

Wasservögel, Singvögel: Bolla Rossa zwischen Tessin- und Verzascamündung.
Bahn Tenero/Parkplatz Nähe Flugplatz, Wanderung zur Verzascabrücke (Richtung Südost), dann durchs Naturschutzgebiet. Flußufer, Altarme, Schilf, Binsen, Ried, Auwald.
S: Taucher, Reiher (u.a. Zwergdommel), Enten, Wachtel, Jagdfasan, Flußregenpfeifer, Flußuferläufer, Rallen, Eisvogel, Wiedehopf, Spechte, Singvögel (u.a. Schafstelze, Braunkehlchen, Rohrschwirl, Rohrsänger, Nachtigall, Beutelmeise, Rohrammer, große Mehlschwalbenkolonie am Gutshof der Borghese).
F, W, H: Taucher, Kormoran, Reiher (u.a. Seidenreiher), Schwäne, Gänse, Gründel- und Tauchenten, Greifvögel (u.a. Schlangenadler, Weihen, Falken), Limikolen, Rallen, Möwen (u.a. Silber- und Sturmmöwe), Singvögel (u.a. Pieper, Stelzen, Laubsänger, Grasmücken, Ammern, Finken).

Tenna N 5 b

Hochgelegene Walsersiedlung. Im Schiff der reformierten **Kirche** eindrückliche Wandmalereien.

Tenniken H 2 c

Singvögel: Weiher im Seitental östlich des Dorfes.
Bahn Sissach, Postauto/Parkplatz Tenniken, Wanderung ins Seitental Richtung Ost. 2 Naturschutzweiher, Bach, Gehölze, Wiesen.
F, S: Singvögel.

Tesserete M 7 c/d

S. Stefano. Die Kirche gehört zu den wenigen Beispielen gotischer Kunst im Tessin, wo der romanische Stil meist direkt in die Renaissance übergeht.

Teufen K 2 b

Zaunammer, Singvögel: Irchel.
Bahn Station Embrach-Rorbas, Postauto/Parkplatz Teufen, Rundwanderung

Hochwacht–Wilemer Irchel–Forenirchel–Schloß–Teufen. Felder, Wiesen, Rebberge, Wald, Gehölze.
F,S: Greifvögel (u.a. Rotmilan), Spechte, Singvögel (u.a. Baumpieper, Rotrückenwürger, Goldammer, Zaunammer, Distelfink, Bluthänfling).

Thalheim J 2 c

Burgruine Schenkenberg, auf bewaldetem Hügel nördlich des Dorfes, vermutlich im 13.Jh. als Eckpfeiler des habsburgischen Burgensystems errichtet. Seit 1720 Zerfall. Eine der eindrücklichsten Burgruinen der Schweiz.

Thalkirch N 5 d

Steinbock/Gemse – *Pizzas d'Anarosa* (Grauhörner) (3000 m ü.M.): Weg von Thalkirch oder Sufers im Hinterrheintal aus nach Alperschelli.

Thayngen L 1 a

Prähistorische Halbhöhle Keßlerloch. 1 km westlich Bahnhof Thayngen, auf der rechten Seite des Nordosteinganges ins Fulachtal. Großer Eingang der Höhle gegen Nordosten, kleinerer gegen Süden. Berühmte Höhle (unter Denkmalschutz) mit Funden von nordischen (Ren, Pferd, Schneehuhn usw.) sowie alpinen (Steinbock, Gemse, Murmeltier) Tierresten. Der Höhlenbär fehlt. In den Kulturschichten Funde von Artefakten aus der Magdalénienstufe. Berühmtester Fund: Lochstab mit Gravur eines weidenden Rens. Funde im Rosengartenmuseum Konstanz, Museum zu Allerheiligen, Schaffhausen, und Landesmuseum Zürich. Zeitliche Einordnung: Jungpaläolithikum (Altsteinzeit II). Klingenkultur mit typischen Formen der Magdalénienkultur.

Waldlehrpfad Finsterwald: Spazierweg von etwa 1½ km mit numerierten Bäumen, Sträuchern, Findlingen, Nistkästen, Futterraufen sowie Erholungseinrichtungen. Höhenunterschied gering. Zeitbedarf etwa 1 Std. Lehrpfad z.T. parallellaufend mit Vita-Parcours.
Start bei Koord. 694575/288900 oder 694000/288350. Mit Auto erreichbar über Autobahnrastplatz Thayngen, Parkplätze vorhanden. Nummernschlüssel mit Orientierungskarte beim Verwaltungsgebäude «Adler» gratis erhältlich.

Therwil G 2 a

Linde von Therwil, vielleicht Sommerlinde, *Tilia platyphyllos(?)*: großer, alter Baum mit dickem (Ø 1,60 m), hohlem Stamm, aber relativ gut erhaltener Krone. Steht am Westrand von Therwil, dicht am südlichen Rand der Straße nach Biel-Benken (Benkenerstraße), 13 m östlich des Hauses Nr. 25.

Singvögel: Weiher im Südwesten des Dorfes.
Bahn/Parkplatz Therwil, Wanderung zum Weiher Richtung Südwest. Naturschutzweiher, Bach, Gehölze, Wiesen.
F, S: Singvögel.

Thorberg G 4 a

Schloß in beherrschender Lage, ursprünglich Karthause (1397), nach 1528 bernische Landvogtei, heute Zuchthaus.

Thun G 5 b

Malerische Altstadt unterhalb des **Schlosses** und der **Kirche.** Schloß Ende des 12.Jh. erbaut. Mächtiger Wohnturm mit vier runden Ecktürmchen. Das markante Walmdach ist späteren Datums. Heute **Historisches Museum** mit bedeutender regionalgeschichtlicher Sammlung, Waffen, Fahnen, Textilien, Keramik (Tel. 033 3 20 01; April, Mai, Oktober 10–17 Uhr, Juni–September 9–18 Uhr). Alter **Mauerbestand** weitgehend erhalten.
Bemerkenswertes **Rathaus** (1589) am Marktplatz. Prächtige bürgerliche und aristokratische Wohnbauten. **Schadau,** kleine Kunstsammlung. Im Park bemerkenswertes Panorama der Stadt Thun von Marquard Wocher, 1810/14.
Kirche Scherzligen, urkundlich genannt 761/62. Neubau vermutlich im 10.Jh. Das frühromanische Langhaus wurde in gotischer Zeit mit neuen Fenstern versehen. Fresken aus dem 13.–16.Jh.

Chinesische Spießtanne, Cunninghamie, *Cunninghamia lanceolata:* kleiner, zweistämmiger buschiger Baum mit lang zugespitzten, immergrünen Nadeln, auf der

Nordseite des Parkplatzes (20 m östlich der Zufahrt) gegenüber (östlich) Hotel Thunerhof (südöstlich Schloß Thun). Stamm⌀ etwa 30 und 45 cm, Höhe 12,10 m. **Sehr seltene,** aus China stammende **Art. Größtes Exemplar der cisalpinen Schweiz.**
Thun-Scherzligen, Schadaupark: Mammutbaum, *Sequoiadendron giganteum:* prächtiges, großes Exemplar mit auf den Boden reichenden Ästen, 20 m nordöstlich der Kirche Scherzligen (Aareseite); Stamm⌀ 2,30 m, Baumhöhe 31,60 m. Im **Schadaupark** (wichtigste Gehölze): große Gruppe des **Perückenstrauches,** *Cotinus coggygria:* ⌀ rund 15 m, Höhe 6 m, 12 m südwestlich der Dampfschiffstation Schadau; große Gruppe der **Roßkastanie,** *Aesculus hippocastanum:* 17 mittlere und größere Stämme mit Schleppenwuchs, am Weg längs (südwestlich) der Aare. **Tulpenbaum,** *Liriodendron tulipifera:* Stamm⌀ 96 cm, 37 m nördlich des Schlosses (Restaurant).
Thun-Gwatt: Bettlereiche, *Quercus robur* (Stieleiche): sehr alter, mächtiger Baum, Stamm⌀ 2,38 m, steht dicht östlich der Hauptstraße Thun–Gwatt, unmittelbar nördlich der Uhrenfabrik. **Tafel:** Bettlereiche, Naturdenkmal (unter bernischem Naturschutz). Fahrt bis Bushaltestelle Bettlereiche oder (mit Pw.) zum Eingang, eventuell zum Parkplatz der Uhrenfabrik.
Thun-Schoren: Schoreneiche, *Quercus robur* (Stieleiche): ebenfalls alter, großer Baum, Stamm⌀ 1,94 m, Höhe rund 20 m. Steht dicht bei der Kreuzung der Stationsstraße/Hodelgasse mit der Schorenstraße/Winkelweg am Südostende der Turnwiese (öffentliches Grundstück).
Öffentliche Voliere: gegen 150 Vögel. Zufahrt: Nationalstraßenausfahrt Thun-Nord, auf Bernstraße bis Garage Stucki, dann rechts und via Mittelstraße zur Voliere. Zu Fuß über Bälliz, dann längs der Aare, ab Bahnhof 20 Min. Parkplatz vor Eisstadion oder Parkhaus.
Greifvögel, Kiebitz: Allmend.
Bahn Thun, Bus/Parkplatz Allmend, Rundgang auf der Allmend. Waffenplatz, Rastort für Zugvögel.
F, H: Greifvögel (u. a. Turmfalke), Limikolen (u. a. Kiebitz als Brutvogel), Singvögel (u. a. Pieper, Stelzen, Steinschmätzer, Ammern).
Gänsesäger, Wasservögel: Stadtgewässer.
Bahn/Parkplatz Thun, Wanderung linkes Aareufer–Schadau. Aarelauf, Seeufer.
F, H, W: Wasservögel (u. a. Taucher, Schwäne, Enten, Säger, Rallen, Möwen).
S: Schwarzmilan, Wasservögel (u. a. Gänsesägerfamilien).

Thunstetten H 3 c
Großes Herrenhaus, 1713/15 nach französischem Vorbild errichtet.

Thyon F 7 b
Steinbock/Gemse/Murmeltier – Linker Talhang, *Val d'Hérémence.*
Hirsch/Gemse/Murmeltier – Rechter Talhang bis Talausgang, Straße *Vex–Thyon* (2013 m ü. M.).

Tiefenbrunnen/Zürich K 2 d
Schwimmvögel: Zürichseeufer Tiefenbrunnen–Bellevue.
Bahn/Parkplatz Zürich, Bahn/Tram Tiefenbrunnen, Wanderung Zürichhorn–Seefeldquai–Utoquai–Bellevue. Seepromenade, Parkanlagen, Seebucht.
F, H, W: Schwimmvögel (u. a. Taucher, Schwäne, Enten, Rallen, Möwen).

Tinizong O 5 d
Murmeltier – *Tigiel* (2482 m ü. M.): Straße Tinizong (Tinzen, Parkplatz)–Pensa.
Steinbock/Gemse – *Pizza Grossa* (2938 m ü. M.), *Piz Salteras* (3110 m ü. M.): Stausee Tinizong–Pensa, Weg nach Motta d'Err (1965 m ü. M.).

Törbel H 6 c
Felsenvögel, Ammern: Stalden–Törbel.
Bahn/Parkplatz Stalden, Aufstieg nach Törbel über Burgen und Abstieg nach Stalden direkt über Brunnen. Weiden, Wald, Fels.
F, S: Greifvögel (u. a. Steinadler, Wanderfalke, Turmfalke), Hühner (u. a. Steinhuhn), Spechte (u. a. Schwarzspecht), Singvögel, wie Rotrückenwürger, Steinrötel, Nachtigall (bei Stalden), Goldammer, Gartenammer, Zippammer, Distelfink, Bluthänfling, Fichtenkreuzschnabel, Tannenhäher, Kolkrabe.

Trachselwald G 4 b

Schloß. Älteste Teile vor 1131. Bernische Landvogtei bis 1798.

Tramelan E 3 b

Wasservögel, Singvögel: Etang de la Gruère–Etang des Royes.
Bahn/Parkplatz Tramelan, Wanderung Richtung Nordwest–Etang de la Gruère–Etang des Royes–Bémont. Zwei Naturschutzgebiete mit Kleinseen, Uferzone, Wald, Weiden, Felder.
F, S, H: Wasservögel (u. a. Zwergtaucher, Enten), Greifvögel, Spechte, Singvögel.

Travers D 4 a

Asphaltmine La Presta. 1,5 km südwestlich Bahnhof Travers am südlichen Talhang. Straßenzufahrt. Nachgewiesenermaßen seit 1626 bekanntes Asphaltvorkommen, bis 1840 auf der Nordseite des Tales bei Bois-de-Croix (etwa 2 km westlich Travers) im Tagbau abgebaut. Seit 1837 Abbau bei La Presta in Stollen, ab 1871 Großproduktion. Der Asphalt ist an Kalkbänke gebunden. Die sogenannte «bon banc» enthält 7–12% Asphalt (Bitumen). Durch Destillation kann man aus dem Asphalt 7% Erdöl herauslösen (vor allem Schmieröl). Während der Hauptabbauzeit vor dem 2. Weltkrieg betrug die jährliche Ausbeute 20000–50000 t.

Felsenvögel: Creux-du-Van, Gorges de l'Areuse.
Bahn/Parkplatz Travers, Wanderung Les Oeillons–Ferme Robert–Treymont–Boudry. Wald, Wiesen, Felsen, Schlucht.
F, S: Gänsesäger, Greifvögel, Alpensegler (Felsenbrut), Spechte, Singvögel (u. a. Wasseramsel, Drosseln, Mauerläufer, Kolkrabe).

Treib L 4 a

Haus an der Treib, malerisches Blockhaus am Ufer des Vierwaldstättersees. Erwähnt 1482, neu erbaut 1659. Das historische Gasthaus spielte als Versammlungsort in der Geschichte der Alten Eidgenossenschaft eine wichtige Rolle.

Trétien, Le E 7 a

Gemse (Sommer/Winter)/**Murmeltier** – *Emaney* (1855 m ü. M.): Weg Le Trétien–Emaney, Nordhang.

Trient E 7 c

Murmeltier – *Les Tseppes* (1932 m ü. M.): Westlich über Trient.
Gemse – *Pte-du-Van* (1664 m ü. M.): Westlich über Trient.
Gemse/Murmeltier – *Les Herbagères* (2033 m ü. M.), *Col de Balme* (2204 m ü. M.): Weg Trient–Pro de la Roua–Col de Balme.

Trimbach H 2 d

Waldlehrpfad Trimbach: Lehrpfad mit 50 numerierten Bäumen und Sträuchern im Hinteren Düriberg. Länge etwa 1,1 km (etwa 40 Min.), mit einem Höhenunterschied von 100 m.
Start bei Koord. 634200/246500, Blatt Hauenstein. Zufahrt mit Stadtomnibus Olten oder Privatauto von der Straße Olten–Basel. Autobahnausfahrt Egerkingen oder Rothrist. Parkplätze beim Schulhaus Gerbrunnen. Führer zum Preis von Fr. 3.– bei der Gemeindekanzlei erhältlich.

Trin N 4 d

Ehemalige **Kirchenburg Hohentrin** auf Crap Sogn Parcazi, einem Felsen im Westen der Ortschaft. 1470 ausgebrannt und aufgegeben.

Trogen O 2 c

Stattliche Stein- und typische Appenzeller Holzhäuser.

Prächtige Gruppe von 5 gesunden **Mammutbäumen,** *Sequoiadendron giganteum:* unmittelbar beim Eingang zum Friedhof, nördlich der Ortskirche und des Landsgemeindeplatzes; gepflanzt 1865 zum 50. Jahrestag der Schlacht bei Waterloo. Stamm⌀ 2 m und darüber, beim größten Baum 2,71 m. Bemerkenswert gutes Wachstum für die Höhenlage von 860 m ü. M.

Edelkastanie, *Castanea sativa:* 1 Exemplar am untern Rand des Friedhofs, Stamm⌀ 40 cm. Höchstgelegene Edelkastanie des Kantons.

Trubschachen
H 4 c

Bastard-Eberesche (Vogelbeer- × Mehlbeerbaum), *Sorbus pinnatifida (Sorbus aucuparia × aria),* **sogenannter Wunderbaum:** etwa 10 m hoher, strauchförmiger Baum, rund 30 m nördlich des Bauernhofes Unter-Bergen, am obersten Rand des Steilhanges südlich der Bahnstation Trubschachen, 857 m ü. M. Blätter nur an der Basis gefiedert, gegen oben abnehmend tief gelappt. Blütezeit Mai (2. Hälfte). Zufahrt auf guter Fahrstraße über die Steinbachbrücke (vorher gefährliche Kreuzung mit Bahn) bis zu den Bauernhäusern. Man wende sich an die Besitzer: Gebr. Krähenbühl.

Trun
M 5 b

Hier wurde 1424 der «Graue Bund» gegründet, der sich mit dem Gotteshausbund und dem Zehn-Gerichte-Bund zum Freistaat der drei Bünde zusammenschloß, aus dem das heutige Graubünden entstand.
Wallfahrtskirche St. Maria Licht, erbaut 1663. Größter Bestand an Votivbildern im Kanton Graubünden.
Disentiser Hof, ehemals Sitz der Bundesversammlung und Abtwohnung, heute **Heimatmuseum** (Sommer 9–12, 14–18 Uhr, Winter 9–11, 14–16 Uhr). Im Gerichtssaal des Grauen Bundes reiche figürliche, allegorische und heraldische (Wappen der Landrichter) Dekoration.

Steinbock/Gemse – *Camona de Punteglias SAC* (2311 m ü. M.), *Piz Ner* (2859 m ü. M.), *Piz Tumpiv* (3101 m ü. M.): Weg von Trin durch das Val Punteglias.

Tuggen
M 3 a/c

An der Brücke über dem Linthkanal (Straße nach Uznach) **Schloßturm** aus dem Mittelalter, der die einstige Zollstätte beschützte. Ab Uznach in ¼ Std. zu erreichen. Ganzjährig täglich geöffnet.

Kiebitz, Vogelzug: Tuggener Ried, Benkener Riet.
Bahn Uznach, Postauto/Parkplatz Tuggen, Wanderung Alt Linth–Staffelriet–Linthkanal–Gießen–Tuggen. Linthkanal, Altlinth, Gräben, Wiesen, Felder, Gehölze.
F, H: Taucher, Reiher, Enten, Greifvögel, Rallen, Limikolen (u.a. Kiebitzbruten), Tauben, Singvögel (u.a. Lerchen, Pieper, Stelzen, Kehlchen, Steinschmätzer, Drosseln, Ammern, Finken).

Turbenthal
L 2 d

Waldlehrpfad Kümberg beim Hof Sack–Lee–Kümberg. Rund 65 Bäume, Sträucher und einige Kräuter mit Nummern bezeichnet entlang einer Route von etwa 5 km mit Höhendifferenz von rund 170 m. Zeitbedarf 1½ Std. Populäre Darstellung von verschiedenen Waldbeständen.
Start an der Leestraße oberhalb Hof Sack (Koord. 707 080/253 820). Zufahrt mit SBB bis Turbenthal oder Wila, mit Auto bis Leestraße. Keine Parkplätze vorhanden. Bei Schnee Zugang erschwert. Führer mit Nummernschlüssel auf dem Büro der Forstverwaltung gratis erhältlich.

Rothirsch – *Tößtal* südöstlich von *Winterthur, Sennhof:* Bahnlinie und Straße Winterthur–Turbenthal.

Turtmann
G 6 d

Hirsch/Gemse/Murmeltier – Beide Talseiten bis Talausgang: Straße Turtmann (Station SBB)–Tuminen, Fahrweg taleinwärts.

Udligenswil
K 3 c

Spechte, Singvögel: Tal des Würzenbaches.
Bahn/Parkplatz Luzern, Postauto Udligenswil, Wanderung Teufried–Säge–Risiboden–Mülegg–Würzenbach–Luzern. Wiesen, Sumpf, Wald, natürlicher Bachlauf, Hecken.
F, S: Tauben, Eulen, Spechte (u.a. Schwarzspecht), Singvögel (u.a. Stelzen, Würger, Drosseln, Rohrsänger, Grasmücken, Laubsänger).

Uerikon L 3 b

🏛 Sogenannte **Ritterhäuser am See**. Guterhaltene malerische Häuser aus dem 13.–16. Jh.

Uffikon H 3 b

🍂 **Graureiher, Sumpf- und Wasservögel:** Uffiker Moos, Buchser Moos.
Bahn Dagmersellen, Postauto/Parkplatz Uffikon, Rundwanderung Ober Zügholz–Buchs–Wolen–Buchs–Uffikon. Alte Torfstiche, Weiher, Schilf, Sumpf, Wiesen, Felder, Wald.
F, S, H: Wasservögel, wie Zwergtaucher, Graureiher (Kolonie), Zwergdommel, Enten, Rallen (u. a. Wasserralle, Tüpfelralle), Limikolen (u. a. Kiebitz, Bekassine, Wasserläufer), ferner Greifvögel, Tauben, Spechte, Singvögel (u. a. Stelzen, Kehlchen, Rohrsänger, Rohrammer).

Ulrichen K 5/6 c/a

🦌 **Hirsch** (Winter) – *Ulrichen* (1346 m ü. M.): An der Furkastraße (Station der Furka-Oberalp-Bahn), Hang über dem Dorf.
Gemse (Sommer) – *Nufenenpaß:* Von Ulrichen aus.

Unterägeri L 3 c

✪ **Waldlehrpfad Vordere Kuhwart:** Rundwanderweg von etwa 1,5 km Länge, 150 m Höhendifferenz. Zeitbedarf 1 Std. Bäume und Sträucher lat. und dt. beschriftet.
Start bei der Kiesgrube. Bestimmungsschlüssel beim Restaurant Schützen erhältlich.

🍂 **Wasservögel, Singvögel:** Ägerisee.
Bahn Zug, Postauto/Parkplatz Unterägeri, Wanderung Seeufer–Hüribachmündung–Unterägeri. Seeufer, Schilf, Sumpf, Gehölze, Bachlauf.
F, S, H: Wasservögel (u. a. Taucher, Enten, Rallen), Singvögel (u. a. Stelzen, Rohrsänger, Rohrammer).

Unterengstringen K 2 d

🍂 **Schwimmvögel, Singvögel:** Limmatlauf.
Bahn Zürich, Bus/Parkplatz Unterengstringen, Wanderung rechtes Limmatufer–Kloster Fahr–Farweid. Stau, Gehölze, Auwald, Felder.
F, S, H: Schwimmvögel (u. a. Taucher, Schwäne, Enten, Rallen), Greifvögel (u. a. Schwarzmilan), Singvögel (u. a. Stelzen, Drosseln, Grasmücken, Laubsänger).
W: Schwimmvögel (u. a. Taucher, Schwäne, Gründel- und Tauchenten, Rallen, Möwen), Eisvogel, Singvögel (u. a. Wasserpieper, Stelzen).

Unterentfelden J 2 c

✪ **Waldlehrpfad Unterentfelden** im Tann–Eggacher: Lehrpfad mit 52 Bäumen und Sträuchern, dt. beschriftet. Route etwa 1,8 km, Zeitbedarf rund 1 Std. Höhenunterschied gering.
Start bei Koord. 644 800/246 200. Gut erreichbar ab Bahnhof Unterentfelden. Parkplätze in Unterentfelden oder beim Schwimmbad. Autobahnausfahrt Kölliken. Bestimmungsschlüssel gratis bei der Gemeindekanzlei Unterentfelden zu beziehen.

Unterkulm J 3 a

🏛 In der reformierten **Pfarrkirche** Fresken aus dem frühen 14. Jh.

Unterlunkhofen K 3 a

🍂 **Sumpf- und Wasservögel:** Flachsee Geißhof.
Bahn Bremgarten, Postauto/Parkplatz Unterlunkhofen, Wanderung Reußufer abwärts Richtung Geißhof. Flußufer, Flachsee, Sumpfgebiet, Gehölze.
F, S, H: Schwimmvögel, Greifvögel, Limikolen, Singvögel (u. a. Rohrsänger, Rohrammer).

Unterschächen L 4 d

🦌 **Gemse** (Sommer) – *Mettenen:* Weg Urigen–Heger–Bergli–Mettenen–Rustigen.
Brunnital: Weg Sittlisalp–Brunni-Unterschächen oder besser Brunni–Nider Lammerbach–Trogen.

Hirsch/Gemse (Winter) – *Hinteres Schächental:* Weg Unterschächen–Äsch.
Gemse (Sommer)/**Murmeltier** – *Obertal, Untergrieß.* Weg Äsch oder Rustigen (an der Paßstraße)–Untergrieß (2013 m ü. M.).
Grießtal: Weg Stich–Sittlisalp.
Steinadler, Bergvögel: Klausenpaß.
Bahn Altdorf, Postauto/Parkplatz Unterschächen, Wanderung Schwanden–Äsch–Balm–Heitmannsegg–Fritter–Unterschächen. Wald, Weiden, Fels.
F, S: Greifvögel (u. a. Steinadler), Rauhfußhühner, Eulen, Spechte, Singvögel (u. a. Wasserpieper, Alpenbraunelle, Braunkehlchen, Steinschmätzer, Drosseln, Mauerläufer, Alpendohle, Tannenhäher, Kolkrabe).

Unterseen H 5 a
Wasservögel, Singvögel: Naturschutzgebiet Weißenau.
Bahn Interlaken-West, Parkplatz Unterseen oder Neuhaus, Wanderung rechte Aareseite–Ruine Weißenau–Ufer Thunersee–Neuhaus. Seeufer, Auenwald, Sumpfwiesen, schöner Uferweg.
H, W: Schwimmvögel (u. a. Tauch- und Meerenten).
F, S: Haubentaucher, Zwergtaucher, Schwäne, Enten, Greifvögel (u. a. Schwarzmilan, Turmfalke), Wachtel, Rallen, Waldohreule, Singvögel (u. a. Lerchen, Braunkehlchen, Nachtigall, Drosseln, Rohrsänger, Grasmücken, Laubsänger, Meisen, Grauammer, Rohrammer).

Untervaz O 4 a
Ruine Rappenstein, typische Höhlen- oder Grottenburg (um 1200), in den Hang des Cosenztobels gebaut. Auf einem Felsvorsprung südöstlich des Dorfes die Burgruine Neuenburg.
Flußregenpfeifer, Singvögel: Rhein zwischen Landquart und Zizers.
Bahn/Parkplatz Station Untervaz, Wanderung linkes Rheinufer–Mastrils–Landquart. Rhein mit Sandbänken, Auwald.
F, S, H: Wasservögel (u. a. Enten, Limikolen, wie Flußregenpfeifer und Flußuferläufer), Singvögel (u. a. Pieper, Stelzen, Wasseramsel, Grasmücken, Laubsänger).

Urnäsch N 3 b
Hirsch – *Hochalpgebiet:* Straße Urnäsch–Färenstetten (Parkplatz), Weg Färenstetten–Tellerenchapf oder Stocknecker oder Santmaregg–Älpli.
Gemse – *Hochalpgebiet:* Straße Urnäsch–Roßfall (Parkplatz), Weg Roßfall–Älpli–Hochfläschen (1469 m ü. M.).

Ursins D 5 a
Kirche, auf den Grundmauern eines römischen Tempels erbaut, umgeben von einer Terrassenmauer aus römischer Zeit.

Utzenstorf G 3 c
Wasserschloß Landshut, mittelalterliche Anlage, neu erbaut im 17. Jh. (Tel. 065 45 40 27; Mitte Mai–Mitte Oktober Dienstag–Sonntag 10–12, 14–17 Uhr). **Museum** für Wohnkultur, Schweizerisches Museum für Jagd und Wildschutz, Landwirtschaftsmuseum.

Uznach M 3 a
Weißstorch: Storchengehege.
Bahn/Parkplatz Uznach, Wanderung zum Gehege beim Restaurant Brücke an der Straße Uznach–Schmerikon.
J: Gehege mit z. T. freifliegenden Weißstörchen.

Uzwil M 2 d
Kolkrabe: Lauf der Glatt bei Niederglatt.
Bahn/Parkplatz Uzwil, Wanderung an die Glatt Richtung Wilen–Niederglatt–Glattmüli–Glattburg. Glattlauf, Wiesen, Wald, Felsen, Weiher.
F, S, H: Wasservögel, Greifvögel, Spechte, Singvögel (u. a. Brutplatz des Kolkraben).

Vadura O 4 a
Gemse – *Zweierspitz* (1858 m ü. M.): Wege von Vadura (957 m ü. M.) und von Untervaz (564 m ü. M.) aus.

Felsenvögel, Singvögel: Taminaschlucht.
Bahn/Parkplatz Bad Ragaz, Postauto Vadura, Wanderung Valens–linkes Taminaufer–Bad Ragaz. Taminalauf, Wiesen, Wald, Felsen.
F, S, H: Alpensegler, Spechte, Singvögel (u. a. Stelzen, Wasseramsel, Mauerläufer, Kolkrabe).

Vaduz O 3 c
Schloß Vaduz (1499 zerstört, 1523–26 erneuert), ist ständiger Wohnsitz des Fürsten von Liechtenstein. Kann nicht besichtigt werden. Die **Gemäldegalerie** befindet sich in Vaduz und ist vom 1. April–31. Oktober täglich von 10–12 und 13.30–17.30 Uhr geöffnet, vom 1. November–31. März von 10–12 und 14–17 Uhr. Montags geschlossen.

Natur- und Erholungsanlage Haberfeld-Vaduz (450 m ü. M., 0,5 ha). Im Aufbau befindliche Anlage. Wird vor allem einheimische Arten, besonders Sumpf- und Wasserpflanzen, zeigen. Spezialität: voreiszeitliche einheimische Bäume wie Tulpenbaum u. a.

Valangin D 4 b
Malerisches Städtchen. **Kirche** von 1505. **Schloß** spätgotisch. **Museum** mit Waffen, Inneneinrichtungen, Gebrauchsgegenständen (Tel. 038 6 91 51; Dienstag–Sonntag 9–12, 14–18 Uhr).
Typusprofil des «Valanginien». Etwa 3 km nordwestlich Neuchâtel, 300 m unterhalb des Schlosses Valangin, auf der Westseite der Schlucht des Seyon.
Eine der drei Typuslokalitäten (neben Hauterive und Niedermuhlern, Imihubel) für eine Stufe (Abschnitt) der Erdgeschichte (Stratigraphie). Typusprofil für einen Abschnitt des Erdmittelalters (Mesozoikum). Absolutes Alter der Schichten etwa 126–133 Mio Jahre. Zum Teil reich an Versteinerungen. Verbreitung des Valanginien im westschweizerischen Jura, südwestlich der Linie Biel–Sonceboz–La Chaux-de-Fonds. Aufgestellt vom Geologen Désor (1853) anhand des Fossilinhaltes.
Gemse – *Roc Mil-Deux* (1047 m ü. M.): Straße Neuchâtel–Valangin–Vue-des-Alpes (1283 m ü. M.) (Parkplatz)– La Motte–Gare des Convers (Parkplatz) oder Bahn Neuchâtel–Gare des Convers–La Chaux-de-Fonds.
Mont-d'Amin (1403 m ü. M.): Straße Vue-des-Alpes–Mont-d'Amin, Weg gegen Pertuis.
Gorges du Seyon: Straße Neuchâtel–Valangin.

Val Bregaglia P 6a–O 6 c
Von St. Moritz talaufwärts zum Malojapaß, hinüber ins Val Bregaglia. Zuoberst im Tal Albignakraftwerk mit Stausee und kühner Staumauer.

Valens O 4 a
Murmeltier – *Schlößlichopf* (2226 m ü. M.): Straße Bad Ragaz–Valens (925 m ü. M.), Taminatal, Weg Valenserberg–Obersäß (1854 m ü. M.).

Vallorbe C 5 a
Grottes de Vallorbe und Vauclusequelle der Orbe. Etwa 3 km westlich des Bahnhofes Vallorbe, Fahrsträßchen bis zu Parkplatz. Stromquelle der Orbe. Die Orbe bildet den unterirdischen Abfluß des Lac de Joux und des Lac des Brenets. Sie tritt hier nach einem unterirdischen Lauf von etwa 3 km wieder an die Oberfläche. Die Quelle ist frei zugänglich. Der unterste Teil des unterirdischen Wasserlaufs wurde der sehr schönen Tropfsteinhöhle wegen als Schauhöhle öffentlich zugänglich gemacht. Geöffnet täglich von Palmsonntag–Allerheiligen von 9–18 Uhr. Eintrittspreis Fr. 6.–.

Valsainte E 5 b
Karthäuserkloster, gegründet 1295. Heutige Anlage größtenteils aus der 1. Hälfte des 18. Jh. Seltenes Beispiel eines Karthäuserklosters, in dem bis auf den heutigen Tag eine Anzahl Mönche nach alter Regel leben.

Van-d'en-Haut E 7 a
Steinbock/Gemse/Murmeltier – An der *Dent-du-Salantin* (2382 m ü. M.): Straße Vernayaz (Station SBB)–Les Granges–Van-d'en-Haut.
Gemse – Am *Sex-des-Granges* (2082 m ü. M.).
Gemse/Murmeltier – *Lac de Salanfe* (1925 m ü. M.), *Mine d'arsenic*.

Vasön O 4 a

Murmeltier – *Muntaluna* (2421 m ü. M.): Straße Bad Ragaz–Valens–Vasön (928 m ü. M.), Weg nach Findels (1653 m ü. M.) und Vättner Berg (1854 m ü. M.).

Vättis O 4 c

Das **Drachenloch** nordwestlich von Vättis, in der Nähe der Alp Gelbberg, ist die wohl höchstgelegene Siedlungsstätte der Steinzeit.

Steinbock/Gemse – *Calanda* (2805 m ü. M.): Wege von Vättis, Untervaz, Haldenstein und Chur aus.
Hirsch (Sommer) – Talausgang, beide Talseiten: Vättis–Gigerwald (Calfeisental).

Vaud, Le B 6 a/b

Parc zoologique «La Garenne»: 250 Tierarten, 600 Tiere. Europäische Fauna, reiche Raubvogelkollektion. 0,6 ha, Sommer 9–19 Uhr, Winter 9.30–17 Uhr. Zufahrt von Nyon, Divonne, St-Cergue oder Vallée de Joux aus nach Le Vaud, Parkplatz, Postautolinie Nyon–Begnins–Bassins, zu Fuß ab Station Bassins, Restaurant.

Verbier F 7 a

Murmeltier – *Grands-Plans, Savoleyres* (2372 m ü. M.): Mit der Seilbahn ab Les Creux.
Croix-de-Cœur (2174 m ü. M.), *La Chaux, SAC-Hütte Mont-Fort* (2357 m ü. M.): Straße Le Châble–Verbier–La Chaux (Parkplatz).
Gemse – Gebiet des *Lac des Vaux* (2543 m ü. M.): Straße Verbier–Les Ruinettes, Seilbahnen nach Les Attelas (2733 m ü. M.) und zum Col des Vaux (2705 m ü. M.).

Vernayaz E 7 a

Pissevache. Zwischen Vernayaz und Miéville, 500 m südlich Miéville. Fußweg durch die Felswand.
Zur Zeit der Schneeschmelze imposanter, 65 m hoher Wasserfall des Wildbachs Salanfe. Infolge Kraftwerkbauten ist die Wasserführung heute nicht mehr so eindrucksvoll wie früher.

Verscio L 7 b

Pfarrkirche **S. Fedele,** mit vorzüglichen Fresken aus der Zeit um 1500.

Versoix B 6 c

Wasservögel: Genferseeufer Versoix-le-Bourg–Versoix-la-Ville.
Bahn/Parkplatz Versoix, Wanderung zur Schiffshaltestelle Le Bourg–Ufer bei La Ville. Uferzone, Quaianlagen.
F, H, W: Wasservögel (u. a. Taucher, Kormoran, Schwäne, Gänse, Gründel-, Tauch- und Meerenten, Säger, Rallen, Möwen, Seeschwalben), Greifvögel, Singvögel (u. a. Stelzen).
S: Wasservögel (u. a. Gänsesägerfamilien), Singvögel des Siedlungsgebietes.

Vésenaz B 6 c

Schwimmvögel: Genferseeufer von Vésenaz bis Anières.
Bahn Genève, Bus/Parkplatz Vésenaz, Wanderung Bellerive–Pointe de Bellerive–Anières. Uferzone, Gehölze, Felder.
F, H, W: Schwimmvögel (u. a. Taucher, Schwäne, Enten, Säger, Rallen, Möwen), Singvögel.

Vevey D 6 b

Martinskirche, um 1330/40. **La Grenette,** klassizistische Markthalle.
Musée Jenisch (Tel. 021 51 29 50; Mai–Oktober Dienstag–Samstag 10–12, 14–16 Uhr, Sonntag 10–12, 14–17 Uhr; November–April Dienstag–Samstag 14–16 Uhr, Sonntag 11–12, 14–16 Uhr). **Kunst- und naturhistorische Sammlung.**
Musée du Vieux-Vevey, lokalhistorisches Museum (Tel. 021 51 07 22; Dienstag–Samstag 10–12, 14–17 Uhr, Sonntag 11–12, 14–17 Uhr).

Friedhof nördlich der Kirche St-Martin: Kirche erhöht auf aussichtsreichem Plateau östlich des Bahnhofs. Zugang am besten vom Bahnhofplatz aus. Friedhofanlage mit **ausgeprägt südlichem Charakter,** sehr viele **Zypressen,** untermischt mit **Zedern.**
Mittelmeerzypresse, *Cupressus sempervirens:* weit über 100 Exemplare, besonders reichlich im östlichen Teil, Doppelreihe in der Friedhofmitte.
Arizonazypresse, *Cupressus arizonica:* am häufigsten oberhalb der Kirche.

Vico-Morcote   M 8 a

Pfarrkirche **S. Fedele,** frühbarocker Bau mit Altar-Triptychon, einem Hauptwerk der Steinmetzkunst der lombardischen Frührenaissance. Prachtvolle Lage über dem See.

Vicosoprano   O 6 b/d

Sehenswertes Ortsbild mit charaktervollen Bürgerhäusern.

Gemse – *Cima dal Cantun* (3354 m ü. M.): Weg Vicosoprano–Lago da L'Albigna–SAC-Hütte L'Albigna.

Bergvögel, Halsbandschnäpper: Bergell, rechte Talseite.
Bahn St. Moritz, Postauto/Parkplatz Vicosoprano, Wanderung Sdarva–Planac-Cadrin–Plän Vest–Soglio–Castasegna. Wälder, Weiden, Felsen, Kastanienselven.
F, S: Greifvögel (u. a. Turmfalke), Wildhühner, Alpensegler, Mauersegler, Spechte, Singvögel (u. a. Heidelerche, Felsenschwalbe, Rotrückenwürger, Halsbandschnäpper, Schwarzkehlchen, Braunkehlchen, Steinrötel, Mauerläufer, Goldammer, Gartenammer, Zippammer, Bluthänfling, Italiensperling, Nebelkrähe).

Villars   E 6 c/d

Steinbock/Gemse/Murmeltier – *Le Chamossaire* (2112 m ü. M.): Straße Aigle–Ollon–Panex–Plambuit (Parkplatz) oder Ollon–Chesières und Seilbahn nach Bretaye (1806 m ü. M.), Bahn Bex–Villars–Chesières–Bretaye.

Villeneuve VD   E 6 a

Hübsches Ortsbild. Spätgotische Kirche.

Wasservögel, Singvögel: Les Grangettes, zwischen der Mündung von Rhone und Eau Froide, und anschließende Gebiete des Rhonedeltas.
Bahn/Parkplatz Villeneuve, Wanderung Seeufer–Noville–rechter Rhonedamm–Rhonemündung–Villeneuve. Seeufer, Altwasser, Teiche, Inseln, Gehölze, Auwald.
F, H, W: Taucher, Kormoran, Reiher, Schwäne, Gänse, Gründel- und Tauchenten, Säger, Greifvögel (u. a. Fischadler, Weihen), Rallen, Limikolen, Möwen, Seeschwalben, Eisvogel, Wiedehopf, Singvögel (u. a. Blaukehlchen, Beutelmeise).
S: Taucher, Reiher (u. a. Graureiher, Rohrdommel, Zwergdommel), Schwäne, Enten (u. a. Löffelente), Greifvögel (u. a. Baumfalke, Turmfalke), Feldhühner (u. a. Rebhuhn, Wachtel, Jagdfasan), Rallen (u. a. Tüpfelralle, Wasserralle), Tauben (u. a. Turteltaube), Eulen (u. a. Steinkauz), Eisvogel, Spechte (u. a. Kleinspecht, Schwarzspecht), Singvögel (u. a. Rotrückenwürger, Rotkopfwürger, Braunkehlchen, Schwarzkehlchen, Nachtigall, Schwirle, Rohrsänger, Grasmücken, Laubsänger, Goldammer, Gartenammer, Rohrammer, Pirol).

Villigen   J 2 b

Rotmilan, Singvögel: Süd- und Osthang Geißberg mit anschließenden Feldern.
Bahn Brugg, Postauto/Parkplatz Villigen, Aufstieg Waldrand, Wanderung auf 400–450 m ü. M. Richtung Remigen. Rebgelände, Hecken, Waldrand, Wiesen, Äcker.
F, S: Rotmilan, Turmfalke, Singvögel (u. a. Baumpieper, Rotrückenwürger, Goldammer).

Villmergen   J 3 b

Waldlehrpfad Steinmüri: Rundgang mit 195 dt. und lat. beschrifteten Bäumen und Sträuchern sowie Vogelnistkästen und Weiher. Route etwa 5 km lang (etwa 2 Std.), mit einer Höhendifferenz von rund 150 m.
Start beim Forstmagazin (Koord. 660 650/243 650). Erreichbar ab Bahnhof Villmergen (15 Min.). Wenige Parkplätze beim Forstmagazin.

Vionnaz D 6 d
Hirsch/Murmeltier/Gemse – *Tour-de-Don* (1998 m ü. M.) Osthang: Straße Vionnaz–Revereulaz (992 m ü. M.), Wege nach Eusin (1430 m ü. M.) und Les Places.

Visp H 6 c/d
Sehenswerte Altstadt. Barocke **Kirche** mit romanischen Bauteilen. **Herrenhaus der Grafen von Blandrate.**
Visp-Zermatt-Bahn. Erdstaudamm Mattmark und Kraftwerk.

Visperterminen H 6 d
Blockhäuser mit Steinplattendächern. Wallfahrtskirche Mariae Heimsuchung, einschiffiger Barockbau, hoch über dem Dorf gelegen. Prächtige Gehäuseorgel.
Hirsch (Sommer)/**Gemse/Murmeltier** – *Seitenkumm, Schafalp* (2611 m ü. M.): Straße und Bahn Visp–Stalden (Vispertal), Straße Visp–Visperterminen (Parkplatz), Weg Visperterminen–Stafel–Seitenstafel–Sedilti.

Vitznau K 4 b
Dank der Seenähe und der vor Nordwinden geschützten Lage mit wenig Nebeltagen halten in Vitznau wie auch in Gersau und der Hinteren Lützelau verschiedene Gehölze aus, deren Kultur in der nördlichen Schweiz sonst nicht mehr möglich ist. Die wichtigsten Arten befinden sich in den
Quaianlagen unterhalb der Post: Immergrüne oder **Großblütige Magnolie,** *Magnolia grandiflora*: kleiner, etwa 8 m hoher und ebenso breiter Baum mit großen, oberseits glänzenden, unterseits braunrot filzigen Blättern, Blüten groß, kelchförmig, weißlich, ⌀ 15–20 cm, Blütezeit Juni–August, einzelne Blüten gelegentlich noch im September. Schönstes Exemplar der Region. Heimat: Südosten der USA.
Schirmakazie, *Albizzia julibrissin*: kleiner, bis 1,5 m einstämmiger, 6,5 m hoher und 8 m breiter Baum mit doppelt gefiederten, sommergrünen, sehr dekorativen Blättern. Stamm⌀ 18 cm. Blütezeit meist Ende Juli, in kühleren Jahren bis August (seltener September). Blüten wie Kerzen auf der Oberseite der Zweige stehend, auffallend durch die zahlreichen, 3–4 cm langen, hellrot gefärbten Staubfäden. **Schönster Zierbaum Mitteleuropas;** wärmeliebend. Zurzeit einziges Exemplar der nördlichen Schweiz. Heimat: Persien bis Zentralchina. **Portugiesischer Lorbeer,** *Prunus lusitanica*: 4 m hoher und breiter Strauch mit immergrünen, glänzenden Blättern, kleiner als beim nahe verwandten Kirschlorbeer. Blütezeit Ende Mai.
Umgebung des Parkplatzes der Rigibahn, bergseits der Talstation: **Spanische Tanne,** *Abies pinsapo*: hoher, ab 2,5 m 2stämmiger Baum, Stamm⌀ 90 cm, Nadeln kurz und steif, allseitig radial vom Zweige abstehend. 6 m nördlich der Parkplatzausfahrt. **Immergrüne** oder **Küstensequoie, Eibenzypresse,** *Sequoia sempervirens*: hoher Baum, vom Boden an 2stämmig, Stamm⌀ 60 und 70 cm, Blätter (Nadeln) an seitlichen Zweigen 2reihig (in **einer** Ebene liegend). Südlich der Parkplatzausfahrt. Heimat: Westlicher Teil der USA (Oregon, Kalifornien). **Echter Ginkgobaum, Maidenhair-Tree,** *Ginkgo biloba*: Blätter sommergrün, flach fächerförmig, eingeschnitten zweilappig, Stamm⌀ 70 cm. Südlich der Immergrünen Sequoie (Details siehe Basel). Heimat: Ostchina. **Griechische Tanne,** *Abies cephalonica*: Nadeln meist radial von den kahlen Zweigen abstehend, jedoch länger als bei der Spanischen Tanne, Knospen harzig, Stamm⌀ 75 cm. 7 m südlich des Südendes des Parkplatzes (bei Kompostablage). Heimat: Griechenland.
Auf der **Nordwestseite des Informationsbüros der Rigibahn** 2 Mammutbäume, *Sequoiadendron giganteum*: Stamm⌀ 120 und 130 cm (in privater Liegenschaft, jedoch von Straße aus sichtbar)
Ferienheim des Schweizerischen Metall- und Uhrenarbeiter-Verbandes (SMUV), Schiberen, 500 m nordöstlich der Oberen Nase, zwischen Vitznau und Gersau: **Immergrüne** oder **Mittelmeerzypresse,** *Cupressus sempervirens*: westlich der Autostraße, gegenüber dem Fußgängereingang des Ferienheims, am Weg zum Bootshaus, 6 Exemplare von 13–14 m Höhe.

Rauhfußhühner, Bergvögel: Rigi Kulm, Südseite.
Bahn Brunnen, Postauto/Parkplatz Vitznau, Bergbahn Rigi Kulm, Wanderung First–Scheidegg–Gersauer Alp–Felmis–Vitznau. Felsen, Wald, Weiden.
F, S: Greifvögel (u. a. Turmfalke), Rauhfußhühner (u. a. Birkhuhn, Urhuhn), Eulen (u. a. Rauhfußkauz), Spechte (u. a. Schwarzspecht, Dreizehenspecht), Singvögel (u. a. Felsenschwalbe, Rotrückenwürger, Alpenbraunelle, Ringdrossel, Alpen-

meise, Mauerläufer, Zaunammer, Zippammer, Zitronfink, Birkenzeisig, Alpendohle, Tannenhäher, Kolkrabe).

Vögelinsegg O 2 c

✘ **Schlachtdenkmal,** das an den Sieg der Appenzeller und Schwyzer gegen die sanktgallische fürstäbtliche Ritterschaft und den Bund der Städte ob dem See im Jahr 1403 erinnert.

Vogorno M 6/7 c/a

🐾 **Murmeltier** – *Alpe Magnora, Corte di Fondo* (1592 m ü.M.): Weg Vogorno durch das Val della Porta, linke Talseite.

Vorauen M 4 a

🐾 **Hirsch** – *Steppelwald* (Parkplatz): nach Vorauen.
Gemse (Sommer) – *Richisau* (Parkplatz): Vorderrichisau, rechte Talseite.

Vouvry D 6 d

☼ Einziges großes thermisches Kraftwerk der Schweiz (Ölfeuerung) mit Ölentladebahnhof. Wegen Abgasen auf Hügel gebaut.

🐾 **Gemse/Murmeltier** – *Tanay* (1415 m ü.M.): Straße Vouvry (Station SBB)–Le Flon–Tanay (Parkplatz).

Vufflens C 5 c

▮ Eines der beeindruckendsten **Schlösser** der Schweiz, um 1400 erbaut. Nach Brand Neubau 1530. In lombardischer Backsteinbauweise gebaut.

Vuitebœuf C 4 d

🏛 Die **Römerstraße** beginnt über dem Dorf am Ende der ersten Haarnadelkurve der Straße nach Ste-Croix. Interessanter Abschnitt nach der achten Haarnadelkurve.

● Wädenswil L 3 a

Reformierte **Kirche,** 1764–67 erbaut, interessanter Grundriß, festlicher Innenraum. **Landvogtei** 1550–60, heute Eidgenössische Versuchsanstalt für Obst-, Wein- und Gartenbau.
Burgruine Alt-Wädenswil, Stammsitz der seit 1007 bezeugten Freiherren von Wädenswil. 1549 von Zürich erworben. Seit 1557 dem Zerfall preisgegeben.
Hof der Eidg. Forschungsanstalt für Obst-, Wein- und Gartenbau zwischen Lehrgebäude (mit Treppengiebel), Verwaltungsgebäude und Gärtnereitrakt: **Mammutbäume, Wellingtonien, Riesensequoien,** *Sequoiadendron giganteum:* 2 große Exemplare im Westteil des Hofes, 10 m vom Rundbogendurchgang (in Fortsetzung der Rutenenstraße) entfernt. Stamm⌀ des nördlichen (seeseitigen) Baumes 2,03 m, Höhe rund 40 m (Etikette), Astwerk lockerer. Das südliche (bergseitige) Exemplar wurde 1947 vom Blitz getroffen und verlor dabei den Gipfel (rund ¼ der Höhe); seither Astwerk buschiger und Bildung eines Sekundärgipfels, Stamm⌀ 1,92 m. Stammbasis bei beiden Bäumen konisch verbreitert. Gehören zu den größten Mammutbäumen des Landes; Alter um 115 Jahre. Heimat: Kalifornien.
Tulpenbaum, *Liriodendron tulipifera:* 12 m ostwärts vom untern Mammutbaum; Stamm⌀ 1,22 m, Höhe 29,5 m, Blütezeit Mai–Juni, Blüten becherförmig, gelbgrün (Etikette). Heimat: Nordamerika.
Anlagen nördlich des Lehr- und westlich des Verwaltungsgebäudes: Blutbuche, *Fagus silvatica 'Atropunicea':* prachtvoller Baum nordwestlich des Verwaltungsgebäudes, Stamm⌀ 1,54 m, Kronen⌀ 26 m. **Französischer Ahorn** oder **Maßholder,** *Acer monspessulanum:* im Gebiet der Ostschweiz sehr seltene Art, kleiner Baum mit kleinen Bättern (3 ganzrandige Lappen), östlich des Lehrgebäudes, 50 cm südlich der alten Ringmauer, Stamm⌀ 43 cm.
Anlage östlich des Verwaltungsgebäudes: Paulownie, auch «Veilchenbaum», *Paulownia tomentosa:* großer Baum zwischen Verwaltungsgebäude und Aussichtsterrasse, etwa 8 m von dieser entfernt, Stamm⌀ 62 cm. Blüten groß, trichterförmig, violett, nach Veilchen duftend, im Mai. Wappenbaum des japanischen Kaisers.

Strauchrabatte bergseits der Laboratorien (westlich Labor III), unterhalb der großen Parkplätze: **Strauchförmige Schirmakazie,** *Albizzia julibrissin rosea:* 7 junge Sträucher an der Böschung seeseits des untern Parkplatzes. Blätter doppelt gefiedert, Blüten mit langen, rosa gefärbten Staubfäden auf der Oberseite der Zweige. Blütezeit Ende Juli. Sehr dekorativ, **schönster Blütenstrauch der mitteleuropäischen Region.**
Die bisher erwähnten Anlagen sind öffentlich zugänglich. Das **Arboretum** der Forschungsanstalt enthält z. T. sehr seltene Arten. Interessenten wollen sich im Verwaltungsgebäude melden.

Kormoran, Wasservögel: Linkes Zürichseeufer Wädenswil–Halbinsel Au.
Bahn/Parkplatz Wädenswil, Wanderung auf Uferweg dem See entlang bis Halbinsel Au. Seeuferzone, Gehölze, Schilf.
S: Taucher, Reiher, Schwäne, Enten, Greifvögel (u. a. Schwarzmilan, Baumfalke), Rallen, Singvögel (u. a. Rohrsänger, Rohrammer).
F, H, W: Wasservögel (u. a. Taucher, Kormoran, Graureiher, Schwäne, Gründelenten, Tauchenten, Rallen, Möwen), Singvögel (u. a. Wasserpieper, Stelzen).

Wagenhausen L 1 d

Ehemaliges **Benediktinerklösterchen** am linksufrigen Rheinweg zwischen Stein am Rhein und Dießenhofen. Frühromanische Pfeilerbasilika (1083–87). Kreuzgang und Kapitelraum aus dem frühen 12. Jh.

Waldenburg G 2 d

Ruine einer Burganlage aus dem 12. Jh. Zerfall nach der Französischen Revolution. Wesentliche Teile erhalten. 170 m über dem Städtchen Waldenburg gelegen. Vom Bahnhof Waldenburg aus in 40 Min. zu erreichen.

Gemse – *Gerstelflue:* Östlich von Waldenburg, Abzweigung Richtung Gerstel (Parkplatz), in der großen Wendeschleife der Hauensteinstraße oberhalb Waldenburg.
Geißflue (997 m ü. M.), *Lauchflue* (1063 m ü. M.): Straße von Balsthal oder Waldenburg–Langenbruck–Schönthal–Chilchsattel (Parkplatz): Wanderweg Geißflue–Lauchflue.

Walenstadt N 3 d

Felsenschwalbe, Schwimmvögel: Walensee, nördliches Ufer.
Bahn/Parkplatz Walenstadt, Postauto Walenstadtberg, Wanderung Quinten–Betlis–Weesen. Seeufer, Felsen, Wald.
F, S: Schwimmvögel (u. a. Taucher, Enten, Säger, Rallen), Spechte, Singvögel (u. a. Felsenschwalbenbrutplätze).
W: Schwimmvögel, Mauerläufer.

Wallisellen L 2 c

Waldlehrpfad Seewadel: Waldlehrpfad mit verschiedenen Pflanzengesellschaften und einheimischen Bäumen, Sträuchern und Krautpflanzen. Route etwa ½ km, ohne Steigungen, Zeitbedarf etwa 1 Std.
Start bei Koord. 686 925/253 075. Mit Auto erreichbar ab Wallisellen auf der Hardstraße, entlang dieser auch Parkplätze. Keine Beschriftung oder Numerierung von Pflanzen, doch ist eine Broschüre mit Beschreibungen und Abbildungen zum Preis von Fr. 3.– beim Verschönerungs- und Verkehrsverein Wallisellen oder im Blumengeschäft P. Remund, Rosenbergstraße 16, Wallisellen, erhältlich.
Moorlehrpfad Moos: Rundgang durch die Moorlandschaft Moos beim Schönenhof mit Hinweisen auf die vorkommenden Pflanzen- und Tierarten. Route etwa ½ km, eben, Zeitbedarf etwa 1 Std.
Start an der neuen Winterthurerstraße (Koord. 688 500/251 750). Zufahrt mit öffentlichen Verkehrsmitteln bis Bahnhof Wallisellen, mit Auto Ausfahrt Wallisellen der N1. Beschränkte Anzahl Parkplätze beim Schönenhof. Lehrpfadbroschüre von Dr. F. Klötzli zum Preis von Fr. 3.– beim Verschönerungs- und Verkehrsverein sowie beim Blumengeschäft P. Remund, Rosenbergstraße 16, Wallisellen, erhältlich.

Würger, Rohrsänger: Hard, Rieden.
Bahn/Parkplatz Wallisellen, Rundwanderung Hard–Tambel–Rieden–Hochrüti–Schönenhof–Wallisellen. Siedlungsgebiet, Wiesen, Felder, Wald, Sumpf, Bachlauf, Waldlehrpfad Seewadel (Hard) und Moorlehrpfad Schönenhof.

F, S, H: Greifvögel, Tauben, Spechte, Singvögel (u. a. Lerchen, Pieper, Stelzen, Würger, Drosseln, Rohrsänger, Grasmücken, Laubsänger, Ammern).

● **Waltensburg** M 4 d

In der reformierten **Kirche** befinden sich u. a. großartige Malereien des sogenannten Waltensburger Meisters, dessen Name unbekannt ist, aus der Zeit um 1340. Sie gehören zu den schönsten Werken frühgotischer Malerei in der Schweiz.
Burgruine Jörgenberg, frühmittelalterliche Kirchenburg und Wohnsitz der Herren von Jörgenberg, östlich des Dorfes.
Ruine Kropfenstein, kühnste Bündner Höhlenburg, unterhalb der Straße nach Brigels.

Wangen a. Aare G 3 b

Landvogtei, schmuckes mittelalterliches Städtchen. Imposante **gedeckte Brücke** aus der 1. Hälfte des 16. Jh.

Schöne alte Holzbrücke.

Wangen SZ M 3 c

Waldlehrpfad Buechberg: Lehrpfad mit etwa 50 beschrifteten Bäumen und Sträuchern, Molasseaufschluß und Findlingen. Rundwanderweg etwa 2 km, schwache Höhendifferenz. Zeitbedarf etwa 1½ Std.
Start bei Bachtelen (Koord. 711200/228500). Autobahnausfahrt Lachen. Parkplätze am Ausgangspunkt.

Wangs O 4 a

Steinbock/Gemse – *Graue Hörner, Schwarze Hörner* (2645 m ü. M.): Straße Sargans–Wangs–Garschlu (1109 m ü. M.), Weg zum Schwarzsee (2368 m ü. M.) oder Seilbahn Wangs–Pizolhütte (2227 m ü. M.).

Wartau O 3 c

Besterhaltene und eindrücklichste **Burgruine** des Sarganserlandes. Seit dem 16. Jh. dem Zerfall preisgegeben. In 45 Min. ab Station Weite-Wartau zu erreichen.

Warth M 2 a

Ehemalige **Karthäuse Ittingen.** Die Ausstattung der Klosterkirche gehört zu den schönsten Beispielen des schweizerisch-süddeutschen Rokokos. Geht auf eine Augustinerprobstei aus dem Jahr 1152 zurück. Nach dem «Ittinger Sturm» 1524 entstanden die Klosterbauten neu und erfuhren im 17./18. Jh. noch verschiedene Ergänzungen und Veränderungen. Aufhebung der Karthause im Jahr 1848.

● **Wasserauen** O 3 a

Prähistorische Höhle Wildkirchli. Erreichbar in 15 Min. Spaziergang von der Ebenalp aus (Bergstation der Luftseilbahn Wasserauen–Ebenalp). Talstation erreichbar mit dem Auto oder mit der Bahn von Appenzell her.
Berühmt durch den Fund eines vollständigen Höhlenbärenskelettes (ausgestellt im Heimatmuseum St. Gallen) nebst Resten anderer Tiere. Artefakte eines Menschen des Neandertalertypus. Im südlichen Teil des Wildkirchlis Altarhöhle und Glockentürmchen einer ehemaligen Einsiedelei (bis 1853). Zeitliche Einordnung: Altpaläolithikum (Altsteinzeit I). Faustkeilfreie Abschlagkultur.

Gemse/Murmeltier – *Seealpsee* (1141 m ü. M.), *Mesmer* (1613 m ü. M.), *Fälalp:* Straße und Bahn Appenzell–Weißbad–Wasserauen, Weg zum Seealpsee–Mesmer–Säntis.
Murmeltier – *Meglisalp* (1517 m ü. M.): Weg Wasserauen–Hütten–Schrennen–Meglisalp–Rotsteinpaß (2120 m ü. M.).
Steinbock/Gemse – *Altmann* (2436 m ü. M.), *Rotsteinpaß, Hundstein* (1903 m ü. M.): Wege vom Fälensee, der Meglisalp und Wildhaus aus.

Mauerläufer, Bergvögel: Ebenalp–Wildkirchli–Seealpsee.
Bahn/Parkplatz Wasserauen, Luftseilbahn Ebenalp, Abstieg Wildkirchli–Seealpsee–Wasserauen. Wald, Weiden, Fels, Voralpen.
S: Steinadler, Rauhfußhühner, Singvögel (u. a. Wasserpieper, Steinschmätzer, Ringdrossel, Mauerläufer beim Wildkirchli).

Wattwil
M 3 b

Burg Iberg am linken Thurufer, 20 Min. vom Bahnhof entfernt. Um 1240 erbaut.
Der 1902 renovierte Gebäudekomplex besteht aus einem markanten Bergfried und einer fast vollständig erhaltenen Ringmauer.

Waldlehrpfad Wattwil: Lehrpfad von 1½ km Länge bei Feldbach. Auf Holztafeln sind Bäume, Sträucher sowie Begleitflora beschriftet. Sehenswert sind der Wasserfall in einem Bachtobel, ein Amphibienweiher, Nagelfluhaufschlüsse sowie eine Unterkunftshütte. Höhenunterschied 120 m, Zeitbedarf etwa 2 Std.
Start bei Koord. 724300/240150 oder 724250/240000, erreichbar ab Bahnhof Wattwil. Parkplätze vorhanden. Für den Waldlehrpfad sind noch forstwirtschaftliche und geologische Hinweise vorgesehen (Tertiärgeologie, Findlinge).

Zugvögel: Chrüzegg.
Bahn/Parkplatz Wattwil, Auf- und Abstieg auf verschiedenen möglichen Routen zur Chrüzegg Richtung Westen. Wiesen, Felder, Wald, Tobel, Bachläufe, guter Punkt für Herbstzugbeobachtungen.
H: Ziehende Greifvögel, Tauben, Singvögel (u.a. Lerchen, Pieper, Stelzen, Ammern, Finken, Krähen).

Wauwil
J 3 c

Kiebitz, Sumpf- und Wasservögel: Wauwiler Moos, Schutzgebiet mit Teichen.
Bahn/Parkplatz Wauwil, Rundgang Richtung Ettiswil bis Ron, nördliches Bachufer bis Beobachtungshütte, Wanderung zu den Teichen–Waldrest im Nordosten der Strafanstalt Wauwil. Felder, Wiesen, Gräben, Naturschutzgebiet mit künstlich ausgehobenen Teichen, Schilf, Sumpf, Beobachtungs- und Beringungsstation, Gehölze, Wald.
F, S, H: Wasservögel, wie Zwergtaucher, Reiher (u.a. Graureiher, Zwergdommel), Enten (u.a. Krick- und Knäkenten), Rallen (u.a. Wasserralle, Tüpfelralle), Limikolen (u.a. Kiebitz und Bekassine als Brutvögel, Wasserläufer, Strandläufer), ferner Greifvögel, Wachtel, Jagdfasan, Eulen (u.a. Waldohreule), Wiedehopf, Spechte, Singvögel (u.a. Lerchen, Schwalben, Pieper, Stelzen, Würger, Kehlchen, Drosseln, Schwirle, Rohrsänger, Grasmücken, Laubsänger, Schnäpper, Beutelmeise, Gold- und Rohrammer, Pirol).
W: Raubwürger, Finken, Birkenzeisig, Erlenzeisig.

Weggis
K 4 a/b

Gemse – *Rigi Kulm* (1752 m ü.M.), *Brettannen* (1311 m ü.M.): Wege von Rigi Kulm und Oberarth aus.

Weingarten
M 2 a

Singvögel: Sunnenberg–Immenberg.
Bahn Matzingen, Postauto/Parkplatz Weingarten, Rundwanderung Tobelhof–Spiegelberg–Scheidegg–Sunnenberg–Stettfurt–Kalthäusern–Weingarten. Felder, Wiesen, Gehängesümpfe, Trockenwald mit Föhren und Eichenbusch, Trockenwiesen.
F, S: Greifvögel, Spechte, Singvögel (u.a. Baumpieper, Rotrückenwürger, Drosseln, Grasmücken, Laubsänger, Goldammer).

Weißenstein
F/G 3 b/a

Juragarten beim Hotel Weißenstein (1280 m ü.M., 1 a). Pflanzen der Jurahöhen. Im Sommer täglich geöffnet.
Sessellift ab Oberdorf. Parkplatz vorhanden.

Weißfluhjoch
P 4 c

Eidg. Institut für Schnee- und Lawinenforschung.

Weißtannen
N 4 b

Gemse – *Rote Wand:* Talhang zwischen Vermol (1067 m ü.M.) und Weißtannen (1004 m ü.M.) (Weißtannental).
Vermii, Brandwald: Talhang zwischen Ebenwald (1411 m ü.M.) und Girstein (1637 m ü.M.).
Steinbock – *Stafinellagrat* (2400 m ü.M.): Weg Schwendi–Gafarrabüel (1764 m ü.M.)–Stafinella.

Murmeltier – *Valtnov:* Weg Vorsiez–Gebiet von Oberscheubs (1981 m ü. M.) bzw. Vordersäß (1769 m ü. M.).

Welschenrohr G 3 a

 Zippammer, Singvögel: Südhang des Malsenberges.
Bahn Gänsbrunnen, Postauto/Parkplatz Welschenrohr, Wanderung Wolfsschlucht–Mieschegg–Probstenberg–Harzergraben–Welschenrohr. Wiesen, Weiden, Wald, Gehölze, Fels.
F, S: Greifvögel (u. a. Rotmilan, Turmfalke), Spechte, Singvögel (u. a. Heidelerche, Baumpieper, Rotrückenwürger, Goldammer, Zippammer).

Wengen H 5 d

 Gemse/Murmeltier – *Männlichen* (2343 m ü. M.), *Tschuggen* (2520 m ü. M.), *Lauberhorn* (2472 m ü. M.), *Wengernalp:* Bahn Lauterbrunnen–Wengen–Kleine Scheidegg, Seilbahn Wengen–Männlichen, Straße Grindelwald–Itramen (Parkplatz), Bahn und Wege Grindelwald–Kleine Scheidegg.

Werdenberg O 3 c

Älteste Holzbausiedlung der Schweiz (15.–17. Jh.), in ausgezeichnetem Zustand, am Fuß der gleichnamigen **Burg** aus dem 12./13. Jh. (Tel. 085 6 15 83; 1. Mai–2. Sonntag im Oktober täglich 9–11.30, 13–18 Uhr).

Werthenstein J 4 a

Wallfahrtskirche und ehemaliges **Franziskanerkloster.** Interessante Klosteranlage hoch über der Emme. Ihr Kreuzgang gehört zu den wichtigsten Beispielen schweizerischer Renaissance-Architektur.

Wettingen K 2 c

Ehemaliges, besterhaltenes **Zisterzienserkloster** (heute Lehrerseminar) in der Schweiz. Ursprüngliche Anlage aus dem 13. Jh. nur wenig verändert. In der Kirche prachtvolle Spätrenaissance- und Rokokoausstattung. Im Kreuzgang reichhaltigster Scheibenzyklus der Schweiz.

Waldlehrpfad Wettingen: Lehrpfad mit numerierten und beschrifteten Bäumen und Sträuchern. Länge etwa 500 m, geringe Höhendifferenz. Zeitbedarf etwa ½ Std.
Start am Waldrand oberhalb Grafeguet (Koord. 667750/258350). Parkplätze am Ausgangspunkt.

 Schwimmvögel, Segler: Wettinger Stau, rechtes Limmatufer, Siedlung.
Bahn/Parkplatz Wettingen, Wanderung Kraftwerk–rechtes Limmatufer Richtung Würenlos. Stausee, Schilfbestände, Uferwald.
F, S, H: Schwimmvögel (u. a. Taucher, Schwäne, Enten, Rallen), Greifvögel (u. a. Schwarzmilan), Alpensegler, Mauersegler, Singvögel (u. a. Stelzen, Drosseln, Rohrsänger, Grasmücken, Laubsänger).
W: Schwimmvögel (u. a. Taucher, Schwäne, Gründelenten, Tauchenten, Rallen, Möwen), Eisvogel, Singvögel (u. a. Wasserpieper, Stelzen).

Wetzikon/Seegräben L 3 b

Naturlehrpfad Robenhauserried: Rundgang durch verschiedene Hochmoorbiotope mit Moorsträuchern, -pflanzen, Binsen- und Seggengrasen und Moosen. Route auf einem Prügelpfad mit 12 Posten.
Start bei Seegräben oder auch Robenhausen bzw. Strandbad Auslikon. SBB-Stationen Wetzikon oder Aathal. Für Autos Parkplätze bei Seegräben oder beim Strandbad Auslikon. Naturkundlicher Exkursionsführer von Prof. Dr. H. Graber zum Preis von Fr. 4.50 (ab 10 Expl. Fr. 4.–) bei der Vereinigung Pro Pfäffikersee, 8623 Wetzikon, erhältlich. Der Exkursionsweg befindet sich im Bereich des kantonalen Schutzgebietes Pfäffikersee.

Wiesendangen L 2 b

Pfarrkirche mit bedeutenden Fresken von Hans Haggenberg (um 1480), in 21 z. T. zerstörten Bildfeldern Darstellungen der Legende vom hl. Kreuz u. a.
Ortsmuseum mit lokalgeschichtlicher Sammlung (Tel. 052 37 11 21; geöffnet am 1. Sonntag des Monats 14–17 Uhr).

Wil
M 2 d •

Besterhaltene historische Kleinstadt der Ostschweiz. Die wichtigsten Sehenswürdigkeiten: **Burg «Hof»** (1226–1798), im 3. Stock **Stadtmuseum** mit bedeutender ortsgeschichtlicher Sammlung (9–11.30, 14–17 Uhr). Katholische Pfarrkirche **St. Nikolaus. Baronenhaus**, klassizistischer Herrschaftsbau.

Schwimmvögel: Stadtweiher.
Bahn/Parkplatz Wil, Wanderung zum Weiher Richtung Hofberg. Siedlungsgebiet, Weiher.
J: Schwimmvögel (u. a. Enten, Rallen), Singvögel.

Wildegg
J 2 c/d •

Oberhalb des Dorfes Wildegg gelegenes **Schloß**, dessen heutige Gestalt auf die Zeit um 1700 zurückgeht. Bedeutende Sammlung von Möbeln, Bildnissen, Gebrauchsgegenständen und Waffen aus der Zeit der Familie Effinger von Wildegg (1484–1912). Im Besitz des Schweizerischen Landesmuseums (Tel. 064 8 42 01; 9–12, 13.30–17.30 Uhr).

Waldlehrpfad Schloß Wildegg: Rundwanderung von 1,2 km Länge nördlich des Gutsbetriebes Schloß Wildegg. Lehrpfad ausgestattet mit etwa 90 numerierten Bäumen, Sträuchern und Kräutern sowie Vogelnistkästen, Verbißschäden und Wildschutzmaßnahmen. Zeitbedarf 1 Std., Höhendifferenz etwa 100 m.
Start beim Parkplatz hinter dem Gutsbetrieb (Koord. 655 500/252 600). Erreichbar ab Bahnstation Wildegg. Zufahrt mit Auto via Schloßstraße. Autobahnausfahrten N 1 Hunzenschwil (aus Richtung Bern) und Mägenwil (aus Richtung Zürich). Nummernschlüssel gratis erhältlich beim Kästchen am Ausgangspunkt oder bei der Schloßverwaltung.

Wilderswil
H 5 a

Gemse/Murmeltier – *Faulhorngebiet, Schynige Platte* (2101 m ü. M.), *Faulhorn* (2681 m ü. M.), *Schwarzhorn* (2928 m ü. M.), *Wildgerst* (2888 m ü. M.), *Wandelhorn* (2303 m ü. M.), *Tschingel* (2243 m ü. M.): Bergbahn und Wege Wilderswil–Schynige Platte, Straße und Bahn Interlaken–Grindelwald, Seilbahn Grindelwald–First, Straße Brienz–Axalp. Wege von der Großen Scheidegg aus.

Wildhaus
N 3 b

Zwinglihaus, eines der ältesten Holzhäuser der Schweiz. Geburtshaus des Reformators Ulrich Zwingli.

Wildkirchli (→ Wasserauen)
N 3 b •

Felsenhöhle in malerisch-wilder Lage in der Äscherwand. Eine der ältesten prähistorischen Siedlungsstätten der Schweiz. Zugangsweg von der Endstation der Ebenalp-Luftseilbahn.

Wiler
L 5 a

Hirsch (Winter)/**Gemse** (Winter) – *Wiler:* An der Gotthardstraße zwischen Gurtnellen und Wassen.

Wileroltigen
F 4 a

Vögel: Naturschutzgebiet Oltigerau (→ Niederried).
Bahn Kerzers, Parkplatz Wileroltigen, Wanderung Richtung Aareufer–Golaten. Auenwald, Wald, Sumpf, Flußufer.
F, S: Zwergtaucher, Reiher (u. a. Graureiher), Enten, Greifvögel (u. a. Schwarzmilan, Baumfalke), Jagdfasan, Rallen (u. a. Wasserralle), Spechte, Singvögel (u. a. Nachtigall, Rohrsänger, Pirol).

Willisau
H 3 d •

Das malerische Aussehen des heutigen Städtchens geht auf den Wiederaufbau nach dem Stadtbrand im Jahr 1704 zurück. Ehemalige **Landvogtei** (1690–91), auf dem Hügel über dem Städtchen erbaut.

Graureiher, Sumpf- und Wasservögel: Weiher Ostergau im Osten des Ortes.
Bahn/Parkplatz Willisau, Wanderung zu den Fischzuchtweihern Richtung Wüschiwil. Weiher mit Umgelände, Torfstiche, Sumpf, Gebüsche.

237

F, S, H: Wasservögel, wie Zwergtaucher, Graureiher (Kolonie), Enten, Rallen (u. a. Wasserralle, Tüpfelralle), Limikolen (u. a. Kiebitz, Bekassine, Wasserläufer), ferner Greifvögel, Eisvogel, Singvögel (u. a. Stelzen, Kehlchen, Rohrsänger, Rohrammer).

● **Wimmis** G 5 b

Kirche mit drei romanischen Apsiden aus der Zeit um 1000. Imposantes **Schloß**, das später **Landvogtei** wurde, am Eingang zum Simmental.

Gemse – *Niesen:* Weg von Wimmis aus.

Windisch J 2 d

Dieser unscheinbare Vorort von Brugg birgt zwei der bedeutendsten **Kulturdenkmäler** der Schweiz:

Kloster Königsfelden, eine Stiftung der Witwe des deutschen Königs Albrecht I., der hier von seinem Neffen Johann von Schwaben ermordet worden ist. In der 1310 begonnenen Klosterkirche findet man einen gotischen Glasgemäldezyklus, der zu den großartigsten Leistungen der Glasmalerei des 14. Jh. gezählt wird. In einer tonnengewölbten Gruft unter dem Kirchenschiffboden befand sich das Erbbegräbnis der Habsburger. Seit 1804 ist auf dem Klosterareal die psychiatrische Klinik untergebracht. 1868–72 wurde im Zug der Anstaltsrenovation unbegreiflicherweise die Hälfte des mittelalterlichen Gebäudekomplexes niedergerissen.

Nach kurzem Fußmarsch Richtung Habsburg erreicht man die Ruinen der **römischen Stadt Vindonissa,** die Heerlager und frühchristlicher Bischofssitz war. Das Amphitheater mit elliptischem Grundriß ist die größte derartige Anlage in der Schweiz. Die Funde aus Vindonissa sind größtenteils im **Vindonissa-Museum** (Museumstraße 1) aufbewahrt (Tel. 056 41 21 84; Dienstag–Sonntag 10–12, 14–15 Uhr, im Sommer bis 17.30 Uhr).

Winkeln N 2 d

Schwimmvögel: Gübsen, Stausee zwischen St. Gallen und Herisau.
Bahn/Parkplatz Winkeln, Wanderung an den Stausee. Kleiner See mit Parkanlage.
J: Schwimmvögel, z. T. Parkgeflügel, z. T. wilde Enten (vor allem im Winter), die sich unter die fremdländischen Arten mischen.

Winterberg L 2 c

Zwergtaucher, Singvögel: Kemptweiher.
Bahn Kemptthal, Postauto/Parkplatz Winterberg, Wanderung Bläsihof–Kemptweiher–Hellbachtobel–Winterberg. Wiesen, Felder, Wald, Weiher mit Schilf, Bachtobel.
F, S, H: Wasservögel (u. a. Zwergtaucher, Enten, Rallen), Tauben, Spechte, Singvögel (u. a. Rotschwänze, Drosseln, Schnäpper, Meisen, Finken).

● **Winterthur** L 2 a/b

Kyburgische Gründung aus dem 12. Jh. Winterthur hat sich im Lauf der letzten 100 Jahre zu einer modernen Industrie- und Handelsmetropole verwandelt, die dank der Kunstsinnigkeit einiger Industrieller auch kulturelles Zentrum wurde.

Meisterwerke der Baukunst des 19. Jh. Das von Gottfried Semper erbaute **Stadthaus** gehört zu den bedeutendsten Beispielen des europäischen Historismus, und das **Rathaus** gilt als eine der größten Leistungen des schweizerischen Klassizismus.

Winterthur besitzt drei Kunstmuseen von internationalem Ruf:
die **Sammlung Oskar Reinhart,** am Römerholz, mit ausgewählten Meisterwerken der abendländischen Kunst; wird zu den erlesensten und wertvollsten Kunstsammlungen der Welt gezählt (Tel. 052 22 13 01)
die **Stiftung Oskar Reinhart,** in der Nähe des Stadthauses, mit schweizerischer, deutscher und österreichischer Kunst des 18. und 19. Jh.; einzigartiger Überblick über die Kunst der Romanik (Tel. 052 22 97 61; Dienstag–Sonntag 10–12, 14–17 Uhr, Montag 14–17 Uhr)
das **Kunstmuseum** mit einer interessanten Sammlung und Wechselausstellungen (Tel. 052 22 10 57; Dienstag–Sonntag 10–12, 14–17 Uhr, Montag 14–17 Uhr).

Ruine Alt-Wülflingen auf einer bewaldeten Kuppe am linken Tößufer. Ab Station Wülflingen in 45 Min. erreichbar. Ursprünglich keltisches Refugium, später Besitz der 897 genannten Grafen von Wülflingen. Nach dem Bau des neuen Schlosses aufgegeben.

Schloß Wülflingen, 1644/45 errichtet. Bei allen Besitzerwechseln konnte die reiche Innenausstattung, die heute Eigentum der Gottfried-Keller-Stiftung ist, erhalten werden (Tel. 052 2 40 01; Montag geschlossen, sonst zu üblichen Tageszeiten).

Technisches Museum (Technorama).

Naturwissenschaftliche Sammlung der Stadt Winterthur, Museumstraße 52. Geologische und mineralogische Sammlung. Geöffnet Dienstag–Sonntag 10–12, 14–17 Uhr, Montag 14–17 Uhr.

Südlicher Zürgelbaum, *Celtis australis:* in der Nordschweiz selten kultivierte, sommergrüne, etwas kälteempfindliche Baumart Südeuropas (bereits im südlichen Tessin einheimisch). Blätter lang zugespitzt, unterseits weichhaarig, Früchte kugelig, langgestielt, ∅ etwa 10 mm, Stamm glatt. In Winterthur 2 Standorte: 4 kleine Bäume am nordöstlichen Ende der Unteren Vogelsangstraße, 15 m westlich des Restaurants Chässtube. 8 Exemplare von gleicher Größe in Strauchrabatte längs des Unteren Deutweges, von der Einmündung der Zeughausstraße bis zur Bushaltestelle Waldheim (Linie 3), westlich der Herz-Jesu-Kirche. Bäume 6–8 m hoch, Stamm∅ 20–27 cm.

Waldlehrpfad Bruderhaus: Lehrpfad mit 60 numerierten Bäumen und Sträuchern sowie Wildschutz- und Vogelschutzobjekten. Besondere Einrichtung: Holzmustersammlung. Route 350 m lang, eben.
Start beim Restaurant Bruderhaus (Koord. 697 080/259 400). Zufahrt an Werktagen über Breiteplatz–Bruderhausstraße, an Sonn- und Feiertagen im Einbahnverkehr über Waldheim–Eschenberghof–Bruderhaus. 60–70 Parkplätze an der Bruderhausstraße. Nummernschlüssel gratis bei der Forstverwaltung Winterthur oder im Restaurant Bruderhaus zu beziehen.

Wasservögel, Singvögel: Schachen, Lindberg.
Bahn Winterthur, Tram/Parkplatz Rosenberg, Wanderung Richtung Ohringen (Seerosenteich)–Friedhof–Lindberg (Walcheweiher). Siedlungsgebiet, Parkanlagen, Wiesen, Felder, Wald, Weiher.
F, S, H: Wasservögel, Spechte, Singvögel (u. a. Rotschwänze, Drosseln, Schnäpper, Meisen, Finken).

Winznau H 2 d
Schwimmvögel: Winznau–Eggerallee Olten.
Bahn/Parkplatz Olten, Bus Winznau, Wanderung am rechten Aareufer nach Olten. Ufer mit Gehölzen, Siedlungs- und Industriegebiet.
F, S, H: Schwimmvögel, Singvögel.
W: Schwimmvögel als Wintergäste (u. a. Schwäne, Gründel- und Tauchenten, Rallen, Möwen), Singvögel (u. a. Pieper, Stelzen).

Wipkingen K 2 d
Spechte, Singvögel: Käferberg.
Bahn Zürich, Bus Waidbadstraße, Parkplatz Restaurant Waid, Rundgang durch den Wald. Siedlungsgebiet, Wald, Wiesen, Waldweiher, markierter Waldlehrpfad.
F, S: Tauben, Spechte, Singvögel (u. a. Rotschwänze, Drosseln, Grasmücken, Laubsänger, Schnäpper, Meisen, Finken, Krähenvögel).

Wislisau F 4 d
Felsenvögel: Schlucht des Schwarzwassers zwischen Wislisau und Sackau.
Bahn Schwarzenburg, Postauto/Parkplatz Wislisau, Wanderung über dem rechten Abfall der Schlucht bis Sackau. Sandsteinfelsen, Wald, Felder.
F, S: Gänsesäger, Greifvögel (u. a. Turmfalke), Flußuferläufer, Mauersegler als Felsenbrüter, Spechte (u. a. Schwarzspecht), Singvögel (u. a. Stelzen, Wasseramsel, Fichtenkreuzschnabel, Kolkrabe).
W: Mauerläufer.

Wittnau H 2 d
Auf dem Wittnauerhorn befindet sich eines der bedeutendsten sichtbaren Denkmäler der schweizerischen Frühgeschichte, eine spätbronzezeitliche und eisenzeitliche **Befestigungsanlage.** Von Wittnau aus in 1 Std. erreichbar.

Naturlehrpfad Wittnau, Lokalname Wygarte: Lehrpfad zeigt besonders Trockenstandorte, mit 70 dt. beschrifteten Bäumen und Sträuchern auf einer Länge von 1 km (etwa 2 Std.).

Start bei Koord. 640 500/259 960 Pt. 531. Mit dem Auto erreichbar, Parkplätze in der Kiesgrube.

Witzwil
E 4 b

Sumpf- und Wasservögel: Naturschutzgebiet Fanel.
Bahn Ins/Parkplatz Ins oder vor Broyebrücke La Sauge, Wanderung Ins–Erlenhof–Strafanstalt–Neuenburgersee–Broyeufer. Felder, Gräben, Gehölze, Wald, Sumpf, Seeufer, ausgedehnte Schilfrohr- und Binsenbestände, erstrangiges Brut- und Durchzuggebiet für Wasservögel, 2 Beobachtungstürme, Beobachtungshügel, Brutfloße, künstliche Brutinseln.
F, H, W: Taucher, Kormoran, Reiher (u. a. Graureiher, Purpurreiher), Schwäne, Gänse, Gründel- und Tauchenten, Säger, Greifvögel (u. a. Fischadler, Rohrweihe, Baumfalke), Rallen, Limikolen, Möwen, Seeschwalben, Eisvogel, Wiedehopf, Singvögel (u. a. Kehlchen, Steinschmätzer), Schlafplatz für Stelzen, Schwalben und Stare.
S: Taucher, Graureiherkolonie, Zwergdommel, Enten (u. a. Krick-, Knäk-, Schnatter- und Löffelente), Greifvögel (u. a. Schwarzmilan), Rebhuhn, Jagdfasan, Bekassine, Kiebitz, Rallen (Wasserralle, Tüpfelralle), Möwenkolonie (viele Lach-, einzelne Silber- und Sturmmöwen), Flußseeschwalbenkolonie, Tauben (u. a. Turteltaube), Eulen (u. a. Waldohreule), Spechte (u. a. Kleinspecht), Singvögel (u. a. Schafstelze, Nachtigall, Schwirle, Rohrsänger, Rohrammer, Pirol).

Wohlen BE
F 4 b

Gemse – *Wohlensee:* Von der Eimatt an der Straße Bern–Wohlen bis Oberei an der Straße Bern–Frauenkappelen–Mühleberg.

Greifvögel, Wasservögel: Wohlensee zwischen Hinterkappelen und Salvisberg.
Bahn Bern HB, Postauto/Parkplatz Wohlen, Wanderung Seeufer Richtung West. Aarestau, Wälder, Felder.
F, S: Greifvögel (u. a. Schwarzmilan), Singvögel.
J: Wasservögel (u. a. Graureiher).

Wolfenschießen
K 4 c

Pfarrkirche **St. Maria,** spätbarocker Bau mit Bauteilen der Vorgängerkirche von 1509–11. Mittelalterlicher Turm, im 13. Jh. für die Herren von Wolfenschießen erbaut. Sogenanntes **Höchhus,** herrschaftlicher Landsitz aus dem 16. Jh., eines der schönsten Holzhäuser der Schweiz.

Gemse – *Bannalp, Chaiserstuel:* Von Wolfenschießen (Station der Stansstad-Engelberg-Bahn) nach Oberrickenbach (Parkplatz) und Fell (Parkplatz).
Uf der Flue: Seilbahn Fell–Sinsgäu.
Chaiserstuel (2400 m ü. M.): Seilbahn Fell–Sinsgäu.
Murmeltier – *Bannalp, Unterstaffel:* Seilbahn Fell–Chrüzhütte.

Wolfwil
H 3 a

Uferschwalben: Linke Aaretalseite Wolfwil–Schwarzhäusern.
Bahn Murgenthal, Postauto/Parkplatz Wolfwil, Rundwanderung Tiergartenwald–Hornacher–Ruefshusen–linkes Aareufer–Wolfwil. Felder, Wald, Kiesgruben, Aareufer mit Stau.
F, S, H: Schwimmvögel, Reiher, Greifvögel (u. a. Schwarzmilan, Turmfalke), Tauben, Spechte, Singvögel (u. a. ansehnliche Uferschwalbenkolonie an der Kantonsgrenze Bern/Solothurn).

Wollishofen
K 2/3 d/b

Waldlehrpfad Entlisberg: Lehrpfad von 2 km Länge, mit 55 numerierten Bäumen und Sträuchern sowie Vogelnistkästen.
Start Parkplatz Paradies, erreichbar von Tramendstation Nr. 7 oder 10, Wollishofen, in etwa 20 Min. Bestimmungsschlüssel «Waldlehrpfade der Stadt Zürich» zum Preis von Fr. 10.– (für Schulen Fr. 8.–) beim Stadtforstamt erhältlich.

Schwimmvögel, Singvögel: Zürichseeufer Wollishofen–Bürkliplatz.
Bahn/Parkplatz Zürich, Bahn/Tram Wollishofen, Wanderung Mythenquai–Alpenquai–Bürkliplatz. Seepromenade, Parkanlagen, Seebucht.
S: Schwarzmilan, Singvögel (u. a. Rotschwänze, Schnäpper, Meisen, Finken).
F, H, W: Schwimmvögel (u. a. Taucher, Schwäne, Enten, Rallen, Möwen).

Würenlingen J 2 b
Eidg. Institut für Reaktorforschung EIR Würenlingen. In der Nähe Kernforschungszentrum Villingen. Im EIR erster Reaktor der Schweiz «Diorit», später noch Reaktor «Saphir».

Würzbrunnen G 4 d
Frühmittelalterliche ehemalige **Wallfahrtskirche,** nach Brand 1494 erneuert. Bemerkenswerte Wandmalereien und Holzdecke.

Wynau H 3 a
Kleine dreischiffige **Pfeilerbasilika,** um 1200. Chor aus der Mitte des 14. Jh.

Yverdon C/D 5 b/a
Mittelalterliche Stadt. **Schloß** 1262 erbaut. Hier befand sich 1805–25 Heinrich Pestalozzis Erziehungsinstitut, heute **Ortsmuseum** mit archäologischer und historischer Sammlung. Pestalozzi-Erinnerungssaal (Tel. 024 2 15 39; April–Oktober Montag–Samstag 9–12, 14–17 Uhr, Sonntag 11–12 Uhr).

Sumpf- und Wasservögel: Les Grèves de Champittet.
Bahn/Parkplatz Yverdon, Wanderung am Ufer des Neuenburgersees Richtung Cheseaux. Ufer des Neuenburgersees mit Sand, Teichen, Sumpfwiesen, Schilf, Auwald, Beobachtungsturm.
F, S, H: Taucher, Reiher (u. a. Graureiherkolonie, Zwergdommel), Enten, Säger, Greifvögel (u. a. Weihen), Limikolen (u. a. Kiebitz, Bekassine, Großbrachvogel), Singvögel (u. a. Blaukehlchen, Nachtigall, Schwirle, Rohrsänger, Weidenmeise, Rohrammer).

Zell L 2 d
Spätgotische **Kirche,** die auf einen Bau aus der Zeit um 700 zurückgeht. Im Turmchor Wandmalereien aus dem 14. Jh.

Zermatt G/H 7 d/c
Alpines Museum, Dokumentation zur alpinistischen Eroberung der Walliser Alpen. Volkskundliche Dokumente (Tel. 028 7 71 27; 9–12, 14–18 Uhr).

Gemse/Steinbock – *Außerberg* (2541 m ü. M.), *Triftbach, Schwifinen:* Linker Talhang zwischen Täsch und Zermatt.
Murmeltier – Oberhalb der Straße *Luegelti–Zermatt, Hubel* (1946 m ü. M.).
Findelalp (2177 m ü. M.): Seilbahn Zermatt–Sunnegga.
Wäng über Hermettji (2451 m ü. M.): Oberhalb Zermatt.
Riffelalp: An der Gornergratbahn.
Gemse – *Höhbalmen* (2616 m ü. M.), *Zmuttbach.*
Gerwetsch/Wanje: Am Unteren Theodulgletscher, Seilbahnen von Zermatt bis Trockener Steg.
Triftji (2823 m ü. M.): Insel zwischen Trift- und Breithorngletscher.
Hirsch/Gemse/Murmeltier – *Meiggern, Am Bösenritt* (3248 m ü. M.), *Tufterchumme:* Rechter Hang zwischen Täsch und Zermatt.
Steinbock/Murmeltier – *Usser und Inner Gornerli.*

Bergvögel: Oberes Mattertal.
Parkplatz Täsch, Bahn Zermatt, Ausflüge Gandegg (Luftseilbahn), Rifelalp–Gornergrat (Bahn) oder Findelnalp–Spitze Flue. Wald, Weiden, Fels.
F, S: Greifvögel (u. a. Steinadler), Rauhfußhühner (u. a. Alpenschneehuhn, Birkhuhn), Spechte, Singvögel (u. a. Felsenschwalbe in der Triftschlucht, Pieper, Alpenbraunelle, Braunkehlchen, Steinschmätzer, Steinrötel, Ringdrossel, Mauerläufer, Zitronfink, Zippammer, Schneefink, Birkenzeisig, Alpendohle, Tannenhäher, Kolkrabe).

Zernez Q 5 b
Neben der frühbarocken Kirche die Kapelle **St. Sebastian** mit interessanten spätgotischen Fresken im Chor. **Schloß Planta-Wildenberg.** Untergeschoß mittelalterlich, Obergeschosse 17./18. Jh.

An der Ofenpaßstraße La Drossa. Eingang mit Zoll zum Tunnel unter dem Nationalpark durch zum Stausee Punt da Gall im Livignotal an der Landesgrenze. Große Staumauer.

⊛ **Schweizerischer Nationalpark** (1400–3170 m ü. M., 160 km^2). Absolutes Naturschutzgebiet, nur wildwachsende und freilebende einheimische Pflanzen und Tiere. Reiche, kalkliebende und kalkfliehende Flora, nur in natürlichen Pflanzengesellschaften, ohne Anschriften.
Im Sommer zugänglich von den Parkplätzen entlang der Ofenpaßstraße aus, nur auf markierten Wegen, ebenso von Schuls/Tarasp, Scarl, S-chanf und Zernez aus. Parkordnung beachten! Zur Einführung empfiehlt sich ein Besuch im Nationalparkhaus in Zernez (Führer erhältlich). Führungen im Park finden regelmäßig statt.

🐾 **Steinbock/Gemse** – *Val Puntota, Val Berlas-ch, Val Pülschezza:* Wege von Zernez und Brail aus.

🐦 **Dreizehenspecht, Bergvögel:** Val Cluoza–Alp Murtèr.
Bahn Zernez/Parkplatz Muottas, Wanderung Val Cluoza–Alp Murtèr–Praspöl-Margun Grimmels (Parkplatz)–Ova Spin (Postauto). Weiden, Wald, Felsen, Lauf der Ova da Cluoza und des Spöls.
F, S: Greifvögel (u. a. Steinadler), Wildhühner (u. a. Steinhuhn Alp Murtèr), Eulen (u. a. Uhu Ova Spin), Spechte (u. a. Dreizehenspecht Val Cluoza), Singvögel (u. a. Stelzen, Wasseramsel, Braunellen, Steinschmätzer, Drosseln, Mauerläufer Praspöl, Zitronfink, Schneefink, Birkenzeisig, Tannenhäher), Brutplatz der Felsenschwalbe bei Falla da l'Uors an der Ofenstraße, Nähe Praspöl.

Zervreila M/N 5 d/c

🐾 **Gemse** – *Guralätschhorn* (2908 m ü. M.): Weg von Zervreila aus.
Testa di Gar zora (3017 m ü. M.): Weg vom Zervreilasee zur Lampertschalp (1991 m ü. M.).

Zignau M 5 b

🏛 **Ruine Ringgenberg.** Im 13. Jh. zum Schutz der Ostgrenze des Besitzes des Abts von Disentis errichtete Burg, die im 16. Jh. aufgegeben worden ist. Auf einem Hügel oberhalb Zignau. Ab Station Truns in 45 Min. zu erreichen.

Zillis O 5 c

⛪ **Kirche St. Martin.** Die von außen unscheinbare Kirche gehört zu den hervorragendsten Kunstdenkmälern Europas. Sie besitzt die älteste figürlich bemalte, fast vollständig erhaltene Holzdecke der abendländischen Kunst. Diese **romanische Felderdecke** ist um 1160 entstanden und besteht aus 135 Bildern mit Symbolen, Bibelillustrationen und Darstellungen aus dem Leben des Kirchenpatrons St. Martin.

Zinal G 7 b

🐾 **Murmeltier** – *Sorebois* (2328 m ü. M.): Weg und Seilbahn von Zinal.

● Zizers O 4 b

🏛 Malerisches Dorf inmitten von Rebbergen. Feudale **Barockbauten,** unteres und oberes **Schloß. Burgruine Friedau** am Westrand des Dorfes.

🐾 **Steinbock/Gemse** – *Zipperspitz* (1774 m ü. M.): Von Zizers aus.

● Zofingen H 3 b

Hochmittelalterliche Stadtanlage mit vielen schönen gotischen und barocken Bauten. In der reformierten **Stadtkirche** hervorragende Glasmalereien. Das **Rathaus** zählt zu den Hauptwerken der Schweizer Architektur des 18. Jh. **Museum** mit historischer, kulturhistorischer und naturhistorischer Sammlung (General-Guisan-Straße 18, Tel. 062 8 67 63; Sonntag 10–12 Uhr, Oktober–März jeden 1. und 3. Sonntag auch 14–16 Uhr). Außerhalb der Altstadt, Richtung Luzern, sind **römische Mosaiken** konserviert (Schlüssel im Hotel Römerbad verlangen).

✛ **Naturlehrpfad Staatswald Baan:** Kleiner Rundgang etwa 2,3 km, großer Rundgang etwa 3,8 km lang, mit rund 50 numerierten Bäumen, Sträuchern und Kräutern, Vogelnistkästen und Wildschutzobjekten. Höhendifferenz etwa 100 m, Zeitbeanspruchung 2–3 Std.
Start bei Haldenweiher (Koord. 639150/238150). Erreichbar mit Privatfahrzeug, Nationalstraßenausfahrt Oftringen. Parkplätze beim Bezirksschulhaus Haldenweiher. Bestimmungsschlüssel und Führer zum Preis von Fr. 5.– beim Rektorat der Bezirksschule, beim Kreis- oder beim Stadtforstamt erhältlich.

Öffentliche Voliere: 30 Arten, etwa 200 Vögel. Zufahrt: Vom Bahnhof Zofingen in etwa 8 Min. zu Fuß.
Hirschpark (Heiternplatz): verschiedene Hirscharten, 70 Tiere, Wildschweine. Zufahrt: Ab Bahnhof Zofingen in 20 Min. zu Fuß, Parkplatz.
Segler, Schwarzspecht: Naturlehrpfad, Trottenweiher.
Bahn/Parkplatz Zofingen, Wanderung Stadtkirche–Primarschulhaus–Trottenweiher–Bezirksschule–Haldenweiher–Naturlehrpfad–Bärenmoosweiher–Bahnhof.
Altstadt, Parkanlagen, Voliere mit Teich, Naturweiher, Wiesen, Wald, Hecken, Nistkastenanlage, markierter Naturlehrpfad.
F, S, H: Greifvögel (u. a. Bussarde), Segler (Alpenseglerbruten Stadtkirche, Mauerseglerbruten Altstadt), Spechte (u. a. Schwarzspecht im Rietel), Singvögel (u. a. Schwalben, Stelzen, Rotschwänze, Drosseln, Grasmücken, Laubsänger, Schnäpper, Meisen, Graudohle als Baumbrüter im Rietel).
J: Wasservögel und Singvögel, z. T. gefangene im Trottenweiher, z. T. wildlebende.

Zuchwil G 3 c

Schwimmvögel, Singvögel: Weiher im Birchiwald und Oberwald Richtung Biberist.
Bahn Solothurn, Postauto/Parkplatz Zuchwil, Wanderung Birchiwald–Oberwald–Bleichenberg–Zuchwil. Siedlungen, Felder, Wald, Weiher.
F, S, H: Wasservögel (u. a. Enten, Rallen), Spechte, Singvögel (u. a. Rotschwänze, Drosseln, Schnäpper, Meisen, Finken).

Zug K 3 d

Oswaldkirche, Hauptwerk des berühmten Baumeisters Hans Felder und eine der bedeutendsten spätgotischen Kirchen der Schweiz. Schönes Chorgestühl, Schnitzaltar, Wandgemälde. In der Altstadt, zwischen der Kirche St. Oswald und dem See, das **Rathaus** (1505) mit außerordentlich prächtigem Ratsaal. Reich verziertes Wand- und Deckentäfer.
Kantonales Museum für Urgeschichte, interessante Bodenfunde aus dem Kanton Zug (Tel. 042 4 00 44; Mittwoch und Samstag 14–17 Uhr).
Waldlehrpfad Schönegg: 51 numerierte Bäume und Sträucher (dazu Nummernschlüssel mit dt. Namen). Vom gleichen Startpunkt (Koord. 682060/222780) 3 verschiedene Rundgänge, die alle durch den Lehrpfad führen: «Hase» 2 km, etwa 1 Std., 100 m Höhendifferenz; «Fuchs» 4 km, etwa 2 Std., 150 m Höhendifferenz; «Hirsch» 6 km, etwa 3 Std., 200 m Höhendifferenz. Dazu Rastplätze mit Feuerstellen.
Zufahrt mit Bus oder privaten Fahrzeugen möglich, Parkplätze am Start vorhanden. Nummernschlüssel und Faltprospekt «Wandern ohne Auto» gratis erhältlich bei der Forstverwaltung der Korporation Zug, Poststraße 16, Zug, oder beim ACS-Sekretariat Sektion Zug.
Öffentliche Voliere (mit Hirschgatter): exotische Vögel, Enten, Fasanen, Sikahirsche. Zufahrt von Bahnhof via Bahnhofstraße–Landsgemeindeplatz, zu Fuß etwa 10 Min.
Schwimmvögel: Hafen, Seepromenade.
Bahn/Parkplatz Zug, Wanderung zum See. Parkanlage, Hafen.
H, W, F: Schwimmvögel (Taucher, Schwäne, Enten, Rallen, Möwen).

Zuoz Q 5 c

Hauptort des Engadins. Sehenswerte Bürger- und Bauernhäuser.
Talabwärts Engadiner Kraftwerke mit Wasser vom Inn und Spöl. Unterer Stausee Praspöl in der mittleren Spölschlucht bei Zernez.
Steinbock/Gemse – *Piz Griatschouls* (2972 m ü. M.), *Val Susauna:* Wege von Zuoz, S-chanf oder Cinuos-chel aus.
Steinbock/Gemse/Murmeltier – *Val d'Arpiglia, Val Casauna:* Wege von Zuoz und S-chanf aus.
Singvögel, Bergvögel: Inntal Zuoz–Brail.
Bahn/Parkplatz Zuoz, Wanderung linke Talseite Acla Laret–Cinuos-chel–rechte Talseite–Brail. Mähwiesen, Weiden, Wald, Lauf des Inn.
F, S: Greifvögel (u. a. Steinadler), Rauhfußhühner, Spechte, Singvögel (u. a. Pieper, Stelzen, Wasseramsel, Braunkehlchen, Steinschmätzer, Drosseln, Zitronfink, Birkenzeisig, Fichtenkreuzschnabel, Tannenhäher).

● **Zürich** K/L 2/3

Größte Schweizer Stadt. Finanz-, Industrie-, Kultur- und Wissenschaftsmetropole.
Die wichtigsten Sehenswürdigkeiten:
Großmünster, romanischer Bau mit eindrücklicher Krypta und harmonischem Kreuzgang. **Fraumünster,** im spätromanischen Chor Glasgemälde von Marc Chagall. **St. Peter,** geräumige barocke Hallenkirche, ursprünglich mittelalterliche Chorturmkirche. **Rathaus,** Ende des 17. Jh. im Stil der italienischen Paläste der Spätrenaissance erbaut. **Zunfthaus zur Meise,** prächtiger Rokokobau mit bedeutender Sammlung Schweizer Keramik (täglich 10–12, 14–17 Uhr, Montagmorgen geschlossen). **Haus zum Rechberg** (Hirschengraben Nr. 40, in der Nähe des Kunsthauses), bedeutendstes Bürgerhaus aus dem 18. Jh. Die beim «Rechberg» endende Künstlergasse führt zur **Eidgenössischen Technischen Hochschule,** 1861–64 nach Entwürfen von Gottfried Semper erbaut, großartigstes Beispiel des Historismus in der Schweiz.

Die wichtigsten Museen und Sammlungen:
Schweizerisches Landesmuseum (beim Hauptbahnhof), historisches Museum für schweizerische Kultur und Geschichte. Laufend finden kleine Ausstellungen statt (Dienstag–Sonntag 10–17 Uhr, Montag 12–17 Uhr).
Museum Rietberg (Gablerstraße 15, Tram 7), weltberühmte Sammlung außereuropäischer Kunst, Skulpturen aus Indien, China und Afrika (Dienstag–Freitag 10–12, 14–18 Uhr, Samstag und Sonntag 10–12, 14–17 Uhr, Mittwoch auch 20–22 Uhr).
Kunsthaus Zürich (Heimplatz 1), abendländische Malerei und Plastik vom Mittelalter bis zur Gegenwart (Montag 14–17 Uhr, Dienstag–Sonntag 10–12 Uhr, Dienstag–Freitag auch 20–22 Uhr).
Stiftung Sammlung E. G. Bührle (Zollikerstraße 172, Tram 4 bis Tiefenbrunnen), erlesener Überblick über die französische Kunst des 19. und 20. Jh. (Dienstag–Freitag 14–17 Uhr).

Technische Hochschule mit neuem Komplex Hönggerberg. Meteorologische Zentralanstalt am Zürichberg. Mächtige Kunstbauten der Nationalstraße durch die Stadt, Expreßstraße und Sihlhochstraße. 10 km limmatabwärts modernster Rangierbahnhof der Schweiz. Auf dem Albis Mehrzweckanlage der PTT (Sendeturm), Fernmeldezentrum.

Mineralogisch-Petrographische Sammlung der ETH, Sonneggstraße 5. Sehr große Sammlung von Schweizer Mineralien und Gesteinsproben. Geöffnet während der Bürostunden.

Paläontologisches Institut und Museum, Künstlergasse 16 (Zoologisches Museum im gleichen Gebäude). Sammlung der Saurier vom Monte San Giorgio. Geöffnet Dienstag–Freitag 10–18 Uhr, Samstag 10–17 Uhr, Sonntag 10–12, 14–17 Uhr, Montag geschlossen.

Botanischer Garten der Universität (410 m ü. M., 1,8 ha). Geographische Abteilungen von Kanaren, Mittelmeergebiet und Neuseeland. Täglich geöffnet 7–19 Uhr, Gewächshäuser 10–12 und 14–16 Uhr; besonders empfehlenswert für Freiland Mai–September, Gewächshäuser ganzes Jahr.
Im Zentrum der Stadt, Pelikanstraße 40. Parkplatz beschränkt, Bus. Neuer, größerer botanischer Garten im Aufbau im Bodmergut Schönau, Zollikerstraße.
Städtische Sukkulentensammlung (410 m ü. M., etwa 0,5 ha). Zeigt Sukkulenten aus 30 Pflanzenfamilien aus der ganzen Welt (Schutzsammlung der Internationalen Organisation für Sukkulentenforschung). Täglich geöffnet von 7.45–11.45 und 13.30–17 Uhr, Sonntag 10–12 und 14–17 Uhr; ganze Jahr sehenswert.
Am Westufer des unteren Zürichsees, Mythenquai 88. Parkplatz, Bus.
Stadtgärtnerei (410 m ü. M.). Schauhaus mit tropischen Pflanzen, im Freiland Gartenpflanzen, die für Privatgärten empfehlenswert sind. Täglich geöffnet von 9–11.30 und 14–17 Uhr.
Stadtzentrum beim Friedhof Sihlfeld, Gutstraße 205.

Anlagen beim Land- und Forstwirtschaftlichen Gebäude der ETH (L. F.), Universitätsstraße 2: **Stech-Eiche,** *Quercus ilex:* 4stämmiger, strauchförmiger, immergrüner, etwa 8 m hoher Baum auf der Südseite des Gebäudes (gegen Schmelzbergstraße und Kantonsspital). Stamm 50 cm von der Hausmauer entfernt, ⌀ (Basis) 32 cm; Krone bis zur Spitze grün, Blätter unterseits filzig, dornig gezähnt. Wärmeliebende Art des Mittelmeergebiets, **größtes Exemplar der Nordschweiz, sehr selten. Blüten-** oder **Mannaesche,** *Fraxinus ornus:* kleiner, sommergrüner, etwa 10 m hoher Baum, StammØ 27 cm (1 m), an der Universitätsstraße, zwischen L.F.- und Chemiegebäude. Heimat: Südeuropa, wärmeliebend (siehe Meilen und San Salvatore).

Friedhof Nordheim, am Westrand von Örlikon, Zufahrt von der Nordheim- und Wehntalerstraße: **Eschenblättrige Flügelnuß,** *Pterocarya fraxinifolia:* 3 große, sommergrüne Bäume, 52 m südwestlich des Haupteingangs an der Wehntalerstraße, alle vom Boden an mehrstämmig, StammØ 30–45 cm; das mittlere Exemplar über 10 m hoch (Etikette). **Rhus- oder Sumachblättrige Flügelnuß,** *Pterocarya rhoifolia:* 2 kleine, ebenfalls mehrstämmige, sommergrüne Bäume am Nordwestrand der Friedhofanlagen (Etikette), 8–9 m hoch, StammØ 10–15 cm. Blätter gefiedert, Früchte in langen Trauben, aber Knospen (im Gegensatz zu *Pterocarya fraxinifolia* und *Pterocarya stenoptera,* siehe Basel, Solothurn, Genève) mit Schuppen. Schwächer wachsende, **sehr seltene Art; einzige Exemplare der Nordschweiz.**

Quaianlagen Zürichhorn, unweit Dampfschiffstation: **Sumpfzypressen,** *Taxodium distichum:* neben jungen 2 alte, hohe Exemplare zwischen Restaurant Fischerstube und dem nördlich davon angelegten Teich; StammØ 75 cm, Höhe 24,5 m (siehe auch Biel, Melide usw.).

Anlagen des Strandbades zwischen Zürich-Enge und Wollishofen: Südlicher Zürgelbaum, *Celtis australis:* 3 stattliche Exemplare; das schönste mit StammØ 40 cm, 7 m östlich des Plantschbeckens, die andern südlich des Sprungturmes. Wegen Umbauten sind mehrere der seltenen Bäume verschwunden (siehe Winterthur, Montreux, Genève).

Andere interessante Anlagen:
Platzpromenade, nördlich des Landesmuseums, **Friedhof Enzenbühl,** südöstlicher Stadtrand, nordöstlich von Zollikon.

Geologiepfad Hirslanderberg: Sammlung von 88 Findlingen auf dem Adlisberg. Die Gesteine sind in 5 Gruppen beschriftet und numeriert: sie geben Auskunft über Herkunft, Entstehung und Verfrachtung der Gesteine.
Start bei der Einmündung Kurhausstraße/Adlisbergstraße in die Hirslanderbergstraße, erreichbar mit Tram 5 (Zoo), mit Dolderbahn oder mit Auto bis Kunsteisbahn Dolder (Parkplätze vorhanden). Vom Ziel bietet sich die Benützung der Buslinie 34, Witikon, zur Rückfahrt. Die Broschüre «Findlinge» dient als Wegleitung zum Geologiepfad und kann zum Preis von Fr. 8.– (für Schulen Fr. 6.–) beim Tiefbauamt der Stadt Zürich bezogen werden.

Rollstuhlpfad Zürichberg: Rundweg mit beschrifteten Bäumen und Sträuchern, Waldweiher, Panoramatafel usw. Länge etwa 3 km.
Start bei der Tramendstation Fluntern (Rollstuhldepot, Schlüssel am Kiosk). Parkplätze vorhanden.

Waldlehrpfad Degenried: Ringweg von 850 m Länge, beidseits der Degenriedstraße, mit 55 Bäumen und Sträuchern. Ausgestattet mit *Rollpiste für Invalide.*
Start beim Restaurant Degenried, erreichbar ab Tramendstation Allmend Fluntern (200), Tram 5, Klusplatz Tram 3 und 8 oder ab Endstation Dolderbahn (Römerhof–Kunsteisbahn Dolder). Parkplätze bei der Kunsteisbahn Dolder oder beim Restaurant Degenried. Bestimmungsschlüssel «Waldlehrpfade der Stadt Zürich» zum Preis von Fr. 10.– (für Schulen Fr. 8.–) beim Stadtforstamt Zürich erhältlich.

Waldlehrpfad Hönggerberg: Zwischen Grünwald und Forstgarten Hönggerberg gelegener Weg von 850 m Länge, mit 55 numerierten Bäumen und Sträuchern sowie Vogelnistkästen.
Start Forstgarten Höngg oder Restaurant Grünwald, erreichbar mit Bus 69 bzw. 85. Parkplätze beim Restaurant Grünwald/Kappenbühlstraße. Bestimmungsschlüssel «Waldlehrpfade der Stadt Zürich» zum Preis von Fr. 10.– (für Schulen Fr. 8.–) beim Stadtforstamt erhältlich.

Waldlehrpfad Käferberg: Rundweg von 1,5 km Länge bis zum Waldweiher und zum Rehsprung zurück. 55 numerierte Bäume und Sträucher sowie Vogelnistkästen.
Start: Bushaltestelle Waidbadstraße (Bus 69 ab Bucheggplatz) oder Parkplatz Restaurant Waid. Von Busendstation Waidbadstraße 10 Min. Bestimmungsschlüssel «Waldlehrpfade der Stadt Zürich» zum Preis von Fr. 10.– (für Schulen Fr. 8.–) beim Stadtforstamt erhältlich.

Waldlehrpfad Schwamendingen: Lehrpfad mit 55 verschiedenen Bäumen und Sträuchern und, als Besonderheit, einem Pirschturm. Länge 620 m. Zeitbedarf etwa ½ Std.

Start bei der Ziegelhütte (Koord. 685 750/250 350). Broschüre «Waldlehrpfade der Stadt Zürich» erhältlich zu Fr. 10.– (Schulen Fr. 8.–) beim Stadtforstamt Zürich.

Waldlehrpfad Witikon: Lehrpfad mit 55 numerierten Bäumen und Sträuchern entlang Stöckentobelbach. Länge 500 m. Zeitbedarf etwa ½ Std.
Start an der Loorenstraße oder Katzenschwanzstraße. Bushaltestelle Loorenstraße (Nr. 34). Parkplätze beim Sportplatz an der Katzenschwanzstraße. Broschüre «Waldlehrpfade der Stadt Zürich» zum Preis von Fr. 10.– (Schulen Fr. 8.–) beim Stadtforstamt Zürich erhältlich.

Zoo Zürich: vollausgebauter Zoo mit allen üblichen Zootieren. Raritäten: beide afrikanischen Nashornarten in Lebensgemeinschaft mit Madenhackern und Kuhreihern, Nilpferde, Zwergflußpferde, Fischotter, Anlagen für Kleine Pandas und Schneeleoparden, Vikunjas, Indische Elefanten, viele Antilopen- und Zebraarten, Vogel-Freiflugraum, Aquarium, Terrarium.
Größe: 10 ha, 360 Tierarten, 1800 Tiere. Eintritt: täglich offen, Sommer 8–18 Uhr, Winter 8–17 Uhr. Zufahrten ausgeschildert, Parkplatz vor Haupteingang (unbeschränkt), Tramlinien 5 (ab Paradeplatz und Bellevue) und 6 (ab Hauptbahnhof SBB), Restaurant.

Stadtvoliere Mythenquai.
Öffentliche Voliere Zürich-Seebach.
Öffentliche Voliere an der Limmat (bei Rathausbrücke): Wassergeflügel.
Öffentliche Voliere Zürichhorn (bei Restaurant Fischerstube): Stelzvögel, Wassergeflügel.

Alpensegler, Schwimmvögel: Landesmuseum, Limmat, Seebecken, Sihl.
Bahn/Parkplatz Zürich, Rundgang Landesmuseum–Platzpromenade–Bahnhofquai–Uraniabrücke–Limmatquai–Bellevue–Quaibrücke–Bürkliplatz–Schanzengraben–Botanischer Garten–Geßnerallee–Sihl–Bahnhof. Altstadt, Siedlungsgebiet, Parkanlagen mit Nistkästen, Lauf von Limmat und Sihl, unteres Seebecken.
S: Alpenseglerbrutplatz am Landesmuseum, Mauerseglerbrutplätze in der Altstadt, Singvögel (u. a. Stelzen, Rotschwänze, Schnäpper, Meisen, Finken, Graudohle).
F, H, W: Schwimmvögel (u. a. Taucher, Schwäne, Gründel-, Tauch- und Meerenten, Rallen, Möwen), Singvögel (u. a. Wasserpieper, Stelzen).

Zurzach J 2 b

Alte Messestadt, Badeort mit jedermann zugänglichem Thermalfreibad. **Stiftskirche.** Der über dem Grab der heiligen Verena erbaute Turmchor gehört zu den wichtigsten gotischen Architekturdenkmälern der Schweiz.

Schweizerische Sodafabrik, Zürcherstraße 42. In dieser Fabrik wird Soda (wasserhaltiges kohlensaures Natron) aus Steinsalz und Kalk hergestellt. Das Salz wird seit etwa 60 Jahren aus Bohrungen bei Zurzach (am Weißensteinweg) aus rund 300 m Tiefe gefördert (analog Rheinsalinen). Neue Salzförderungsstellen oberhalb Klingnau im Gebiet Schwerz–Neugrüt. Der Kalk wird in einem großen Steinbruch westlich Mellikon im Etagenbau gewonnen und von dort mit einer etwa 2,5 km langen Seilbahn in die Sodafabrik transportiert.

Zweisimmen F 5 d

Kirche aus dem 15. Jh. Fresken, Glasgemälde.

Gemse – *Rinderberg* (1714 m ü. M.), *Granlouenengrat* (2078 m ü. M.): Wege und Seilbahn von Zweisimmen aus, Wege von St. Stephan und Turbach aus.
Chumigalm (2125 m ü. M.): Wege von Zweisimmen oder Betelried aus.
Gemse/Murmeltier – *Spillgerten* (2476 m ü. M.), *Gandhore* (2112 m ü. M.): Wege von Zweisimmen, Betelried oder St. Stephan aus.
Hohlaß (1548 m ü. M.): Wege von Zweisimmen und Reichenstein aus.
Hundsrück (2096 m ü. M.): Wege von Zweisimmen, Reichenstein und Saanenmöser aus.

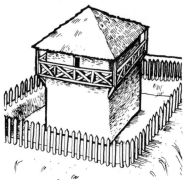

JEROME H. FARNUM
17 Ausflüge zu den alten Römern in der Schweiz

200 Seiten, 19 schwarzweisse Abbildungen und zahlreiche Skizzen und Zeichnungen
17 bequeme Touren sind detailliert beschrieben und machen es dem Benützer leicht, die oft abseits der Strassen gelegenen Ruinen zu finden.

«Der neue Hallwag-Führer verspricht somit eine Reise von wirklich genussreichen Ferien- und Wochenendtagen...». («Tages Anzeiger», Zürich)

JEROME H. FARNUM
20 Ausflüge zu romantischen Burgruinen
mit zahlreichen Skizzen und Zeichnungen

Ein Exkursions- und Wanderführer, der auf 20 leicht zu bewältigenden Ausflügen die bedeutendsten Burgruinen der Schweiz und ihre Geschichte vorstellt.

HANS-PETER BÜTZER
Radwandern in der Schweiz
45 der schönsten Touren

242 Seiten, 45 Einzelkarten und mehrere Übersichtskarten
Halb-, Ganz- und Mehrtagesrouten mit dem Fahrrad, abseits verkehrsreicher Strasse. Mit Hinweis auf Sehenswürdigkeiten, Verpflegungsmöglichkeiten und zahlreichen praktischen Tips.

«Der Routenbeschrieb dürfte narrensicher sein, und die zusätzlichen Angaben der Gegend, Dörfer, Schlösser, Naturschönheiten und Sehenswürdigkeiten beleben angenehm.»
(«Neue Zürcher Zeitung»)

Hallwag Verlag Bern und Stuttgart

HUGH JOHNSON **DAS GROSSE BUCH DER BÄUME** *Ein Führer durch Wälder, Parks und Gärten der Welt*

288 Seiten und 1000 farbige Abbildungen. Preis Fr. 88.—.

Wer je einen Baum mit Wohlgefallen betrachtet hat, wird sich von diesem Buch, wenn er es erst einmal in der Hand hat, nicht mehr trennen wollen.
(Schaffhauser Nachrichten)

PHILIPP SCHMIDT **DAS WILD DER SCHWEIZ** *Eine Geschichte der jagdbaren Tiere unseres Landes.*

464 Seiten Text, 224 Seiten schwarzweisse Abbildungen.
Preis Fr. 65.—.

Ein monumentales Werk, das alle interessiert, denen die Erhaltung einer freilebenden Tierwelt ein Anliegen ist.

HALLWAG-TASCHENBÜCHER zum ständigen Gebrauch
für Schule, Studium, Beruf und Hobby für die Gebiete:
Botanik, Zoologie, Geographie, Kunst, Hobby, Technik.

Hallwag-TB:

   8 Karte und Kompaß
 15 Baustilkunde
 32 Besser
     fotografieren
 34 Tiere im Zoo
 71 Geologie
106 Kleine Tiere in
     Feld und Wald II
107 Kleine Tiere in
     Feld und Wald III

Verlangen Sie unseren ausführlichen Gratisprospekt.

Hallwag Verlag Bern und Stuttgart